序

　　土地利用总体规划是指导土地管理的纲领性文件，是落实土地宏观调控和土地用途管制、规划城乡建设的重要依据。2004 年 6 月天津市着手开展土地利用总体规划修编前期工作，2007 年 9 月正式开展土地利用总体规划修编工作，2010 年 7 月 3 日国务院正式批复《天津市土地利用总体规划（2006－2020 年）》，使之成为天津市土地资源开发、利用、保护工作的重要依据。

　　在规划编制工程中，天津市国土资源和房屋管理研究中心组织力量，对土地利用规划相关的理论与实践问题开展了全面系统的研究，本套丛书就是天津市土地利用总体规划编制中的成果总结。

　　该丛书以可持续发展观为出发点，以经济学分析为新视角，以土地节约集约利用为重点，以城乡统筹为切入点，对天津市土地利用总体规划的目标和原则、方法和内容、特征和问题进行了深入系统的分析和论述。丛书由五本相互联系而又自成体系的著作构成，其中《土地利用规划的理论与实践——基于可持续发展理念》是丛书的总纲，《土地利用规划的经济学分析》、《城市化快速发展过程中土地的节约集约利用问题研究》、《城乡统筹下的土地利用规划创新研究》、《城乡建设用地增减挂钩的理论与实证》则从土地利用总体规划涉及的各个方面开展专项研究，其中《城乡建设用地增减挂钩的理论与实证》作为丛书的组成部分单独成书，体现了天津市土地利用规划的特色，也体现了丛书研究单位敢为人先的勇气。

　　《土地利用规划的理论与实践研究——基于可持续发展理念》一书，在阐述可持续发展理念与土地利用规划二者之间的关系，对我国前两轮土地利用规划进行深刻反思的基础上，结合天津土地利用规划实践，对土地承载力和潜力评价、土地利用生态优先、耕地保护、建设用地节约集约利用、土地利用分区、土地利用规划的环境影响评价、土地利用规划的实施保障等问题进行了深入研究。本轮规划注重优化各类用地结构和布局,提出了"两城优化调整,滨海重点发展,西部协同发展,南北适度拓展,北端生态保育"的土地利用空间战略,构建了"一轴两带、三区九廊道、十五基本农田重点保护区域"的土地利用总体格局,主导指向性的土地利用概念分区,引导了各类用地的流动与集聚,合理指导了区域经济的良性发展。

该书的主要创新表现在:(1)明确了可持续发展理念与土地利用规划二者之间的关系;(2)尝试建立了前两轮土地利用规划与本轮土地利用规划的统一分析模式;(3)从理论分析与实证研究相结合的视角,构建了基于可持续发展理念的土地利用规划的研究框架。

《土地利用规划的经济学分析》一书,立足于当前土地利用总体规划编制的经济背景,从土地资源配置机理、土地利用规划的经济调控机制、用地需求预测和空间布局、土地利用规划路径、土地利用规划主体关系、土地利用规划与相关规划的区别与联系等方面展开了深入研究。

该书的主要创新表现在:(1)从土地生产要素和空间载体两个属性探索了土地利用规划与宏观经济的关系;(2)提出了基于土地竞争力的区域新增建设用地指标分解方法;(3)总结了土地利用规划的三条路径;(4)构建了土地利用规划相关主体的博弈关系模型。

《城市化快速发展过程中土地的节约集约利用问题研究》一书从土地节约集约利用水平评价、土地节约集约利用的市场机制和政府行为,以及土地利用规划的引导作用等多个方面,对城市化快速发展这一大背景下的土地节约集约利用进行全面和系统的分析阐述。

该书的主要创新表现在:(1)详细阐述了土地利用过程中土地规划的指导作用,补充和完善了现有的相关理论研究;(2)对天津市土地节约集约利用总体水平的时域变化特征进行纵向考察,又关注不同区县的横向比较,为最终的评价结果提供了翔实可靠的证据。

《城乡统筹下的土地利用规划创新研究》一书借鉴国外城乡一体化的土地利用规划实践,基于我国土地利用规划的现实背景,系统探讨了我国城乡统筹下的土地利用规划制度变革的路径和政策含义,并在此基础上系统总结了天津市本轮土地利用规划的理念、体系、管理机制和体制、实施制度等方面的创新实践经验。

　　该书的主要创新表现在：（1）以不同学科视角下的城乡关系理论为前提，以相关理念、范式和理论为基础，尝试探寻统筹城乡的土地利用规划赖以依存的理论基石；（2）在理论与实践融合的基础上，提出了城乡统筹下的土地利用规划创新制度体系，进而从相关理论出发探讨了统筹城乡下的土地利用规划的制度创新机制；（3）以形成的理论框架为依托，系统地总结和提炼了天津市本轮土地利用规划制度创新实践经验。

　　《城乡建设用地增减挂钩的理论与实证》一书系统分析了城乡建设用地增减挂钩的相关理论和政策措施，将理论研究与天津市实践相结合，阐述了天津市城乡建设用地增减挂钩的实施背景、实施历程、实施特点、组织安排、运作模式、实施过程和实施内容，对天津市城乡建设用地增减挂钩试点项目进行了实施评价，归纳了天津市城乡建设用地增减挂钩实施的经验，提出了实施城乡建设用地增减挂钩的对策建议和实施评价体系，在整体上具有创新性。

　　总之，天津市国土资源和房屋管理研究中心组织编撰的土地利用规划的理论与实践研究丛书以实践为基础，结合我国当前发展所面临的诸多问题，探索、研究了土地利用规划的相关理论，具有重要的意义。衷心希望该套丛书的出版能够吸引更多专业人士投入到土地利用规划的理论与实践研究中来，在全国范围内涌现出更多的优秀成果。

陈百明

中国科学院地理科学与资源研究所研究员、博士生导师
全国土地利用总体规划纲要修编工作专家顾问组成员

2011 年 12 月 14 日

目　录

第1章 可持续发展理念与土地利用规划

土地利用规划作为实现土地可持续利用的重要工具，一直是国内外研究的热点问题①。随着可持续发展理念的日益深入，向可持续发展观转变已成为21世纪土地利用规划的必然要求。本章就可持续发展理念与土地利用规划问题进行系统阐述。

1.1 可持续发展理念的产生背景和理论基础

1.1.1 可持续发展理念产生的背景

18世纪中期，在英国进行了第一次产业革命以后，工业企业迅速兴起、发展和聚集，从而使工业生产规模得到了快速扩大。在工业化初期，主要依靠增加劳动投入，以实现工业经济的不断增长。由于当时环境污染问题仅局限于部分地区，因此没有成为社会公众关注的焦点问题。19世纪末至20世纪初，随着生产力的日益发展，重工业部门的工业总产值比重超过轻工业比重。这一时期工业的增长从依赖劳动的投入转向资本的投入。尽管重工业的发展极大地推动了社会生产力的发展，为人类带来很多现代化的方便，但其负面效应日益展现在人们的面前，资源耗费惊人，存量相对短缺，环境污染现象随处可见，严重威胁着人类的生存与发展。更为严重的是，二战以来广大的亚、非、拉、美等地区发展中国家，为

---

① 本书中的土地利用规划一词，如没有特殊说明，一般都是指的土地利用总体规划。

了甩掉贫困的帽子,赶超发达国家,盲目沿袭其发展路子,结果不但造成了农业生产停滞、分配不均、两极分化、人口膨胀等社会经济问题,而且还导致了资源枯竭、环境污染,经济难以持续发展等现实问题。

20世纪70年代,国际上出现了悲观派和乐观派的论争。悲观派的代表作主要有罗马俱乐部的《增长的极限》、E. Smith的《生存的蓝图》、《公元2000年的地球》、M. Mesarovie等的《人类处于转折点》、J. Tinbergen的《改造国际秩序》等论著。其中最著名的则是罗马俱乐部发表的研究报告——《增长的极限》。该书中提出了"零增长"理论。零增长就是稳定状态的经济(Steady State Economy)。该书作者认为,如果继续盲目追求人口、工业、粮食生产、资源利用等方面的增长率,则未来100年内地球上的经济增长将达到极限,届时世界将面临一场"灾难性的崩溃"。避免这一后果的最好办法是限制增长,即"零增长"。所谓"零增长"就是稳定状态的经济。稳定状态的经济,就是在低出生率等于死亡率、低物质生产率等于低物质折旧率的水平,维持固定的物质财富和固定的人口量,使得人们长寿和物质经久耐用。整个过程从尽量低的物质消耗开始,到产生同样低的污染结束。乐观派则不赞成"零增长"理论,他们提出了"经济增长决定论"的观点。他们认为,环境污染并非经济增长和技术进步不可避免的后果,技术进步本身还提供了消除污染的可能。科技进步还能够不断发现新的自然资源,从而抵消自然资源储量减少的负面效应。该派的代表作主要有Julian L. Simon的《没有极限的增长》、《资源丰富的地球》等。他们认为,生产的不断增长能为更多的生产进一步提供潜力,资源和环境问题不是不能解决的。世界的发展趋势是在不断改善而非逐渐变坏。鲍莫尔指出技术进步是经济增长的主要推动力,其作用在于"每一单位的投入量将得到更多的产出量"。他还认为,在大多数生产过程中,投入的生产要素之间有着广泛的替代性。当一种资源相对短缺,价格上涨时,就会推动人们使用其他资源代替或者寻找节约使用原有资源的新方法。

两派关于环境与发展问题的论争,促使大量以可持续发展为内容的理论著作的涌现,提高了各国政府、公众对可持续发展的普遍认识,同时

也得到国际组织、政府首脑、科研机构、企事业单位的共同关注。1980 年
2 月,联合国环境规划署(UNEP)、联合国开发计划署(UNDP)、世界银行
发表的有关经济发展的环境政策宣言指出,经济和社会发展是缓和重大
环境问题的根本,同时经济发展和社会目标应该力求避免环境污染,或尽
量使污染减少到最低限度。1980 年 3 月 5 日,联合国呼吁:"必须研究自
然的、社会的、生态的、经济的以及利用自然资源过程中的基本关系,确保
全球持续发展。"①1983 年 11 月,联合国成立了世界环境与发展委员会
(WECD),成员有科学、教育、经济、社会、政治方面的 22 位代表。1987
年,该委员会在研究报告《我们共同的未来》中正式提出了可持续发展的
模式。该报告指出,过去我们关心的是发展对环境带来的影响,而现在我
们则迫切地感到生态的压力,如土壤、水、大气、森林的退化对发展所带来
的影响。② 因此,在未来的日子,我们应该致力于走一条资源环境保护与
经济社会发展兼顾的可持续发展之路。

　　1992 年在巴西里约热内卢召开了联合国环境与发展大会,在会上确
立了可持续发展战略。会议还通过了《里约热内卢环境与发展宣言》和
《21 世纪议程》,第一次把可持续发展理论付诸实践。自 1992 年起,可持
续发展已成为联合国有关发展问题一系列专题国际会议的指导思想。
1997 年 6 月,联合国在纽约召开有关可持续发展的特别会议,审议 1992
年以来各国贯彻实施可持续发展战略的情况和存在的问题,提出了全球
的发展目标和一系列措施。值得指出的是,会议还提出一个重要的口号:
"人类要生存,地球要拯救,环境与发展必须协调。"这标志着可持续发展
思想已经被世界大多数国家和机构接受,可持续发展从理论走向实践。

　　可持续发展的概念和理论的提出引起了各国政府、学者、研究机构等
的高度关注。既反映了人类对自身以前走过的发展道路的反思和扬弃,
也反映了人类对今后选择的发展道路和发展目标的展望和向往。人们逐
步认识到过去的发展道路是不可持续的,或至少是持续不够的,因而是不

———————

　① 刘东辉.可持续发展之路.北京大学出版社,1994 年
　② 中国 21 世纪会议中心.论中国的可持续发展.北京海洋出版社,1994 年

可取的,唯一可供选择的道路是走可持续发展之路。[①]

1.1.2 可持续发展理念产生的理论基础

可持续发展理念的产生,具有广泛的、深刻的理论基础,主要表现在以下几方面:

1. 中国的"天人合一"思想

自古以来,人与自然都是互存互生的关系,人不仅把自然看作主体认知和实践的对象,同时自然也是主体赖以生存的基础。无论是西方还是东方,古代还是现代,建立人与自然的协调与和谐关系的思想一直是人们追求的目标。

在中国古代,人与自然的和谐思想体现在以"天人合一"为代表的学说中。起初,中国古代的天人观,萌芽于殷商、西周时期的天命论思想。代表儒家六经之首的《周易》以天命和天道为基础,建立了一种贯通天人的宇宙和人生哲学,同时也标志着"天人合一"思想的萌芽。

孔子说:"人能弘道,非道弘人。"[②]其意为"天道"要由人来发扬光大。《中庸》中说:"天命之谓性。"[③]即"人性"由"天"赋予。孟子也曾说:"尽其心者,知其性也;知其性,则知天矣。"[④]其意为人与大地万物是统一的整体,人之仁义礼智,皆由"天"赋予,天人相通,人性即天性。《周易》和儒家的"天人合德"、"天人合一"学说,具有重要的哲学形态上的意义,代表了人与自然关系的朴素哲学。

与崇尚中庸之道的儒家不同,道家传统是一种纯自然主义哲学形态,其核心命题是"道"与"德"。老子认为"道生一,一生二,二生三,三生万物。"[⑤]人来源于自然并统一于自然,并且必须在自然的环境条件下才能生存,也必须遵循自然的法则才能求得发展。庄子主张以"道"观物,反对

---

① 张坤民.可持续发展论.中国环境科学出版社,1999 年
② [春秋]孔子著,杨柏峻,杨逢彬注释.论语——国学基本丛书.岳麓书社,2000 年
③ [战国]子思著,郑艳玲译.大学·中庸——中华古典珍品.黄山书社,2005 年
④ [战国]孟子著,杨柏峻,杨逢彬注释.孟子——国学基本丛书.岳麓书社,2000 年
⑤ [春秋]老子著,陈忠评译.道德经——国文珍品文库.吉林文史出版社,2006 年

以"我"观物。"天地与我并生,万物与我为一。"①即人与自然环境同一的最高体验。

道家认为,人与环境应该和谐相处,它们都遵循着"道"所固有的规律运动,而"道"本身的运动规律则是"周行"、"复命",即循环演化。老庄主张把自然环境这种天然状态作为人类社会所追求的理想模式。②

另外,在佛教和禅宗对生命和世界的神秘主义解释中,也包含着丰富的人与自然协调的思想。佛教的第一宗旨是要做到跟宇宙和生命中存在的"法"相一致,并从中指出人和自然走向融合、协调的道路。

佛教认为,生命主体的存在是依靠自然界的健康存在来维持的,人类只有和自然环境融合,才能共存并获益,池田大作把这种观点阐述为"依正不二"的原理。"依正不二"就是讲生命主体与自然环境是一个不可分割的有机整体。池田大作指出:"佛法的'依正不二'原理即立足这种自然观,明确主张人和自然不是相互对立的关系,而是相互依存的。如果把主体与环境的关系对立起来考察,就不可能掌握双方的真谛。"③

尽管中国古代对人与自然的关系提出了不同的说法,但其本质都是强调人与自然的和谐,由此可见,中国古代"天人合一"哲学基础就是天人和谐,即人与自然的和谐。

2. 西方生态伦理思想

西方关于人与自然关系的研究,主要体现于生态伦理思想中。"生态伦理是解读人与自然关系的新范式"④,西方生态伦理思想经历了二十世纪六七十年代的酝酿和八九十年代的发展,其主要理论是关于自然界的价值和权利问题,其中部分学派提出了维护人与自然的和谐关系。

1933 年,现代环境哲学的奠基人和创立者——利奥波德(Aldo

---

①　[战国]庄子著,刘英,刘旭注释.庄子——中国古典名著全译典藏图文本.中国社会科学出版社,2004 年

②　方巍.环境价值论.复旦大学 2004 年博士学位论文

③　[英]汤因比,[日]池田大作著,荀春生,朱续征,陈国梁译.展望二十一世纪:汤因比与池田大作对话录.国际文化出版公司,1985 年

④　曾建平.自然之思:西方生态伦理思想探究.中国社会科学出版社,2004 年

Leopold，1886－1948)发表了著名论文——《大地伦理学》，从维护自然环境整体的伦理取向出发，确定判断人类善恶行为的标准就是看其是否有利于自然环境的完整、稳定和美丽。他首次提倡人们要和自然环境建立"伙伴关系模式"，以取代把自然环境当成征服和统治对象的传统关系模式。① 利奥波德的这一思想对于人与自然的传统关系具有革命性变革的意义。

1968 年 4 月，以佩切伊为首的罗马俱乐部致力于人与自然关系问题的研究，并提出了当代人类面临着的几项主要的历史任务：一是重建人类文化上的平衡；二是依据"新的生命伦理"制定长期保存自然财富的政策，以此来指导人们对环境的开发和利用；三是人类要坚决反对那种对技术力量持过高期待的态度，反对盲目地追求技术进步，把人类和地球的未来完全托付给技术；四是通过"人的革命"提高人的素质，以驾驭和控制物质革命的狂奔。1972 年，罗马俱乐部发表了《增长的极限》②研究报告，在世界范围内敲响了人与自然关系危机的警钟，极为强烈地震撼了西方社会长期以来流行着的科学技术进步没有止境、物质财富增长没有限度的自由乐观主义思潮，为后来的环境保护与可持续发展的理论奠定了良好基础，由此《增长的极限》和罗马俱乐部一起成为环境保护史上的一座里程碑。

霍尔姆期·罗尔斯顿(Holmes Rolston)在坚持了利奥波德大地伦理学的整体主义思想的基础上，提出了自然价值论，在《哲学走向原野》、《环境伦理学：自然界的价值和人对自然的责任》两部著作中，他提出自然作为进化的整体，首先是产生价值的源泉；其次，自然的整个网络系统是多种价值的转换器；第三，自然价值的存在，不依赖于评价主体，也不总是随着人们对它的评价而表现出来；最后，价值与事实是不可分割地结合在一起的，它们都有自然系统的属性，生态学对自然的描述，也就是对自然价

---

① ［美］奥尔多·利奥波德著，侯文蕙译.沙乡年鉴.吉林人民出版社，1997 年

② 丹尼斯·米都斯著，李宝恒译.增长的极限——罗马俱乐部关于人类困境的报告.吉林人民出版社，1997 年

值的评价。① 罗尔斯顿的自然价值论为保护自然生态系统提供了一个更为客观的、独立于人们的主观偏好的道德根据。

另外,英国著名的历史学家汤因比(Arbnors josph Tɔynbee)把"大地,即地球生物圈或地球生态环境"比喻为"人类的大地母亲"②,并在《人类与大地母亲》和《展望二十一世纪》两本书中提出了"拯救母亲说"。

以"自组织理论"为核心的奥地利天文物理学家埃里克·詹奇(Erich Jantch 则提出建立生态学类型的经济和技术发展方案,并主张将技术拓展的外在通道与意识进化的内在通路结合起来,提倡通过人对自然进化动力学的普遍关联性的体验,来把握人的生命的永恒意义,协调人与自然进化的关系。③

在《觉醒的地球》一书中,彼得·拉塞尔(Peter Rusell)将地球看作是一个活的生命有机体,提出"地球觉醒观",他认为当今协同程度较低的社会已造成了各种全球性危机,尤其是人和自然关系的生态危机,因此必须通过变革,建立整体论、生态学的新世界观,使社会朝着高度协同的方向发展,才能克服当前的各种危机。④

随着技术的不断进步,人类利用自然的能力越来越大,因而技术的积极作用和负面代价同步增长,如何看待技术与自然的关系问题,对此,汉斯·萨克塞川(Hans Sachsse)把技术看作人与自然联系的中介,他认为,技术发展对自然造成的后果与人类的未来直接相关,人类作为自然整体中的一个有机组成部分,对技术运用的自然后果负有责任,因此应使技术在有利于保护生态环境的前提下发展,也就是说,要改变技术进步的方式。因此,人类在使用技术时应该承认自然的自身价值,维护自然的生存权利,当好造物者的"受托管理人",尽到保护自然的责任。⑤

---

① [美]霍尔姆斯·罗尔斯顿,刘耳译.哲学走向荒野.吉林人民出版社,2000 年;杨通进译.环境伦理学——大自然的价值及人对大自然的义务.中国社会科学出版社,2000 年
② [英]阿诺德·汤因比著,徐波,徐钧尧,龚晓庄等译.人类与大地母亲——一部叙事体世界历史.上海人民出版社,2001 年
③ [美]埃里克·詹奇著,曾国屏,吴彤等译.自组织的宇宙观.中国社会科学出版社,1992 年
④ [英]拉塞尔,王国政等译.觉醒的地球.东方出版社,1991 年
⑤ [德]汉斯·萨克塞著,文韬,佩云译.生态哲学.东方出版社,1991 年

从以上的各种学派观点来看,虽然西方的生态伦理思想主要以自然的价值论和权利论为核心,但是其实质仍是强调人与自然的和谐统一,在和谐的关系下自然的价值和权利才能得到更充分的体现。

1.2 可持续发展的概念界定与内涵阐释

1.2.1 可持续发展的概念界定

"可持续发展"一词,最初出现在 20 世纪 80 年代中期的一些发达国家的研究文献中,"布伦特兰夫人报告"以及经济合作组织的一些出版物,较早地使用过这一词汇。到目前为止,可持续发展作为一个理论体系正处于形成的过程中,对于可持续发展的概念或定义,全球范围还在进行广泛的讨论,众说纷纭,从不同角度对可持续发展进行阐述。下面我们介绍具有较大影响的有代表性的几类可持续发展概念。

(1)布伦特兰夫人的可持续发展定义。1987 年,挪威首相布伦特兰夫人主持的"世界环境与发展委员会"(WCED),在对世界重大经济、社会、资源和环境进行系统调查和研究的基础上,提出了长篇专题报告——《我们共同的未来》。该报告首次系统地阐述了"可持续发展"的概念和内涵,认为可持续发展就是"既满足当代人的需要,又不对后代人的需要构成危害的发展"。并指出:满足人类的需要和愿望是发展的主要目标,它包含经济和社会循序渐进的变革。[①] 该定义中包括两个重要的概念:一是"需要",尤其是世界上贫困人口的基本需要,应当放在特别优先的地位来考虑;二是"限制",技术状况和组织对环境满足当前和未来需要能力施加限制。之后,可持续发展的概念又在两个重要的国际性文献中进一步得到详细说明,一个是《保护地球——可持续生存战略》(Caring for the Earth:A Strategy for Sustainable Living,IUCN,1991);另一个是《21 世

---

① WECD. Our Common Future,Oxford University Press,1987

纪议程》(Agenda 21),这是 1992 年联合国环境与发展大会通过的行动计划。[①]

(2)侧重于自然属性的可持续发展的定义。可持续发展的概念源于生态学,即所谓"生态持续性"(Ecological Sustainability)。它主要指自然资源及其开发利用程度上的平衡。世界自然保护同盟(IUCN)1991 年对可持续性的定义是"可持续性地使用,是指在其可再生能力的范围内使用一种有机生态系统或其他可再生资源",同年,国际生态研究会(INTE-COL)和国际生物科学联合会(IUBS)进一步探讨了可持续发展的自然属性。他们将可持续发展定义为"保护和加强环境系统的生产更新能力"。即可持续发展是不超越环境系统再生能力的发展。此外,从自然属性方面定义的另一种代表是从生物权概念出发,即认为可持续发展是寻求一种最佳的生态系统以支持生态的完整性和人类愿望的实现,使人类的生存环境得以持续。[②]

(3)侧重于社会属性的定义。1991 年,由世界自然保护同盟(IUCN)、联合国环境规划署(UNEP)和世界野生生物基金会(WWF)共同发表的《保护地球——可持续生存战略》提出的可持续发展的定义是"在生存于不超出维持生态系统承载能力的情况下,提高人类的生活质量",并进而提出了可持续生存的 9 条基本原则。这 9 条基本原则既强调了人类的生产方式、生活方式要与地球承载能力保持平衡,保护地球的生命力和生物多样性,又提出了可持续发展的价值观和行动方案。报告还着重论述了可持续发展的最终目标是人类社会的进步,即改善人类生活质量,创造美好的生活环境。报告认为,各国可以根据自己的国情制定各自的发展目标。但是,真正的发展必须包括提高人类健康水平,改善人类生活质量,合理开发、利用自然资源,创造一个保障人们平等、自由、人权的发展

---

① P. K. Rao. Sustainable Development, Economics and Policy, Blackwell Publisher, 2000;Chiehilnisky,G. What Is Sustainable Development,Environment and development Economics,1993,1,113—115

② 曹利军.可持续发展评价理论与方法.科学出版社,1999 年;Cormmon,M. and C. Perrings. Towards an Ecological Economies of Sustainability. Ecological Economics,1992,6,17—24

环境。[①]

（4）侧重于经济属性的可持续发展的定义。这类定义均把可持续发展的核心看成是经济发展。当然，这里的经济发展已不是传统意义上的以牺牲资源和环境为代价的经济增长，而是不降低环境质量和不破坏世界自然资源基础的经济发展。巴比尔（Edward B. Barbier）把可持续发展定义为："在保护自然资源的质量和其所提供服务的前提下，使经济发展的正利益增加到最大限度。"[②] 普朗克（Pronk）和哈克（Hag）在1992年将可持续发展定义为："为全世界而不是为少数人的特权所提供公平机会的经济增长，不进一步消耗自然资源的绝对量和涵容能力"。英国经济学家皮尔斯（D. Pearce）和沃福德（J. Warford）在1993年合著的《世界末日》一书中，提出了以经济学语言表达的可持续发展定义："当发展能够保证当代人的福利增加时，也不应使后代人的福利减少"。而经济学家科斯坦萨（Costanza）等人则认为，可持续发展是能够无限期地持续下去，而不会降低包括各种"自然资本"存量（量和质）在内的整个资本存量的消费数量。他们还进一步定义："可持续发展是动态的人类经济系统与更为动态的，但在正常条件下却很缓慢的生态系统之间的一种关系。这种关系意味着，人类的生存能够无限期地持续，人类个体能够处于全盛状态，人类文化能够发展，但这种关系也意味着人类活动的影响保持在某些限度内，以免破坏生态学上的生存支持系统的多样性。"[③]

（5）侧重于科技属性的定义。这是从技术选择的角度扩展了可持续发展的定义。倾向于这一定义的学者认为："可持续发展就是转向更清洁、更有效的技术，尽可能接近'零排放'或'密闭式'的工艺方法，尽可能减少能源和其他自然资源的消耗。"还有的学者提出："可持续发展就是建立极少产生废料和污染物的工艺和技术系统"。他们认为污染并不是工

①　IUCN—UNEP—WWF. Caring for the Earth:A Strategy for Sustainable Living,1991

②　E. B,Barber. The Concepts of Sustainable Development. Conservation,1987,14,101—110

③　Costanza,R,B. Norton and B. Haskell. Ecosystem health:New Goal for Environmental Management. Island, Washington,D. C.,1992

业活动不可避免的结果,而是技术水平差、效率低的表现。他们主张发达国家与发展中国家之间进行技术合作,缩短技术差距,提高发展中国家的经济生产能力。[①]

随着可持续发展理念风靡全球,布伦特兰夫人的定义得到了比较广泛的认可,但它更侧重于时间序列,忽略了空间分布,比如区域资源、环境的格局、贫富不均等问题,但这些并不能否定这一理念的真实本意。

概而言之,可持续发展是从环境和自然资源角度提出的人类发展战略的模式,它强调发展遵循自然的规律,使经济建设、社会发展、自然资源、环境相协调。从这一意义上说,可持续发展概念从理论上结束了经济发展与环境、资源相互对立、矛盾的局面,树立起经济—自然—社会相互协调、相互促进、稳定有序的一个系统。进一步分析,我们认为发展不同于可持续发展。

发展与可持续发展的相同点在于:(1)不论发展还是可持续发展均涉及经济、社会、文化、自然资源与环境等领域的综合概念,它要求人类在经济发展中既保护环境,又要追求社会公正,从而使自然—社会—经济复合系统朝着更加和谐、更加互补的方向发展。(2)二者的目的均是发展。如果社会停滞不前,那么环境保护和资源的持续利用就难于实现。(3)二者均把物质生产、人类自身生产、环境生产视为国民财富的组成部分。(4)二者均强调增长的数量和质量。

发展与可持续发展的区别在于:(1)要实现可持续发展,必须在每一个时间段内都保持资源、环境、经济、社会的和谐。而发展通常是指在一个时间段内自然、社会、经济三者之间的协调。(2)更为重要的是,可持续发展在时间和空间上对发展的负效应进行了限制。比如在一个系统中某子系统获得了发展,但不能保证其他子系统同样获得发展。而可持续发展则要求某一个子系统在赢得自身发展的同时,也应通过协调、扶持其他

---

① 钱易,唐孝炎. 环境保护与可持续发展. 北京高等教育出版社,2000 年;Dosi, G. C. Freeman R. Nelson,G. Silverberg and L. Soete. Technical Change and Economic Theory. Publishers,London,1991

子系统的发展,而非阻碍后者的发展。在谋求整个系统发展时,子系统可做出必要的牺牲。为此,有必要在较高层次上对资源进行整体配置,以促进整个系统的发展。

此外,可持续性不同于可持续发展,尽管两者在某些方面存在着某种一致性。其表现在:(1)无论可持续性还是可持续发展均指系统内的各种人造的、自然的、社会的资本没有数量和质量上的衰减。(2)两者通常均回答可持续的时间、实现可持续的方式、可持续的受益对象以及如何分配可持续给人们带来的好处等问题。二者的区别在于:可持续发展除回答可持续的时间、实现可持续的方式等问题之外,还必须解决环境污染、资源掠夺等增长过程的负效应,这些负效应不仅破坏生态系统的稳定性、有序性,而且威胁着当代人和后代人共同的生命支持系统。通过限制增长过程中的负效应,使系统朝着更加和谐的方向进化。可持续性侧重于强调各种资源的多样性、稳定性,使系统趋向于稳定、协调状态。

1.2.2 可持续发展的内涵阐释

由前述可知,可持续发展包含了发展与可持续性两个概念,其中发展不单单是物质财富的增加,同时也包括人们福利和生活质量的提高;可持续性包括生态可持续、经济可持续和社会可持续,其中生态可持续是基础,经济可持续是条件,社会可持续是目的。具体而言,关于可持续发展的内涵,学术界有以下几种观点:

第一种观点认为,可持续发展的核心思想是,健康的经济发展应当建立在生态能力持续、社会公正和人们积极参与自身发展决策的基础上。可持续发展与环境保护相互联系,不可分割。[①]

第二种观点认为,从思想的内涵看,可持续发展包括三个方面的含义:(1)人与自然界的共同进化思想;(2)当代与后代兼顾的伦理思想;(3)效率与公平目标兼顾的思想。[②]

第三种观点认为,可持续发展的本质是运用资源保育原理,增强资源

---

① 旭文.何谓"可持续发展"?.人民日报,1996年4月23日
② 刘东辉.从"增长的极限"到"持续发展".北京大学出版社,1994年

的再生能力,引导技术变革让可再生资源替代不可再生资源成为可能,制订行之有效的政策,限制不可再生资源的利用,使资源利用趋于合理化。

我们以为,可持续发展的内涵是强调提高经济发展水平和控制自然资源的消耗,环境质量和承载力状况应保持协调。

1.3　可持续发展的特征、原则、内容和目标

1.3.1　可持续发展的基本特征

1. 可持续发展的目的是改善和提高生活质量。当今世界仍有 1/5 的人口处于贫困状态。贫穷和造成环境恶化之间存在着密切联系。贫困人口由于得不到有效的生产手段和资料,于是通过砍伐森林、掠夺资源,从自然界中获得最大可能的产出。这样尽管在短期内获得了最大产出,但却削弱了长期发展的潜能,尽管有所发展,但难于持久。

2. 可持续发展是持久的。表现在经济的可持续性、生态的可持续性、社会的可持续性等三方面,一旦三者出现割裂,则人类社会的可持续性将丧失殆尽。

3. 可持续发展具有协同性。在促进经济发展的同时,切实保护环境,诸如减少(或消除)废物,改善环境质量,节约能源,保护生物的多样性,保持森林的采伐率和营造率之间的动态平衡,保持地下水抽取与补给的动态平衡,保持耗竭性资源的开采量与贮藏量之间的动态平衡等,从而使人类的发展在地球承载力之内。

4. 可持续发展鼓励经济的增长,尤其是贫穷、落后国家经济的增长。

以上特征可以总结为:可持续发展包括生态持续、经济持续和社会持续,它们之间互相关联而不可分割。孤立追求经济增长必然导致经济崩溃;孤立追求生态持续不能遏制全球环境的恶化,生态持续是基础,经济持续是条件,社会持续是目的。人类共同追求的应该是自然—经济—社会复合系统的持续、稳定、健康发展。

1.3.2　可持续发展的基本原则

由上述分析可知,可持续发展具有十分丰富的内涵。就其社会观而

言,主张公平分配,既满足当代人又满足后代人的基本要求;就其经济观而言,主张建立在保护地球自然系统基础上的持续经济发展;就其自然观而言,主张人类与自然和谐共处。因此,可持续发展所体现的基本原则有:

1. 发展的原则(Development)

这一原则可进一步表述为,发展是硬道理,没有当前的发展,未来的发展也就没有基础。人类的发展是历史积累的过程,但发展必须是持续的,不能竭泽而渔,既要考虑当前发展的需要,又要考虑未来发展的需要。要考虑发展的后劲,不能以牺牲未来发展的能力为代价来换取一时的高速度;不能以牺牲后代人的利益满足当代人的发展。如果现在的发展破坏了人类生存的物质基础,发展就难以持续下去,也就违背了发展的根本宗旨,发展本身就失去了意义。[①]

2. 公平性原则(Fairness)

所谓公平性是指机会选择的平等性。可持续发展所要求的公平性原则包含三个方面的含义:一是当代人的公平,即代内平等。当今世界仍有1/5 的人口处于贫困状态。贫穷极大地阻碍着人类向可持续发展目标的迈进。因此,有必要赋予贫困人群以发展的权利与机会,从而有效消除贫穷,提高并满足其生活质量,实现可持续发展。二是代际公平和世代平等。自然资源是有限的,当代人不能仅为满足自己的发展愿望而牺牲人类赖以生存的生命支持系统,剥夺子孙后代公平享用资源的权利。正确的选择是赋予每代人都享有公平利用自然资源的权利。三是公平分配有限资源。目前富国利用自己的优势,取代了发展中国家利用地球资源的部分发展经济的权利。为了实现代际公平和代内公平,《里约热内卢环境与发展宣言》已将公平原则提升为国家间的主权原则。

3. 持续性原则(Sustainability)

持续性原则的核心思想是指人类的经济建设和社会发展必须保持在资源和环境的承受能力之内。这意味着,人类应当杜绝自己对环境的破

---

① 王慧炯,甘师俊.可持续发展与经济结构.科学出版社,1999 年

坏和资源的浪费,补偿从生态系统索取的东西,使生态系统保持稳定性及良好的循环。只有在发展中维持人与自然、人与人之间的和谐,在发展中考虑到资源环境的承载力,人类才具有生存的物质基础,否则可持续发展就成为空谈,"发展"一词就衰退了。

4. 需求性原则(Demand)

人类需求分为基本需求、环境需求、发展需求。所谓基本需求是指维持正常的人类活动所必须的基本物质和生活资料。环境需求是指人们在满足基本需求后,为使生活更加和谐所需求的条件。发展需求是指在基本需求得到满足后,为使生活向更高层次迈进所需求的条件。与传统发展模式不同,可持续发展坚持公平性原则和可持续性原则,重视资源环境的代际配置,强调应满足所有人的基本需求,为当代人和后代人改善生活质量提供机会。

5. 共同性原则(Common)

生态系统与经济利益相互依存的现实对国家主权的传统形式提出了日益严峻的挑战。这种相互依存的关系在共同的生态系统和不属于任何国家管辖的全球性的公共区域内表现得尤为突出。为了共同的利益,只有对公共资源的协调、开发和管理进行国际合作和达成协议,可持续发展才能实现。[①] 因此,尽管世界各国在文化、历史、发展水平方面存在诸多差异,在可持续发展的具体目标、政策方面不可能绝对相同,但是可持续发展作为全球发展的总目标,所体现的公平性原则和持续性原则应共同遵循与承诺,通力合作,保护共同的家园。

1.3.3　可持续发展的主要内容

可持续发展是一个涉及经济、社会、文化、技术及自然环境的综合概念。它是立足于环境和自然资源角度提出的关于人类长期发展的战略和模式。它并不是一般意义上所指的在时间和空间上的延续,而是特别强调环境承载能力和资源的永续利用对发展进程的重要性和必要性。可持续发展不同于传统的经济增长,它是人类关于社会经济发展和人类生存

---

① 世界环境与发展委员会.我们共同的未来.世界知识出版社,1989年

的一切思维方式的变革。它的主要内容包括四个方面。

1.可持续发展鼓励经济增长

可持续发展强调经济增长的必要性,可以通过经济增长提高当代人福利水平,增强国家实力和社会财富。但可持续发展不仅重视经济增长的数量,更要求经济增长的质量。这就是说,经济发展包括数量增长和质量提高两部分。数量的增长是有限的,而依靠科学技术进步,提高经济活动中的效益和质量,采取科学的经济增长方式才是可持续的。因此,可持续发展要求重新审视如何实现经济增长。要达到具有可持续意义的经济增长,必须审视使用资源的方式,改变传统的以"高投入、高消耗、高污染"为特征的生产模式和消费模式,逐步向可持续发展模式过渡,实施清洁生产和文明消费,从而减少每单位经济活动造成的环境压力。环境、资源退化的原因产生于经济活动,其解决的根本也必须依靠于经济过程的再造。

2.可持续发展的标志是资源的永续利用和良好的生态环境

经济和社会的发展不能超越资源和环境的承载能力。可持续发展以自然资源为基础,同生态环境相协调。它要求在严格控制人口增长、提高人口素质和保护环境、资源永续利用的条件下,进行经济建设,保证以可持续的方式使用自然资源和环境成本,使人类的发展控制在地球的承载能力之内。可持续发展强调发展是有限制条件的,没有限制条件就没有可持续发展。要实现可持续发展,必须是自然资源的耗竭速度与资源的再生发现速度相适应,必须通过转变发展模式,从根本上解决环境问题。如经济决策中能够将环境影响全面系统地考虑进去,这一目的是能够达到的。但如果处理不当,环境退化和资源破坏的成本非常巨大,甚至会抵消经济增长的成果而适得其反。

3.可持续发展的目标是谋求社会的全面进步

发展不仅仅是经济问题,单纯追求产值的经济增长不能体现发展的内涵。可持续发展的观点认为,世界各国的发展阶段和发展目标可不同,但发展的本质应当包括改善人类生活质量,提高人类健康水平,创造一个保障人们平等、自由、安定和受教育、免受暴力的社会环境。这就是说,在人类可持续发展系统中,经济发展是基础,自然生态保护是条件,社会进步才是目的。而这三者又是一个相互影响的综合体,只要社会在每一个时间段内都能保持与经济、资源和环境的协调,这个社会就符合可持续发展的要求。显然,在新的世纪里,人类共同追求的目标,是以人为本的自然－经济－社会复合系统的持续、稳定、健康的发展。

4.可持续发展承认自然环境的价值

自然资源的价值不仅体现在环境对经济系统的支撑和服务价值上,也体现在环境对生命支持系统的不可缺少的存在价值上。应把生产中环境资源的投入和服务计入成本,进入产品价格,逐步完善国民经济核算体系。这不仅是方法问题,也是人们思维方式的变革,从而引起资源配置、使用方式等的一系列调整。

1.3.4　可持续发展的根本目标

我们可以将自然－经济－社会复合系统的可持续发展用以下模型简单表示。

可持续发展的目标函数:$SD = f(\vec{X}, \vec{Y}, \vec{Z}, T, L)$

约束条件:$|\vec{X} + \vec{Y}| \leqslant \min|\vec{Z}|$, $|\vec{X}|$, $|\vec{Y}|$, $|\vec{Z}| > 0$

式中:SD ——可持续发展系统目标;

　　　$\vec{X}$, $\vec{Y}$, $\vec{Z}$ ——经济、社会、生态子系统发展水平矢量;

　　　T , L ——时间、空间矢量,表示可持续发展的不同阶段、地区;

其中:$\vec{X} = (x_1, x_2, x_3, \cdots, x_n)$

　　　$\vec{Y} = (y_1, y_2, y_3, \cdots, y_n)$

　　　$\vec{Z} = (z_1, z_2, z_3, \cdots, z_n)$

即复合系统的可持续发展目标 SD 是经济系统发展水平矢量 $\vec{X}$,社会子系统发展水平矢量 $\vec{Y}$ 及生态子系统发展水平矢量 $\vec{Z}$ 的函数。可持续发展目标 SD 还与发展阶段和地区有关。经济、社会和生态子系统发展水平矢量又是该系统诸因子的函数。当资源与环境发挥其最大承载力的状态也就是其生态系统具有可恢复性的最低发育状态($\min\vec{Z}$)。

1.4 基于可持续发展理念的土地利用规划

为了表达简便,我们将基于可持续发展理念的土地利用简称可持续土地利用,相应地,基于可持续发展理念的土地利用规划简称可持续土地利用规划。本节对可持续土地利用与可持续土地利用规划的一些基本问题进行了简要阐述。

1.4.1 可持续土地利用的理论渊源

土地资源利用出现的问题决不是在近代的工业文明之后才出现和被研究的,人类诞生之日起,人与地的关系就已经开始了,人类土地资源利用中的矛盾就已经出现了,但对于它的关注则随着矛盾的突出而不断深化。

20 世纪 50 年代以来,世界经济和科学技术的迅猛发展,使人类的福利水平在不断上升,但是好景不长,到了 60 年代,人类社会传统的、掠夺式经济增长模式在世界范围内爆发出各种各样的问题,在这些问题当中大量的自然资源耗竭、环境的严重污染、生物物种的消失、生态环境的恶化等已经引起人们的逐渐关注。土地资源利用是一切资源利用的基础,因此在这其中对于如何合理利用土地资源也就摆在了各个国家的议事日程,一方面是发达国家高经济增长与环境污染和土地退化等问题的出现,另一方面主要是在多数发展中国家面临资源退化和生态环境破坏如土地资源退化、粮食生产不足和饥荒等问题引起了来自世界范围内的关注,尤其是人类发展面临的人口、粮食、资源、环境和能源五大问题都直接或间接地和土地资源的利用有关,对于土地资源合理利用问题的关注成为了人们关注社会经济可持续发展的一个很重要方面,人们没有只是停留在对于土地资源合理利用问题的关注,更多投入到对这个问题的研究和思考,伴随着多学科的参与,土地资源合理利用问题得以在许多方面取得突破,如对于土地资源与粮食生产、土地资源的退化机理等方面取得很多的进展和突破,同时也拓展了研究的角度和领域,从流域水土流失治理和土地退化防治等到土地资源利用评价和微观农户土地利用经济行为研究等扩展开来。尤其是世界范围内的可持续发展思想的传播更是对土地资源的利用产生了巨大的影响,逐渐产生了对土地资源可持续利用的要求。

20 世纪初,人们就已经提出了土地资源合理利用的思想,而且在此思想下开展了许多关于土地质量、土地资源退化、水土流失、荒漠化等方面的研究,但可持续发展思想提出对现时代的影响远超过了一般的发展思想的影响,尤其是可持续发展中对于生态环境的关注、对于后代发展能力的关注对土地资源的利用产生了很大的影响,这可以从现代世界范围内的关于土地资源可持续利用的研究和关注的焦点以及国内对于这方面的大量研究中加以证实。

20 世纪 60 年代美国、英国、荷兰等国开展了土地评价方面的研究工作,研究主要以土地分类和土地潜力分类为主。1976 年联合国粮农组织颁布了《土地评价纲要》,此纲要被广泛应用于世界各国的土地适宜性评价,促进了国际上土地适宜性评价的研究,土地适宜性的评价着重于土地资源自然属性中土地质量自然生产力的评价。随着新的土地伦理观的产生,再加之对于土地稀缺性认识的深化,1990 年印度农业研究会、美国Rodale 研究所在新德里举行的土地利用研讨会上首次提出了土地可持续利用的思想,1993 年在加拿大 Lethbridge 大学举行了"21 世纪持续土地利用管理"的研讨会,提出了可持续土地利用管理的五项基本原则:第一,保持或增加生产和服务(持续性);第二,减少生产风险(稳定性);第三,保护自然资源潜力和防止土壤和水质的退化(保护性);第四,经济上可行性(可行性);第五,社会可接受性(可接受性)[①];在这些研究中都十分注重土地资源的自然生态方面的特性研究,但缺乏更加广为接受的概念和含义。

可持续发展要求在经济发展的同时,不能以生态环境的破坏为代价。可持续发展观为土地资源利用提出了新的思路,土地资源的利用尤其是土地资源作为大的生态环境系统的一部分必须时刻加以关注,经济发展

---

①　郝晋珉,辛德惠.农业—农村发展过程中土地持续利用管理.资源科学,1996 年第 4 期,第 1~7 页

对于土地的利用不能以土地作为生态环境系统的功能衰退为代价的。伴随着世界范围内可持续发展思想的推行和先后召开的对于发展中国家可持续土地利用的探讨,联合国粮农组织于 1993 年又颁布了《持续土地评价纲要》对土地利用提出了五项指标,即保持或提高生产力或服务(生产力);降低生产风险水平(生产的稳定性);保护自然资源潜力和防止土壤与水质退化(保护性);经济的可行性(可行性)和社会的可接受性(接受性),在这一纲要中将土地利用的持续性定义为"在特定的时期、特定的地区和特定的土地利用方式下,测定持续土地管理的所有目标(生产性、安全性、保护性、可行性和接受性)满足的程度",后一纲要的显著特点在于将土地利用的可持续性与社会和经济因素都考虑到评价的要素中去。对于土地利用的评价需要确定土地利用方式,例如在可持续土地利用评价中同样指明持续性是针对特定土地利用方式的评价。土地利用可持续性可看作是其适宜性在未来方向上的延伸,因此判断一种土地利用方式是否具有可持续性,实际上就是在土地特定的利用目的条件下以及相应采取的措施,来判断该种土地利用要求是否与土地本身的特性相符合。土地可持续利用评价反映了对土地自然生产力和生态环境功能的综合评价,它通过采用可持续利用和不可持续利用的级别的划分,来评定土地资源在一定时期的利用中是否可持续利用的情况。

土地资源的可持续利用研究之所以在中国的研究会成为热点,这与中国土地资源的状况和人地资源矛盾的紧张程度有着很大关系。中国不仅承受着巨大的人口和有限的耕地资源、人口大量城市化与土地资源短缺等矛盾,而且中国和其他国家一样也同样承受着在工业化过程中所面临的土地资源退化等一系列问题,尤其是近些年来土地资源利用中存在着严重的问题引起了大家的巨大关注,使土地资源的可持续利用也成为中国这方面研究的一个重点。

具体而言,我国土地资源整体匮乏,人地关系极其紧张,这决定了为满足人口不断增长对粮食的需求,必须对耕地实行保护;我国正处于农村经济向城市经济转变的剧烈变动时期,产业结构发生了很大变化,经济社会中比以往任何时候都明显地不断产生着土地利用的新类型和新需求,这意味着土地可持续利用也要能对土地需求做出有效调控,否则将会阻碍经济的平稳发展而背离可持续发展的轨道;我国以国家和集体"二元结构"土地所有制为中心的土地制度一方面妨碍了土地市场在调节土地需求方面的巨大作用,另一方面导致城市对农村的剥夺,城市经济变为"土地 GDP",造成城乡发展不平衡以及"权力寻租"等社会问题。因此,我国的可持续土地利用还应能引导整个社会健康、平稳地发展。

1.4.2 可持续土地利用的概念与内涵

1990 年 2 月,在新德里由印度农业研究会、美国农业部和美国 Rodale 研究中心共同组织的首次国际土地可持续利用系统研讨会上正式提出了土地持续利用思想。1993 年,联合国粮农组织(FAO)拟定的《持续土地管理评价大纲》中对持续土地管理给出了定义,即"持续土地管理是将技术、政策和能够使社会经济原则与环境考虑融为一体的行为结合起来,以便同时实现保持或提高生产与服务(生产性,productivity)、降低生产风险(安全性,security)、保护自然资源潜力及防止土壤退化(保护性,Protection)、经济上可行(可行性,viability)和社会可接受(可接受性,acceptability)"。该定义适用的层次是土地利用整体下的农业土地的可持续利用,并且其初衷是用于指导农业土地利用(管理)的可持续性评价工作。[①]

我国当前的可持续土地利用可定义为:可持续土地利用是在保护耕地资源和生态系统完整的条件下,有效满足经济社会不断增长的土地需求,增进城乡平衡发展,实行代内、代际公平和区际公平,促进经济平稳发展、社会安定公正的土地利用结构、土地利用管理措施和土地制度的总称。

土地资源与其他资源相比,是最能体现并最需要坚持可持续发展战略的一种资源。可持续土地利用是由土地的特性所决定的,也就是说,土地具有可持续利用的特性,人类应很好地利用土地的这一特性。人类的生产和消费活动只有适应这一特性,人类社会的可持续发展才有保障。具体地讲,可持续土地利用包括以下几个方面内涵:

---

① FAO. Guidelines for land use planning, Rome, 1993

第一，在土地资源数量配置上与土地资源的总量稀缺性高度一致。土地具有稀缺性，土地的供给在一定时期内相对于需求是有限的，因而有限的资源必须分配到社会效益、生态效益和经济效益都较高的项目上，并有合理的组合比例关系。[①]

第二，在土地资源的质量组合上与资源禀赋相适应。不同生产项目对土地资源的品质要求不同，而丰度高、品位高的土地资源极其有限，因而应把优质的土地资源安排到对资源品质要求最高的项目上。

第三，在土地资源的时间安排上与资源的时序性完全相当。土地资源虽然不可再生，但后备资源的开发可以弥补一定量的可利用土地资源，因而应考虑土地资源开发利用的延续性，避免资源集中过量消耗，导致资源断档。

第四，土地资源配置应当考虑各地区差异，反映各地区的特点，诱发地区发展活力。合理的土地利用需要建立有序的区域配置机制，需要建立区际间资源流动的规则。例如在我国西部大开发和振兴东北老工业基地过程中就应特别注意这一点。

第五，土地资源利用过程中生态环境可控制。从生态学意义上来说，可持续土地利用应考虑生态阈值限内的生产力，即不破坏生态系统的最大生产力，符合环境容量要求。也就是保持特定地区的所有土地均处于可用状态，并长期保持其生产力和生态稳定性。

总之，可持续土地利用，要求土地资源配置在数量上具有均衡性，在质量上具有级差性，在时间上具有长期性，在空间上具有全局性，从而实现自然持续性、经济持续性和社会持续性的统一。

1.4.3　可持续发展理念在土地利用规划中的体现

人类社会从传统的经济增长战略到可持续发展战略，需从发展目标、模式到途径的转变。如果说，经济、人口、资源、环境等内容的协调发展构成了可持续发展战略的目标体系，那么，管理、法制、科技、教育等方面的能

---

① 陈艺，汪波，王伟华.城市土地集约利用的内涵及对策研究.重庆大学学报（社会科学版），2005年第5期，第16～18页

力建设就构成了可持续发展战略的支撑体系。土地利用规划作为可持续发展的能力建设中的重要一环,应从以下两个方面体现可持续发展理念:

一方面,转变以经济增长为核心的规划思路。以经济增长为核心的规划思路是:经济按以往的模式继续增长,并为污染控制提供日益增长的费用,即在采用污染控制措施的同时经济继续增长。该思路强调经济增长的重要性,认为经济迅速增长可以保证在环保方面的投资不断增加,把环境污染的影响保持在一个可接受的范围内。然而已有研究表明,按这种传统的模式发展经济,虽然给环境增加投资,但结果仍是环境的大破坏。不改变传统的发展模式及规划思路,人类将无法生存。因此,可持续发展理念下的土地利用规划应转变以经济增长为核心的规划思路,转向经济、生态及社会协调发展、综合效益最大化为目标的规划思路。

另一方面,修正传统的资源配置理论。西方经济学对市场经济条件下资源配置效率问题进行了较系统的研究,形成了资源配置效率的"帕累托最优"理论。这一理论在完全竞争的市场条件下对社会经济资源的配置应用是有效的,但不适应可持续发展观下的合理配置资源的要求。一方面,可持续发展要求市场经济条件下配置资源时必须达到必要的生态环境标准(物质型或价值型),从而使自然资源能够持续利用,并消除自然资源利用中的外部性问题,这些要求和标准从纯经济角度看,都是非"帕累托最优"的。另一方面,传统的"帕累托最优"理论着眼点为当代人内部不同当事人之间的资源和福利的有效配置问题,而可持续发展对资源的配置着眼点在于各类不可再生资源或可再生资源在当代人与后代人之间如何分配的问题。当代人资源配置的"帕累托最优"状态,可能是对后代人的经济福利和生态环境福利带来严重损害的状态。[①]

可见,土地可持续利用只是一种理念形态,要使其成为土地利用系统的实体状态,还需要使土地可持续利用目标能够融入土地利用规划之中,借助于改变和扩充一般土地利用规划的方式、内容和基本工作程式来实现。

---

① 但承龙.可持续土地利用规划理论与方法.经济管理出版社,2004 年

1.4.4 可持续土地利用规划的基本特征

传统的土地利用规划虽然涉及到可持续发展及土地可持续利用的某些方面,但还不能成为实施可持续发展战略、保障土地及自然资源可持续利用的有力工具。

可持续土地利用规划是融入可持续理念的土地利用规划。它体现着顾及土地利用系统诸方面的系统论观点,表现为实施正馈和反馈控制的不间断过程。从理念上,它反对以人类今天的利益牺牲明天的利益;它注重不以局部利益牺牲社会整体利益,不以区域利益牺牲全球利益;它强调土地利用系统各要素协调发展,不是片面的单打一式的发展。它以土地利用系统导向到内涵型和质量型发展轨迹,最终实现全面提高国民经济的整体水平和人类生活质量,保护和改善生存环境为目标。从土地利用规划的发展趋势和可持续发展观对土地利用规划的要求来看,以及同传统土地利用规划相比而言,可持续土地利用规划具有以下几个主要特点:

1. 可持续土地利用规划是以经济、社会、资源和环境系统综合协同为目标的规划

受经济发展阶段的影响,以往的规划目标是一种片面追求经济增长的单目标模式,土地利用活动在经济发展模式的框架下,土地资源不断地由农业用地向非农建设用地转变,由于这种转变的不可逆性,作为人类生存以及其他一切社会经济活动形式的农业生产的进一步发展受到严重影响;由于人们对土地资源进行掠夺式的开发和利用,环境的污染和破坏不断加快,影响到人类的进一步生存。可持续发展和土地可持续利用的概念要求不再建立在从自然界索取上,也不再把 GDP 作为发展的唯一尺度,而是以经济、社会和生态环境的多目标协调发展为指导原则,追求全方位的综合发展。与此相适应,可持续土地利用规划目标制订必须紧紧围绕 PRED 协调发展这一中心议题,由经济发展的单目标模式向经济、社会与资源环境协调发展的多目标模式转变,保证自然资源永续利用、经济持续适度快速增长、社会系统健康发展、生态环境良性循环,真正实现经济发展目标、社会进步目标和生态环境改善目标的高度协调统一。

2.可持续土地利用规划是代内和代际公平相结合的规划

代内、代际公平是可持续发展的重要内涵。目前全世界包括中国出现的土地问题主要有：未利用土地过度地（超出其生态和环境容量）变为农用地；农用地过量地变为非农用地；城镇化伴随着工业化，造成严重的环境和生态问题。这些问题的解决都需要从代际公平的角度出发，在代际之间合理分配土地资源开发的数量，合理控制农用地转为非农用地的时序。只有这样，才能取得土地资源的可持续利用。

可持续土地利用规划要求土地资源的综合平衡首先应是代际之间的平衡，其实质是土地资源纵向利用（时间）上的平衡；后备资源的开发必须考虑到后代人的需要，不能将容易开发的土地都先开发出来，将难于开发的土地和难于利用的土地留给未来，从而使后代人进行土地利用规划和综合平衡的机会低于当代人。而代内供需平衡是土地资源在国民经济各部门之间的横向（部门和空间）平衡，是目前土地利用规划侧重解决的问题，其核心问题是土地资源的配置效率。代际、代内供需平衡的关系在某种程度上表现为土地资源配置中的可持续性和配置效率的关系。可持续土地利用规划必须将两者结合在一起，并将两者作为潜在互补的目标，而不是将它们作为相互矛盾的对立面。具体操作时，可先进行纵向平衡，再进行横向平衡，并努力发展能将福利有效转移给后代的规划项目，如自然保护区、基本农田保护区的划定和保护等。

由于我国目前未利用土地开发为农用土地的过程，农用土地变为非农建设用地的过程是不可逆的，即转变之后一般不能恢复到原来的用途，可将这种转变为不可逆用途的土地资源看作不可再生资源的耗竭。对于一定量的不可再生资源，如何在时间上安排使用，以获得最大的收益，实际上就是这些资源的跨时间和跨代际的最优耗竭问题。

3.可持续土地利用规划是社会可接受和参与性的规划

在计划经济时期，我国由于土地利用主体一般由政府代表，规划活动基本上是一项由政府部门或规划人员完成的纯粹技术活动。在做规划时，公众只是被动地参与，提供一些必要的服务和信息；在规划完成后，公众也只是被动地接受。这种官方劝导式的方法主观性强，尤其在地区一级实施层面的规划上,遗漏信息很多,很难得到公众的支持,使规划的实施流于形式,成为"纸上画画,墙上挂挂"的摆设。我国计划经济向市场经济过渡过程中,经济结构和土地利用主体已发生了深刻变化,公众参与的社会基础已基本形成。我国在土地利用规划过程中,有必要建立公众参与规划的程序和方法,没有公众的参与、认可和接受的规划是不可能持续的,同时会导致土地保护等代际公平目标的失败。①

可持续土地利用规划要对各级地方政府、企业团体、农场、农民等各方面的利益进行科学评估和有效协调,通过建立公众参与规划的程序和方法,使规划具有较高的社会可接受性,以利于规划制定、实施和操作。

所谓公众参与,就是在规划过程中由代表不同利益的民众群体参加,听取他们的意见,让他们参与到规划活动中来。公众参与的规划方法是由国外引入的,在国外,土地利用主体包括业主、国家和个人。作为生产和消费的第一要素,土地利用安排上的任何变动,都会对相关人群和既有格局产生影响,或者违背整体人群的利益,或者是部分人群获利、部分人群受损;有时获利或受损又有不同的程度差别。面对这种情况,只有涉及受影响的各方一起来协商,才能找出解决问题的方案和方法。使用土地资源的人最熟悉土地资源的状况,在规划过程中,通过发挥公众的主动性和创造性,有利于制定出给公众带来真正好处的、社会可接受的并最终能够实施和操作的规划。没有公众的参与、认可和接受的规划是不可能持续的,也是不可能成功的。同时,可持续土地利用规划要求其编制、实施和反馈的过程具有高度的信息公开,以便于公众的参与和监督。要对规划中的决策者、管理者、规划师、资源环境专家、企业团体、各利益集团、广大群众对土地的需求和看法进行调查和协调。

4.可持续土地利用规划是规划、政策和管理相结合的混和型规划

这与传统的以利用设计为中心、成果为蓝图的建设性土地利用规划

---

① Xuan Zhu, Aspinall—R,J. , Healey R. G. LUDDS. A knowledge—based spatial decision support system forstrategie land—use planning. Computers and Electronics in Agriculture, 1996,4,56—64

(Physical Planning)相比显著不同。可持续土地利用规划应该包括土地利用和管理的各项措施,以同时达到土地利用的生产、服务、安全、保护和社会可接受多目标。要实现可持续发展的目标,必须争取区域间的共同配合行动,同时国家－区域－地方协同行动的规划是贯彻区际公平的需要。可持续土地利用规划的协同行动不是形式上的"自上而下"、"自下而上"或"上下结合"的选择,而是涉及到各级规划的职能的分配、上下级规划结合点的确定等问题。国家和省级可持续土地利用规划的重点应该解决的是生态可持续性的问题和土地资源的代际公平配置问题,其可持续土地利用规划可以称为土地生态规划或土地环境规划,其对下级规划的指导应是生态环境和土地代际资源配置上的安排。市级可持续土地利用规划的重点应包括经济可持续性和生态可持续性两个方面。而县级和乡级可持续土地利用规划由于较为基层,其规划除了应该考虑经济和生态可持续两方面外,还应该考虑到规划的社会可按受性和社会可持续性,要将公众的力量吸收到规划的编制、实施和监督过程之中。

5.可持续土地利用规划是动态的规划

所谓"动态",指的是在问题的多阶段决策中,按某一顺序,根据每一步所选决策的不同,将随即引起状态的转移,最终在变化的状态中产生一个决策序列,动态规划就是为了使产生的决策序列在符合某种条件下达到最优。传统的土地利用规划在对土地利用做出安排时,受限于决策分析模型,遵循从现状到近期和从现状到远景期的规划方式,割裂了土地利用的连续性[①]。

按照系统论的观点,作为规划对象的土地利用系统本身是在一个连续的时间序列上继承性变化和发展的不确定性的系统。可持续土地利用规划要能够客观地对待这种本质性特征并能对其做出有效的调控,最重要的一点就是要找到一种动态规划的方式,实现时间序列上各种土地利用状态的有机结合,获得综合效益最大的决策系列,引导土地利用系统向

---

① S. J. Vventra et al. Multipurpose Land Information Syst6m for Rural Resource Planning. Journal of Soil and Watr Conservation,1998,3,35—46

可持续方向发展。

6.可持续土地利用规划是多学科的综合规划

由于各种规划研究的出发点不同,地理学家、经济学家、生态学家、政策学家和社会管理者有着各自思维方式、研究方法以及哲学背景的差异,他们之间很难进行对话,其各成体系的规划理论和方法不适应现代社会土地问题日益综合化的挑战。对相关成果进行综合集成是可持续土地利用规划的必由之路。

1.4.5 可持续土地利用规划的主要内容

1.人地和谐——土地利用模式

我国人口众多,随着国民经济的发展和人口的持续增长,土地的供需矛盾日益尖锐,人地关系越发紧张。环境保护与人类生存和发展有着密切关系,是经济、社会发展及稳定的基础,又是重要的制约因素。只有对环境中的自然资源合理地开发,才能使人类与环境和谐相处,才能真正实现"可持续发展",以此来保持人地的和谐相处。

协调用地矛盾,保障人民生活和国家建设的需要,保护生态环境,使国民经济、社会发展、环境变化向着健康、有序、稳定的持续状态发展,这是土地利用的最终目标,也是制定土地利用战略的出发点和落脚点。

构建人地和谐的土地利用模式,既要有战略的部署,也要有土地利用格局的落实。土地利用格局是为实现土地利用总目标,在空间上对土地利用所做的总体部署。从土地利用战略的角度出发,这种格局属于宏观布局,对我国五级土地利用总体规划来说,就是通过五级规划,全面、有序、合理、科学地完成一定的规划任务,承担部分土地利用责任,逐步达到人地和谐的土地利用局面,促进经济社会生态持续协调发展。

2.节约集约——紧缩型的建设用地利用思路

可持续发展的土地利用规划要求建设用地紧缩,而紧缩型的建设用地利用思路必须坚定不移地执行土地节约集约利用。

坚持节约集约用地,合理配置和利用土地资源,是正确处理好严格土地管理与促进经济社会发展关系的根本出路。

3.统筹发展——城乡统筹和区域统筹

(1)城乡统筹。由于我国社会经济"城乡二元结构"的不平衡性,城市化水平严重滞后于工业化水平,从而制约着社会经济的快速持续健康发展,妨碍着全国"三农问题"的彻底解决,阻碍着全面小康社会的建设进程。可持续发展也是一种均衡的发展,要实现可持续发展,要达到城乡经济平衡发展,就要改变长期形成的城乡二元经济结构,实现城乡在政策上的平等、产业发展上的互补、国民待遇上的一致,让农民享受到与城镇居民同样的文明和实惠,使整个城乡经济社会全面、协调、可持续发展。

(2)区域统筹。不同区域的区位条件、功能定位、发展战略不同,但土地资源对任何区域来说都十分重要,要与区域发展定位相匹配,制定区域土地利用规划的目标和方案。同时,政府对土地利用的干预和调控是通过各级土地利用总体规划系列来实现的。因此,要加强引导县(区)及乡(镇)级土地利用规划的编制,并明确各级规划的目标与任务的重点和职责分工。

第 2 章　研究综述及发展趋势

　　本章就国内外对土地利用规划的相关研究进行了较为系统的回顾和简要评价,并对国内外土地利用规划研究的发展趋势进行了分析。

2.1　国外研究综述与评价

2.1.1　国外土地利用规划理论的研究

　　世界各国的土地利用规划理论、规划思维及其发展历程均存在明显的差异,但多数国家的土地利用规划研究大都限于土地经济及土地制度等方面。几乎所有大的土地重新配置都是由社会革命、战争失败或由摆脱殖民统治的国家独立引起的。

　　20 世纪 70 年代以来,随着人口增长、资源短缺、环境恶化与区域发展(PRED)问题的日益突出,也随着遥感技术、计算机技术在土地调查与评价中的广泛应用,科学的土地利用规划研究得到了一定的发展,但与其他学科相比,仍然相对滞后,土地利用规划的理论与方法也很不成熟。正如联合国粮农组织的 Purnel 所指出的那样:"土地利用规划方法论并没有像土地评价方法那样发展成熟,甚至有关土地利用规划所包含的内容还存在争议,一些实践者把他们的任务限制在土地利用方式的实体设计和布局;另一些实践者认为土地利用规划是通过立法来控制土地利用"。各国的土地利用规划理论要解决的问题,一度面临着城镇化运动所带来的相似土地利用问题[1]，如城镇化导致的土地投机和地价高涨，如何使广大公众在地价上涨中受益的问题；低收入家庭住房短缺的问题；如何防止城镇扩张对农地的侵占问题。鉴于这种形势，在西方国家出现了大量的规划理论：如Ebenezer Howard 的"田园城市"理论、英国的"绿化带"制度、Abercrombie 的大伦敦规划、Christaller 的中心地域理论、德国的"开发轴系统"理论等。特别是在"城市合理规模理论"方面取得了重要进展。[2]

1960 年，原苏联的达维多维奇首先提出了"城市合理规模"的概念；波兰的 B. 马列士以"门槛"理论作为衡量城市发展规模的合理限度；美国G. 戈拉尼提出了用密度、功能、健康、费用四项标准来确定城市的最优规模；莱斯（W. Ress,1992）提出了"生态足迹"（Ecological Footprint）理论来反证人类必须有节制地使用土地资源。美国和加拿大等国则在用途管制理论的基础上，提出"精明增长"来指导控制城市用地的无阻制蔓延（Chinitz,Bewamn,1990；A. Faludi,1994）。近年来，随着可持续发展观的提出，世界各国对生态环境和社会问题的关注，使国外先进的规划理论和方法与我国相比更具有可比性和借鉴性。

2.1.2 国外土地利用规划方法的研究

从国外许多国家的土地利用规划方法上看，分区管制是进行规划和管理的传统技术方法。如：美国在颁布《标准州区划授权法案》（The Standard State Zoning Enabling Act)以后，几乎所有州都授权给地方政府进行区域划分；加拿大颁布的《土地分区管理法》（Zoning by Law)，规定每个城市都应以土地的用途和密度去划分市区；日本的《国土利用计划法》规定土地利用基本规划中要在都道府县区域层次上划定城市、农业、森林、自然公园和自然保护等地区；韩国的《国土利用计划》把全国土地分

---

① Nicholas N. Patricios. International Handbook on Land Use planning, Greenwood Press,1986

② F. S. Chapin. Urban Land Use Planning, University of Illinois Press,1965；R. Colenutt. Building, Models of Urban Growth and spatial Structure. Progress In Geography,1970, 2,76—84；T. L·Berry,et al. Geographic Perspectives on Urban System. Priceton Press,1977；M. Einsele. The Town of the Future in Developing Countries. Applied Geography and Development,1995,2,31—42

为城市地域、耕地地域和工业地域等十种地域。土地利用规划编制过程一般分为自上而下、自下而上及上下结合等几种形式。美国的土地利用规划一般自下而上进行编制，在编制及实施过程中，"多边谈判"（Multi-party negotiations）是最重要的方法。实践情况也表明，规划的实施总与规划师的说服力，以及由此得到的支持密切相关。目前美国常用的"多边谈判"的方法主要有三种：仲裁（Meditation）、合作性的决策（Collaborative Decision Making）、设计导向性的谈判方案（Design oriented Negotiation）。[①] 而荷兰的土地利用规划则采取自上而下的方法编制，主要采用"VINEX"政策，对城市地区的新住宅选址、农村地区的环境政策以及政策的实施战略等问题做了详细的规定。

前苏联土地利用规划是为实现特定时期的社会经济发展目标制订的，它将土地保护与土地利用相提并论，视土地利用、土地再生产和土地保护为合理利用土地不可分割的组成部分，是研究土地利用最优方案的出发点和归宿，在规划中必须兼顾社会、生态和经济效益。土地利用的国家措施体系主要包括社会、经济、技术、法律和生态等项措施内容，形成了"预测－计划－设计"的土地利用与保护系统的总体构想。前苏联土地利用规划的常用方法有：系统分析法、统计分析法、数学规划法、回归分析法和目标规划法等。[②]

1993 年，FAO 根据联合国《21 世纪议程》的第 10 章专门论述的"土地资源的综合规划和管理的综合方法"（土地资源规划与管理综合方法的目标是便于分配土地资源，以提供最大的可持续性利益，促进向持续与综合土地资源管理的过渡。同时，应考虑到环境、经济和社会效益，以及被保护地区、私人产权、社团和地方组织等的利益），出版了《土地利用规划指南》，指出土地利用规划是以水土资源的系统评价为基础，分析土地利用的社会经济条件，形成土地利用方案，实现土地资源利用的优化配置，

---

① Jan Spiker. Arthur Wolleswinkel. Multiple Land Use Planning Methodologies — comparative Study between Netherlands and USA, ISOMUL, Wageningen, 1996

② 王万茂. 苏联土地利用规划的理论与方法. 地域研究与开发, 1990 年第 1 期，第 12～16 页

重点是土地适宜性评价,这一阶段可称为是"技术导向"的土地利用规划
阶段。[1] 在这个指南中要求实现生产力和资源保护的结合,即当前人们
所需要食物的生产与保护好资源保证未来的持续生产相结合。指南的主
要内容有:(1)提出土地利用规划的三个目标是效率(Efficiency)、公平与
可接受性(Equity and Acceptability)、可持续性(Sustainability)。其中,
效率可以通过不同的土地利用与地区条件的匹配以最小成本获得最大产
出的方式获得;公平和可接受性主要包括食物安全,就业以及农村收入的
保障等。可持续性旨在满足当前土地利用需求的同时,保护好各类资源
以满足下一代人的需求。(2)将土地利用规划大体上划分为国家、地区和
地方三个层次,应与负责规划决策的各级政府部门相对应,等级并不一定
是连续的。国家级规划主要考虑国家目标和土地资源配置的战略问题。
地区级介于国家和地方之间,通过分析土地利用的多样性和适宜性,落实
国家级土地规划的相关内容,并解决国家和区域之间的各种冲突。地方
级重点考虑当地公民的意愿和建议并满足他们的需要。(3)在各国家土
地利用规划试点研究的基础上,总结出土地利用规划的基本步骤:首先是
确定规划所需解决的问题;第二是筛选土地利用方式;第三是进行土地资
源评价;第四是选择土地利用规划方案并编写规划报告;第五是组织规划
的实施并监测规划的执行。(4)指出土地利用规划的方法来自于自然科
学、技术科学以及社会科学等诸多学科,基本的方法包括信息的管理、系
统分析、地理信息系统、自然资源调查、农村土地利用分析、模型方法以及
土地评价。[2]

　　1995 年出版的《我们的土地,我们的未来》[3],面对人口增长和迁移、
饥饿和贫穷、社会和政策冲突、土地退化和沙漠化等问题,从利益相关者

　　① UNCED. Agenda 21:Programme of Action for Sustainable Development. United Na-
tions,New York,1993

　　② FAO. Guidelines for land use planning,Development Series No. . FAO. Rome,1995;
GTZ. Land Use Planning Methods. Strategies,Tools GTZ,Eschborn,1995

　　③ FAO/UNEP. Our Land Our Future:A New Approach to Land Use Planning and Man-
agement. FAO/UNEP Rome,1996

的土地利用目标的冲突、人类发展和土地退化的冲突出发,阐述了形成土地利用有效制度的重要性。同时,指出形成有效制度的主要途径在于选择利益相关者,保证所有利益相关者有同样的权利,如知情权、召开各种谈判的会议、通过协商达成一致以及赋予公民参与决策的权利等,并首次提出土地利用规划与管理的制度保障,建立了"制度依赖"型土地利用规划。规定建立有效的制度的实践程序,首先是在国家尺度上建立由有经验的食物生产、农村发展、林业、野生动物等技术专家组成的土地利用规划或资源管理组;第二步应用媒体通过公布和宣传形成大家共同关心的气氛以讨论关于增加生产和保护自然资源的问题;第三步在试点地区建立地方资源管理组并讨论相关问题;第四步是由地方工作组提供地方的土地需求和限制性;第五步是政府须向地方公众提供相关信息;第六步是通过谈判形成土地利用管理规划。为保障这一过程的有效进行,需要建立适宜的法律条件,使得地方资源管理组织得到政府和社会公众的支持,同时,应不断改善政府的服务,其中最重要的是建立部门之间信息的交换和机构之间的联络机制,以及为基层民众提供培训等。

1997年,根据《21世纪议程》第10章中"土地资源规划和管理综合方法的目标是便于分配土地资源以提供最大的可持续性利益,促进向持续和综合土地资源管理的过渡"。[①] 同时,考虑环境、经济和社会效益,被保护地区,私人产权等其他问题,指出具体目标是:(1)制定有助于形成最好的土地利用和持续土地管理的政策;(2)改善和加强规划、管理和评价系统;(3)强化制度和协调机制;(4)形成便于地方团体和民众参加的规划参与机制。在这一背景下,针对过去的规划是自上而下为主的问题,FAO和UNEP以1995年提出的"制度依赖"型土地利用规划为基础,出版了《为土地持续性的未来而协商——21世纪土地资源管理结构和制度导

① FAO, Terminology for Integrated Resources Planning and Management. FAO. Rome, 1998

则》,提出基于利益相关者的"交互式"土地利用规划。[1]

1999 年,以基于利益相关者的"交互式"土地利用规划为基础,FAO 与 UNEP 又共同出版了《我们土地的未来:迎接挑战——综合土地利用规划的导则》一书。主要介绍了利益相关者及其目标、政府承担的角色,指出规划的关键是将基层民众的参与和资源评价与规划的系统程序结合在一起,土地资源可持续规划改善方法同时是综合与交互的。[2] 其内涵可有以下几种理解:土地资源综合规划方法是通过规划者、土地权力人和决策者之间的协商和交流,来优化和对未来土地利用进行选择,侧重于土地利用规划的协调和社会可接受性[3],其核心是进行交互式土地利用规划(interactive land use planning)。规划的三个基本原则是:①土地生产潜力的保持;②土地可获的公平性提高;③基于谈判的决策系统。

土地利用规划被作为决策支持的机制而非技术评价的程序。与传统的土地利用规划不同,土地利用规划的功能界定趋向于以一种更具咨询能力的方式或作为一种机制支持土地使用者实现其目标的决策。规划也已被视为土地资源管理的一个步骤。新的土地利用规划是指一套系统的可重复的程序,用于创造满足人类需要和需求的土地资源可持续开发的适宜环境。它从土地资源最优的可持续利用方面对自然的、社会经济的、制度的和法律的潜力做出评价,并授权人们参与分配那些资源的决策。

综合土地利用规划的程序是由不依赖于规划体系的九个基本步骤组成的一个循环过程。与过去的土地利用规划比较,这个程序有两个特点:首先,将土地利用问题分析和利益相关人的确认作为规划的起点;其次,明确提出规划的立法和执行是规划的重要阶段。

---

① FAO/UNEP. Negotiating a Sustainable Future for Land Structural and Institutional Guidelines for Land Resources Management in the 21 Century. FAO/UNEP. Rome,1997;The Kingdom of Swazi land /FAO/UNEP. Proceedings of FAO/LJNEP Workshop on Integrated Planning and Management of Land Resources. Mbabane—Rome,1998

② FAO. The Future of Our Land,Facing the Challenge—Guidelines for Integrated Land Use Planning,FAO/UNEP Rome,1999

③ Jaques Antoine,Frankjohn J. Dent Sims and Rebert Brinkman,Agro—ecological zones and resource Management Domains in relation to land use planning,FAO,1998

　　为了达到规划目标,必须追求对规划的最有效执行。执行手段可包括激励、规则约束以及两者的联合。激励可能是社会或经济的,而法律则作为利益相关人在执行规划或政策中赖以解决冲突、达到共识的规则和程序。立法通常包括四个主要政策目标:环境保护;农业系统的生态稳定;人口为了长期自给自足而需要足够的对食物和其他农产品的基本需求;对国家和地区的经济增长做出贡献。

　　综合土地利用规划的特点是:①规划的目标清晰,需要解决的问题明确。为了实现土地资源的可持续管理,一个表达清晰的目标是必要的。目标可能是基于对土地资源及相关联的社会的认识或者基于解决近期问题的尝试。不管是哪种情况,目标一旦清楚,规划组成的细节就应该确定。②建立适宜的政策和规则的实现环境。实现环境是对所有层次行动上决策制定和设计目标实现的条件的简略概括。在农村发展规划中应该清楚表述农村发展的目标。这些规划应该得到地区土地利用规划目标的支持。然后,政府建立国家土地利用通用框架。地方和区域土地利用规划和政策(不管是由公共还是私人团体做出)应该总是与国家土地利用政策一起建立,以保证得到政府有利的对待。③形成在国家、区域和地方尺度上有效的机构。土地资源可持续管理综合规划(Integrated Planning of Sustainable Management of Land Resource)的一个主要策略是将决策权下放到与实现能力一致的可能的最低层次。这种方法中,土地资源管理小组(Land Resource Management Groups)对相应层次的土地利用和管理决策负责。这个策略又同时具有通过鼓励相关群众参与来调动资源和知识及减轻政府负担的双重优势。④具有可获取的包括替代方案在内的自然条件、社会经济条件和法律框架的信息。信息是谈判的基础。诸如土地资源的条件、前景和问题、所有利益相关人和社区的需要和目标、机构和法律框架、利益相关人的权利以及获得进一步信息和协助的地方,还有诸如价格和利率等的经济条件等都应该是容易获取的。⑤客观对待利益相关者及其不同目标。不同利益相关人可能有各种各样的目标,但是冲突通常发生在主张生产和主张保护的利益相关人之间。对这两部分人进行调解是可持续土地利用的关键。⑥具有谈判的平台。利益相关人协商的本质是所有受影响的人在讨论中得到公平的对待。这首先意味着每个人得到认可;其次是每个人都有有效参与的机会;第三是保证他们得到足够的关于关键问题的信息,为此,土地资源管理组应建立和坚持一致的规则。⑦有一整套规划程序。采用土地资源可持续管理规划综合方法要求对规划程序持批判眼光。很显然,传统土地利用规划使用的一些技术方法仍然是有效的组成部分,但是某些方面,尤其是那些涉及到人们参与和土地权益人的目标分析,需要重大的扩充和发展。当将其应用到农村、地区和国家层次上时,土地利用规划程序可能差别很大,某些要素在某个层次上比在其他层次上更重要。作为综合方法的一个重要成分,土地利用规划监督和评价尽管常常被认为是规划实施后做的事情,但监督和评价应该是规划过程的完整组成部分。

实现综合性土地利用规划的具体程序包括:①在不同层次上(国家、地区和地方)介绍综合土地利用规划的方法;②安排时间进度;③在不同层次上召开介绍性的交流会;④提供必要的信息并开展培训和教育活动;⑤选择试验区进行实践,并向全国推广。

2.1.3　国外土地利用规划制度的研究

1. 土地利用规划体系

国外很少有类似于中国相对独立的土地利用规划体系,土地利用规划大部分都包含在国土规划、区域规划、城市规划及乡村规划之中。

(1)美国的土地利用规划体系

美国的土地利用规划体系总的来说分为三大类和六个层次。三大类是总体规划、专项规划和用地增长管理规划。其中用地增长管理规划主要是对建设用地加强管理,控制市区规模的一种方法。六个层次的规划是:①国家级,国家的土地利用总体规划还未编制;专项规划如国家高速公路网规划、全国自然保护区规划已经编制。②区域级,指跨州的土地利用规划。③州级,州一级规划主要控制州内土地利用,制定政策对土地资源进行开发和保护。④亚区域级,包括一个州范围内几个县,一般按自然界限来规定范围。⑤县级,是美国土地规划中的一个重要的层次,他对全县的土地利用(除公有地外)在数量和空间布置上起到控制作用,一般由地方政府编制。⑥市级,为县级范围内市、镇的土地利用规划。①

美国的土地利用规划体系是宏观调控型的。在美国高度发达的市场经济下,各种社会势力力求控制资源与谋取利润,土地作为稀缺资源,成为各利益集团争夺的对象。土地投机、用地混乱,企业只顾眼前利益、不顾社会长远利益等土地利用问题迫使政府实施干预,土地利用规划是政府规范土地市场、进行宏观调控的重要手段,通过制定土地利用规划指导经济稳定增长,为经济发展服务。

(2)英国土地利用规划体系

英国的土地利用规划体系由国家级规划、区域性规划、郡级规划、区级规划所组成。②①国家级规划提出全国性的土地利用方针政策,并以白皮书的形式下发。②区域规划通过召开区域协调会议制定,内容包括本地区粗略的建房数、主要交通干线分布等。③郡级规划由郡级规划机构在土地测量基础上,与相关委员会协商后,提出本郡土地利用的方针政策及发展的框架结构。包括建房数、绿带和自然保护区设置、城乡经济发展和交通发展战略、矿产资源的保护和开发、废弃地的处理、土地的再开发利用、旅游观光景点和能源的开发利用。④区级规划是一种详细的发展和实施规划,需要详细地列出待规划地域土地使用的构想,包括规划图及规划说明书,且原则上必须与郡级规划协调一致。

英国执行的是法规导向型的规划体系,土地利用规划由完善的法规体系和执法系统构成。在英国,每一种类型的开发规划编制过程中,几乎都有法定的公众参与程序。其形式有公众评议、公众审查、公众讨论、公众审核、公众意见等。英国有关土地利用规划方面的起诉分为规划起诉和强制执法起诉。政府部门依法参与土地分配,并在再分配过程中对近

---

① 严金明,蔡运龙.国内外土地利用规划比较研究.资源管理,2001年第4期,第18~20页;朱凤武,彭补拙.中国县域土地总体利用规划的模式研究.地理科学,2003年第3期,第282~286页;汤江龙,赵小敏,夏敏.我国土地利用规划体系的优化与完善.山东农业大学学报(社会科学版),2004年第3期,第20~26页

② 但承龙,王群.西方国家与中国土地利用规划比较.中国土地科学,2002年第1期,第43~46页

期和远期的要求进行平衡，对不同利益集团之间进行平衡。

（3）日本土地利用规划体系

日本土地规划体系由国土综合开发规划、国土利用规划、土地利用基本规划和城市规划等构成。[①] 国土综合开发规划是在国家经济计划、公共投资计划等计划的指导下，综合开发、利用、保护国土资源，合理调整产业布局，提高社会福利的综合性规划。国土综合开发规划又分为全国国土综合开发规划、大都市圈整治建设规划、地方开发促进规划和特定地域发展规划。国土利用规划是从土地资源开发、利用、保护的角度，确定国土利用的基本方针、用地数量、布局方向和实施措施的纲要性规划。国土利用规划自上而下分为全国国土利用规划、都道府县国土利用规划和市町村国土利用规划。土地利用基本规划是以国土利用规划为依据，进一步划分城市、农业、森林、自然公园、自然保护等地域，并规定各地域土地利用调整事项等具体的土地利用规划。各地域内再进一步制定土地利用的详细规划，如城市地域内进一步制定城市规划，农业地域内进一步制定农业规划等。

日本采用的是综合管理导向型的土地利用规划体系。日本的土地资源利用管理服务除通过国土利用规划和土地利用基本规划进行宏观管理外，还通过法律和行政的手段，使宏观管理与微观管理结合起来，形成一个比较系统完善的体系。《城市规划法》、《农地法》、《森林法》、《自然公园法》、《自然环境保护法》分别对城市的市区、农地、森林、自然公园和自然环境保护区内的土地利用活动实施强硬和严格的限制，使土地利用活动的微观管理有确实的保障。为抑制土地投机和非法土地交易，日本实行了严格的规划许可证制度和土地交易申报制度。

（4）韩国土地利用规划体系

韩国的土地利用规划体系是在 1972 年制定的《国土利用管理条例》

[①]　王静.日本、韩国土地规划制度比较与借鉴.中国土地科学，2001 年第 3 期，第 45～48 页

的基础上逐步形成的。① 根据《国土利用管理法》，韩国制定了全国的土地利用计划（相当于我国的土地利用规划），由最高计划、特别计划、基本计划、细节计划构成完整的规划体系，规划采取的土地用途地域分类为10种，即城市地域、工业地域、聚居地域、开发促进地域、观光休养地域、耕地地域、山林保护地域、自然环境保护地域、水产资源保护地域和保留地域。最高计划是以《国土建设综合计划法》为依据而制定的国土建设综合计划；特别计划是以《整顿首都法》为依据而制定的整顿首都计划；基本计划是以《国土利用管理法》为依据制定的国土利用计划；细节计划则是以"个别法"（即各部门的相应法规）为依据制定的土地利用计划。

韩国土地利用规划体系严格遵从土地开发管理的法律体系，具有很高的法律地位，而且层次分明，分工明确，但是各层次土地利用规划的直接审批权限均掌握在建设部手中，因而其土地利用计划的倾向性不可避免地有利于城市建设和各种基础设施建设的发展，而对农业用地的保护不利。

（5）加拿大土地利用规划体系

加拿大是一个联邦制国家，其土地利用规划权主要集中在省以下地方政府，大体分为省级、地区级和市（包括县和乡镇）级规划。② 省级规划又称省级土地政策宣言，是一种政策性和战略性文件，以白皮书形式下发。主要是划分城市和农村地区的界线，强调保护农业用地，以及提高城市建筑容积率等。地区级规划，又称土地利用大纲或者总体规划方案，由地方政府制定，省政府批准。其主要内容是：制定《用地分区管理法》；对分成小块出售的成片开发地产进行控制和管理；制定公共建设和基础设施计划。市级规划，又称《土地分区管理法》，由省政府授权市级政府制定。对市区土地进行分区，确定土地的功能、用途和密度，以法律条文的

---

① Korea Rural Economic Institute. The History of Land Reform in Korea. Seoul,5,2—36,1986；Yang—Boo Choe and Chung—Hwan Lee. Rural Development Strategy of Industrial Society：Choice of Integrated Rural Area Development Approach. 1987,3,24—71；Jung—Keun Park. Rural Land Use in Korea. APO Symposium；Rural Land Use in Asia and Pacific,1993,1,260—272；刘黎明,Rim SangKyu. 韩国的土地利用规划体系和农村综合开发规划. 经济地理，2004 年第 3 期，第 383～386 页

② 章余. 加拿大的土地用途管制. 中国国土资源报,2001 年 5 月 25 日

形式做出详细、具体的规定,具有强制性。

2.土地利用规划编制程序

(1)美国土地利用规划的编制程序

美国土地利用规划编制方法(程序)一般分为 9 个步骤:①确定规划项目,找出问题和矛盾,提出对策,在广泛征求意见的基础上起草规划;②提出规划指标,其 6 项约束因素为法律、法规、政策、信息、公众反映和政府意见;③收集资料;④分析研究,对现状、政策和可能的发展变化进行综合研究;⑤制定供选方案,提出各类土地利用设想,注意开发和保护并重;⑥估计方案正负效应,方案分析时,注意长远利益和当前利益结合,社会、生态和经济三个效益并重;⑦选择最佳方案,可能是几个供选方案中的一个,也可能综合各方案优点制定方案;⑧确定规划方案;⑨实施和监督。

(2)英国土地利用规划编制程序

规划编制由政府规划部门负责。大致程序为:编制规划草案,公开征求意见,监察员或者专业小组根据公众意见向地方政府提出报告,根据提交的报告修改规划并再次征求意见,批准规划并付诸实施。规划草案的编制与修改是整个规划编制工作的重点,历时约两年时间。草案编出后需通过各种形式广泛征求意见,尽可能做到公众参与。对公众的反馈意见规划部门均需做出书面答复。对争议较大的问题,由环境部派检察员听取意见,做出裁决,整个规划编制约需三年时间。

(3)日本土地利用规划的编制程序

日本总体规划的编制由规划主管部门主持。编制前往往先进行全国的规划进程和社会经济发展动向的调研。通过各类专业咨询来论证和确定规划工作的内容、进度和责任分工,确定承担具体编制工作的规划机构。总体规划的编制是一项长期的任务,一般需要 2～3 年,由自治常设的规划主管部门和城市规划审议会与专设的规划工作组、规划协议会和市民议会等临时机构来共同进行编制工作。规划审批时,在征集和反映市民意向方面,规划工作组和协议会始终从总体和分区两个层面上尽可能以中立的态度把握宏观与微观问题,以及地区间的平衡问题,在适当的时间向议会提交总体规划方案。最终由规划审议会向市议会提交总体规划议案,经市议会通过后报上级政府批准。最终的规划成果通过大量发行的总规普及版、新闻媒体和网络手段向市民公布。

(4)加拿大土地利用规划编制和修改程序

加拿大土地利用规划编制和修改包括以下步骤:①前期协商,政府鼓励开发商在提出修改规划的申请前与政府进行协商;②提出编制总体规划方案或申请修改规划,总体规划方案的编制由市议会提出,规划修改的申请由开发商等对规划提出修改意见者提出;③编制或修改规划,市政府或规划局在编制和修改规划时必须与审批机关及公众进行协商;④举行公众会议,编制规划方案时,政府至少必须举行一次公众会议,听取公众意见,任何团体或个人都有权参加公众会议并对所建议的规划发表自己的意见;⑤市议会作出决定,市议会或规划局对编制的总体规划方案和修改规划的申请作出审核同意的决定后,在合适的时候将该决定呈报给审批机关;⑥审批机关作出批准总体规划方案的决定,审批机关应在90天内完成对规划方案的审批;⑦提起复议,任何团体或个人包括省、市政府都可对关于规划的决定向城乡事务委员会提起复议。

3.土地利用规划实施管理

国外存在多种不同的土地利用规划模式,各种模式规划实施管理的保障体系及其措施内容也不尽相同。通过对有关文献的整理发现,采用立法、组织管理、行政许可、社会监督和参与、经济制约等手段及这些措施的综合运用,是各国保障规划实施和贯彻规划意图的通行做法。①

----

①　娄文龙.国外土地利用规划制度比较及其借鉴.浙江国土资源,2004年第11期,第54~56页;唐红波,唐红超.中英土地利用规划比较.国土资源,2004年第8期,第56~57页;施源.日本国土规划实践及对我国的借鉴意义.城市规划汇刊,2003年第1期,第72~75页;邱鹏飞,雍国玮,陈红雨.德国城市土地利用总体规划体系及其特点——以柏林市土地利用总体规划为例.西南农业学报,2003年增刊,第77~79页;唐子来,程蓉.法国城市规划中的设计控制.城市规划,2003年第2期,第87~91页;但承龙,王群.西方国家与中国土地利用规划比较.中国土地科学,2002年第1期,第43~46页;肖北鹰.德国的土地利用规划程序.世界农业,2002年第7期,第31~32页;严金明,蔡运龙.国内外土地利用规划比较研究.资源管理,2001年第4期,第18~20页;母爱英.美国地方土地利用规划及其借鉴.中国土地,2000年第1期,第45~46页;林兰源,韩笋生.新加坡的土地利用规划.国外城市规划,1998年第1期,第17~21页;陈明鉴.德国土地利用规划的成功点.中国土地,1998年第11期,第37页

(1)法律保障规划实施。各国(地区)制定了多层次的法律法规,为规划实施提供法律保障。如日本的《国土利用法》、《新城市规划法》、《建筑标准法》、《农地法》、《森林法》、《自然公园法》、《自然环境保护法》等对各类用地行为进行了界定和规定,为规划的实施管理提供了强有力的法律保障。如联邦德国 1971 年颁布的《城市建设促进法》中特别增加有关条款,以利于土地利用详细规划(B 规划)的实施。

(2)规划管理机构保障规划实施。国外许多国家建立了纵向或横向的土地利用规划管理体制来保障规划编制、审批、实施全程的有效运行。如美国的许多州都建立了土地利用规划管理部门,在夏威夷州和俄勒冈州,除了州政府设立专门机构负责规划编制及管理外,还通过州一级的委员会对规划的实施进行管理。

(3)规划协调监督机制保障规划实施。国外土地利用规划在实施管理过程中注重协调监督机制的运用,荷兰的规划管理机构分为中央、省、市三级,中央负责拟定国家有关政策,省市负责制定省的建设规划政策和规划政策,而市政府负责规划的制定和执行。又如,德国联邦政府对规划组织实施进行宏观调控,对州与州之间规划组织实施过程中出现的问题进行协调;州和市政府对规划的组织实施进行领导和监督;地区、县乡政府和规划联合会直接组织规划的实施。

(4)公众参与制度保障规划实施。国外尤其是市场经济发达国家的规划编制、实施透明度很高,在规划编制、实施的不同阶段,社会公众有知情、参与、决策、监督的权利,使得规划能够站在公众利益的立场上反映土地利用中互不相同的价值取向,调节各种利益关系。如美国通过向公众提供充分的规划信息、公众审查、听证、公众教育等形式使公众广泛参与规划的每一个环节,并接受公众的监督。公众参与规划的制订是英国规划法规体系的"骨架"。英国土地规划的历史悠久,具备较好的工作基础和群众基础,因此在规划的编制过程中,透明度很高,充分发挥公众参与的作用。规划一旦得到公众的认可,遵守规则就成为全体民众的自觉行动,对规划的实施提供了极大的促进和保障作用。

(5)严格的许可制度保障规划实施。为了控制和引导土地用途的变更,国外实施规划时,在立法的基础上普遍采取了规划许可制度。规划许可制度一般有规划许可制、建筑许可制、开发许可制、土地交易许可制等形式。如英国实行土地利用规划许可制;法国实行建筑许可制;美国实行建设、开发行为的批准制度;日本实行开发许可和土地交易许可。通过严格的许可制度来规划规范和约束用地者的行为是国外土地利用规划实施管理的重要手段和成功经验。

2.1.4 简要评价

国外土地利用规划理论、方法和体系发展的历史较长,形成了各自的体系和特点,也都取得了一定的成功,如:完善的法律基础,较好的公众参与等。但由于受到整个国家经济体制的影响,再加上其规划本身的针对性和时效性,其难免也存在一定的局限性,主要表现在以下几个方面:

1. 土地的私有制与土地的公共规划的矛盾难以调和

除前苏联等土地公有制国家,在私有制占支配地位的地区,土地所有者的抵制往往会导致规划编制和实施中产生土地的私有制与土地的公共规划的矛盾。技术上即使完美和杰出的规划,有时由于它们缺乏政治上的可接受性或操作上的政治合法性,从而无法贯彻执行。这类规划充斥着美国土地利用规划的历史。[①] 同样,英国的土地利用规划也只能阻止土地所有者改变土地的用途,但却不能强迫他们去积极有效地利用土地。在土地私有制中遇到的许多土地利用规划问题,在中国土地公有制背景下则不存在。中国土地管理机构同时兼任规划者和所有者的代表的角色,不会出现土地所有者抵制规划这类基本问题,但必须协调好土地使用者对土地需求的相互冲突。

2. 土地利用规划目标与社会经济发展的冲突难以解决

例如美国土地利用规划的一个重要指导思想就是保护耕地,但是另一方面,其剩余农产品却在不断积累,从而导致在保护耕地的同时,又出现耕地产品过剩的现象。同时市场经济的利润追求欲望促使高产农田向

---

① [美]A. S. Mather,国家土地管理局土地利用规划司译. 土地利用. 中国财政经济出版社,1991年

城市用地转变,大片农田的非农业占有和城市发展郊区化,要抑制这种趋势要付出较高的经济成本。保护耕地的土地利用目标与社会经济的发展存在着明显的矛盾,使规划的编制和实施阻力很大。

3.规划系统和规划体系尚不完善

世界各国不可能存在十全十美的规划系统和体系,即使被称作世界上最精细的英国的土地利用规划,其也有不合理的地方和不足之处。如:英国的规划系统比较适合保持现状,不太适合积极地刺激新的发展项目;其规划在编制和管理方面,中央政府和地方政府都进行参与,从而使规划既能考虑到国家利益又能兼顾地方利益。但是当两级政府的利益不同时,其冲突则不可避免。美国的规划系统对土地利用中出现的新问题,其处理的办法是反映性的,而不是预见性的,在确定发展地区及其密度方面其效果是有限的,同时由于管理权力下放太多,联邦政府对地方政府的规划冲突不能协调,从而使地方政府缺乏实质性指导,在地方利益的驱使下,难免造成破坏性的土地开发。

4.规划方法也存在较多不足之处

目前西方国家普遍采用的分区制有其合理性的一面,但也存在不足之处。[①] 如:分区制度的优点是可以控制和制止土地利用冲突,在自然和环境的保护上能取得好的效果,对不相容的土地进行空间分隔能取得好的效果,能保护好私人的财产。其不足之处是当前土地利用分区的地图和土地的未来发展之间存在时间上的间隙,假若管理不当,分区容易受到发展的攻击,执行分区决定的费用是相当大的。同样规划编制的"自上而下"或者是"自下而上"的方法也各有利弊。如"自下而上"方法的优点主要表现为[②]:符合地方的利益,公众和地方政府有参与规划编制和实施的积极性;能引起人们对土地问题的普遍关注;规划能够因地制宜;能为上级规划提供充足准确的信息。其不足之处表现在:地方的利益常常与国

---

① Jan Spiker,Arthur Wolleswinkel. Multiple Land Use Planning Methodologies—Comparative Study Between Netherlands and USA,ISOMUL,Wageningen,1996

② FAO,Guidelines for LAND—USE PLANNING,Rome,1993

家的利益不一致;将各地方土地利用规划在大范围内进行综合很困难;地方技术能力的限制;没有上级政府的支持,地方政府的规划有时将无法进行。

2.2　国内研究综述与评价

我国现代意义上的土地利用规划始于 20 世纪 50 年代,规划发展可以归结为三个阶段。[①] 第一阶段:新中国建国后至 1978 年,引进和吸收前苏联的土地利用规划模式,主要针对企业间和企业内的土地利用规划设计,对土地利用活动的具体组织比较详细,着重微观管理,缺乏宏观调控目标。第二阶段:1979－1992 年,土地利用规划从企业间和企业内的土地利用规划设计走向包括县域在内的土地利用总体规划,采用指标调整和分区结合的规划模式。第三阶段:1993 年至今,土地利用规划从侧重农业用地配置的县域土地利用总体规划走向城乡土地统一管理下的土地利用规划,是以宏观调控为主,适应市场经济要求的规划模式。经过半个多世纪的发展,我国土地利用规划理论与实践都取得了较大的成果。

2.2.1　土地利用规划理论的研究

从理论上讲,土地利用规划是一个社会制度、自然和经济条件等多种因素制约的复杂过程,必须按照土地适宜的用途去利用土地,同时按土地的最佳投资适合度去集约利用土地,综合考虑经济效益、社会效益和生态效益的有机统一。具体而言,主要包括以下几方面的研究:

1.土地利用规划的概念

土地利用规划的概念一直是我国学术界争论的焦点之一,但经过几十年的规划实践,尤其是改革开放以来规划编制工作的实践,逐步形成了相对统一的定义:土地利用规划是对一定区域未来土地利用超前的计划和安排,是依据区域社会经济发展和土地的自然历史特性在时空上进行

---

　　①　朱凤武,彭补拙.中国县域土地总体利用规划的模式研究.地理科学,2003 年第 3 期,第 282～286 页

土地资源分配和合理组织土地利用的综合技术经济措施。[①]

2. 土地利用规划体系

土地利用规划具有综合性和空间性的特点,空间体系是土地利用规划的重要方面。关于土地利用规划体系,目前有不同的观点。欧名豪(2003)认为:完整的土地利用规划体系应包括土地利用的区域规划、土地利用总体规划、土地利用专项规划和土地利用详细规划。国家、省(自治区、直辖市)和地区(省辖市)级属于政策型规划;县(市)级属于管理型规划,重在定性、定位和定量的落实;乡(镇)级属于实施型规划,其内容应该达到控制性详规的要求。[②] 师武军(2005)认为:土地利用规划体系是指土地利用规划法规体系、行政体系和运作体系组成的系统。[③] 黄宏胜(2003)认为:传统的土地利用规划体系仅指规划编制体系,而土地利用规划体系应是"由不同种类、不同类型、不同级别和不同时序的土地利用规划所组成的相互交错且相互联系的系统"。[④] 传统的土地利用规划体系分为总体规划、详细规划和专项规划三个层次,其中总体规划包括国家、省、市(地区)、县(区)、乡镇五个层次。考虑到市(地区)级规划与上下的重叠以及详细规划与部门规划的重叠,土地利用规划的体系宜包括总体规划和专项规划两个方面,而总体规划包括国家、省、县(区)、乡(镇)四个层次。在土地利用规划的空间体系方面,尽管我国已经建立了包括国家、省(自治区、直辖市)、市(区)、县(市)、乡(镇)在内的五级体系,而不同层级的功能定位、主要内容、编制方法等方面仍有待于进一步的探讨。[⑤]

3. 土地利用规划的理论

土地利用规划的理论研究是完善土地科学,加强土地学科建设,提高土地利用规划科学性的重要基础。由于我国土地利用规划的历史较短,

---

① 师学义,武雪萍. 土地利用规划原理与方法. 中国农业科学技术出版社,2003 年
② 欧名豪. 土地利用规划体系研究. 中国土地科学,2003 年第 5 期,第 41～44 页
③ 师武军. 关于中国土地利用规划体系建设的思考. 中国土地科学,2005 年第 1 期,第 3～9 页
④ 黄宏胜. 土地利用规划体系探讨. 江西农业大学学报(社会科学版),2003 年第 3 期,第 83～87 页
⑤ 王万茂. 土地利用规划学. 中国农业出版社,2003 年

与城市规划和区域规划相比,在理论和方法的研究方面尚有一定的差距。

关于土地利用规划的理论基础和基础理论,很多学者进行了相关研究。王万茂、张凤荣(1996)、吴次芳(2000)等对土地利用规划的理论进行了初步探讨,认为人地协调理论、土地利用分区理论、土地利用控制理论等应成为土地利用规划的理论基础。[①] 徐邓耀、翟有龙(1996)对土地利用总体规划的基础理论进行了探讨,认为地域分异理论、区位理论、资源优化配置理论、集约与持续发展理论、生态经济理论、系统科学理论是土地利用总体规划的基础理论。[②] 程克坚、彭补拙、蹼励杰(1998)在研究县级土地利用总体规划修编的理论与方法时指出,系统动态平衡理论、级差地租理论、土地报酬递减和集约经营规律、土地稀缺性理论、人地关系理论和区位理论是县级土地利用总体规划修编必须遵守的基础理论。[③]

关于土地利用规划理论体系的研究有多种观点。一种观点认为:非理性、不确定性、弹性思想是科学技术发展带来的人类认识论和方法论的重大变革,面对土地规划中日益增多的不确定性、非理性因素和行为,以往单一的理性、确定性和刚性的土地利用规划理论已经不能适应客观现实的需要,规划理论与实践的裂隙日益增大。因此,在土地利用规划中,应不断吸纳科学技术的最新成就,用非理性、不确定性、弹性的规划理论来补充与完善理性、确定性、刚性理论,建立和完善土地利用规划的思想和方法论,这样做有利于土地利用规划的理论创新及规划与实际的有效结合,从而最大限度地避免规划与实际的分离[④];另一种观点认为:根据我国土地利用规划的实践,可以将土地利用规划的理论分为三个层次:相

---

① 王万茂,张凤荣.持续土地利用管理的理论与实践.北京大学出版社,1996年;吴次芳,叶艳妹.20世纪国际土地利用规划的发展及其新世纪展望.中国土地科学,2000年第1期,第15～20页

② 徐邓耀,翟有龙.土地利用总体规划的理论探讨.四川师范学院学报(自然科学版),1996年第2期,第12～19页

③ 程克坚,彭补拙,蹼励杰.县级土地利用总体规划修编的理论与方法探讨.中国土地科学,1998年第5期,第10～13页

④ 吴次芳.土地利用规划的非理性、不确定性和弹性理论研究.浙江大学学报(人文社会科学版),2005年第4期,第98～105页

关的政治经济学基础理论、总体理论和主题理论。[①] 土地利用规划的理论体系包括横向和纵向两个方向：从纵向看分为三层，协调观与系统观居于最高层，直接指导和影响整个土地利用总体规划的具体内容。条件论属于中层控制，控制着土地利用过程要解决的关键问题。控制论居于最低层，直接控制具体的土地利用结构与土地利用平衡。从横向看，是一个开放环，协调的系统居于所有环的核心，条件论是协调的综合体现，是其内容的拓展，控制论又是协调的具体手段，是条件论的应用。在每一环中都可视具体的区域特点或时代要求追加新的理论，具有较强的自适应机制。[②]

2.2.2　土地利用规划方法的研究

关于土地利用规划的方法研究，目前主要有三种观点。第一种观点认为：土地利用规划的方法总体上可分为"普遍方法"和"具体方法"两个层次。考虑到现阶段土地利用规划的特点，提出适合我国的基于过程的土地利用规划方法，包括用地规模预测的规划模型方法、规划方案编制方法和规划方案评价方法，而具体的方法则包括土地评价方法、建立土地利用与社会经济发展关系的模型、建立土地利用变化与生态环境演变的模型、制定土地利用分区管制的法则等。[③] 第二种观点认为：土地利用是一个复杂的动态系统，但也是一个可控系统，即可以通过控制土地利用行为，使之与其相关因素动态协调，从而控制系统的状态。这已不是传统的规划方法所能达到的。为此，迫切要求借助系统工程方法加以实现，多维灰色规划方法当是首选。[④] 第三种观点认为：为了适应新的决策环境的变化，改善规划决策，新一轮土地利用规划修编需要理论和方法的创新，土地利用规划方法创新包括重视土地利用规划的专题研究、创新规划手

---

① 蔡玉梅.土地利用规划的理论和方法探讨.中国土地科学,2004 年第 5 期,第 31～35 页

② 安萍莉,张凤荣.土地利用总体规划的理论体系研究.资源科学,2000 年第 3 期,第 29～33 页;张春南.土地利用总体规划的理论体系研究.行政与法,2005 年第 2 期,第 76～77 页

③ 蔡玉梅.土地利用规划的理论和方法探讨.中国土地科学,2004 年第 5 期,第 31～35 页

④ 王万茂.规划的本质与土地利用规划多维思考.中国土地科学,2002 年第 1 期,第 4～6 页

段两个方面。①

但是,由于市场经济的发展带来了一系列不确定性的信息,土地利用规划刚性指标受到严重挑战。土地利用规划在方法上要处理好刚性与弹性的问题,主要有以下观点:(1)刚性与弹性相结合的模式。这一模式认为:土地利用规划的刚性与弹性是矛盾的统一体,规划必须在保持一定刚性的前提下,具有适度弹性。具体表现为:在规划编制过程中应为实施规划留有足够的弹性空间,并制定弹性的实施条件;在规划实施过程中应严格按照规划落实规划的刚性内容,并按规划管理的刚性程序利用规划的弹性空间和弹性实施条件。② 土地利用规划应该是一个既有一定刚性又有一定弹性的规划,才能适应市场经济发展的需要,增强规划的可操作性。没有一定刚性的规划缺少强制性,不能起到控制作用,难以发挥效力;没有一定弹性的规划缺乏应变能力,控制过死,不能适应社会经济发展的需要。因此,在规划的编制和实施中,需要探索"刚性"与"弹性"相结合的方式,以增强规划的应变能力;③(2)弹性规划模式。弹性规划对市场经济制度下区域经济发展和资源合理利用具有较强的适应性和指导性。为了适应我国经济体制由计划经济、有计划的商品经济向社会主义市场经济体制的转变,迫切要求原来以行政手段为主的计划型规划转变成以行政手段和价格手段并用的市场型规划,最终使原来过于具体的刚性规划转变为应变能力较强的弹性规划。④

土地利用规划是一项多学科、多部门、多时序的系统工程。不同的学者从各自的研究领域出发提出了不同的规划方法。主要为:

(1)从地学理论角度出发,以土地质量为基础,提出土地评价与规划

---

① 陈银蓉.科学发展观与新时期土地利用规划修编.中国土地科学,2005年第3期,第3~7页

② 张友安.土地利用总体规划的刚性与弹性.中国土地科学,2004年第1期,第24~27页

③ 王锐.试论如何在土地利用规划修编中处理"刚性"与"弹性"的关系.广西师范学院学报(自然科学版),2005年第1期,第61~64页

④ 王万茂.市场经济与土地利用规划——关于规划修编思路的探讨.中国土地科学,2003年第1期,第9~15页;刘卫东.弹性土地利用规划问题研究.浙江国土资源,2004年第5期,第9~12页

的方法。它强调的是土地(土壤)的质量,如刘树臣(1998)认为:要发展土地利用地质学,加强地质科学在土地利用规划中的应用。①

(2)从地理学和景观生态的理论角度出发,以土地景观为基础,提出景观评价和规划方法。它强调的是景观生态要素之间的相互作用及各种景观生态系统的适应性特征,如张惠远、王仰麟(2000)认为:区域空间格局的生态优化是以往土地利用优化配置中的薄弱环节,景观生态学的发展与完善为弥补此项不足提供了一个全新的研究视角。②

(3)从系统生态学和生态经济学的理论角度出发,以生态系统为基础,提出生态规划的方法,强调生态系统的良性循环和土地的生态功能。如宇振荣、辛德惠(1994)应用系统思想和生态学原理,提出了以土地—食物—人口这一耦合运行发展过程研究为中心,以建立合理的土地利用系统为目标的农区土地利用规划模型框架。③

(4)从经济学和管理学的理论角度出发,提出土地资源合理配置和最优化的方法。例如王万茂(2003)认为:土地利用规划的内容主要包括土地供需的综合平衡、土地利用结构的优化、土地利用宏观布局和土地利用微观设计四个方面,土地利用规划方法有综合法、土地适宜性评价法和模型法。④

(5)从社会学和政策学的理论角度出发,提出参与式土地利用规划的方法,认为土地利用规划是社会各利益团体妥协的结果。如王正兴(1998)提出了交互式土地利用规划的概念,认为传统的"自上而下"的土地利用规划方法忽略了基层土地用户的愿望,致使实施时困难重重,效果不佳。⑤ "交互式土地利用规划"的出发点是协调个体和群体的利益冲突,既考虑代表全社会利益的政府规划,又在具体规划中重视土地用户的

---

① 刘树臣.地质科学在土地利用规划中的作用.中国地质,1998 年第 11 期,第 23～25 页

② 张惠远,王仰麟.土地资源利用的景观生态优化方法.地学前沿,2000 年增刊,第 112～120 页

③ 宇振荣,辛德惠.土地利用系统规划和设计方法探讨.自然资源学报,1994 年第 2 期,第 176～184 页

④ 王万茂.土地利用规划学.中国大地出版社,2003 年

⑤ 王正兴.试论交互式土地利用规划.资源科学,1998 年第 5 期,第 76～78 页

切身利益,鼓励所有当事人的积极参与,既鼓励开发,又鼓励保护,因而具有许多优点,容易实施。

(6)从地理信息系统和遥感等自然科学技术的理论角度出发,广泛地运用遥感(RS)、全球定位系统(GPS)与地理信息系统(GIS)等新技术进行土地利用适宜性评价、土地利用现状变更调查、土地利用动态监测、土地利用规划动态管理和信息系统建设方面,并探索"3S"一体化技术和Web GIS 在土地利用规划中的运用。黄杏元(1992),宋如华、齐实、孙保平(1997)等运用 GIS 进行区域土地资源的适宜性评价及空间布局研究[1];沈非、黄薇薇、查良松(2002),王晓栋(2000),徐涵秋、涂平、肖桂荣(2000),任维春、王建卫、王歧岭(2000)等利用 3S 技术进行土地利用变化信息提取和动态监测方面的研究[2];罗梅、刘建国(1996),吴良林(1999),程雄、张王菲、焦英华(2003)等探讨了 GIS 技术在土地利用规划中的应用[3];李巧玲(1999),赵耀龙、赵俊三、陶卫(1999),李满春、陈刚、姚志军(2003)等探讨了 GIS 技术在土地利用规划信息系统管理和设计方面的应用[4];袁占良、张光胜(2002)等则探讨了 Internet 下土地利用规划信息

---

[1] 黄杏元.地理信息系统在土地适宜性评价中的应用.科学通报,1992 年第 15 期,第1403～1404 页;宋如华,齐实,孙保平.区域土地资源的适宜性评价和空间布局.土壤侵蚀与水土保持学报,1997 年第 3 期,第 23～30 页

[2] 沈非,黄薇薇,查良松.RS,GIS 一体化土地利用动态信息提取技术改进初探.安徽师范大学学报(自然科学版),2002 年第 4 期,第 392～395 页;王晓栋.基于 3S 技术的县级土地利用动态监测技术.山地学报,2000 年第 1 期,第 26～30 页;徐涵秋,涂平,肖桂荣.基于"3S"技术的县级土地资源动态监测技术系统.遥感技术与应用,2000 年第 1 期,第 22～27 页;任维春,王建卫,王歧岭.综合利用 3S 技术监测土地利用变化.遥感信息,2000 年第 3 期,第 19～22 页

[3] 罗梅,刘建国.GIS 支持下的土地利用总体规划初探.四川师范学院学报(自然科学版),1996 年第 2 期,第 301～303 页;吴良林.土地利用总体规划中 GIS 技术应用研究.热带地理,1999 年第 4 期,第 371～375 页;程雄,张王菲,焦英华.用 GIS 技术编制土地利用规划图.信息技术,2003 年第 3 期,第 38～40 页

[4] 李巧玲.区域土地利用规划研究中遥感、空间信息系统技术的应用.湛江海洋大学学报,1999 年第 1 期,第 52～55 页;赵耀龙,赵俊三,陶卫.建立土地规划信息系统实现土地规划的动态管理.昆明理工大学学报,1999 年第 1 期,第 44～47 页;李满春,陈刚,姚志军.县级土地利用规划管理信息系统的分析与设计.国土资源遥感,2003 年第 1 期,第 65～69 页

系统应用模型研究①。同时,提出了土地利用规划信息系统的方法。例如李满春、余有胜(1999)进行了土地利用总体规划管理信息系统研究②;王建弟、王人潮(2001)进行了县级土地利用管理决策支持系统的研究,并开发出县级土地利用管理决策支持系统③。其主要研究领域可归纳为两个方面:一是关于土地数据的获取、存贮、更新、查询、运算及制图制表等方面的研究;二是关于土地数据的空间分析、模拟以及决策判断的专家知识方面的研究。④

2.2.3 土地利用规划实践方面的研究

1. 土地利用规划决策及行为主体研究

孟庆民、韦文英(2000)认为土地资源配置关乎各个行为主体的利益追求,要谋求社会各种矛盾不断获得解决和协调,其中,各种矛盾主要是行为主体之间的矛盾,如政府、企业和公众,从三方面体现了对土地资源配置的不同偏好,从而基本形成了在可持续发展观指导下,市场经济运行中的政府、企业和公众三大行为主体的土地资源配置统一体。土地资源配置过程中要强化政府土地管理的政治行为和社会行为,改善企业使用土地的经济行为,发展公众保护土地的社会行为和文化行为。⑤

王松林、郝晋珉(2001)认为土地利用总体规划的公共管理决策是一个行为选择过程,决策科学合理与否,与规划决策主体的行为规律密切相关。由于政府主体在决策时存在获取信息不充分和表达个人偏好等不足的现象,因此,需要科学的公共决策模式和公共决策行为规范予以约束和

---

① 袁占良,张光胜. Internet 下土地利用规划信息系统应用模型研究. 焦作工学院学报(自然科学版),2002 年第 6 期,第 447~449 页

② 李满春,余有胜. 土地利用总体规划管理信息系统研究. 测绘通报,1999 年第 10 期,第 22~24 页

③ 王建弟,王人潮. 县级土地利用管理决策支持系统的研究. 浙江大学学报(农业与生命科学版),2001 年第 1 期,第 49~54 页

④ 陈军,周星. 土地信息系统的进展:1997—1998 文献评述. 中国土地科学,1999 年第 3 期,第 37~44 页

⑤ 孟庆民,韦文英. 可持续土地利用三大行为主体分析. 中国土地,2000 年第 8 期,第 19~21 页

指导。①

吴帆(2005)指出,当前大多数可持续发展强调在完备信息基础上的长期行为预期,以此构建各种行为规范,确保社会的可持续性,但在一定层次上可持续发展是一种集体选择和规范的结果;认为应该以单个个体为单位,研究个体层面上的主观心理及导致的社会行为的作用,在此基础上阐明集体的存在状态、价值模式、行为动机和行为模式,进而进行宏观层面的可持续发展分析,为可持续土地利用规划中的行为主体分析提供了很好的借鉴。②

施源、陈贞(2005)认为我国区域经济运行具有明显的行政区经济特征,在这一经济格局下,地方政府具有"政府"和"经济人"的双重身份,政府规划行为在矫正"市场失灵"和"经济人理性"方面均不充分,在价值取向上追求政府形象和个人利益以及地方经济利益,为规划上下级之间、区域之间的协调,维护公众利益埋下了隐患,并提出了政府规划行为的调整方向。③

另外,众多的学者如欧名豪(2001)、邓红蒂(2005)、何祖慰(2006)等对土地利用规划决策的公众参与,为决策主体的多元化提出了自己的见解。④

2.土地利用规划实施研究

陈锋式、刘前(1997)认为土地利用规划的实施、规划"龙头"作用的体现应着力于经济、法律政策上的宏观调节,实行土地利用功能区域总量、质量上的中观控制,强化建设项目和具体用地单位、土地类型的微观管

---

① 王松林,郝晋珉.建立科学的公共决策模式——关于土地利用总体规划中社会选择行为的探讨.中国土地,2001年第4期,第22~24页

② 吴帆.可持续发展与个体社会行为模式.广东社会科学,2005年第3期,第143~147页

③ 施源,陈贞.关于行政区经济格局下地方政府规划行为的思考.城市规划学刊,2005年第2期,第45~49页

④ 欧名豪,湛明.土地利用规划需要公众参与.中国土地,2001年第11期,第27~29页;邓红蒂,俞冠玉,张佳.土地利用规划中公众参与的实践与分析.中国土地科学,2005年第6期,第8~14页;何祖慰.土地利用规划中公众参与的必要性及现状研究.国土资源科技管理,2006年第1期,第60~63页

理。宏观目标要明确,中观控制要得力,微观效果要明显。①

叶建成、迅锋(2000)土地利用规划的实施主要体现在:加强建设用地审批管理,实行严格的土地用途管制制度;抓好耕地占补平衡,落实基本农田保护;规划实施的组织建设和业务强化。②

黄劲松、周生路、彭补拙(2001)指出土地利用总体规划不能仅停留在方案的制订上,更为重要的是要确保方案的实施,即建立一个强有力的土地利用规划实施保证体系,认为土地利用总体规划实施保障体系包括土地利用分区和分区管制措施、土地整理复垦、荒地开发与中低产田改造等内容。③

邓红蒂、董祚继(2002)在分析了国内土地利用规划实施管理现状的基础上,借鉴国外规划管理实施的措施,提出了建立我国土地利用规划实施管理保障体系的目的、原则,从法律保障、行政管理、经济制约、社会监督和科技管理等方面着手,初步建立了我国土地利用规划实施管理的框架体系,并就法律、行政、经济、社会、科技等有关措施的内容以及相互关系进行了阐述。④

王人潮、王坷(2005)认为很难制订出一个最佳双赢、广泛适应、动态管理的土地利用规划方案,规划实施存在众多的不确定性和困难;指出充分可靠的现实性数据是制订和实施规划的前提,科学合理的规划依据是制订和实施规划的基础,科学地保持耕地总量动态平衡是制订与实施规划的关键。⑤

刘芳梅(2005)认为我国土地利用规划实施中的问题是由规划实施的

---

① 陈锋式,刘前.关于土地利用总体规划的编制及实施.国土经济,1997 年第 6 期,第 18～20 页

② 叶建成,迅锋.加强规划实施管理.中国土地,2000 年第 6 期,第 15～16 页

③ 黄劲松,周生路,彭补拙.土地利用总体规划实施保证体系.经济地理,2001 年增刊,第 217～211 页

④ 邓红蒂,董祚继.建立土地利用规划实施管理保障体系.中国土地科学,2002 年第 6 期,第 4～10 页

⑤ 王人潮,王坷.论中国土地利用总体规划的作用及其实施基础.浙江大学学报(农业与生命科学版),2005 年第 1 期,第 1～6 页

法律、管理等保障机制不健全和规划编制理论、方法上的先天不足共同作用的结果,并从规划的重点、内容体系、规划方向、决策转变等规划编制方法和理论以及规划的价格屏障、法律地位和规划信息系统等方面提出了保障规划实施的见解。[①]

唐焱、黄贤金(2005),余向克、邓良基、李何超(2006)以及其他一些学者对土地利用规划实施评价进行了探讨,包括土地利用规划实施评价的基础数据、评价方法的采用以及对规划实施目标、实施效益、实施影响的评价。[②]

3.土地利用规划控制研究

欧名豪、湛明(2001)指出,土地利用规划控制是土地利用控制的基本手段之一,是在一定条件下,为达到一定的土地利用目的而对土地利用活动与过程施加各种影响和限制,以促进土地利用向着人们所预期的目标或状态发展,是政府对土地利用实施控制的最基本手段。土地利用规划控制内容从控制的作用上看包括土地利用的总量控制、公益性目标的控制、土地用途控制和土地利用微观行为控制;从规划控制的方式上看包括定性控制、定量控制、定位控制和定序控制。土地利用规划控制具有整体性、层次性、确定性、法规性、开放性和共同性等特点。[③]

4.土地利用规划发展研究

郑伟元(2000)在《世纪之交的土地利用规划:回顾与展望》中指出,规划编制的方式问题、规划用地分类问题、规划的强制性和弹性问题、规划的可操作性问题都是我国未来土地利用规划需要深入研究和进一步解决的问题。[④]

---

① 刘芳梅.浅析土地规划在实施中存在的问题与对策.兰州学刊,2005 年第 6 期,第 200～201 页

② 唐焱,黄贤金.土地利用规划实施生态效益的几点思考.生态规划,2005 年第 10 期,第 229～232 页;余向克,邓良基,李何超.土地利用规划实施评价方法探析.国土资源科技管理,2006 年第 1 期,第 32～36 页

③ 欧名豪,湛明.土地利用规划需要公众参与.中国土地,2001 年第 11 期,第 27～29 页

④ 郑伟元.世纪之交的土地利用规划:回顾与展望.中国土地科学,2000 年第 1 期,第 2～5 页

吴次芳、叶艳妹(2000)指出，未来土地利用规划的发展趋势表现在：充分重视经济、社会、文化、生态多元复合的土地利用规划理论和理念将不断得到深化；以政策指南和以利用设计为主体的两大类土地利用规划将会得到充分的发展；土地利用规划将从静态、结构和功能朝动态化、智能化方向发展；注重可持续发展和集约化经营的土地利用规划，在理论和实践方面都将有新的发展；公众将进一步参与土地利用规划，并使规划朝着"契约化"方向发展；生态保护、伦理思想、协调发展在土地利用规划中的地位将逐步上升。[①]

梁学庆、吴玲、黄辉玲(2005)在《新中国 50 年土地(利用)规划的回顾与展望》中指出，可持续发展的土地利用规划观念将成为普遍共识；土地利用规划的空间体系、类型体系、理论支撑体系、目标实现体系、内容方法体系、政策和环境保证体系将进一步完善；土地利用规划的法律行政手段、公众参与、规划实施评价等土地利用规划实施保障体系将进一步确立和完善。[②]

2.2.4　简要评价

从上述国内相关研究成果的回顾中我们不难发现，为了实现土地资源的持续利用，对土地利用规划理论与方法的创新已取得了巨大的进展，这将为本研究的开展打下坚实的基础，并提供有益的借鉴。但由于不同学者的研究兴趣和知识背景各异，对问题的研究多局限于各自领域之内，没有将不同学科最新的研究成果很好地交叉与融合从而产生共鸣，这不能不说是一种遗憾。

迄今为止，所构建的土地利用规划模型仍是以"显而易见"的经济效益作为目标函数，忽略了土地利用的生态效益和社会效益，即使有所考虑，也仅是选用有限的指标反映在规划模型的约束条件中，且不论指标选择是否合理、科学，单就将生态效益和社会效益置于规划模型的约束条件

---

① 吴次芳，叶艳妹.20 世纪国际土地利用规划的发展及其新世纪展望.中国土地科学，2000 年第 1 期，第 15～20 页

② 梁学庆，吴玲，黄辉玲.新中国 50 年土地(利用)规划的回顾与展望.中国农业科技导报，2005 年第 3 期，第 13～16 页

之列,即可说明土地利用规划以经济、生态及社会综合效益为目标只能是空谈。当然,这有时代的限制,对土地利用生态效益和社会效益的考量是难以逾越的技术瓶颈的。然而,资源经济学和环境经济学的发展恰好解决了这一技术难题。

基于此,本研究在已有相关研究的基础上,借鉴资源经济学和环境经济学的最新研究成果,从可持续发展的视角尝试对现有土地利用规划理论与方法做进一步完善。

2.3 国内外研究的发展趋势及启示

随着经济的全球化,以及人口、资源、环境问题的日益突出,人类社会对可持续发展和生命质量等问题的关注,土地利用规划逐渐成为国家宏观调控土地利用的一个重要工具,其完善与发展必将受到国家、政府以及学术界的广泛重视,将以各种不同途径沿着可预见的方向发展。这要求规划必须具备更加有效的解决矛盾、协调关系的作用,因而土地利用规划必须具有针对性地提出创造性的思维和解决的方案。与此同时,随着新理论、新技术、新方法的迅猛发展,也必将使土地利用规划的研究日益深入,更好地指导人类的土地利用实践活动。未来国内外土地利用规划的发展将会更加紧扣各国社会经济发展的主要矛盾,更加有效地协调各种关系,解决各种矛盾。特别是 1987 年《我们共同的未来》发表以来,可持续发展已经成为全球的共识,这将使全球范围内的土地利用规划在内容、理论和方法上发生巨大的变化,建立可持续土地利用规划的理论和方法体系也正成为全球各国努力探索和追求的目标。

2.3.1 土地利用规划理论研究发展趋势

自 20 世纪 50 年代以来,国内外土地利用规划的理论发展既有相互补充完善的一面,也有相互对立矛盾的一面。各种学派的专家学者对土地利用规划的理论展开了长达半个多世纪的大辩论,争论的焦点集中在土地利用规划是土地利用理论还是规划理论,是理性的科学规划理论和倡导性规划理论还是人文主义和实用主义规划理论为依据等不同观点和理念,争论的实质是到底要制定什么样的规划,由谁参与,为谁服务和怎样制定,以及规划实施难的因素是什么等问题。到目前为止,各学派均没有圆满地回答这些问题。

随着人们对土地利用规划理论指导规划实践重要性认识的提高,以资源的最优化利用、公众利益的最大化、资源配置的合理化、政治制度的安全化为目标,以整体性和动态性为特征,应用系统分析理论、博弈论、弹性理论、可持续发展理论、利益均衡理论、控制理论、制度经济理论,充分重视经济与社会、制度与文化,以及生态环境等多元复合的土地利用规划理论和理念的研究,必将得到进一步的发展。

2.3.2 土地利用规划方法研究发展趋势

土地利用规划方法是实现规划目标的具体措施和实施规划过程的有机组合,规划方法包括规划主体、规划内容和规划技术等方面。

1.土地利用规划主体方面

自 20 世纪 80 年代以来,美国、日本、德国、英国、加拿大等国家在规划制定的各个阶段都积极倡导各方人士的参与,使规划保持较高的透明度和参与度,形成了参与式土地利用规划方法。目前我国也开始注重规划的公众参与问题。从理论上讲,在规划过程中只依赖少数人进行决策是很不公平的,不同利益集团都应享有均等的机会和发言权,参与制定政策、编制规划和管理规划等全过程。这种公开透明的规划体系决定了规划部门的任务不单纯是依据政府决定编制蓝图,而且应依靠自己的专业知识对决策具有合法的参与权力和实施规划的权力,并有权在各部门的决策者之间进行协调,最终产生有广泛群众基础的民主型的土地利用规划,[①]土地利用规划主体具有多元化的发展趋势。

2.土地利用规划内容方面

土地利用规划是一项涉及多学科、多部门、多时序,综合性强的系统工程。它不仅涉及自然技术方面,同时还涉及经济、社会、制度等方面;不仅要研究土地资源本身,同时要研究与土地资源相关的社会经济各个领

---

① 欧海若.土地利用规划模式选择与模型应用研究.中国大地出版社,2000 年

域;不仅要追求经济效益最佳,同时要追求社会效益、生态效益的最佳,以及社会、经济、生态三效益的耦合最佳。因此,研究土地利用规划必须做到:其一,从影响和制约土地利用规划的经济、社会环境的现状以及发展趋势入手展开研究。其二,对土地利用组成、结构和功能演化过程,以及发展方向等方面进行综合研究,这样才能把握土地的总体特征。其三,要进行充分科学的社会、经济、生态分析和计算,例如应对成本、产量、产值、毛利、收益水平、利益均衡、生态安全、社会保障等作出分析和计算,使研究成果既反映土地的自然特征,又反映不同土地利用规划的收益水平。其四,要充分考虑地域文化、社会道德等因素对土地利用规划的作用。另外,土地利用规划面临的另一个问题是世界人口的增加、资源短缺、环境恶化和区域发展失衡,这就要求土地利用规划要开展全球性的协同研究,以确定人口增长对土地资源的需求和土地资源系统可支持或必须支持的程度。由此可见,土地利用规划研究在内容上日益表现综合化的发展趋势。

3. 土地利用规划技术方面

土地利用规划涉及到社会经济的各个部门、各个产业、各个时段,它是一个庞大的、极其复杂的系统工程,也是一个土地利用的决策过程。为了提高规划的工作效率和决策的科学性,近年来高新技术在土地利用规划中得到了广泛的应用。土地利用规划的方法逐渐由定性描述、对比分析等传统方法转变为普遍使用多目标决策规划、系统工程、灰色控制系统、层次分析法(AHP)、系统动力学(SD)模型等现代方法。模型技术的大量运用,不仅提高了规划方案的精度,而且为模拟土地利用的动态发展过程提供了可能。同时,现代地理信息技术、决策支持系统(DSS)技术等先进科技手段的逐步使用,使土地利用规划从野外调查、资料搜集、信息处理、计算模拟、目标决策、规划成图到监督实施全过程逐步向模型化、信息化、综合化方向发展。

2.3.3 对我国土地利用规划的启示

结合社会经济的发展以及土地利用规划学科自身发展的需要,今后土地利用规划的发展和完善可以从以下方面进行:

1. 构建和完善土地利用规划的理论和方法体系

土地利用规划应该有一套系统、全面的理论和方法体系作为其理论基础和依据。如土地经济学理论、城市经济学理论、人口经济学理论、环境经济学理论等都和土地利用规划有着紧密的联系。方法系统方面,如人口、土地需求预测方法,最优化方法,规划动态更新方法,弹性规划方法,规划效果反馈系统、公众参与方法等都是将来的研究方向。

2. 充实和健全规划内容体系,增强规划的可操作性和实用性

应该借鉴国外的经验,将土地利用规划建成一个完整的体系。宏观的如土地利用总体规划,具体的如土地利用专项规划,甚至具体到一个社区的修建规划。使得土地利用规划能切实地为政策的制定、项目的建设提供所需的信息和决策的依据。另一方面可以充实土地利用规划的职能和作用,针对不同用途各有侧重地编写,以适应不同使用者的需要。让土地利用规划不仅能起到规划、控制、调控作用,还能起到服务作用,为各个部门提供有用信息。

3. 加强先进科学技术的应用

近年来,先进的科学技术已经越来越多地应用到土地利用规划中,并体现出巨大的作用。目前,地理信息系统(GIS)、遥感(RS)和全球定位系统(GPS)的广泛应用已经为土地利用规划管理信息系统的建立和发展打下良好基础,以后将更广泛地引入更多先进技术,使土地利用规划向模型化、动态化、智能化方向发展,进一步提高土地利用规划的科学性和工作效率。

4. 加快与法制建设的结合

要充分发挥土地利用规划对土地利用的龙头作用,保证土地利用规划切实有效地贯彻实施,就应该强化土地利用规划的权威性。为此,土地利用规划以后发展和完善的一个方向就是要与法制建设相结合,用相应的法律法规来保证规划的权威性和有效性。

第3章 土地利用规划的理论基础

3.1 土地利用规划系统理论

从系统科学角度看,可持续土地利用规划代表了系统理论应用于土地利用规划的最新进展。土地利用系统具有一般复杂系统的共同特征即综合性、系统性和动态性。可持续土地利用系统研究需要系统理论特别是开放的复杂巨系统理论及其方法论的指导。作为开放的复杂巨系统问题,可持续土地利用规划的方法论基础是"从定性到定量综合集成方法"和"从定性到定量综合集成体系",研究需要自然科学、社会科学和工程技术学科的知识,同时,还要综合、整体、系统地考虑社会、经济、资源、环境多方面的相互关系和协调发展。①

3.1.1 土地利用规划一般系统理论

一般而言,土地利用规划的本质,是实现对土地利用系统的有效控制,这首先有赖于我们对土地利用系统规律,包括系统结构、功能、特性及其在环境作用下的演化机理的深刻认识,建立科学的土地利用系统观。

关于土地利用系统的涵义,迄今几种代表性观点是:土地利用系统的构成包含了土地、资本和人(劳动)②;土地利用系统是土地自然生态子系

---

① 董祚继,吴运娟.中国现代土地利用规划——理论、方法与实践.中国大地出版社,2008年
② 郝晋珉.土地利用控制.中国农业科技出版社,1996年

统和土地社会经济子系统通过人口子系统为纽带和接口,耦合而成的土地生态经济系统[①];土地利用系统是指为人类活动所利用的土地表层及其以上和以下的所有要素相互联系、相互制约而结合成的具有特定功能的有机综合体。[②] 显然,对系统组成要素的认识成为理解土地利用系统的关键。

1.土地利用一般系统理论的主要思想

目前许多学者对土地利用系统的组成和功能进行了较深入的研究,形成了比较一致的观点和内容。

(1)土地利用系统的功能是由土地利用系统的各要素的整体决定的,而并非是各要素的功能之和。[③] 一个结构合理,良性循环的土地利用系统会表现出总体功能大于部分功能之和的特征;而系统结构不合理,系统各部分间不是相互促进而是相互干扰,则系统的整体功能有可能小于各部分功能之和。

(2)土地利用系统是由许多子系统组成。根据土地利用系统层次可分为农用地系统、建设用地系统和未利用地系统;在此之下再细分,如未利用地系统可细分为未利用土地和其他土地;未利用土地可再细分为荒草地、盐碱地、沼泽地、沙地、裸土地、裸岩石砾地、其他未利用土地,其他土地可再细分为河流水面、湖泊水面、苇地、滩涂、冰川及永久积雪地。根据土地利用方式可划分为耕地、林地、草地、水域、交通用地、居民点及工矿用地、水域、未利用土地。从土地利用系统的地域范围看,可分为全国的土地利用系统及区域性的土地利用系统。

(3)土地利用系统具有层次性、开放性、整体性及动态性等特点,并具有自我调节和代偿功能,这些功能包括能量转化功能、生产功能、负载功

---

① 王万茂.市场经济条件下土地资源配置的目标、原则和评价标准.自然资源,1996 年第 1 期,第 24~28 页

② 严金明.中国土地利用规划:理论、方法、战略.经济管理出版社,2001 年

③ 欧名豪.土地利用规划控制研究.中国林业出版社,1999 年

能、仓储功能、保护功能及消费功能等。①

（4）土地利用系统内及环境之间物质循环和流动是土地利用系统研究的重点。② 土地利用系统不断地适应环境，经过内部的分化、变异和相互作用，又不断地向外界输出其产出，分析系统内部及与外界的输入输出关系必将成为土地利用系统研究的重要内容。

2.土地利用一般系统理论对可持续土地利用规划的指导作用

规划要面向未来，而未来的不确定性是规划无法消除的矛盾，此时，规划师对未来的发展方式有预测和选择的自由，却没有选择和不选择的自由。

由于可持续土地利用系统的多面性和复杂性，其涉及的相互关联的因素具有复杂多变的结构，对其进行描述和认识需要大量的信息、数据和资料，而且很多的数据也难以或根本无法得到。人们对其的研究总有横看成岭侧成峰之感，很难完全揭开其神秘的面纱和对其有一个概貌的了解。系统方法的综合统摄能力正好弥补了这一缺陷，系统方法的引入使规划师得以系统地看待土地利用，可对土地利用和土地利用规划过程进行抽象和概括，并以定量和数学模型的方法表达出来。系统科学方法的出现和使用使规划师认识土地利用的方式有了质的飞跃，增强了规划师对未来的信心。

3.1.2 土地利用规划灰色系统理论

1.灰色系统理论的特征与基本原理

灰色系统理论是继 20 世纪 40 年代末诞生的系统论、信息论、控制论，以及产生于 60 年代、70 年代的耗散结构理论、协同学、突变论、分形理论、超循环理论、动力系统理论等具有横向性和交叉性新兴学科以后，于 1982 年由我国著名学者邓聚龙教授创立的。所谓灰色系统就是在一个完整的系统中部分信息已知，而另一部分信息未知的系统。灰色系统

---

① 孟昭杰.土地系统的功能和运行初探.国土与自然资源研究,1992 年第 4 期,第 17～19 页

② 谢俊奇.可持续土地利用系统的指标、评价和规划实践系列研究.中国农业大学,1999 年博士学位论文

理论的研究对象是"部分信息已知、部分信息未知"的"小样本"、"贫信息"不确定性系统。它通过对部分已知信息的生成、开发去了解、认识现实世界，实现对系统运行行为和演化规律的正确把握和客观描述。我们对土地与社会经济组成的土地利用系统的认识，在很大程度上仅知部分信息的表象，对经济现象的确切内涵无法掌握，因此，可以说土地利用系统是一个本征性的灰色系统。①

在灰色系统理论创立和发展过程中，形成了具有十分深刻的哲学内涵、独特的灰色系统基本原理，主要包括：②

(1)差异信息原理，即"差异"是信息，凡信息必有差异。客观世界中万事万物之间的"差异"为我们提供了认识世界的基本信息，同时也改变了我们对某一复杂事物的看法或认识。

(2)解的非唯一性原理，即信息不完全、不确定的解是非唯一的。"解的非唯一性原理"是灰色系统理论解决实际问题所遵循的基本法则，在决策上的体现是灰靶思想；同时，它也是目标可接近、信息可补充、方案可完善、关系可协调、思维可多向、认识可深化、途径可优化的具体体现。在面对多种可能的解时，能够通过定性分析，补充信息，确定出一个或几个满意解。

(3)最少信息原理，即充分开发利用已占有的"最少信息"，这一原理是"少"与"多"的辩证统一。灰色系统理论的特色是研究"小样本"、"贫信息"不确定性问题，其立足点是"有限信息空间"，"最少信息"是灰色系统的基本准则，充分利用已占有的"最少信息"是灰色系统理论解决问题的基本思路。

(4)认知根据原理，即信息是认知的根据。认知必须以信息为依据，没有信息，无以认知。以完全、确定的信息为根据，可以获得完全确定的认知，以不完全、不确定的信息为根据，只能得到不完全、不确定的灰

---

① 郭怀成,张振兴,于湧.流域土地可持续利用规划方法及应用研究.地理研究,2003 年第 6 期,第 671～679 页

② 刘思峰.灰色系统理论及其应用(第二版).科学出版社,1999 年

认知。

（5）新信息优先原理，即新信息对认知的作用大于老信息。"新信息优先原理"是灰色系统理论的信息观，赋予新信息较大的权重可以提高灰色建模、灰色预测、灰色分析、灰色评估、灰色决策等的功效，"新陈代谢"模型体现了这一原理，以及新信息的补充为灰元白化提供了基本动力，也是信息的时效性的具体体现。

（6）灰性不灭原理，即"信息不完全"（灰）是绝对的。信息不完全、不确定具有普遍性，信息完全是相对的、暂时的，原有的不确定性消失，新的不确定性很快出现。人类对客观世界的认识，通过信息的不断补充而一次又一次地升华，信息无穷尽，认知无穷尽，这就是灰性永不灭。

2. 灰色系统理论对土地可持续利用规划的指导作用

土地利用规划是以灰色的土地利用系统为研究对象，并且是面向土地利用未来的行动过程，而未来的不确定性是土地利用系统固有的特性，土地利用规划无法解决这一问题的矛盾，人类也是难以把握的。因此，土地利用规划对未来的发展方式有预测和选择的自由，却没有选择和不选择的自由，不论土地利用规划对未来决策或是不决策都会付出代价。这就要求规划尽量减少未来的不确定因素，而不能单纯强求规划预测的正确性，灰色系统理论对这一问题的认识和解决提供了理论依据和解决的方法。

土地利用系统具有多面性和复杂性的特点，所涉及的相关因素具有复杂多变的结构，对其进行描述和认识需要大量的信息和数据资料，而且很多数据也难以或根本无法得到，这就使人们难以对土地利用系统有一个全面的了解。灰色系统理论与方法的综合恰好能弥补这一缺陷，它的引入使土地利用规划以系统的观点去看待土地利用问题，并能以定量和数学模型的方法来对土地利用进程进行抽象和概括，使人们对土地利用系统的认知方式有了质的飞跃。

3.1.3　土地利用规划复合生态系统理论

复合生态系统理论是由我国著名生态学家马世骏教授于 1981 年提出的，他认为：当代若干重大社会问题，都直接或间接关系到社会体制、经济发展状况以及人类赖以生存的自然环境。社会、经济和自然是三个不同性质的系统,但其各自的生存和发展都受其他系统结构、功能的制约,必须当成一个复合系统来考虑,也就是社会－经济－自然复合生态系统。社会是经济的上层建筑;经济是社会的基础,又是社会联系的自然中介;自然则是整个社会、经济的基础,是复合生态系统的基础。

1.复合生态系统理论的基本观点

人类是社会－经济－自然复合生态系统的核心,是社会经济自然复合生态系统的调控者,对社会经济自然复合生态系统的形成、演变和发展,具有决定性影响。[①] 因而它是一类特殊的人工生态系统,兼有复杂的社会属性和自然属性两方面的内容:一方面,人是社会经济活动的主人,以其特有的文明和智慧驱使大自然为自己服务,使其物质文化生活水平以正反馈为特征持续上升;另一方面,人毕竟是大自然的一员,其一切宏观性质的活动,都不能违背自然生态系统的基本规律,都受到自然条件的负反馈约束和调节。这两种力量间的基本冲突,正是复合生态系统的一个最基本特征。[②]

2.复合生态系统理论对土地可持续利用规划的指导作用

一方面,自然子系统对土地可持续利用规划的指导作用。自然环境是环境演变的基础,也是人类生存发展的重要条件,它制约着自然过程和人类活动的方式和程度。自然环境的结构、特点不同、人类利用自然发展生存的方向、方式和程度亦有明显的差异。因此,必须综合研究区域复合生态系统,从而研究其区域特征和区域差异,寻求编制土地可持续利用规划的方法,使编制出来的规划能充分体现地方特色,符合当地社会经济发展规律,有利于区域当地土地生态和环境的实质性改变。

另一方面,社会、经济子系统对土地可持续利用规划的指导作用。在复合生态系统中,社会、经济、自然三个子系统是相互联系、相互制约的,

---

① 杨爱民.基于社会－经济－自然复合生态系统的泛生态链理论.中国水土保持科学,2005 年第 1 期,第 93～96 页

② 马世骏,王如松.社会－经济－自然复合生态系统.生态学报,1984 年第 1 期,第 1～9 页

且总是在不断的发展之中。因此,土地可持续利用规划必须考虑到社会和经济的发展及发展速度。如果随着社会和经济的发展速度的调整而土地可持续利用规划未作相应的调整,那么土地可持续利用规划由于与实际情况相差太远,本身将失去意义;如果未能及时进行调整,那时牵涉的方方面面很多,工作量很大,从而影响到规划的顺利实施。

科学技术的发展促使人类生态不断由低级向高级方向发展,大大促进了人类的福利。然而由于不合理地利用自然资源和管理的不善,人类活动对自然生态系统干扰的加剧,社会、经济的发展引起土地质量下降和生态退化,最终都会影响人类自身的生活、健康和福利。也就是说许多的土地问题都是由社会、经济活动引起的,要处理好这些问题,可持续土地利用规划必须摆好复合生态系统中社会、经济的位置,脱离这两大系统而编制的土地利用规划,必定是不切实际甚至毫无使用价值的。[①]

3.2 土地利用规划弹性理论

3.2.1 土地利用规划弹性理论的内涵

弹性(elasticity)一词本来源于物理学,是指某一物质受到外界力量作用时的反应力,而在经济学中,弹性的内涵是指当经济变量之间存在函数关系时,一变量对另一变量变化反应的灵敏程度。[②] 弹性理论是建立在不确定性思想和非理性思想的基础上,具有一定的普适性和现实意义。[③] 经济学上的弹性主要是指价格弹性,由于价格变化所导致需求和供给在一定的弹性空间变化,而土地利用规划中的弹性则更为复杂,除了考虑价格弹性外,更应注重各种影响因素的变化所导致规划主体和客体在时间、空间乃至上层建筑层面上的弹性变化。土地利用规划是在对未来预测的基础上对土地利用做出的决策,未来越模糊,规划弹性就越重

---

① 但承龙.可持续土地利用规划理论与方法研究.南京农业大学,2002 年博士论文

② 程崇帧,蔡一鸣.关于弹性理论的几点拓展.学术研究,2003 年第 1 期,第 39～42 页

③ 吴次芳,邵霞珍.土地利用规划的非理性、不确定性和弹性理论研究.浙江大学学报(人文社会科学版),2005 年第 4 期,第 98～106 页

要。在波兰、法国、德国等西方国家,弹性思想被广泛运用到各个规划领域。

实践证明,弹性规划对市场经济条件下区域经济发展,资源的合理配置和利用有较强的适应性和指导性。① 土地利用规划是对未来区域经济发展在用地数量、用地结构、利用方式等方面的全方位预测安排,由于其中不可避免地存在内外部环境的不确定性以及规划主体的主观非理性,面对以往以绝对刚性为主的规划体系,在规划中应用弹性思想制定弹性的规划,是市场经济发展的必然结果,也是不确定规划思想和有限理性规划思想的必然要求。规划弹性理论内涵主要包括以下几点:

首先,规划的弹性是一种动态的思想,面对规划中内外部环境的不确定性和各种有限理性行为,这种动态思想使规划更好地适应社会经济发展的变化。

其次,规划的弹性实质上是一种协调的思想,规划的重要特征之一是具有多样性和复杂性,各种因素间都存在相互作用、相互影响的关系,于是,协调它们之间的关系、进行不断的博弈,有利于规划各方的协调发展。

第三,规划的弹性强调规划各方选择的多样性,包括规划工作者与参与者、规划的目标、规划的技术方法等。面对难以预测的未来世界,弹性理论认为,规划应在多方参与之下制定多种目标,采取多种方式,有利于规划不断促进人类的进步和社会的发展。

3.2.2 弹性理论对土地利用规划的指导作用

土地利用规划的弹性是相对于刚性而言的,于是规划弹性理论主要针对原有规划缺乏灵活性、过多限制与约束的缺点,而制定出符合社会经济发展各个阶段的实际情况、有利于实施弹性土地利用规划。当前,我国的规划正处在社会主义市场经济不断完善的宏观背景下,规划者必须认识到规划和市场之间存在着一种相互联系、相互影响的关系:一方面规划对市场起着导向性、调控和规范等作用;另一方面市场对规划起着引导

---

① 余晓钟,冯杉.论决策过程中的非理性行为.四川师范学院学报(哲学社会科学版),2002 年第 3 期,第 39～42 页

性、决定性的作用。弹性土地利用规划强调规划思路及指标体系对随机性的市场经济发展的适应和控制程度。我们认为,弹性理论在土地利用规划实践中的指导作用主要表现在以下几个方面:

1. 灵活调整规划体系和规划时序

第一,从世界各国对规划研究来看,高层次土地利用规划的内容越细,适用性就越低,而现实的审批用地主要依靠乡镇和城市级的规划。于是,应针对我国当前规划体系中国家、省、市、县、乡各级的控制指标和口径基本相同的现象,在新一轮规划的制定中,应首先研究解决各级规划的功能,然后根据各级规划的功能对土地利用控制指标和口径采取灵活而适度的调整。

第二,在规划中应增加中心城市、集镇的土地利用规划。在我国目前的规划体系下,中心城市通常不单独编制规划,但从实际需求来看,中心城市的发展对于城市社会经济的发展起着至关重要的作用,它是整个城市发展的"极核"。中心城市的发达程度和比较优势是决定城市向心力和凝聚力的一个关键因素,缺少中心城市的土地利用规划,不利于用地安排的有效性,因此,应做好中心城市、集镇的土地利用控制规划。

第三,在规划时序上应有动态理念。土地利用规划在时序上要有调整的弹性,我国以往的规划基本属于静态规划的范畴,而规划工作本身不属于瞬间制定和瞬间完成的范畴,它应具有经常性和连续性,是一项长期的过程系统,因此,以往的规划难以适应变化着的社会环境。在市场经济条件下规划有两个明显的特征:(1)多阶段的动态决策问题,它所包含的量总是随着时间和空间的变化而变化;(2)规划带有反馈性质的决策行为。这就决定了传统的、封闭的规划只能造成大量人力、物力的浪费,其原因是在对社会经济发展作长期预测时,规划预测时间越长,内容越具体,其可靠性就越低。

第四,规划应在类型上具有不同尺度的弹性。对于关系到国计民生的耕地、湿地、生态建设用地等土地利用类型,规划应加以严格的管制,其弹性尺度应根据粮食的安全系数确定,少给或不给弹性;对于与社会经济发展密切相关的工矿建设用地等用地类型应给予适度的弹性,以保障社会经济发展对土地利用的需求。因此,在新一轮的规划制定过程中,应在时序、数量、土地利用类型、空间等方面体现规划的动态化理念,在对长期的用地安排时,往往只需作一个粗略的估算即可。

2. 构造弹性发展思路和弹性发展政策

土地利用规划的内容应改变过去以指标确定、分解为主的方式,将以往的指标分配方式转变为构建以建议性和方向性构想为主的框架性战略规划,给规划参与者留有一定的实施空间,变被动执行为主动思考。另外,为了顺利实施弹性发展思路,区域或城市土地利用还应制定一系列与弹性土地利用规划相配套的区域弹性发展政策,引入各种可供选择的政策性思路,丰富对未来发展中土地利用多种可能性的描述,切实加强规划的可实施性和有效性。

3. 规划目标体系的弹性化

土地利用规划源于土地利用问题,它是一种手段、而不是终结目的,即规划的目的在于解决土地利用中存在的问题,包括土地开发、利用、整治和保护中存在的问题,而不是简单地进行指标分解。规划目标体系的弹性化,要求其在各类土地的需求量及供给量预测、分解下达上一级规划用地控制性指标等定量目标时,有必要采用相应的浮动区间和调整与回旋余地,以避免目标过于具体而束缚人们的手脚。因此,确定合理的浮动区间就成为规划目标体系弹性化的关键,而达到这一要求的关键又在于对政策和当地实情的了解程度。

4. 规划期限的弹性化

规划与市场之间的作用机制表明:规划是一个连续的动态过程,不同时段的规划只能适应特定时期和特定经济、社会发展条件下的用地要求。随着区域宏观经济形势的变化和自身条件的转变,土地利用规划就有必要进行修编。我国上一轮的规划修编是在非农建设大量占用耕地的背景下,贯彻中央 11 号文件,实施两个“冻结”政策前提下进行的,整个战略的部署都是以耕地数量为中心的。然而,目前新一轮的规划调整则需要适时体现经济全球化、市场一体化的大环境。因此,规划必须注重近期、中期、远期的有机结合,尤其在中远期展望时,甚至可以不规定规划的时限度,只明确规划须达到的目的。

5.多目标规划方案的弹性化

多目标规划方案的弹性化包括两层含义:(1)在一个方案中体现多目标发展和布局;(2)根据不同的规划目标做出不同方案,形成一套完整的弹性规划,以供决策部门选择。

就规划而言,首先可以在每个方案中体现多个目标,如保证建设用地的供给、最大限度地保护基本农田不受侵占等;其次可以根据经济社会发展目标的不同制定多个不同规划的方案,也可以根据规划目标的重点不同,如强调地均效益,注重土地的生态效益等制定多方案的土地利用规划。

3.3 土地区位理论

在对于土地利用的投入中,要计算成本。成本的核算需要计算空间位置带来成本的多少,即土地利用的区位论。土地区位论是土地利用空间布局的控制理论,土地的区位反映出土地的价格,也是土地利用价值表现的直接反映,土地区位论又包括杜能的农业区位论、韦伯的工业区位论和中心地理论。

3.3.1 农业区位论

早在1826年,德国的农业经济和农业地理学家杜能(J. H. Thunen)所著的《孤立国》一书中就阐述了农业区位论的学说。其基本观点就是把城市当作一个孤立的中心(孤立国),围绕这个中心安排的农业生产要遵照土地的区位圈层进行布局。土地利用类型和农业土地经营集约化程度,不仅取决于土地的自然属性,还依赖土地的经济状况,即土地距消费市场的距离,依据市场消费的商品的不同类型安排农业生产。以城市作为消费中心,向外逐层形成同心圆的分布格局,即"杜能圈"。农业的经营方式围绕中心城市由近及远由精细集约到粗放经营,依次为城郊自由农作圈、林业圈、谷物轮作圈、草田轮作圈、三圃式农作圈和放牧圈。其原理为

$$P = V - (E + T)$$

式中,P 为利润;V 为市场价格;E 为生产成本;T 为运费。

按其理论的假定,农业生产的经营利润由农产品的市场价格、生产成本和运费所决定。在上面公式中,假若孤立国存在,生产条件相同,同一农作物生产的成本应是相对固定的,农作物的价格也应是一致的,那么上式可以变为

$$P + T = V - E = K$$

式中,K 值是个定值,也就是说利润加运费等于一个常数,其含义就是说明土地的利润决定于运费的大小,说明空间距离的大小决定土地的利润。不难看出,农业区位论的实质主要是从农业投入产出的效益、运输成本、农产品的消费与保存等因素建立的农业区位论的模型。这个理论带有一种假设的前提,实际上并没有孤立国的存在。但这种区位的思维,即合理安排农业生产布局在规划中具有参考价值。要遵循区位论的观点进行农业生产用地的布局,减少农业生产的投入、减少运输成本、增加农产品的保鲜度,实际就是降低农业生产的成本,增加产出效益,也属于投入产出成本核算的基本原理。对于编制土地利用规划具有指导作用。

3.3.2　工业区位论

在 1909 年,德国经济学家阿尔弗雷德·韦伯在其《论工业区位》一书中首次系统地论述了工业区位理论。他认为,运输成本和工资是决定工业区位的主要因素。

韦伯理论的中心思想是区位因子决定生产场所,将企业吸引到生产费用最小、节约费用最大的地点。韦伯将区位因子分成适用于所有工业部门的一般区位因子和只适用于某些特定工业的特殊区位因子,如湿度对纺织工业、易腐性对食品工业。经过反复推导,确定三个一般区位因子:运费、劳动费、集聚和分散。他将这一过程分为三个阶段。第一阶段,假定工业生产引向最有利的运费地点,就是由运费的第一个地方区位因子勾画出各地区基础工业的区位网络(基本格局)。第二阶段,第二地方区位因子劳动费对这一网络首先产生修改作用,使工业有可能由运费最低点引向劳动费最低点。第三阶段,单一的力(凝集力或分散力)形成的

集聚或分散因子修改基本网络,有可能使工业从运费最低点趋向集中(分散)于其他地点。

1. 运输区位法则

假定铁路是唯一的运输手段,以吨公里计算运费。已知甲方为消费地,乙方为原料(包括燃料)产地,未知的生产地丙方必须位于从生产一销售全过程看吨公里数最小的地点。吨公里数量小的地点在什么地方,是根据运费确定区位的核心问题。韦伯研究了原料指数(即原料重量与制品单位重量之比)与运费的关系,指数越小,运费越低,从而得出运输区位法则的一般规律:原料指数>1时,生产地多设于原料产地;原料指数<1时,生产地多设于消费区;原料指数近似为1时,生产地设于原料地或消费地皆可。几乎完全根据原料指数确定工业区位。

2. 劳动区位法则

某地由于劳动费低廉,将生产区位从运费最低的地点吸引到劳动费用最低的地点。工业的劳动费是指进行特定生产过程中,单位制品中工资的数量。

3. 集聚(分散)区位法则

分散和集聚是相反方向的吸引力,将工厂从运费最小点引向集聚地区或分散地区。如果集聚(分散)获得的利益大于工业企业从运输费用最小点迁出而增加的运费额,企业可以进行集聚或分散移动。具体推算方法也可利用等费线理论。

韦伯理论至今仍为区域科学和工业布局的基本理论,但在实际应用中有很大的局限性。

3.3.3 中心地理论

中心地理论是由德国城市地理学家克里斯塔勒(W. Christller)和德国经济学家廖施分别于1933年和1940年提出的,20世纪50年代起开始流行于英语国家,之后传播到其他国家,被认为是20世纪人文地理学最重要的贡献之一。

克里斯塔勒曾经敏锐地提出过这样的问题:"我们探索这个原因,为什么城市有大有小?我们相信,城市一定有什么安排它的原则在支配着,仅仅是我们仍然不知道而已！"由此,他开始探索城市的分布规律。通过对德国南部城镇的调查,克里斯塔勒于 1933 年发表了《德国南部的中心地》一书,系统地阐明了中心地的数量、规模和分布模式,建立起了中心地理论。

1. 假设条件和基本概念

克里斯塔勒创建中心地理论深受杜能和韦伯区位论的影响,故他的理论也建立在"理想地表"之上,其基本特征是每一点均有接受一个中心地的同等机会,一点与其他任一点的相对通达性只与距离成正比,而不管方向如何,均有一个统一的交通面。后来,克氏又引入新古典经济学的假设条件,即生产者和消费者都属于经济行为合理的人的概念。这一概念表示生产者为谋取最大利润,寻求掌握尽可能大的市场区,致使生产者之间的间隔距离尽可能地大;消费者为尽可能减少旅行费用,都自觉地到最近的中心地购买货物或取得服务。生产者和消费者都具备完成上述行为的完整知识。经济人假设条件的补充对中心地六边形网络图形的形成是十分重要的。克里斯塔勒还提出以下概念:

（1）中心地,可以表述为向居住在它周围地域（尤指农村地域）的居民提供各种货物和服务的地方。

（2）中心货物与服务,分别指在中心地内生产的货物与提供的服务,亦可称为中心地职能。中心货物和服务是分等级的,即分为较高（低）级别的中心地生产的较高（低）级别的中心货物或提供较高（低）级别的服务。

在大多数中心地,每一种中心货物或服务一般要由一家以上的企事业单位承担。例如,一个集镇,往往有两三家杂货店或饮食店。每个担负一种中心地职能的单位,称为一个职能单位。可以肯定,中心地职能单位的数量必定大于或等于中心地职能种类的数量。

除了几家单位共同提供一种中心货物或服务之外,也可能有一家单位提供多种中心货物或服务的场合,从而包括了几个职能单位。这种情况多见于百货公司、超级市场等大型零售商业组织。

（3）中心性或"中心度"。一个地点的中心性可以理解为一个地点对围绕它周围地区相对意义的总和。简单地说,是中心地所起的中心职能作用的大小。一般认为,城镇的人口规模不能用来测量城镇的中心性,因为城镇大多是多功能的,人口规模是一个城镇在区域中地位的综合反映。克里斯塔勒用城镇的电话门数作为衡量中心性的主要指标,因为当时电话已广泛使用,电话门数的多少,基本上可以反映城镇作用的大小。

(4)服务范围。克里斯塔勒认为中心地提供的每一种货物和服务都有其可变的服务范围。范围的上限是消费者愿意去一个中心地得到货物或服务的最远距离 r,超过这一距离他便可能去另一个较近的中心地。以最远距离 r 为半径,可得到一个圆形的互补区域,它表示中心地的最大腹地。服务范围的下限是保持一项中心地职能经营所必需的腹地的最短距离,以 d 为半径,也可得到一个圆形的互补区域,它表示维持某一级中心地存在所必需的最小腹地,亦称为需求门槛距离,即最低必需销售距离。

服务范围上下限之间存在着三种关系,它们对进一步地分析具有重要意义:一是如果门槛距离大于货物的最大销售距离,那么这种货物在该地区就不可能以正常的方式提供。二是如果货物的最大销售距离和门槛距离相等,那么,经营该种货物正好能得到利润。三是如果货物的最大销售距离大于门槛距离,那么,该项货物不仅可被提供,而且经营者还可从为居住在两个腹地间的人口服务中得到超额利润。

2.六边形网络和城镇等级体系的形成

从以上条件出发,克里斯塔勒推导了在理想地表上的聚落分布模式。由于克里斯塔勒关心的是,在农村市场服务中心演化基础上发展起来的聚落体系特征,他又提出了构成市场原则的两个限制因素:一是各级供应点必须达到最低数量以使商人的利润最大化;二是一个地区的所有人口都应得到每一种货物的提供或服务。为满足第一个条件,模式的概括中就必须采用货物的最大销售距离,这可以使供应点的数量达到最少化。于是,作为第一步,克里斯塔勒假设在理想地表上均匀地分布着一系列的B级中心地,它们的最高级别货物的最大销售距离定为 r。这样,B级中心地之间的距离为 2r。如将所有的B级中心地连接,则可得到一张有规则的等边三角形的网。

　　但是,这样的一个系统将不能满足第二个限制因素。因为 B 级市场区都是圆形的,居住在 3 个圆形相切所形成的空角里的消费者将得不到供应。因此,做一些修改,这就是将所有的圆形市场区重叠起来。重叠后,B 级中心地仍按有规则的等边三角形网排列,只是间隔更紧凑,其距离为 d。此外,由于重叠区被分割,圆形的市场区被六边形的市场区所替代,其理由是消费者应按"最近中心地购物"的假设,选择距离自己最近的中心地去得到货物或服务。

　　至此,我们讨论了一种货物供应时的情况。实际上,一个中心地能提供多种货物。由于克里斯塔勒采用的是 B 级中心地最高等级货物最大销售距离的概念,这就意味着 B 级中心地还提供一系列较低级别的货物或服务。这些货物和服务组成一个连续的、递降的等级序列,自高级向低级,它们的最大销售距离分别为 $r-1$、$r-2$、$r-3$…。但是,由于它们的最大销售距离均小于 r,因此不能服务于 B 级中心地市场区的所有地方。随着货物级别的降低,较低级货物市场区的范围与 B 级中心地市场区的范围的差距将越来越大。在此情况下,一个较低级别的中心地,克里斯塔勒称之为 K 级中心地的出现就顺理成章了,它可以为 B 级中心地中的较低级货物服务不到的地方的居民服务。K 级中心地的位置处于 3 个 B 级中心地所构成的等边三角形的中央,即引力中心的位置,因而可与 B 级中心地展开最有效的竞争。K 级中心地市场区的边界由它所提供的最高级货物的最大销售距离 r 所决定。

　　与 K 级中心地产生的过程类似,在某项更低级的货物的最大销售距离上可产生相应级别的 A 级和 M 级中心地。作为一个反过程,则可能出现高于 B 级中心地的 G 级中心地,较低一级的中心地的位置总是在高一级的 3 个中心地所形成的等边三角形的中央,由此形成克里斯塔勒命名为 K=3 的中心地网络。

3.3.4　区位理论在土地利用规划中的应用

　　从以上关于区位理论的介绍中可以看出,无论是农业区位论,还是工业区位论、城市发展的中心地理论,都是从土地利用的空间进行分析研究,重点考虑成本投入和产出效益的关键因素,其实质就是经济投入产出的效益理论,也就是土地利用的最佳效益组合理论的组成部分。尽管这些理论有种种的假设条件,有些条件已不存在或是不起作用,但这些理论在编制土地利用规划中仍然有指导意义。要运用理论的基本观点进行空间布局规划,尤其在低层次规划中应特别注意这些理论的应用。

3.4 地租理论

关于地租理论,最著名的是马克思的地租理论。马克思的地租理论认为在各个社会形态中,不同的土地所有权都要在经济上得以体现。地租就是土地所有者凭借土地所有权获得的收入,这是不同社会形态地租的共同点。但是地租是一个历史范畴,不同社会形态下的地租,有着不同的性质、内容和形式,体现着不同的生产关系。

3.4.1 地租理论的主要内容

1. 土地所有权

土地所有者凭借对土地的所有权获取地租。所以,任何地租都是以土地所有权的存在为前提的。"而土地所有权的前提是,一些人垄断地球的一定部分,把它作为排斥一切人的、只服从自己个人意志的领域。"

地租是土地所有权的实现形式。一切形式的地租,都是土地所有权在经济上实现自己、增值自己的形式。马克思指出:"不论地租有什么独特的形式,它的一切类型有一个共同点:地租的占有是土地借以实现的经济形式。"

2. 级差地租

(1)级差地租的形成

在资本主义生产方式的农业中,面积相同质量不同的土地,租地农业资本家向土地所有者交纳的地租数量不同,这就表现为级差地租。马克思假定农业产品和工业产品一样,是按照生产价格出售的。在这个前提下,农业资本家才能获得平均利润,从而才肯投资于农业。由于土地资源的稀缺性和资本主义土地经营权的垄断,一部分农业资本家租种了优、中等地,就会排斥其他资本家再利用它,其他资本家只能在劣等地上进行耕种。在平均利润率规律的作用下,种植劣等地的资本家也要求获得平均利润,这样,农产品的社会生产价格就必须由劣等地农产品的个别生产价格来决定。农业资本家把等量资本投资在优等地和中等地上,比投资在劣等地上可以获得更多的农产品。那么优等地和中等地的个别生产价格低于劣等地农产品的个别生产价格决定的社会生产价格,因而在平均利润之外,还可以获得超额利润,这些超额利润转化为级差地租,交纳给土地所有者。在农业中,只有当土地自然条件的差别同时与土地经营的垄断结合在一起的时候,级差地租才会形成。

(2)级差地租Ⅰ和级差地租Ⅱ

雇佣工人在肥沃程度较高或位置较好的土地上创造的超额利润转化成的地租就表现为级差地租的第一形式(级差地租Ⅰ)。土地肥沃程度不同和土地位置的差别,这两个形成级差地租Ⅰ的条件,在同一块土地上往往是结合在一起的。一块土地,可以是肥沃程度较高但位置不利,也可以是位置有利但肥沃程度较低。这样,土地加入耕作的顺序就有各种不同情况。级差地租Ⅰ既可以在耕作向劣等地扩展时产生,也可以在耕作向更优等地扩展时产生。

以上我们只是把级差地租看作是投在面积相等而肥力和位置不同的土地上的等量资本所具有的不同生产率的结果。如果我们连续追加投资于同一块土地,而具有不同劳动生产率所产生的超额利润而转化的地租称之为级差地租第二形式(级差地租Ⅱ)。在资本主义社会,随着社会对农产品需求的增长,把资本连续投在同一块土地上,采取新技术、新设备等提高单位面积产量,由此带来的超额利润而形成的地租就是级差地租Ⅱ。

级差地租Ⅰ和级差地租Ⅱ的区别,在客观上是由对土地的两种不同的投资方法引起的。级差地租Ⅰ,以不同地块的肥力和位置的差别为条件;级差地租Ⅱ,除了这种差别外,还以同一地块上连续投资生产率的差别为条件,并且,级差地租Ⅱ并不立即全部转化为租金流入土地所有者手中。在一般情况下,地租的数量在农业资本家和土地所有者之间签订契约时就已经确定。所以在租约有效期内,由追加投资带来的超额利润归农业资本家所有。但是,一旦租约期满,土地所有者就会考虑到土地上现有投资的利益,在重订租约时提高地租。这部分超额利润就会部分或者全部转化为级差地租Ⅱ落入土地所有者手中。在农业中,由于农产品的社会生产价格,不是由平均社会生产条件决定,而是由劣等地的生产条件决定,因而农产品的社会生产价格总和不像工业产品那样,它大于个别生产价格的总和。这个差额就是马克思所指出的"虚假的社会价值"。

3.绝对地租的形成和发展趋势

在任何生产方式下,耕种任何土地都必须交纳地租,这与土地等级无关,而是由于土地所有权的垄断而必须交纳的地租,这就形成了绝对地租。正如马克思所指出的那样:如果最坏土地"不提供一个超过生产价格的余额,即地租,就不可能被人耕种,那么,土地所有权就是引起这个价格上涨的原因。土地所有权本身已经产生地租。"绝对地租的形成,一般是以农业资本有机构成低于社会平均资本有机构成为条件的。由于农业生产本身的特点,农业科技进步比较慢,农业资本有机构成一般低于工业部门。因而农产品在按其价值出售的条件下,会形成一个农产品价值高于其社会生产价格的余额,这个余额就构成了绝对地租的实体。

马克思以唯物史观的眼光指出,随着社会生产力的发展,农业科学技术的进步,投入农业的资本有机构成会逐步提高。而作为农产品价值与生产价格差额的绝对地租数额,将取决于农业和工业的相对发展程度。马克思预测,绝对地租将会随着农业资本有机构成的相对提高而缩小。

3.4.2 地租理论在土地利用规划中的应用

从地租理论的观点看,土地利用产生的利润被土地所有者占有,地租是土地所有者权力的经济体现,也就是说拥有土地的所有权,就是资本和资产,可以不通过劳动便可以获取利润,属于剥削行为。我们侧重研究的是土地地租产生的过程,实质是土地利用净利润的结果,土地净利润的产生是由边际效益减去固定成本,再减去固定成本和非度量成本后的所得,也是土地本身具有的价值。从这个道理上分析,就不难看出土地的经济属性和土地的价值,因此,在现实生活中存有"规划就是效益"之说。也就是告诉我们,编制土地利用规划是具有明显经济效益的,因此,在编制土地利用规划时坚持经济效益原理的必然性。社会发展的客观现实告诉我们，人对于土地利用的活动不仅是要最大化经济利益，还必须注重土地利用的社会效果和环境效果，也就是坚持最佳效益组合的基本原理。

　　总之，关于土地利用的一些经济效益的原理，是人类对土地利用的基本规律和基本理论的体现。早期，人们比较注重土地利用经济效益的分析，对于土地利用的社会效果和环境效果考虑得较少。社会发展到今天，随着人类社会文明的进步，使人类认识到单一的经济效益并不是人类对土地利用的目标，而应该是土地利用的经济效益、社会效益和生态效益的最佳组合，这才是人类对于土地利用最基本的规律，也是土地利用规划的基本理论。

3.5　其他相关理论

3.5.1　科学发展观理论

1. 科学发展观理论的含义

　　科学发展观理论是在党的十六届三中全会上提出的，是指导我国社会主义建设的理论基础。理论的第一要义是发展，核心是"以人为本"，基本要求是全面、协调、可持续发展，根本方法是统筹兼顾。科学发展观的理论要求我们坚持把发展作为第一要务，以经济建设为中心，加快社会主义现代化建设，全面推进小康社会的建设；构建"和谐社会"。其内涵可概括为"坚持以人为本，树立全面协调、可持续发展观，促进经济社会和人类的全面发展"。具体讲就是坚持以人为本的发展理念，坚持全心全意为人民服务的宗旨，尊重人民的主体地位，发挥人民的首创精神，保障人民的各项利益，走共同富裕的道路。坚持可持续发展观，要按照中国特色社会主义事业的总体布局，全面推动经济建设、社会建设、政治建设、文化建设，促进现代化各方面的协调发展；促进生产关系与生产力、上层建筑与经济基础的关系相协调。坚持"五个统筹"，即"统筹城乡发展、统筹区域发展、统筹经济社会发展、统筹人与自然和谐发展、统筹国内发展与对外开放"，坚持全面统筹兼顾。以上内容指明了我国社会主义建设事业发展的道路与发展方式,是社会主义事业建设的理论基础,同时,也是编制土地利用规划的理论基础。

土地利用规划是人类社会发展中产生的学科,属于社会发展科学的重要组成部分;土地利用规划是经济社会发展的决策,重点是协调人地矛盾,协调部门用地的矛盾,协调土地利用与生态建设的矛盾,协调建设用地与保护耕地的矛盾。为解决这一系列的矛盾,没有科学发展观的理论基础就不能解决这个问题,没有发展为第一要务的观点就不能实现规划目标,没有统筹兼顾的方法理念就不能完成规划的基本任务,不坚持"以人为本"的理念就不能解决好人地之间的矛盾。因此,科学发展观理论也是土地利用规划的基础理论。

2.科学发展观理论在土地利用规划中的应用

科学发展观理论是指导我国社会事业发展的理论基础。土地利用作为社会发展的一项行为决策,科学发展观理论在土地利用规划中的应用是不言而喻的。土地利用规划的目标是保障国民经济与社会发展规划目标的实现;任务是实现这一目标进而对土地和土地利用进行合理组织、调配,为了完成这一任务就必须调整土地利用的结构和布局。为了实现土地利用规划的目标和任务,在编制土地利用规划过程中就要应用系统分析、统筹兼顾的主要方法进行综合协调平衡,从而达到对土地和土地利用的合理组织、调配的目的;围绕实现土地利用规划的目标制定一些具体制度和措施,进而应用到土地利用管理中。不难看出,无论编制土地利用规划的内容、目标、方法还是土地利用规划的实施都离不开科学发展观的理论基础的指导。这也说明了土地利用规划是实现国民经济与社会发展规划目标的重要措施,国民经济与社会发展规划是土地利用规划的重要基础依据。

3.5.2 土地生态学理论

土地是一个自然综合体,是由多种自然因素、因子组成的,它的利用必然受到诸多自然因素、因子和自然规律的作用,因此,在编制土地利用规划时要认真地研究分析自然环境和生态环境,应用生态学原理指导编制土地利用规划。

1.土地生态学的含义

土地作为一个自然综合体,组成这个综合体的诸多因素、因子彼此之间相互联系、相互作用,形成了一个完整的体系。体系中的因素、因子形成物质流、能量流,人在土地利用中就是不断地和体系中的物质流、能量流进行交换。这些因素、因子在不同的时空上共同作用,形成不同的土地类型,即土地利用结构体系。由于不同的结构表现出不同的功能,同时土地利用在不同环境条件下形成不同的平衡状态,表现为土地生态的基本规律,这就给土地的利用带来多种选择和多种限制,说明了土地的生态环境是影响和左右土地质量的关键因素,可以适宜和满足不同的土地利用方式,成为土地利用的基础主导因素。人们对于土地的利用要依据土地的这种属性合理地安排和调整,也就是说,编制土地利用规划必须研究土地的自然因素、因子相互联系、相互作用的基本规律,并依此做出土地的合理安排与调整。

在土地利用中对土地质量的评价有一个土地利用最低限制律的基本定律,是说某一块土地无论其他诸多因素、因子表现为质量较好的地块,但其中某一因素或因子表明它的质量是次的,那么这块土地的总体质量也算为较次的土地。这个定律在评价土地质量时经常会用到。

因此,在编制土地利用规划时对于土地的生态环境的分析研究就显得十分重要。土地的质量和土地的适宜性是决定利用结构和布局调整的关键因素。所谓土地生态学理论就是根据土地利用的自然环境和生态条件评价土地的质量和土地的适宜性,据此确定土地利用的结构和布局的调整,做出土地利用规划方案。

2.土地生态学理论在土地利用规划中的应用

土地生态学理论是编制土地利用规划的理论基础。只有坚持这个原理,才会对土地利用做出合理的安排和调整,形成一个完整的土地利用规划方案。坚持土地生态学原理,贯穿于编制土地利用规划的全过程。在建立土地利用规划的基础研究时,对于土地资源的评价就是应用这个原理进行研究;在制定土地利用方针、目标的过程中也必须以此为依据;在调整土地利用结构和布局时,也必须以此为依据;在制定土地开发、整理、复垦、整治时也必须以此为依据;在制定土地利用实施措施时,更要以此为依据。总之,土地的质量和土地的适宜性是决定土地利用的基本规律的因素,所以在编制土地利用规划时,坚持土地生态学的理论是基本的理论要求。

3.5.3 最佳组合效益理论

土地利用规划的最佳组合效益理论是土地经济学原理的重要组成部分。它是根据土地是资产的特性、土地利用和土地利用规划的目的来说明的。土地利用的最佳组合效益理论是指根据土地利用和规划目的实现土地利用的经济、社会、生态三大效益的最佳组合,而不是追求某一方面效益的最大化,三大效益之间应由一定的比例组成,即表现为土地利用的合理结构与布局。这也说明了土地利用规划是一个多目标的规划,三大效益不同比例的组合形成了不同的规划方案,土地利用规划方案的评价与优选构成土地利用规划编制的一项重要任务。

效益是效果和利益的综合解释,土地利用效果强调的是社会效果和环境效果,是人类社会和人类生存环境的需求,带有明显的客观性;土地利用的利益是经济效果的具体体现,人类在经济活动中追求的则是利益最大化的目标,经济发展的要求带有较强的主观性。社会实践告诉我们,土地利用和土地利用规划的目标是三大效益的统筹兼顾。利益是驱使土地利用的核心动力。

纵观人类社会的发展历史和社会现实,不难看出这个理论的客观性与真实性。历代为了土地的所有权和使用权展开的种种战争和阶级矛盾,均说明土地利用的驱动力作用;现实生活中对于土地和土地利用的种种表现,也足以说明这一哲理。我国在计划经济时代,由于对于土地利用的权、责、利的安排不明确,使得农民缺乏生产积极性,造成我国农业发展缓慢。改革开放后,首先在农村进行的改革就是针对这个问题做出了明确的变革,实行联产承包责任制,极大地调动了农民的生产积极性。同样的土地,产出有了大幅度的提高。随着土地的资产特性的凸显,土地与土地利用构成了社会发展中的突出矛盾,国家利益、部门利益、集体利益和个人利益在土地利用中的冲突构成重要的社会问题,使得土地利用规划的作用日益突出,进一步说明了土地利用规划是经济社会发展的需求。

　　价值是经济学范畴的概念,土地作为一种资产,具有价值。土地作为一种特殊的生产资料,在人类的社会经济活动中占有重要地位。土地利用是人类对土地有目的的干预活动,人类的目的就是从土地上获取更多的利益,这是人类经济活动的重要内容。人类要得到什么样的利益和利用效果? 土地利用的效果就是人类经济活动的直接表现形式。土地利用规划就是根据土地和土地利用的属性进行编制的。不难看出,土地的最佳效益组合理论是编制土地利用规划的基本理论。这个理论包含的内容很广泛,如由于土地的空间位置差异而形成的区位论;土地利用产出的净利润所形成的地租理论;土地利用的毛利润产生的边际效益理论等内容。这些理论的实质,就是人们对于土地投入产出效益的比较,企图寻找最佳效益的途径,也就是最佳效益的组合理论。

　　从社会现实的实践中不难看出,土地具有明显的法定性,即土地的权属属性,包括土地的所有权、使用权。土地的权属性是权力和财产、资产的象征。土地利用具有明显的经济效益的特点,可以说人对于土地的一切活动都是为了获取一定经济报酬,取得一定的经济利益。因而编制土地利用规划也离不开对土地的使用权与资产、土地利用的经济利益与效益做出合理的调整和安排,这也构成土地利用规划的核心内容。因此,坚持应用土地最佳效益组合的理论成为编制土地利用规划的基本原理。最佳效益组合的理论是一个十分广泛的概念,对于土地利用所涉及的内容也有很多方面,如土地所有权、使用权的权属调整,形成了资产的调整;土地利用投入产出的核算,土地利用边际成本、边际效益的理论形成了指导性的理论。

3.5.4　边际效益理论

　　边际效益理论是人类对土地的投入、产出的基本分析。人们对土地干预的主要内容是对土地的投入。投入包括物化的投入和活化的投入,所有的投入之和为总投入。在实际生产中并非是投入越多就一定产出越多,投入是有限度的,投入到一定程度则会出现土地利用效益的递减现象,即土地利用的递减律,这是一个对土地利用和土地利用规划的重要限制性规律。投入达到一定限度时,投入和产出会达到一个最为理想结果,这时所需的成本就是边际成本。对于土地的总投入包括可变成本、固定成本和非度量成本。土地的收益包括总收益、毛收入、净收入和利润,总收益减去可变成本即为边际效益(毛收入),边际效益减去固定成本即为净收入(纯收入),净收入减去非度量成本即为利润。利润就是所说的地租。人们对土地利用的目的就是获得较高的利润。边际成本和边际效益的总和构成边际理论的核心内容,其最基本的含义就是人们对于土地投入产出的成本—收益分析。

在现实生产中,人们根据土地投入产出的原理安排用地的现象比比皆是。例如,计划经济时代,按照国家的计划层层分解种植棉花的任务,但有些地方的农民宁肯挨罚,也不肯种棉花,这种现象就充分说明了这个道理。农民自有对于种植粮食和棉花投入和产出的效益比较,认为种植棉花不如种粮食的效益高,所以种棉花的任务得不到落实;改革开放后,农民有了土地的使用权,当看到种果树的效益远远高于种粮食时,便就开始大量种植果树,造成我国在 20 世纪 90 年代好多地方的水果出现"卖难"的局面,此后又有不少的地方出现砍果树的现象等。类似这种现象还很多,也充分说明了利益驱动是土地利用的重要动力。人们在土地利用中要对土地的边际成本与边际效益进行认真的研究,要根据土地利用的边际效益理论、土地利用的递减律和市场发展需求来安排土地利用的结构与布局。

第 4 章　前两轮规划反思与本轮规划框架

　　土地利用规划是在一定区域内,根据国家社会经济可持续发展的要求和当地自然、经济和社会条件,对土地的开发利用、治理和保护,在空间、时间上所作的总体安排和布局,是国家对土地实行用途管制和土地利用计划管理的基础和依据,其实质是对有限的土地资源在国民经济部门间的合理配置,即土地资源在部门间的时空分配(数量、质量、区位),体现在土地利用结构上的合理和科学布局。它是土地利用管理的"龙头"。本章就我国土地利用规划的发展历程、前两轮土地利用规划的成效和存在问题以及本轮土地利用规划的基本框架等问题进行探讨。

4.1　我国土地利用规划实践的基本历程

　　新中国成立以来,我国土地利用规划经历了探索起步阶段和恢复发展阶段,国内学者对此已经开展过深入研究。1986 年 6 月 25 日第一部《中华人民共和国土地管理法》颁布,第 15、16 条对土地利用总体规划作了原则性的规定,指出"各级人民政府编制土地利用总体规划,地方人民政府的土地利用总体规划经上级人民政府批准执行"。这为我国全面开展土地利用规划编制奠定了法律基础。

4.1.1　第一轮土地利用规划实践阶段

　　1987 年,国务院办公厅发布了国家土地管理局《在全国开展土地利用总体规划的通知》,在全国开展了以国家、省、市、县和乡五个层面上的第一轮土地利用总体规划工作。

第一轮土地利用规划(1986－2000年)是在党的十一届三中全会以后,实行了经济体制改革,建立有计划商品经济的背景下,依据《土地管理法》,按照我国实现社会主义现代化建设第二步战略目标的要求以及《国民经济和社会发展十年规划和第八个五年计划纲要》要求开展的。这一轮规划主要表现出如下特点:

1.社会主义有计划商品经济下的服务型土地利用规划。全国土地利用总体规划纲要确定,我国土地利用的基本方针是:切实保护耕地;保障必要的建设用地;努力改善生态环境;提高土地利用率和生产力;实行土地资源的"开源"与"节流"并举的方针;统筹兼顾,量力而行,调整土地利用结构。这基本上体现了我国当时处在社会主义有计划商品经济下的服务型土地利用规划特点。

2.建立了我国土地利用总体规划编制的五级体系。本次规划在我国首次开展了国家、省、市(地)、县(区)和乡(镇)的五级土地利用总体规划编制工作,完成了全国及大部分省、市、县和乡的土地利用规划工作,并制定了《省级土地利用总体规划编制要点》以及《县级土地利用总体规划编制规程》,奠定了我国土地利用规划体系的基础。

3.初步建立了符合我国国情的土地利用总体规划方法。建立了包括准备工作、确定土地利用问题和规划目标、编制规划方案、规划报告的审议和报批四个阶段的基本程序;提出了综合分析、公众参与、定性方法和数学模型、计算机技术相结合等土地利用规划的基本方法,并用于规划编制的实践中。尤其是在全国规划的5个专题(土地利用现状研究、土地粮食生产潜力及人口承载潜力研究、全国不同地区耕地开发治理的技术经济效益研究、全国城镇用地预测研究、全国村镇用地预测)等的研究中,采用AEZ法进行了耕地的预测和分析;采用经济分析的方法,探讨村镇用地的预测方法;建立了基本的预测和评价方法;采用了GIS等技术进行全国土地利用分区的研究等,为后来我国土地利用规划的制定奠定了良好的基础。

4.由于立法的原因使规划未得到有效的实施。本次规划尽管有《土地管理法》作为依据,但是由于没有具体规定在用地的审批以及土地用途转移中如何以规划为依据,致使规划没有得到很好的实施,也就没有起到应有的作用。但是就科学的方法而言,对后来的规划制定起到了重要的指导和借鉴作用。

4.1.2　第二轮土地利用规划实践阶段

第二轮土地利用规划(1997—2010 年)是在认真贯彻执行 1997 年 4 月 15 日中共中央、国务院发出《关于进一步加强土地管理切实保护耕地的通知》(中央 11 号文件)文件精神的情况下开展的。1997 年 10 月 28 日原国家土地管理局颁布《土地利用总体规划编制审批规定》,对土地利用总体规划编制的原则、程序、要求以及国家、省、市、县和乡五级土地利用总体规划编制任务、内容、原则,土地利用总体规划的评审和报批均作了详尽的规定。这一轮规划强调要加强土地的宏观管理,认真做好土地利用总体规划的编制和实施工作。规划要经过充分科学论证,严密测算,切实可行。这个通知特别规定了土地利用总体规划一经批准就具有法律效力,并纳入国民经济和社会发展五年计划和年度计划,严格执行。这是我国改革开放以来第一部专门对土地利用总体规划进行规范的部门规章,它提高了规划编制的科学性和可操作性,在土地利用规划的发展史上具有重要的意义。主要特点是:

1.建立社会主义市场经济体制时期以耕地保护为主的规划。无论是从规划目标(在保护生态环境前提下,保持耕地总量动态平衡,使土地利用方式由粗放向集约转变,坚持占用耕地与开发复垦耕地相平衡……)的确定,还是土地利用基本方针(把保护耕地放在土地利用与管理的首位;坚持供给制约和引导需求……)的制定,以及各项规划指标的确定(四个指标中三个围绕耕地)都表现出以往的规划是以耕地保护为主题。

2.建立了指标加分区控制的土地利用总体规划模式。采用指标加分区的方法,对用地进行自上而下的层层控制。主要指标包括:耕地保有量、基本农田、非农建设占用耕地、土地开发、整理和复垦指标等。国家级分区体现为土地利用分区,具有指导性,为分区的土地利用政策服务;基层的分区则体现为土地用途管制分区,具有可操作性,为地方土地利用控制提供依据。

3.注重了与城市规划、村镇规划的协调,但程度有待加强。依据《土地管理法》规定:"城市总体规划、村庄和集镇规划,应当与土地利用总体规划相衔接。"各地在土地利用规划编制中依照法律规定和用地标准对城市、村镇建设用地规模进行了严格审核,落实了建设用地范围。然而,越来越多的城镇把土地利用规划甩到了背后,现行的全国土地利用总体规划管到 2010 年,可是许多地方已经或正在编制 2020 年城市规划、村镇规划等专业、专项规划,甚至有的已经把规划"超前"做到 2050 年。① 由此可见,真正的协调还需要做深入的工作。

4.基层规划划分土地用途管制区,但管制措施有待加强。县级和乡级规划通过土地用途分区,确定每一块土地的用途,为实施土地用途管制奠定了基础。各地在规划修编中,根据新《中华人民共和国土地管理法》关于实行土地用途管制的规定,着力提高规划的可操作性。但是由于规划管制措施的制定未能够与区域的条件相适应,未能取得应有的效果。

5.规划指标多被突破,对规划编制理论与方法提出新的挑战。以耕地保有量指标为例,截止到 2002 年,有 20 多个省的数量已突破 2010 年的指标。客观上与我国征地制度、收购储备制度、土地市场建设等有关,同时,我国的经济形势发生了比较大的变化,如中央加大了拉大内需的积极财政政策,加大了基础设施建设的力度;实施生态退耕的工程;加快城镇化建设的步伐等,都是使规划指标提前突破的原因,但这为如何改善编制的方法,加强规划的基础研究提出了进一步的要求。

1998 年 8 月 29 日,新的《中华人民共和国土地管理法》颁布,对土地利用总体规划作了专章规定,明确了土地利用总体规划编制的依据、原则、内容,以及它的地位和作用,以及审批、修编程序和法律效力等,同时也对土地利用计划的编制、审批和执行做了规定。新《土地管理法》将土地利用总体规划明确划分为全国、省(自治区、直辖市)、地(市)、县(市)、乡(镇)五个基本层次,确定土地利用总体规划是实行土地用途管制的前

---

① 王万茂.土地利用规划学.中国农业出版社,2003 年

提和依据,将"确保本行政区域内耕地总量不减少"作为编制土地利用总体规划的标准,对土地利用总体规划、乡村和集镇规划以及有关专业规划的关系做了规定。同时,还规定了国家建立土地调查制度和土地统计制度,加大全国土地管理信息系统建立的力度,对土地利用进行动态监测。这些规定都强化了土地利用总体规划的地位和效力,对保障土地用途管制制度和经济社会可持续发展具有十分重要意义。

1998 年 9 月 29 日,国土资源部就发出了《关于加强土地利用总体规划工作的通知》,把土地利用规划修编作为实施《土地管理法》的重要措施来抓;要求各级政府依法、加快、按时、保质修编土地利用总体规划,强化了各级土地利用总体规划在土地管理中的地位与作用。《通知》再一次明确了编制规划的原则是:下级土地利用规划依据上一级土地利用规划编制;确保省级行政区域内耕地总量不减少;严格保护基本农田;控制非农业建设占用农用地。同时还规定了编制规划要从严确定建设用地规模,坚持保护和改善生态环境的原则。

1999 年 3 月 2 日,国土资源部颁布了《土地利用年度计划管理办法》,目的是加强土地管理,强化土地利用总体规划的实施,控制建设用地的增加速度,提高土地利用的集约化程度,切实保护耕地,保证社会经济的可持续发展。主要是对农用地转用计划指标、耕地保有量计划指标、土地开发整理计划指标进行年度安排。

4.1.3　第三轮(本轮)土地利用规划实践阶段

随着经济社会的快速发展,第二轮土地利用总体规划面临一系列挑战,不能完全解决现阶段快速发展中用地需求与耕地保护的矛盾。2002年 6 月 17 日,国土资源部下发了《国土资源部关于开展县级土地利用总体规划修编试点工作的通知》,选择黑龙江省呼兰县等 12 个县(市、区)为县级规划修编试点单位,揭开了第三轮土地利用总体规划修编的序幕。2003 年,国土资源部下发了《国土资源部关于开展市(地)级土地利用总体规划修编试点工作的通知》,选择四川省成都市等 14 个市(地)为试点城市,这标志着第三轮土地利用规划工作全面启动。国办发(2005)32 号文件中明确指出新一轮土地利用总体规划修编要以严格保护耕地为前提,以控制建设用地为重点,以节约、集约利用土地为核心,要开展"四查清、四对照"。同时,强调在土地利用规划修编前期工作中,要严格保护耕地特别是基本农田,重点控制建设用地,大力推行节约和集约用地,统筹规划各类用地,要按照全面落实科学发展观的要求,进一步转变观念,理清思路,创新方法,提高土地利用规划工作水平。

2008 年 10 月,国务院批准并颁布《全国土地利用总体规划纲要(2006－2020 年)》,规划由土地利用面临的形势、指导原则与目标任务、保护和合理利用农用地、节约集约利用建设用地、协调土地利用与生态建设、统筹区域土地利用、规划实施保障措施等七章内容组成,并确定了约束性指标和预期性指标体系,其中约束性指标包括耕地、基本农田、城乡建设用地规模、人均城镇工矿用地、新增建设用地占用耕地、整理复垦开发补充耕地指标等。

4.2 对前两轮土地利用规划的反思

20 世纪 80 年代以来,针对经济加快发展过程中出现的建设用地规模扩张过快、耕地大量减少等情况,我国先后组织开展了两轮土地利用总体规划编制和实施工作,取得了很大成就,很大程度上发挥了规划在科学利用和合理配置土地资源中的宏观调控作用。但随着经济社会的快速发展和改革开放的不断深入,规划预测的不确定性因素越来越多,特别是第二轮规划是在 90 年代初经济过热,中央采取从紧政策,加强宏观调控,加强土地管理和耕地保护的背景下编制的,规划实施后,出现了一系列新情况、新问题,经济社会的快速发展和宏观政策的调整,使得这轮规划在许多方面显现出不相适应的地方,越来越难以适应土地管理的新形势、新要求。因此,对前两轮土地利用规划的成效和存在问题进行客观评价和分析对于新一轮土地利用总体规划的修编和实施工作具有十分重要的现实意义。

4.2.1 前两轮土地利用规划关注的主要问题

在前两轮土地利用总体规划中,关注的主要问题一般分为以下两类:

一是基础研究,二是方案编制。[①]

1. 土地利用规划基础研究关注的主要问题

土地利用规划基础研究包括土地利用现状分析、土地适宜性评价、土地开发利用潜力分析、土地需求量预测、土地供应量预测,以及土地利用战略研究等。具体如下:

(1)土地利用现状分析:作为规划编制的基础和依据,土地利用现状分析是对规划区域现时土地资源的特点、利用结构与布局、利用程度、利用效果及存在问题进行分析。

(2)土地适宜性评价:它是指通过对土地的自然、经济属性的综合评述,阐明土地属性所具有的生产潜力,以及对农、林、牧等各业的适宜性及其程度差异的评定,主要为土地利用规划和区划等提供依据。

(3)土地开发利用潜力分析:土地利用潜力是指在一定条件下,在一定时期内,针对某种用途,土地所具有的潜在生产能力或使用能力。对土地利用潜力进行分析是进行各项用地预测、土地利用规划分区和规划方案综合平衡的重要依据。土地开发利用潜力分析主要从土地利用结构与布局调整潜力、后备土地资源开发利用潜力和土地资源再开发潜力三方面进行。

(4)土地需求量预测:它是土地利用总体规划基础研究的重点。主要根据规划区域的社会、经济发展和土地资源条件,研究分析远景土地利用总的趋势,对各行业用地面积在规划期内的增减变化情况及对总用地规模进行测算,为有计划、因地制宜合理安排各类用地提供依据。土地需求量的预测是否科学准确,直接关系到总体规划方案是否合理和实用。土地需求量预测包括人口预测、农业生产用地(如耕地、园地、牧草地、林地及水产养殖用地等)需求量预测、建设用地(如城乡居民点用地、工业用地、交通运输用地、水利用地等)需求量预测。

(5)土地供应量预测:某种用地的供给量,可根据土地利用潜力分析和土地适宜性评价结果进行测算,即可规划基期该种用地面积,减去规划期间由于受到某种因素影响需要减少的面积,再加上规划期间土地开发

---

① 　吴次芳.土地利用规划.地质出版社,2000 年

用于该项用地发展的面积。土地供应量预测的重点在于耕地补充规模预测、农用地补充规模预测。

(6)土地利用战略研究：作为统领土地利用总体规划的重要环节，土地利用战略研究往往包括以下内容：确定土地利用目标和任务，制定土地利用基本方针，制定土地利用战略措施。

2.土地利用规划方案编制关注的主要问题

在方案编制阶段，主要涉及的问题有：方案编制、土地利用分区编制、方案评价和优化等。按照第二轮土地利用总体规划的做法，考虑问题的重点如下：

1.方案编制：包括确定土地利用调整指标和土地利用布局。土地利用调整指标包括规划期末各类用地的规模及规划期内各类用地与未利用地增减变化的调整指标，尤其是建设用地、耕地、基本农田等关键指标；在土地利用调整指标以及土地利用结构确定之后，应当进一步在空间上加以落实，以达到全面实施土地资源的合理配置，土地利用布局的落实主要通过土地利用分区及线性工程用地的配置来实现。

2.土地利用分区：根据分区依据和作用的不同，在实际工作中土地利用分区分为土地利用地域分区和土地用途分区两种不同性质的分区。地域分区是根据土地的自然与社会经济条件的差异性，土地利用中存在问题的共同性，保持县、乡或村的行政界线的完整性，将区域分成若干地域，并确定各地域的土地利用基本方针及土地利用结构调整原则。划分土地利用地域是高层次的规划，其作用是指导下一层次规划的用地布局和结构调整，从宏观上控制区域土地利用。而用途分区是依据土地的基本（主导）用途和土地保护、利用、开发、整治措施的不同所作的分区，如：城镇建设用地区、村镇用地区、基本农田保护区、一般农地区等，用途分区主要在县、乡两级规划得到较普遍的应用。

3.方案的评价与优化：方案的优化是指对各供选方案依据上述各项指标进行综合评价，从而选择其中一个方案作为推荐方案，相当于多目标决策的过程。一般包括：(1)规划方案的技术可行性评价，如基础资料和数据是否翔实；分析、评价、预测的各项技术指标和参数是否准确可靠；土地利用指标的确定和利用分区的划定依据是否充分；规划方案对于规划目标和任务满足程度如何等。（2）规划方案的组织可行性评价，如：管理体制、运行机制是否有利于规划方案的实施；部门和公众代表对规划方案接受的程度；实施规划的措施是否切实可行等。（3）规划实施的效益评价，包括社会效益、经济效益和生态效益的评价。

4.2.2　前两轮土地利用规划的成效评价

前两轮土地利用规划在促进耕地保护和土地集约、合理利用，促进经济社会可持续发展等方面取得了较为显著的成绩。[①]

1. 大大加快了土地利用规划法制的建设步伐

1986 年颁布《土地管理法》，第一次明确了各级人民政府编制土地利用总体规划的法律责任。在 1998 年新修订的《土地管理法》中，第一次将土地利用总体规划列为专章，对规划编制、评审、实施、修改及相关法律责任等都作了明确规定，对提高土地利用总体规划的法律地位和效力起到了至关重要的作用。《土地管理法实施条例》、《基本农田保护条例》也对规划编制和实施的规定进行了完善。国土资源部还制定了《土地利用年度计划管理办法》、《建设项目用地审批管理办法》等一系列行政规章，许多地方也相继制定了土地利用规划法规、规章。国家定期或不定期对土地利用规划实施情况依法进行检查，执法力度不断加大。

2. 初步建立了土地利用规划体系框架

土地利用规划体系在内容上体现为土地利用总体规划、土地利用详细规划和土地利用专项规划（土地开发整理规划、土地复垦规划、基本农田保护规划等）；在行政辖区层次上分为全国、省、市（地）、县（区）和乡（镇）五级土地利用总体规划。2001 年 6 月，第二轮土地利用总体规划中省级规划已全部完成，93％地市级、90％县级和 70％乡镇级土地利用总体规划已经批准实施，覆盖全国国土的自上而下的土地利用总体规划体系基本形成。以土地开发、整理、复垦规划为主要内容的土地利用专项规划已全面开展。以土地开发整理项目规划设计等不同形式的土地利用详

---

① 董祚继，吴运娟.中国现代土地利用规划——理论、方法与实践.中国大地出版社，2009 年

细规划工作也逐步深入开展。

3.基本形成了土地利用规划模式和技术方法

根据国际经验和我国的实际情况,在两轮规划中均采用指标加分区的土地利用规划模式,将规划方案加以落实,便于规划实施管理,同时也增强了规划的应变能力。国家级和省级规划进行地域分区,体现其战略性和指导性;市级规划进行土地利用功能分区,反映土地利用政策导向;县、乡级规划进行用地分区,体现和落实土地用途管制的规定。第一轮规划中制定了《省级土地利用总体规划编制要点》、《县级土地利用总体规划编制要点》。第二轮规划中制定了《县级土地利用总体规划编制规程》(试行)。新一轮规划中编制《省级土地利用总体规划环境影响评价技术导引》、《省级土地利用总体规划编制要点》、《市级土地利用总体规划编制规程》、《乡(镇)土地利用总体规划编制规程》。

4.逐步完善了土地利用规划实施保障体系

土地利用规划实施过程中综合运用法律、行政、经济、社会、科技等项措施,依法行政,引进经济激励机制、约束机制和监督机制,采用先进的科学技术引导和促进规划实施。形成了以土地利用年度计划、建设项目预审和建设用地报批规划审查为主的规划实施管理制度,土地规划许可制度已具雏形,使土地利用规划编制和实施管理逐步纳入法律化、制度化、规范化和信息化轨道。

5.有力促进了资源保护和社会经济可持续发展

随着土地利用总体规划的编制和实施,妥善处理发展经济与保护资源环境的关系,有效地保护了基本农田,控制了建设乱占耕地,推动了土地整理复垦工作。据有关学者研究表明,1986 年以来耕地保护政策保护了相当于 1999 年耕地面积 0.87% 的耕地数量(约 112.85 万 hm²);1997 年以来耕地保护政策保护了相当于 1999 年耕地面积 0.76% 的耕地数量(约 98.47 万 hm²)。[①] 1998 年实行土地用途管制以后,每 1 亿元 GDP 可

---

① 翟文侠,黄贤金.我国耕地保护政策运行效果分析.中国土地科学,2003 年第 2 期,第 8~13 页

节约占用耕地 0.4145hm²，按此计算，1998－2004 年间平均每年节约建设占用耕地 46807hm²（327651 亩）。[①]

规划实施在引导城乡建设集约用地、优化土地利用结构和布局、改善土地生态环境等方面发挥了明显的作用。在严格保护耕地的同时，保证必要的建设用地，特别是交通、能源、水利等基础设施、基础产业等重点建设项目用地和环境整治用地，促进了社会经济全面协调可持续发展。

6.增强了社会公众的规划意识

通过广泛宣传、公众参与、依法办事、实施监督，各级政府和社会公众对规划重要性的认识不断提高。管理者、用地者和执法者按规划管地、用地，查处违法用地的意识逐步增强。土地利用总体规划对土地管理工作的基础性、先导性和综合性作用日益显现，正在被越来越多的公众认同。

4.2.3　前两轮土地利用规划实践中存在的现实问题

从前两轮土地利用规划的编制与实施的实践可以看出，它们在提高全社会按规划用地、管地的意识中起到了积极的作用，在耕地保护、合理利用土地，保障社会经济的可持续发展中起到了不可替代的作用。特别是第二轮土地利用总体规划（1997－2010）是我国有史以来最为深远、广泛的一次规划，规划的编制、实施以及法律地位都较以前有了较大进步和提高。这轮规划以"供给制约和引导需求"为指导思想，将实现耕地总量动态平衡作为核心内容，在控制全国耕地数量减少、保证实施土地用途管制制度、促进土地集约利用、实现社会经济可持续发展等方面发挥了重要作用。但是，随着我国工业化、城市化、现代化进程的加快，前两轮土地利用规划的不足日益显现，出现许多亟待解决的现实问题，主要表现在以下几个方面：

1.规划的指导思想没有体现科学发展观理念，且认识有待加强

土地利用规划要为经济建设服务，但同时又要防止片面追求经济效益而侵害社会效益和生态效益的倾向，土地利用规划不应成为纯粹为经

---

① 张全景，欧名豪.我国土地用途管制之耕地保护绩效的定量研究——以山东省为例.中国人口资源与环境，2004 年第 4 期，第 56～59 页

济建设服务的工具,更不应被当作经济发展的绊脚石,土地利用规划不是为了限制发展,而恰恰是为了实现经济社会的可持续发展。

长期以来,我国土地利用规划的指导思想一直在摆动和调整中,经济加速发展时,规划无法调控供地,规划被招商引资和建设项目牵着鼻子跑,以需定供成了主导原则。国家发现经济过热,土地供应失控,耕地被大量占用,影响国家粮食安全时,又采取了矫枉过正的措施,耕地保护成了规划的核心内容,以供定需成为规划的重要原则。在不停的调整中,土地利用规划不能体现科学发展观的指导思想,无法以协调、可持续等原则合理配置土地资源。

同时,对土地利用总体规划的认识还有待进一步加强。通过十几年土地国情国策的宣传教育,人们在理论上对土地利用总体规划作为国民经济和社会发展计划体系的重要组成部分,在国民经济建设中的作用的认识有普遍的提高。但在前两轮规划修编的过程中,一部分领导和群众的思想认识仍存在一定的问题,一是"规划、规划、写写画画、墙上挂挂"的老观念仍在影响着一部分领导和群众的思想;二是土地利用总体规划和城市规划的关系问题,土地利用总体规划的"龙头"位置未摆正,普遍存在着重城市规划轻土地利用总体规划的现象;三是没有认识到规划修改的严肃性,觉得规划修改具有随意性。

2. 土地利用规划目标单一,过于强调耕地保护

土地利用总体规划涉及社会经济各个方面,是多目标综合规划,不是单一目标资源利用规划。土地利用规划的目标决定着政府土地利用和土地利用管理的政策取向,也决定了土地利用规划的原则和技术路线。很显然,不同的土地利用规划目标决定了土地利用规划和土地利用管理的思路和方法。因此,土地利用规划的目标,应当是我国社会发展和经济发展的目标,而不应当只是一个专业或者局部的目标。

前两轮土地利用规划,对一些战略性问题研究不够,以耕地总量不减少为"战略目标",整个规划的部署、规划控制、土地开发与保护等都在围绕耕地数量做文章,特别是第二轮土地利用规划更加突出了耕地保护目标。虽然在一定历史时期对于有效保护耕地起了很大作用,但是在规划

实施过程中,一系列重大战略和政策的提出都对这一目标提出了挑战,例如扩大内需政策、加强基础设施建设、西部大开发战略等,它们都与耕地保护的单一目标产生了矛盾,仅仅以耕地保护作为土地利用总体规划的核心内容,已不能适应新的社会情况,在未来必须进行协调。从现实情况来看,过分的耕地保护对于农民来说并非公平,且耕地数量在持续下降(当然这有多方面的原因),至少反映出耕地保护政策效率不高。

由此可见,片面强调耕地保护单一目标使土地利用规划已经变味,成为了耕地保护与利用的规划,或者说更像是一个基本农田保护区专项规划。在这个目标的指导下,政府以计划经济的方法给各个地方下达耕地保护数量指标,不考虑耕地的质量、潜力和土地利用的综合效益,不考虑各土地利用方式之间的相互影响与转化,就耕地谈耕地保护。其结果必然是影响了土地利用结构的优化,对其他土地利用变更缺乏有效控制(如非农建设占用园地、渔塘),城市化、工业化与农业的关系难以协调,人地矛盾也没有真正解决(大量农村剩余劳动力没有转移出去),耕地最终也没有保护得住。而且,就粮食自给问题。要从全国一盘棋上考虑,不应强求粮食各省自给。因为经济发达的地区生产要素价格较高,因而生产粮食的成本较高,从全国来看,这是不经济的。地区之间应该有产业分工。不可否认,粮食与政治、安定密切相关,但是不能要求每个省市、每个县区、甚至每个乡镇都要实现耕地总量动态平衡。耕地总量动态平衡中的"量"还应该考虑数量、质量、人均量、区域量、代际量等很多因素。

作为全社会的土地利用目标而言,绝对不仅仅是个"耕地总量不减少"所能包涵的,也不同于个人所追求的经济效益最大化,而应该全面理解合理用地的内涵,确定科学合理的土地利用目标。因此,并不否认耕地保护应该坚定不移地执行,但仅仅把眼光局限在耕地数量的不减少是不可行的,这种刚性约束的存在,既使耕地保护工作面临更加严峻的挑战,又使得耕地保护和经济发展之间的矛盾加剧,这与科学发展观的理念也是不相吻合的。因此,如何按照科学发展观的要求,及时改变耕地保护的策略,为粮食安全的战略目标实现打下坚实基础,显得尤为必要。

土地资源最佳利用和持续利用是土地利用的永恒主题,是土地利用的最高总目标,是经济效益目标、社会效益目标和生态环境目标等目标的集合。这三个目标又可以分出若干具体目标。"耕地保护"可以看作社会效益目标之一。因此,土地利用规划必须是一个多目标的规划,而不应该是单目标规划。

3.土地利用规划编制和实施缺乏科学性

在前两轮土地利用规划实践过程中,一个突出的问题就是土地利用规划的编制和实施缺乏科学性。具体而言,主要表现为以下几方面:

(1)土地基础资料数据失真与信息捕捉不全。基础数据是提高规划科学性的重要保证。在前两轮土地利用规划编制过程中,虽然基础数据图件资料以 1996 年 10 月 31 日土地利用现状变更调查为准,但各地对成果数据进行"技术"处理现象很严重,主要是减少耕地,增加城镇村用地和荒草地圈的统计数。不少地方基期的土地利用现状图和规划图是手工绘制,图件上的数据与实地数据存在偏差,数据年度变更调查等级更新也跟不上,使规划的真实性、科学性受到很大影响。[①] 另一方面,因为国家对农用地转用涉及土地征用审批较为严格,很多地方出现划定基本农田不力的现象(本该是基本农田的划为一般农田,不该是基本农田的划入到基本农田保护区),在规划已经批准实施的情况下,甚至出现把耕地改为非耕地或未利用地的情况;并且在耕地指标有限的情况下,在数字上大做文章,这使得土地数据图件与实际情况偏差更加厉害。因此,数据图件资料严重失真,要编制科学的规划,落实科学发展观的理念,是很困难的。国家因此明确提出重新核查土地基础数据,应该放在新一轮规划修编的首要位置。

(2)规划指标体系单一,刚性有余,弹性不足。在耕地总量平衡目标下,土地利用控制指标也就简单化为三项:建设占用耕地指标、补充耕地指标和净增耕地指标。如果规划控制指标就仅此三项,规划的用地平衡也就简单为耕地的增减平衡,各部门的用地供需关系也不需要再预测、分

---

① 刘洁,郝晋珉等.坚持科学发展观规划土地空间——新一轮土地利用总体规划修编之思考.生态经济,2005 年第 6 期,第 38～41 页

析。规划对城市化的引导和建设用地规模的控制就显得无能为力。可能的情况是,某市按人均用地水平确定的规划规模是 100 平方公里,但规划区内多为耕地,耕地占用指标不足,只能保证 80 平方公里用地,哪个规模更合理？或者虽然耕地指标少,但城市扩展需占用的耕地也很少(如多为园地、林地、荒地),是否对城市规模就不需要约束呢？可见,在耕地控制指标下,生态平衡、综合效益、人地环境协调等规划原则也都成为空洞口号。因此,规划控制指标绝不仅仅是三项耕地指标。

(3)规划指标分配与利益权衡不公平。在前两轮土地利用规划实践中,规划指标的分配,采用的是层层分解。这使得上级政府并不了解下级政府辖区内有关土地供求的全面信息,而建设用地指标又是稀缺资源,各地都要争,结果是指标分配的平均化。中央要求各省(市、自治区)都要实现耕地总量动态平衡,很多省又要求各地市也都要做到耕地总量动态平衡,导致不少地方按"一刀切"的标准或定额分配指标。这种平均主义分配指标的模式,没有考虑到各省市的实际情况,可能出现的结果是,有的地方指标用不完,有的地方却指标不够用,利益分配上出现不公平的现象。因此,在实际操作过程中,许多地方政府为了地方利益,利用中央与地方的信息不对称,向上级瞒报耕地或建设面积,以便多要建设用地指标或少要耕地保护任务,这使得规划指标和实际情况严重脱离。并且,许多地方主管部门并未将年度规划指标作为实际下达土地利用年度计划和审批用地不可逾越的控制"红线",以致用地指标提前超支,甚至透支,进而导致耕地保有量乃至基本农田的减少。所以,现行的规划指标分配既不科学,也不利于部分地区经济的发展和耕地保护工作的开展,是急需借助新一轮规划修编加以克服的。

另外,很多地方在指标的控制和使用上,出现了折抵、置换、周转等指标概念,而这些指标又常常未列入计划和规划,打乱了正常的规划指标控制和计划指标管理。折抵政策是指土地整理新增耕地扣除补偿建设占用后,可按一定比例追加建设占用耕地指标,作为鼓励,其具体数量为折抵指标。折抵指标应视同为建设占用耕地计划指标,按用途管制的规定,只能在土地利用总体规划划定的建设用地范围内使用。也就是说折抵指标增加的仅仅是年度建设用地计划指标,并不允许增加规划用地指标。置换政策是指将原建设用地复垦成耕地后,在符合规划的前提下,可以异地等量增加建设用地。土地置换包括两方面内容:一是将原村镇用地复垦成耕地的,可以在规划确定的新址建设;二是工矿企业用复垦原废弃地所造耕地与即将破坏或已经破坏的集体耕地交换,总的要求是先造地,后换地。也就是说通过建设用地复垦为耕地来置换建设可占用的耕地,实际是建设占用耕地的规划指标和建设用地复垦耕地的规划指标等数量增加,净增(减)耕地数量不变。这增加了规划执行的灵活性,但指标虽平衡了,规划布局却调整频繁,十分随意。周转政策是指特殊情况下可以采取的先用地后补充耕地的政策。但一些地方对上述指标不加区分,扩大这些指标的适用范围,人为地影响了规划的实施。

4. 政府行政干预程度高,公众参与程度低

前两轮土地利用规划修编是在保护耕地,特别是保护基本农田的前提下,为区域经济的发展提供良好的指导,创造良好的土地利用环境。而地方政府却想借修编的机会把自己的一些不科学、不合法的想法以修编的形式科学化、合法化。由于规划修编的经费大都由地方政府出资,修编人员受各种因素的影响,往往把政府的意图加在修编中,很难保证修编的科学性和可操作性。同时,政府在地方建设和经济发展指导思想上存在某些偏差,认为建设用地越大越好,尽量降低基本农田保护率。不切实际地扩大城镇建设用地规模,不顾政府财力和资源承载能力,盲目规划"形象工程"、"政绩工程";盲目建设"新城区"、"工业区"、"科技园"等各类城、区、园,圈占大量土地。甚至,政府直接确定目标年建设用地的数量和耕地的规模,要求修编人员通过一定的技术方法达到这些目标,这些问题对修编工作的干扰和冲击十分严重。

与政府行政干预程度高形成鲜明对比的是,公众对土地利用规划修编的参与程度偏低。公众参与是西方现代规划的一条基本原则,比如加拿大安大略省于1983年通过立法形式对规划的公众参与作出具体的规定,目前已经渗透到规划编制、审批、实施的各个环节,对形式、时间、信息服务等都有详尽的规定。由于我国对公众参与的方式、程序等基础理论

研究还不成熟,目前公众参与还处于探索期,公众参与的程度比较低,主要表现在以下两方面:

(1)公众参与方式单一。长期以来,我国的土地利用总体规划工作一直走的是封闭性的专家和技术人员规划的路线,对规划的讨论和定案多是"高层次进行的"。公众参与变成收集资料的过程,规划的公示也多流于形式,公众提出的意见很难反映到成果中去。由于缺乏规划方面的相关经验与专业知识,公众几乎没有力量对规划的实施和监督进行牵制。

(2)公众参与缺乏法律保障。我国目前还没有关于公众参与的立法,在规划体系中没有确保公众参与规划过程的具体要求和措施。随着规划进程的深入,公众参与的程度反而递减,公众被排除在规划的决策过程之外。而且规划的制定和决策中没有能够建立起一种广泛征询公众意见的制度,公众参与的层面过低,代表的普遍性不足。被访谈或被调查者通常局限于学术结构的专家学者。专家参与提供的仅仅是技术层面的多学科支持,他们不是社会各界利益的代表,不能反映公众的意愿。

5.对生态问题考虑不足

土地利用结构与布局调整对生态环境的影响是深远、广泛、复杂、不可逆转的。[①] 反思前两轮土地利用总体规划,可以发现,由于缺乏生态学规律的指导及规划生态意识的淡薄,现行土地利用总体规划存在的最大缺点是对生态问题考虑不足,这极大地影响了规划的科学性和合理性,并对区域生态环境安全与健康产生十分不利的影响。

(1)规划理念上缺乏对生态环境的重视。在进行土地利用规划时,应对区域的生态环境给予高度的重视和最起码的尊重。而现行土地利用总体规划在进行编制与实施时,缺乏对植物、动物、土壤水文等人类赖以生存的生态环境因素的重视,即使考虑到生态因素,也仅是对林地覆盖率、坡耕地比例等土地利用数量结构的生态规划关注较多,而对土地利用空间格局对诸多生态过程的影响,如动物的迁徙,地表水的径流、侵蚀,物种

---

① 赖力,黄贤金.全国土地利用总体规划目标的生态足迹评价研究[J].农业工程学报,
2005,21(2):66~70

的多样性,以及干扰的传播或边缘效应等关注较少,忽视了土地的巨大生态价值和功能及规划实施将对生态环境产生的负面效果。另外,由于缺乏对规划实施的综合效益原则及规划实施生态效益发挥的潜在性和滞后性等规律的认识,从而导致规划常常被以"显而易见"的直接经济效益的目标所主导,重视土地的生产功能和空间价值,忽视了其生态与环境效益,从而做出片面短视的规划,导致规划的实施对生态环境产生不良影响,甚至导致规划区和周边地区生态环境恶化。

(2)缺乏对生态环境问题的总体把握。土地利用总体规划是土地资源配置机制的集中表现,其产生必须以市场经济为基础,又要体现政府的意图和职能,源于"市场",高于"市场",既要追求土地利用的经济效益,更要争取综合效益最大化。我国第一轮土地利用总体规划是在 1986 年开始编制的,确定了服务于社会主义计划商品经济的规划目标。第二轮是建立社会主义市场经济体制时期以保护耕地为主的规划,规划基期年为 1996 年。两轮规划基本上都是从满足当时社会经济发展的需要编制的,规划优先考虑各土地利用部门的用地需求,而较少考虑生态环境保护目标,没有充分将土地利用规划作为保护生态环境、协调人地关系和贯彻可持续发展的基本手段,从而给有限的土地资源带来了巨大的生态压力,加剧了人与土地的矛盾。

(3)评价内容及评价指标忽视生态问题。目前,我国土地利用现状评价内容局限于社会经济方面,主要从土地资源数量与质量、土地利用开发程度、土地利用结构和土地利用效益方面进行评价,而缺少对土地生态适宜性、安全性等方面的评价;土地利用效益评价主要侧重于土地利用的经济效益评价,缺乏对土地利用的生态效益评价。另外,在土地评价指标的选取方面,主要考虑土地利用的经济效益指标,如单位农用地总产值、单位建设用地总产值、单位土地纯收入等经济指标,而很少考虑土地生态指标,如水土流失面积指数、土地盐碱化面积指数、土壤指数等,这是导致现行土地利用规划不符合生态系统运作规律的直接原因。

(4)土地利用分区忽略对"生态用地"的考虑。目前我国的土地利用分类系统是采用 2002 年 1 月 1 日起开始试行的《全国土地分类》,将土地分为农用地、建设用地和未利用地三个大类。三大地类中,没有列出专门的生态用地。尽管农用地与未利用地两者具有一定的生态服务功能,但目前使用农用地更多的是从经济效益角度出发,重视其生产功能,而很少考虑其生态景观功能,未利用地中的湖泊、水域等生态服务功能较强的地类,其生态价值也不被重视,并且经常被建设用地所占用,降低了其景观价值和生态服务功能。因此,该分类体系容易导致在土地利用分区时,优先安排建设用地与耕地等经济发展用地,而忽视专门的生态林地、水资源、湿地、自然保护区等生态用地,从而不利于区域生态安全的维护。而国外许多国家却对生态用地相当重视,他们把生态用地放在与城市用地、农业用地同等重要的位置。例如,日本把土地利用分为城市用地、农业用地、林用地、自然公园用地、自然保护区用地等,其中林用地、自然公园用地、自然保护区用地等就基本上都属于生态用地范畴。①

(5)缺乏规划生态环境影响评价。2003 年 9 月 1 日开始施行的《中华人民共和国环境影响评价法》中第 2 章第 7 条规定:"国务院有关部门、设区的市级以上地方人民政府及其有关部门,对其组织编制的土地利用的有关规划,区域流域、海域的建设开发利用规划,应当在规划编制过程中组织进行环境影响评价,编写该规划有关环境影响的篇章或者说明"。该法规正式将规划的环境影响评价确立为我国的一种评价制度,而前两轮规划编制时环境影响评价法还未出台,规划编制时都没有进行生态环境影响评价,土地利用规划目标和规划方案就不可避免地会对资源条件和生态环境产生错误的估计和安排。

(6)忽略规划实施的生态效果评价与管理。①缺乏规划实施生态效果评价。目前我国对土地利用规划实施评价主要从规划控制指标、规划效果指标及执行结果方面进行评价,重视规划指标的完成情况及土地利用经济效益的高低,而对规划实施的生态效果评价只是一笔带过,有些地方甚至完全忽略。归其原因,除了不重视规划实施的生态效果外,还由于缺乏规划实施的生态效益评价体系,欠缺适宜的规划实施生态效果评价

---

① 陈百明.土地资源学概论.中国环境科学出版社,1996 年

方法,从而难以真实评估和刻画土地利用总体规划实施的生态环境影响,导致规划实施结果给所在区域造成的生态环境影响尚未引起足够重视,增大了潜在的生态环境风险,与土地效益的理论估计相去甚远。① ②缺乏对规划实施后生态环境变化的监测与管理。现行土地利用总体规划的实施往往重视规划实施后的经济效益,而忽略规划实施的生态环境效果,缺乏应用先进技术对规划实施后生态环境进行监测与管理。由于土管与环保部门之间缺乏良好的沟通与合作,也没有相应的规划实施生态保障制度,对规划实施后的生态环境作用置之不理,缺乏监测,对规划实施的生态效果一无所知,可能导致较为严重的生态环境问题。

4.3 本轮土地利用规划修编的基本框架

近年来,随着我国经济社会的快速发展,工业化和城镇化进程的加快,土地供需矛盾日益加剧,土地利用总体规划工作面临着很多新问题和新挑战。"以人为本,全面、统筹、协调和持续的发展观"是中央从新世纪新阶段党和国家事业发展全局出发提出的重大战略思想,是社会主义现代化建设必须长期坚持的重要指导方针。当前,如何在本轮土地利用总体规划的修编工作中树立和落实科学发展观,更充分地发挥土地规划的资源调控、配置与引导作用,已成为迫切需要解决的问题。

4.3.1 本轮土地利用规划修编的主要动因

当前,土地利用规划正从人口、资源、环境与发展等物质实体规划转向包括政策、法律、法规等非物质实体在内的综合性规划,强调人与环境的和谐,经济结构的优化、防灾与资源环境保护、区际间的协调发展,以及积极参与全球化的合作与交流等方面,这些构成了本轮土地利用规划修编的宏观动因与微观动因。

1.宏观动因

(1)全面建设小康社会对土地利用规划提出了更新更高的要求。国

---

① 杨庆媛.土地整理目标的区域配置研究.中国土地科学,2003 年第 1 期,第 40～46 页

际经验表明,在一个相对稳定的制度框架内,一个国家的经济自然增长率大约在 3% 左右。从我国确定的全面建设小康社会的目标看,到 2020 年年均经济增长率必须要达到 7% 以上。显然,在目标确定的 2020 年之前,我国经济增长率的目标值与国际经验表明的稳定自然增长率之间存在着四个百分点左右的差距。这 4% 的增长率根据有关部门的研究大体有一半需通过管理的贡献。而随着市场经济体制的确立,管理将更多地借助于规划,规划部门也将管理主要集中在服务和公共资源领域,从这一点上讲,土地利用规划的作用将更加重要,特别是国务院提出土地资源要参与国民经济的宏观调控后,上上下下对本轮土地利用规划提出了更高的要求。

(2)解决特定的发展阶段、错综复杂的社会矛盾对土地利用总体规划提出了特殊的要求。国际经验表明,走出低收入国家并向中等收入国家迈进的时期,即人均 GDP 从 1000 美元到 3000 美元这个时期,可能出现两种前途:一种是进入"黄金发展时期"。因为随着经济社会的转型,为经济的持续发展提供了强大的动力,因而可以保持一个较长时间的经济增长,可以顺利实现工业化和现代化。另一种是矛盾凸显时期。因为经济社会的不协调,使各种经济社会矛盾不断显露出来。如果处理不当,各种矛盾会激化,经济社会发展会停滞不前,甚至引发社会动荡和倒退。

(3)实践科学发展观对土地利用规划提出了现实要求。十六届三中全会提出了以人为本,全面、协调、可持续的科学发展观,提出要统筹城乡发展、统筹区域发展、统筹经济社会发展、统筹人与自然和谐发展、统筹国内发展和对外开放。土地利用总体规划是涉及土地利用各方面的综合性、战略性规划,这就要求新一轮规划修编指导思想、目标、内容等方面必须符合科学发展观及"五个统筹"的要求。

2.微观动因

(1)土地利用规划编制的理念发生了较大的变化。前两轮土地利用规划是一种控制性规划。实行土地利用规划指标自上而下的控制,平均分配,建设用地指标不得超过上级规划确定的控制指标,土地利用规划的核心是保护耕地,严格控制建设用地的增长,特别是控制建设占用耕地的增长。前两轮土地利用规划的实践表明,这种规划理念计划性太强,建设用地市场需求与规划指标计划分配的矛盾非常突出。因此,本轮土地利用规划注重规划的区域化、社会化、市场化、动态性和实用性,在总体思路上较前两轮土地利用规划发生了较大变化,这是本轮土地利用规划修编的一个主要动因。

(2)上轮确定的建设用地指标基本用完。由于上轮规划对建设用地增长预测不足,特别是在建设占用耕地上的预测不足,导致一些地区特别是经济发达地区建设用地供给严重不足,很多地方已经出现无地可用的局面;与此同时,由于在指标分配上搞平均主义,出现地区建设用地总量够用,个别乡镇用地不足现象非常普遍。这也是土地利用规划修编的一个现实原因。

(3)耕地总量动态平衡的要求。近年来耕地总量动态平衡的概念几经变化,耕地的定义、耕地增加、耕地减少、耕地总量动态平衡等概念在内涵上已经发生了重大变革。比如农业结构调整,过去被记为耕地减少,现在可分为两种情况考虑:发展水产养殖、将设施农业等调整方式计入不可逆调整,即耕作层被破坏、难以恢复结构调整;而耕地变为园地、林地、牧草地一般不破坏耕作层,称为可逆的调整。现在的耕地总量动态平衡政策则只考虑不可逆结构调整,部分宜耕的荒地也可作为存量耕地来统计,土地管理观念的革新,也要求土地利用规划编制与时俱进,适应新形式。

(4)国土资源信息化管理的要求。国土资源信息化管理是土地管理的发展趋势,国土的信息化管理要求规划编制与实施管理也实施信息化。上轮土地利用规划由于缺乏科学合理的编制方法,一些安排流于形式;另一方面,前两轮土地利用规划图件基本都是手工绘制,实际应用中存在诸多不便,近年来,地理信息系统技术飞速发展,日臻完善,国家近年在国土资源信息化上的投入不断增加,这也为本轮土地利用规划修编提供了契机。

4.3.2　本轮土地利用总体规划修编的指导思想和基本原则

1.本轮土地利用总体规划修编的指导思想

(1)坚持以人为本,全面、协调、可持续的科学发展观,落实最严格的耕地保护制度,落实政府管理的五大目标:经济效率、分配公平、社会发展、保障供给、环境质量,最重要的手段是规划实现土地的可持续利用,保证社会经济全面协调可持续发展,就必须有一个科学的、切实可行的土地利用总体规划。

(2)要认真贯彻落实温家宝总理在十届人大二次会议上的政府工作报告精神,以科学发展观为指导,以《国民经济和社会发展"十五"计划和2020年远景目标纲要》为依据,贯彻落实"十分珍惜、合理利用土地和切实保护耕地"的基本国策,坚持以人为本,社会、经济、环境全面、协调、可持续的发展观,促进土地资源集约利用和优化配置,统筹兼顾、科学合理利用土地,加强和改进土地资源利用和管理,全面落实土地用途管制制度,保持耕地总量动态平衡,提高土地资源对经济社会可持续发展的保障能力。

(3)要统筹人与自然和谐发展的要求,协调好人口、资源、环境间的关系,立足当前,着眼长远,依法加强用地管理,对不符合国家产业政策和行业准入标准的建设项目,一律不列入用地规划。凡在环保、安全、能耗、质量等方面不符合标准的项目、低水平重复建设的项目,不列入供地计划。落实最严格的耕地保护制度,新规划尽可能不占或少占耕地,尽可能在存量土地、集约和节约利用、在非耕地贫瘠地利用上做文章。

(4)要加强实践基础上的规划理论创新、制度创新和科技创新。借鉴市场经济发达国家先进的规划理论和方法,如理性发展观、市场机制与规划管制相结合、公众参与制度、信息管理技术等,结合我国的国情,提出符合中国实际的土地规划管理新思路、新措施、新方法。

2.本轮土地利用总体规划修编的基本原则

(1)按照经济社会可持续发展目标和国土资源管理、环境保护等要求,根据土地供应能力和产业结构调整、城乡经济协调发展的实际需要,综合平衡各行各业用地需求,合理调整和优化土地利用结构与总体布局。

(2)按照保障经济发展与保护农用地相统一的要求,立足保护和提高粮食综合生产能力及安全系数,强化对基本农田的保护和管理,推进耕地保护由单纯数量保护向数量、质量和生态全面管护转变,保证经济和社会发展必需的建设用地,科学确定建设用地的规模与布局。

（3）根据土地利用的实际,积极推进各行各业用地走以内涵为主,内涵与外延相结合的发展道路,促进土地利用方式的根本转变,提高土地集约利用水平和效益。

（4）认真落实耕地占补平衡的法定义务,加大土地整理复垦力度,适度开发宜农土地后备资源,力争实现规划期内耕地总量动态平衡。

（5）按照保护优先、兼顾治理的要求,推进国土资源保护和生态环境综合整治,确保土地利用与环境保护的协调统一。

4.3.3 本轮土地利用总体规划修编的基本思路及其变化

本轮土地利用规划应在耕地保护的基础上,对国民经济和社会发展的各项用地进行综合协调,不仅要着眼于整个地区的持续协调发展,并且要考虑到整个发展环境的约束和机遇,合理安排各业用地,优化土地资源配置。基本思路应该是：在严格保护耕地的前提下,坚持可持续发展原则,综合协调耕地保护、建设发展和生态环境建设三者的土地利用关系,为国民经济和社会发展提供全面的土地利用保障。

同前两轮土地利用规划相比,本轮土地利用规划编制思路有明显的变化,主要表现为以下几方面[①]：

1. 由单一目标规划转变为多目标规划

与第一、二轮规划相比,新一轮规划呈现由单一目标向多目标转变的变化,即保障可持续发展,保障社会可承受性、经济有效性和生态合理性之间的多重协调(见图4.1)。规划目标的多元化,又导致了规划修编的复杂性。同样,在编制过程中突出表现为多个目标、多种利益的相互博弈。规划要同时兼顾国家耕地保护政策、地方经济发展、民众意愿等多种需求。

2. 指标控制与空间管制并重

以指标控制为主的数量调控在前两轮土地利用总体规划中显得尤其重要,对保护耕地、调控其他各类土地数量也发挥了一定作用。然而,由于缺乏空间控制手段,在规划实施中也暴露出"管得住数量、管不住空间"

---

① 董黎明,林坚.土地利用总体规划的思考与探索.中国建筑工业出版社,2010年

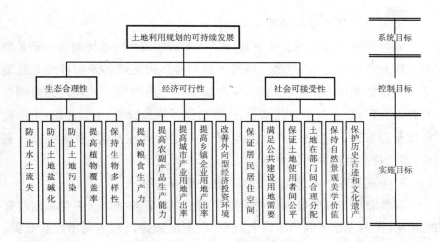

图 4.1　土地利用多目标规划示意图

的问题。对比新一轮土地利用总体规划的调控职能将向空间管制和开发
时序、环境容量、建设标准控制转变,规划体系由以经济社会发展规划为
主体向经济社会发展规划与空间规划相结合并逐步加强空间规划的方向
转变。通过指标控制与空间管制,完善了各类用地布局整合、结构优化和
用途管制的内容。

3.耕地保护与其他土地资源保护同步实施

实行最严格的土地管理制度,不仅包括耕地的保护,还包括各项与资
源环境相关的保护内容。新一轮土地利用总体规划面对区域内的全部土
地,在协调各个部门的土地利用活动的基础上,对耕地资源、生态林地、水
资源、湿地、自然保护区、文物古迹、重要矿产等影响经济社会可持续发展
的各类土地资源进行严格的保护,实现对各类土地开发、利用、整治、保护
的综合安排。

4.建设用地总量控制以内涵挖潜为主要途径

在我国人地矛盾日益突出的今天,建设用地总量控制已经成为土地
利用总体规划的重要目标。新一轮土地利用总体规划要求建设发展将重
点从规模增长转为内涵挖潜,集约利用土地的思想已成为这一轮土地利
用总体规划的主旋律,也是提高土地对经济社会可持续发展保障能力的
重要措施。

5.充分强调规划的弹性和可操作性

新时期的土地利用总体规划已经从不同地类之间的协调进一步扩展到不同利益主体之间的博弈,协调不同利益集团之间的矛盾冲突是规划管理工作需要解决的重点问题,因此新一轮土地利用总体规划必须刚性与弹性并重,禁止与引导相结合,在严格保护耕地数量、生态环境、土地资源质量等前提下,为各类用地活动留下一定的弹性空间,平衡各部门利益,实现社会经济的协调发展。

6.注重基础研究工作与空间信息技术的应用

科学分析是编制好规划的重要基础。新一轮规划修编强化基础研究的作用,扩展专题研究的内容和视角,在加强和提高土地利用现状分析、土地资源潜力分析、用地需求预测等原有专题研究的基础上,要求因地制宜地对一些有特色、对本地规划修编有重要影响的专题进行研究。此外,地理信息系统等空间信息技术的应用也得到普遍的关注。

4.3.4　本轮土地利用总体规划修编的主要方法

1.深入基础研究,扩大专题领域

基础研究是编制好规划的重要基础。本轮土地利用规划修编在加强和提高土地利用现状分析、土地资源潜力分析、用地需求预测等原有专题研究的基础上,可针对本地实际,扩大研究领域,开展一些有特色,对本地规划修编有重要影响的专题进行研究。如省(市)级规划应开展生产力布局、城镇体系布局、土地资源战略研究、重大基础设施配置、土地生态环境保护等研究,县级规划应开展土地资源评价、城镇体系布局、土地利用分区、土地开发整理等研究。为规划编制提供科学依据,提高规划质量。但是很多专题研究存在一个共同缺点是重量不重质,有些专题存在"克隆"之嫌,都是一个模式,没有特色、没有深度。

2.加强各界公众参与,建立信息反馈机制

在当前社会经济发展形势下,要坚持开门搞规划,广泛动员社会各方面"智囊团"的力量,各方协调,多方联动,协同促进。要加强公众参与土地利用总体规划的力度,充分尊重群众对规划的知情权和发言权,让公众参与到规划的各个阶段,深入了解规划,发表意见和看法。对成果要进行公示和展览,提交成果要附上相应的公众意见书。在土地利用规划修编过程中,根据规划不同层次、不同阶段、不同任务的特点,从提高规划总体性、社会性、权威性的角度,协调各个行业部门和不同利益群体的公众需求,通过建立一定的信息反馈机制,采取问卷、访谈、会议、公告等各种方式收集社会公众的意见和建议,对增强规划的科学性和可操作性起到了重要的作用。

3.应用系统工程方法,协调统筹多目标

土地利用总体规划应着眼于调控宏观经济运行和经济社会可持续发展的高层次、宽领域发挥作用的必要性和有效性。土地利用规划编制的过程是多目标的统筹协调过程。土地利用结构的调整涉及生态、技术、社会和经济等问题,要把这些问题加以综合处理,使各种因素组合达到最优水平,使各部门各单位结合成统一协调的结构。因此,在规划过程中采用以数学模型为主要手段的系统优化方法就成为必然。可以运用不同的规划方法来解决,如线性规划、灰色模型、模糊线性规划、动态规划、参数规划和多目标规划等。如按这样的思路,规划的适用性会大大提高,规划对社会经济的发展一定会有很好的保障作用和促进作用。

4.综合应用"3S"技术,强化信息体系建设

本轮土地利用规划修编要在地籍数据库的基础上建立土地利用规划数据库和土地利用规划管理信息系统。要重点普及 RS、GIS、GPS 技术等现代化手段。要充分利用 GPS 技术的精确定位作用,RS 技术对于进行变更调查和现状分析的作用,GIS 进行数据库建设和管理以及作图的作用。三者的有机结合才能使土地规划从野外调查、资料搜集、信息处理、计算模拟、规划成图到监督实施全过程实现信息化,从而使规划修编与规划管理系统建设同步进行,提高规划管理水平。

4.3.5　本轮土地利用总体规划修编的重点内容

1.细分规划指标体系

根据新形势的需要,为了增加规划的可操作性,按照"弹性"与"刚性"相结合的原则,把指标分成约束性指标、预期性指标和机动指标。约束性指标,主要包括耕地保有量、基本农田保护面积、建设占用耕地、城镇建设

用地规模,这部分指标在空间上需要进行严格保护和管制,并明确禁止开发建设的区域和地段。预期性指标,主要包括农业结构调整指标、土地资源生态保护、林木覆盖率等,这部分指标体现规划的弹性和适应性。

2.科学测算,扩展内涵,调整耕地保护目标和用途分区

对耕地需求量和增加耕地潜力要根据社会经济发展的客观要求和土地资源条件进行科学测算;在此基础上,结合国家政策和上轮规划所确定的耕地保护控制指标,确定耕地保有量和基本农田保护目标;积极探索扩展耕地内涵,调整耕地保护的对象;综合考虑建设需求和生态建设要求,合理调整耕地和基本农田布局,为社会经济发展预留空间,为基本农田的建设创造稳定的土地条件。结合耕地内涵的调整,改变按土地具体用途分区作法,根据不同区域的国民经济和社会发展情况,参考各种自然、经济、人口、环境等因素综合分析,利用主成分分析法、聚类分析法和主导因素法结合起来划分土地利用区。

3.集约利用,集中建设,加强城乡居民点的宏观调控

结合区域经济发展的战略,对建设用地需求量要按照实事求是的原则进行预测,为社会经济发展提供建设用地保障;建设用地的宏观调控要从单纯的规模控制转向规模控制和集约度控制并重转变,对城镇和农村居民点要同时提出阶段土地利用集约度和规模控制指标,在规划实施过程中,集约度达不到规定标准的,不允许扩大用地规模;加强土地利用空间布局的统筹安排,按照土地利用的效能原则,优先安排主要乡(镇)建设发展,明确城郊结合部重点发展部位,整合园区布局,控制建设用地的一般性蔓延;农村居民点要优先保证中心村建设用地,从严控制零星居民点和自然村发展,推进农民居住向中心村集中。

4.根据可持续发展的要求,优先安排生态保护用地

一是要根据国家政策和地方实际,划定生态退耕线和退田还湖线,严格按规划组织生态退耕;二是根据湖泊河流的特点,划定湖泊保护范围,严格对现有湖泊的保护;三是要划定风景名胜区保护范围,加强生态环境和自然景观的保护,避免在不合理的利用和开发造成破坏之后再进行恢复和治理。

4.3.6　可持续发展理念在本轮土地利用总体规划修编中的主要体现

在本轮土地利用总体规划修编中,可持续发展理念主要体现在以下几个方面:

1. 可持续发展理念在土地承载力、潜力中的体现

(1)可持续发展理念在土地承载力研究中的体现

可持续发展理念是土地承载力研究的重要指导思想。土地承载力反映了目前人们对资源、环境及生态系统的基本认识。在短期内,人们的认识水平和技术水平可以看作是不变的,此时的土地承载力就具有一定的稳定性,可以作为可持续发展判断的依据。

同时,土地承载力的不断提高是实现可持续发展的必要条件。可持续发展的关键就是如何正确使用自然资源,使自然资源的承受强度控制在其允许的范围内。一般来讲,较高的土地承载力具有较大的承载力空间、较为适宜的人口规模以及较好的经济环境和较好的生态环境。因此,提高土地承载力,有助于实现可持续发展的目标。

土地承载力是可持续发展能力的重要组成部分。可持续发展是指系统内各部分要素,通过自身的发展及相互间的互动反馈作用,所拥有的支撑可持续发展的整体能力,承载力是可持续发展能力的一个重要组成部分。

(2)可持续发展理念在土地利用潜力研究中的体现

土地利用潜力的重要内容是改善生态环境,维持生态平衡;调整农地结构,增加土地可利用面积,归并零散地块;平整土地,改良土壤;修复受污染和破坏的土地,增加土地供应量;集约利用土地,提高土地利用率和产出率等。这都是在平衡人口、经济、生态环境之间的矛盾,而土地资源可持续利用的前提条件也是保持和恢复人与土地、人与环境之间的共生、互生、再生状态,缓解人地矛盾。可见,研究土地利用潜力,有助于实现土地资源的可持续利用。

同时,土地资源的可持续利用除了具有保持和提高土地的生产性能或生态功能、降低土地利用可能带来的风险等特征外,还具有保持土地数量和质量的特征。土地的数量是有限的,可持续利用土地资源要求保持

一定的数量,特别是保证足够的耕地数量,同时保护和提高耕地的质量,即保持耕地总量动态平衡。无论是从耕地数量的补充,还是保持耕地质量的总体平衡角度,加强土地利用潜力的研究都具有十分重要的现实意义。

此外,为有序地推进城镇化进程,保证城镇化土地的可持续利用,必须对城镇土地的集约利用潜力进行研究,探索其在城镇发展和改造过程中的可持续发展策略。

基于此,在本轮土地利用总体规划修编中,对土地承载力的研究,需要考虑土地承载力研究的现实与长远意义,要把它作为经济、生态环境系统中的一员,综合考量土地资源对地区人口、资源、环境和经济协调发展的支撑能力。土地承载力是可持续发展理论在土地资源管理领域的集体体现和应用,是维持土地资源供需平衡的基础,也是经济社会可持续发展的重要指标之一。

2. 可持续发展理念在土地利用生态优先中的体现

可持续发展是生态优先原则提出的重要前提。生态优先分析的概念是建立在可持续发展理论的基础之上的。生态优先原则反映的是目前人类对资源、环境与生态系统认识的提高,是基于可持续发展理念提出的一种应用原则。

生态优先原则的提出对推行和贯彻可持续发展理念提供了可行的途径。可持续发展的关键就是如何正确使用自然资源,使自然资源在合理利用的同时,又不伤害自身的发展。毫无疑问,生态优先原则的提出,为协调经济、社会、环境之间的关系提供了解决方案。所以,在土地开发和区域发展过程中,只有坚持生态优先原则才能保证可持续发展目标的实现。

由此可见,从某种意义上讲,在本轮土地利用总体规划修编中,坚持生态优先原则就是坚持可持续发展的理念。可持续发展是一种科学的发展观,强调发展的可持续性、协调性、公平性,强调发展离不开资源与环境的束缚,是社会经济发展中必须遵循的基本原则;而生态优先原则是把生态保护提高到了重要的位置,强调在经济区域规划和发展的过程中,首先要考虑自然资源和生态环境的承受能力,在合理利用和保护自然资源和生态环境的基础之上,合理规划经济区域的开发与发展,是对可持续发展理念的一种具体应用。

3.可持续发展理念在耕地保护中的体现

实现经济社会可持续发展的核心是协调人口、资源和环境的关系,土地资源的可持续利用是我国社会经济可持续发展的前提,而土地资源可持续利用的关键是要做好耕地的保护工作。

(1)耕地保护是实现经济可持续发展的基本前提。对于我国这样一个人口大国来讲,耕地的多少,耕地保护的好坏程度,不仅影响农业发展和农民增收,动摇农业的基础地位,而且会影响工业、服务业等二、三产业的发展,进而直接波及整个国民经济的发展。只有保持稳定的耕地面积和质量才能保证农业生产稳定持续发展,从而促进经济的可持续发展。

(2)耕地保护直接影响到社会的可持续发展。一直以来,粮食安全是社会的头等大事,是国泰民安的基础,是国计民生的基本问题,而耕地保护则直接影响到我国的粮食安全,是我国社会可持续发展的基本保障。我国是世界上人口最多的国家,粮食安全事关重大,而耕地保护则是粮食安全的根本保证。

(3)耕地保护对生态可持续发展至关重要。耕地保护对生态环境保护,对于生态系统的可持续发展具有重要作用,耕地保护必须以保护和改善生态环境、防止水土流失和土地沙化为目标。

基于此,在本轮土地利用总体规划修编中,我们不能再走乱用耕地、牺牲耕地来推动经济发展的老路,要根据土地利用总体规划的要求,制定耕地保护规划,合理确定耕地保护的区域,对可能造成水土流失、土地沙化和洪涝灾害的耕地要严格保护。同时,要把耕地保护与生态环境建设结合起来,实现通过耕地保护和开发达到改善生态环境的目标。

4.可持续发展理念在建设用地节约集约利用中的体现

可持续发展理念是土地节约集约利用的重要指导思想,而土地节约集约利用是实现经济社会可持续发展的必由之路。研究表明,对土地资源的合理开发和利用,只有立足现实,着眼未来,才能做到对土地资源的合理利用,从而避免造成土地资源的过度浪费和破坏,实现经济、社会和生态环境的可持续发展。同时,土地节约集约利用不仅可以提高土地的利用效率,还可以减缓城市无序扩张的速度,从而节约宝贵的土地资源,有利于实现代际公平和可持续发展。

提高建设用地节约集约利用水平并不是土地合理有效利用的最终目的,而是通过土地合理的节约和集约利用促进产业结构的调整和优化升级,提高土地利用效率,实现建设用地可持续利用和经济、社会和生态环境的可持续发展。

基于可持续发展理念的建设用地节约集约利用的实质,就是要协调人口、资源、环境和发展之间的关系,为后代奠定一个持续、健康发展的基础。土地资源的稀缺性决定了人们只能改造土地而不能创造土地,因此,可持续发展理念是建设用地节约集约利用的指导思想。

随着城市化、工业化进程的快速推进,我国人口的增长和经济的发展,都将产生大量的建设用地需求,这给建设用地的供给带来巨大压力,如果仅仅依靠新增建设用地来发展城市建设已不太可能,必须采取合理的土地利用方式。

基于此,在本轮土地利用总体规划修编中,必须转变建设用地粗放、低效的经营模式,推行节约集约化利用建设用地的方式,这样才有可能缓解我国土地供需矛盾,保障新时期社会、经济和环境的持续稳定发展。

5. 可持续发展理念在土地利用分区中的体现

可持续发展理念是土地利用分区的重要指导思想,土地利用分区是实现可持续发展的有效路径。土地利用分区是在考虑土地利用可持续性发展的基础上,以土地利用现状和土地资源的适宜性为依托,按照不同的土地利用总体规划方向划分不同的用地区域,为控制土地利用格局、协调各项用地矛盾提供客观依据,最终实现土地利用效益的最大化。

土地利用分区的目的是在摸清土地利用现状、土地资源储备及社会经济发展条件的基础上,科学、合理、导向性地开发利用土地,揭示区域差异的客观规律,为土地利用规划提供合理、科学的依据,并最终实现社会、经济和生态环境的可持续发展。土地利用分区最根本的目的在于提高土地利用的经济效益、社会效益和生态效益,促进国民经济持续、健康发展和生态系统的良性循环。

通过土地利用分区,发现土地利用的地域差异特征,总结各类土地利用类型的结构特点与土地利用方式,对土地利用的共性进行合理归纳和科学综合研究,并提出合理开发利用土地资源的对策和措施,为编制土地利用总体规划及合理利用土地资源提供依据,同时为制定土地资源区划、综合自然区划、综合农业区划和农业生产发展规划提供重要的科学理论依据。

因此,在本轮土地利用总体规划修编中,必须加强土地利用分区工作,并强化各分区之间的协作关系,进行科学合理的分工协作,这样可以优化和调整土地利用空间结构,有利于土地利用的宏观调控、组织和协调,从而限制不合理的土地利用方式和类型,以实现经济、社会和生态环境的协调发展和可持续发展。

第 5 章　土地承载力和潜力评价：规划的前提

土地承载力和潜力评价是实现土地资源合理配置，改善农业、工业等基础设施，提高土地利用率，实现土地总量动态平衡，保障土地资源可持续利用，促进经济、生态和社会可持续发展的基础，是进行各项用地预测、土地利用分区和土地规划方案综合平衡的重要依据和基本前提。

5.1　土地承载力、潜力评价与可持续发展

土地承载力一般是指区域土地所能持续供养的人口数量，实质上是（农业）资源承载力，是对土地农业生产潜力的研究；而土地潜力是指土地的利用潜力，是指对土地利用效率和利用程度的研究。

5.1.1　土地承载力和潜力的内涵

1.土地承载力的内涵

20 世纪 40 年代美国学者 William V 最早提出了土地承载力的概念，即土地向人类提供饮食、住所的能力决定于土地的生产潜力，也就是土地向人们提供的衣食、住所的能力与环境阻力对生物潜力限制的程度。在《中国土地资源生产能力及人口承载量研究》项目中，土地资源承载力表述为"在未来不同时间尺度上，以预期的经济、技术和社会发展水平以及与之相适应的物质生活水准为依据，一个国家或地区利用其自身的土地资源所能持续供养的人口数量"。按照联合国教科文组织的定义，一个国家或地区的资源承载力是指在可预见的时间内，利用当地的能源和其

他自然资源以及智力、技术等,在保证与其社会文化准则相符的物质生活水平下所能持续供养的人口数量。目前学术界对土地承载力概念的定义基本上存在两种理解:有些学者认为土地是综合性资源,它包括地球特定地域表面及其以上和以下的大气、土壤及基础地质、水文和植物,以及这一地域范围内过去和现在人类活动对土地利用所施加的重要影响,土地承载力实质上就是(农业)资源承载力;大部分学者认为土地承载力一般是指区域土地所能持续供养的人口数量,即土地人口承载力。

　　从上述对土地承载力的定义上可以看出,土地承载力至少含有以下涵义:①生态涵义,指土地所承载的综合效用具有生态上的极限,土地的开发利用应以不超过这种极限为前提,且当达到土地承载力极限时,必然意味着这一生态得到了充分的利用;②技术内涵,指土地承载力离不开特定的科学技术背景,通过优化土地资源的管理或者提高科学技术水平,可以提高土地资源对社会经济的承载功能;③社会经济内涵,指在相同的土地资源利用水平下,不同的经济发展水平、不同的产业结构,都会使土地资源的承载力发生变化;④时空内涵,指土地资源承载力是一定区域尺度上生态系统自身的承载力;不同的时空尺度,相同的土地资源的承载力是不相同的;土地资源承载力的综合效用及其他约束因素如自然资源、劳动力资源和技术资源等都具有区域性;土地资源承载力在时间上是一个将来的概念,一个长期性的概念。

　　2. 土地利用潜力的内涵

　　(1)土地整理潜力的内涵

　　土地整理潜力是指在一定时期、一定生产力水平下,针对某种土地用途,通过在行政、经济、法律和技术等方面采取一系列措施,使待整理土地资源增加可利用空间、提高土地生产能力、降低生产成本、改善生态环境的潜在能力。① 根据土地整理方法和对象的不同,土地整理潜力一般分为耕地整理潜力、农村居民点整理潜力、土地复垦潜力、土地开发潜力和城市整理潜力。其中耕地整理潜力是指在一定时期、一定生产力水平及

---

① 张正峰,陈百明. 土地整理潜力分析.,自然资源学报,2002 年第 6 期,第 664~669 页

某种既定用途下,在行政、经济、法律和技术等方面采取一系列措施,使土地资源在合理利用的基础上,增加可利用有效耕地面积、改善生态环境、节约生产投入的能力;农村居民点整理潜力是指在一定时期、一定生产力条件下,通过一系列土地整理措施的实施,优化农村居民点布局,完善空间结构,提高农村居民点土地利用的集约率,使其达到最优集约程度状态[1],从而增加耕地及其他农用地的面积;土地复垦潜力是指在一定的经济、技术和生态环境条件下,采取工程措施和生物措施,对在生产建设过程中,因挖损、塌陷、压占和各种污染以及自然灾害等造成破坏、废弃的土地,采取整治措施,使其恢复利用和经营,可增加耕地及其他农用地的面积[2];土地开发潜力是指在一定的经济、技术和生态环境条件下,未利用地适宜开发利用为耕地及其他农用地的面积;城市整理潜力是指在现有技术经济条件和规划要求下,通过改善城市土地利用环境,调整用地结构,形成合理、高效、集约的城市土地格局可提高的经济、社会和环境效益。

土地整理潜力内涵可从 3 个方面来认识:①土地整理潜力是一个相对的概念,它是相对于当前的生产力水平而言的,在不同的时期、不同的生产力水平下,土地整理潜力的高低及其衡量标准都有较大差异。②土地整理潜力是土地资源在各种约束条件下的一种实际潜力,是土地资源用于农、林、牧生产或其他利用方面的一种潜在能力,只是这种能力目前在各种限制因素的制约下,没有在生产或利用过程中得以体现。③土地整理潜力只有借助于一定的手段才可获得体现,这种手段就是在行政、经济、法律和技术等方面采取的各种措施,只有在这些措施的调控下,土地资源的这种内在潜力才可获得释放。[3]

(2)土地集约利用潜力的内涵

土地集约利用潜力是指在现有经济技术条件和规划要求下,当前的

----

① 宫攀.农村居民点土地整理初步.河北农业大学,2003 年硕士学位论文
② 苏坡.煤矿区土地复垦潜力研究——以大同市为例.中国农业大学,2006 年硕士学位论文
③ 张正峰,陈百明,董锦.土地整理潜力内涵与评价方法研究初探.资源科学,2002 年第 4 期,第 43~48 页

土地利用集约度与最佳集约度之间的差值。它能够体现出当前土地利用的一种潜力状态。这里的土地利用集约度是指土地开发利用在结构合理、功能正常发挥的前提下,投入和产出的比例关系。最佳集约度是指在特定的历史时期和特定的经济技术条件下,土地利用所能够达到的最优化的土地集约利用程度。其大小取决于目前的土地集约利用程度和未来一定时期内城市的发展速度,目前土地集约利用程度越低,土地利用结构越不合理,土地集约利用潜力越大。土地集约利用潜力根据研究的对象不同可分为耕地集约利用潜力、农村居民点集约利用潜力、城市用地集约利用潜力,其中农村居民点集约利用潜力和城市集约用地潜力又可称为建设用地潜力。

可见,土地整理是土地集约利用的前提,土地整理潜力强调的是通过整理可增加的农用地面积,而土地集约利用强调的是土地利用效率的提高,也可以理解为是对土地整理潜力的一种评价,其大小不仅取决于土地整理潜力的大小,还取决于投入和产出的大小。

5.1.2　土地承载力、潜力评价与可持续发展的关系

1.土地承载力与可持续发展的关系分析

土地承载力与可持续发展两者相辅相成,在某种意义上是相一致的。两者都是在人类面临人口、经济、资源与环境矛盾日益突出的情况下提出的,都强调经济发展与人口、资源、环境之间的关系,解决的核心问题也都是资源与人口、经济、环境之间的关系问题。具体来说,二者的关系如下:

(1)可持续发展是研究土地承载力的理论基础。土地承载力的概念是建立在可持续发展理论的基础之上的。土地承载力反映的是目前人类对资源、环境及生态系统的认识。在一个相对较短的时期内,人类的认识水平和技术水平可以看作一个非时变的常量,此时,土地承载力就具有一定的稳定性,可以作为可持续发展判断的依据。

(2)土地承载力的不断提高是实现可持续发展的必要条件。可持续发展的关键就是如何正确使用自然资源,使自然资源的承受强度控制在其允许的范围内。毫无疑问,较高的土地承载力表明具有较大的承载力空间、较为适宜的人口规模以及较好的经济环境和较好的生态环境。所

以,只有提高整个区域的土地承载力,才能保证可持续发展的实现。

(3)土地承载力是区域可持续发展能力的组成部分。可持续发展是指系统内各部分要素,通过自身的发展及相互间的互动反馈作用,所拥有的支撑可持续发展的整体能力,承载力是可持续发展能力的一个重要组成部分。

总之,研究土地承载力实际上就是为了达到可持续发展的目标。可持续发展是一种科学的发展观,强调发展的可持续性、协调性、公平性,强调发展不能脱离自然资源与环境的束缚,是在区域发展中必须遵循的基本原则;承载能力则是从区域具体要素出发,以可持续发展为原则,根据资源实际承载能力,确定人口与社会经济的发展速度与发展规模。可持续发展是土地承载力理论研究的指导思想和理论基础。对土地承载力的研究,要考虑到土地承载力研究的现实与长远意义,要把它作为经济、生态环境系统中的一员,综合考虑土地资源对地区人口、资源、环境和经济协调发展的支撑能力。土地承载力是可持续发展理论在土地资源管理领域的集体体现和应用,是维持土地资源供需平衡的基础,也是经济社会可持续发展的重要指标之一。

2. 土地利用潜力与可持续发展的关系分析

土地利用潜力与可持续发展两者也是相辅相成,在某种意义上也是相一致的。两者也都是在人类面临人口、经济、资源与环境矛盾日益突出的情况下提出的,也都强调经济发展与人口、资源、环境之间的关系,解决的核心问题也都是资源与人口、经济、环境之间的关系问题。具体来说,二者的关系如下[1]:

(1)土地利用潜力分析使土地资源的可持续利用成为可能

土地利用潜力的重要内容是改善生态环境,维持生态平衡;调整农地结构,增加土地可利用面积,归并零散地块;平整土地,改良土壤;修复受污染和破坏的土地,增加土地供应量;集约利用土地,提高土地利用率和

---

[1] 李建. 建设用地整理与区域经济社会可持续发展研究——以天津蓟县为例. 2006 年天津师范大学硕士学位论文

产出率等等。这一切都是在平衡人口、经济、生态环境之间的矛盾,而土地资源可持续利用的前提条件也是保持和恢复人与土地、人与环境之间的共生、互生、再生状态,缓解人地矛盾。因此,土地利用潜力的研究,使土地资源的可持续利用成为可能。

(2)土地资源的可持续利用必然选择土地利用潜力分析

土地资源的可持续利用除了具有保持和提高土地的生产性能或生态功能、降低土地利用可能带来的风险等特征外,还具有保持土地数量和质量的特征。土地的数量是有限的,可持续利用土地资源要求保持一定的数量,特别是保证足够的耕地数量,同时保护和提高耕地的质量,即保持耕地总量动态平衡。无论是耕地数量的补充,还是保持耕地质量的总体平衡,对土地利用潜力的研究都是其重要的途径。

(3)城镇土地的集约利用与城镇土地可持续发展的关系

城市化建设一般包括工业园区建设、城市群建设、城市基础设施的建设、区间高等级路网配套等方面的建设,其中,城市群建设又包括城市承载力和品位提升、特色城市群构建、中心城镇布局提档、中心村调整建设、一般集镇和村庄的改造。为使城市化顺利有序的开展,保证土地的可持续利用,就必须对城镇土地的集约利用潜力进行研究,探讨其在城镇发展和改造过程中的可持续发展措施。

总之,研究土地利用潜力实际上也是为了实现可持续发展的战略目标。可持续发展是一种科学的发展观,强调发展的可持续性、协调性、公平性,强调发展不能脱离自然资源与环境的束缚,是在区域发展中必须遵循的基本原则;土地潜力则是从区域土地利用现状出发,以可持续发展为原则,根据土地资源实际利用现状,确定土地利用、发展、改造方向与趋势,同时,确保社会经济的发展速度与发展规模。可持续发展是土地利用潜力理论研究的指导思想和理论基础。对土地利用潜力的研究,要考虑到土地利用潜力的现实与长远意义,要把它作为经济、生态环境系统中的一员,综合考虑土地资源对地区人口、资源、环境和经济协调发展的支撑能力。土地利用潜力是可持续发展理论在土地资源利用领域的集体体现和应用,是改善、优化土地资源利用方式的基础,也是经济社会可持续发展的重要指标之一。

5.2 土地承载力和潜力评价方法

土地承载力和潜力评价作为土地合理利用的一项基础工作,是制定土地总体规划的根本依据,也是划定土地分区的基础,在土地总体规划中具有重要的作用。在我国土地资源十分短缺的情况下,探索土地承载力和潜力评价方法,以及建立衡量土地承载力和潜力的指标体系,是十分必要的。

5.2.1 土地承载力评价方法

土地承载力的评价方法有很多,下面仅对三种常用方法作简单介绍。

1. 基于作物生产潜力的土地承载力评价方法

一般而言,土地承载力的计算可以分为两步:第一步根据一定的生产条件计算土地生产力;第二步是在前一阶段完成的基础上,根据一定的生活水平计算土地人口承载量。由于第二步的计算相对简单,因此可以认为土地承载力的核心就是土地生产潜力。

(1)基于作物生产潜力的土地承载力计算步骤

基于作物生产潜力的人口承载力计算一般可分为四个步骤[①]:

第一,进行土地生产力类型的划分。

生产力发展是不平衡的,它受到自然与社会等多方面的影响,研究时应根据不同的自然条件和技术水平,按土地类型区划原则与方法对地区土地质量及生产力类型进行划分,土地类型划分的方法很多。这里仅介绍模糊中心聚类方法。

首先,应选取划分生产力类型的指标。应根据农业生产实践与经验,从系统观点出发选取能客观反映环境条件的热量、水分、风速和土壤肥力等诸因子作为区划的指标。

其次,建立各指标的隶属函数。根据模糊数学法则得到指标的隶属

---

① 赵哲远等. 基于作物气候生产潜力的浙江省农用地分等方法研究. 水土保持学报,2003年第 1 期,第 173~177 页

函数为下列形式：

$$(x_i) = \begin{cases} 1 & X_i \geqslant X_{\max} \\ \dfrac{X_i - X_{\min}}{X_{\max} - X_{\min}} & X_{\min} < X_i < X_{\max} \end{cases}$$

$$\text{或}(x_i) = \begin{cases} 1 & X_i \leqslant X_{\min} \\ \dfrac{X_{\min} - X_i}{X_{\max} - X_{\min}} & X_{\min} < X_i < X_{\max} \end{cases}$$

再次，计算各地间的模糊关系矩阵

$$\begin{cases} R_0 = r_{ij} \\ r_{ij} = \sqrt{\dfrac{1}{m} \sum_{k=1}^{m} \left[\mu(x_{jk} - \mu(x_{ik})) \right]^2} \end{cases}$$

式中，$i, j = 1, 2 \cdots n$ 为样点数；$k = 1, 2 \cdots m$ 为 k 中指标隶属度

其后，求等价矩阵。所谓等价矩阵就是求满足对称性、自反性和传递性的矩阵。

$$\begin{cases} R = 1 - r_{ij} \\ R^{2^t} = R^{2^t} R^{2^t} \quad (t = 0, 1, 2, \cdots, L) \end{cases}$$

最后，建立模糊中心聚类系统。为使同一生产力类型尽可能成片集中化，可通过长期的农业生产实践和资料分析，选取环境指标在空间分布上差异明显的若干个点为聚类中心，然后把等价矩阵中与各中心关系密切的点（系数最大）归为相应的中心点。

$$\begin{cases} S_k = \bigvee_{k=1}^{p} r_{ik} \\ r_{ij} = \begin{cases} r_{ij}^{*} & r_{ij} \geqslant S - K \\ r_{ij} & r_{ij} < S - K \end{cases} \end{cases}$$

其中，$k = 1, 2 \cdots p$ 为中心个数；$i, j = 1, 2 \cdots m$ 为样点个数；如果同列中有多个相等的最大值，则根据实际可能性选择其一注上"*"。

第二，进行土地生产潜力的计算。

由于进行土地生产潜力计算的模型很多，这一部分的计算方法将在下一部分详细说明。

第三,食物结构化。

根据人口承载力的概念,在照顾当地饮食习惯的同时,根据国家有关部门确定的营养水平不同方案,利用线性规划数学方法,对当地人粮食总需求和食物结构进行优化,其模型为:

$$
约束条件:\begin{cases}
a_{11}x_1 + a_{12}x_2 + \cdots + a_{1n}x_n \geqslant b_1(\text{热量约束条件}) \\
a_{21}x_1 + a_{22}x_2 + \cdots + a_{2n}x_n \geqslant b_2(\text{蛋白质约束条件}) \\
a_{31}x_1 + a_{32}x_2 + \cdots + a_{3n}x_n \geqslant b_3(\text{脂肪约束条件}) \\
\quad\quad\quad\quad\vdots \\
d_{i1} \leqslant x_i \leqslant d_{i2}(i = 1、2、3\cdots n,\text{食物约束条件}) \\
x_1,x_2,x_3,\cdots,x_n \geqslant 0(\text{非负约束条件})
\end{cases}
$$

$$
目标函数:\min f(x_i) = C_1X_1 + C_2X_2 + \cdots + C_nX_n(\text{在满足所需求的}
$$

营养水平条件下,使消耗的粮食总量达到最小)

式中,a_{ij} 为 1kg 食物含热量、蛋白质、脂肪的数量;b_1,b_2,b_3 为不同方案的热量、蛋白质和脂肪需求量(限制值);X_i 为第 i 种食物的数量;C_i 为第 i 种食物转化为标准量的转化系数;d_{i1} 和 d_{i2} 为各食物数量的上下限值。

第四,人口承载量计算。

$$
P_j = \frac{s \cdot \sum_{j=1}^{m} l_j y_j}{\min f(x_i)} = \frac{s \cdot \sum_{j=1}^{m} l_j y_j}{\sum_{i=1}^{n} c_i x_i}
$$

式中,s 为可利用的土地净面积总量(hm^2);l_j 为第 j 类土地面积比例(%);y_j 为第 j 类土地生产潜力(kg/hm^2);c_i、x_i 的涵义同上。

2.基于 3S 技术的土地承载力评价方法

基于 RS 的人口承载力计算结合遥感和 GIS 技术,依据研究区域内自然经济地理和土地利用状况,融合地形地貌土壤特征,探讨行政村级尺度下区域当前和未来耕地生产力变化规律和环境容量现状及变化趋势,并提出与当地农业发展相一致的环境容量。步骤一般为[①]:

---

① 熊利亚等.基于 RS 和 GIS 的土地生产力与人口承载量.地理研究,2004 年第 1 期,第 10~18 页

(1)源数据的选取

根据研究要求和当地实际情况,数据资料应包括:TM 影像图、地形图、森林资源分布图、土壤资料、各气象站点多年气象资料、农村经济统计年鉴以及其他数据。

(2)建立土地生产力评价的指标体系

土地生产力评价指标体系应包括光能条件、热量状况、水分供应能力、土壤条件和社会经济技术条件,应在遵循综合性、主导性、可比性与科学性等原则的基础上,利用前述方法,确定各指标的贡献函数。

(3)调查研究区域概况

主要是调查研究区的土地利用现状、气候特点,并利用 RS 和 GIS 技术,对研究区进行土地利用现状与坡度和坡向的耦合分析,进行土地利用现状与气候的耦合分析。

(4)土地生产力与人口承载量评价

遥感技术的发展使陆地覆被动态变化监测成为可能。结合目视解译和监督分类技术,借助近期 TM 影像,对研究区当前土地利用现状进行定量分析;以表面分析技术为依托,进行坡度、坡向与土地利用的耦合分析,真实地再现研究区耕地地形地貌特点;借助 GIS 的空间分析及数据融合技术,建立基于评价指标体系的"空间属性一体化"数据库,在此基础上,利用潜力递减法生产力模型,研究村级耕地面积和粮食可实现产量的土地承载力分析模型,分析各行政村土地人口承载力,提出与当地农业发展相一致的整个研究区环境容量(如图 5.1)。

3. 基于多目标规划方法的土地承载力评价方法

土地承载力多目标规划模型是以资源为基础,人口消费需求为目标,充分匹配这两者之间的关系,估算出土地承载力,模型通过充分协调资源、资源之间以及资源与人口消费需求之间的平衡关系,确定的土地利用优化结构,保证了农业生产向节时、节地、节水、节能的方向发展,为调整未来农业生产结构提供重要依据。其基本步骤如下[1]:

---

① 石玉林.中国土地资源的人口承载力研究.中国科学出版社,1992 年

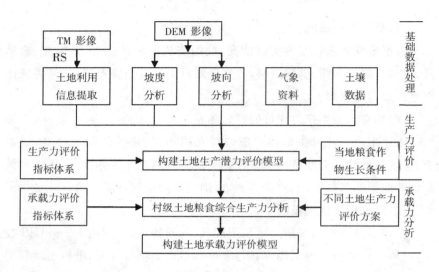

图 5.1 基于 3S 的土地承载力评价流程

(1)划分基本单元。首先应根据土地资源结构与生产力水平的相对一致性与差异性,把土地划分为若干个小区,作为土地承载力研究的基本单元。

(2)确定时段。土地承载力多目标规划模型是一个静态模型,而土地承载力的作用因子是动态变化的,因此,只有通过对不同时段进行研究,来反映这种动态性。一般可以根据近、中、远期来划分,并以一定的年份作为代表。

(3)预测资源的动态变化。主要是预测水资源、土地资源的动态变化,前者包括未来不同时段内,可供水资源数量,可供农业用水资源数量以及有效的灌溉面积的数量;后者则是指各个时段内,土地资源的农、林、牧用地数量的消长与质量的变化状况。

(4)预测农业生产技术和管理水平。农业生产技术与管理主要包括化肥、农药、种子、经营管理、水利设施、机械化水平等,他们反映出对农业自然资源潜力开发利用的程度,尤其对土地生产力水平起着关键性的作用。

(5)确定人口消费水平。人口消费水平是衡量土地承载力的重要指标,由于人口消费需求的产品多种多样,而土地承载力研究不可能全部加以考虑,因此,土地承载力研究中的人口消费产品以选择人口消费需求的最基本产品为原则,既不应过少,也不应过多。

(6)建立土地承载力多目标规划模型。按照多目标规划的数学模型构成,首先按农林牧的不同种类以及土地人口承载力设置决策变量;其次,建立目标函数并根据人口消费需求产品的相对重要性划分优先级水平;再次,按资源约束系统与需求目标系统分别建立约束方程,同时,辅以其他数学方法和常规的区域分析方法,求取约束方程中所需的各个参数;最后,输入计算机进行运算以求出最终结果解。

该模型的数学形式为:

目标函数:$Z = \min \sum P_i (d_i^- - d_i^+)$

约束方程:$\sum_{i=1}^{m} a_{ij} x_j + d_i^- - d_i^+ = b_i \qquad x_j, d_i^-, d_i^+ \geqslant 0$

式中,d_i^-,d_i^+ 表示 $\sum_{i=1}^{m} a_{ij} x_j$ 与 b_i 之间的负偏差和正偏差;P_i 表示与 $d_i^- - d_i^+$ 有关的优先因子,x_j 表示决策变量,a_{ij} 表示决策变量的参数,b_i 表示模型参变常数。

可以看出,该模型主要由五个方面构成:

第一,决策变量。决策变量是该模型的最基本要素,一般按土地承载力基本单元分别设置,每个基本单元的决策变量包括了主要的作物种类、林种、牲畜种类等,其具体形式多种多样。

第二,目标函数。该模型就是按目标间的相对重要性,对多种目标进行分级处理,并用优化性因素 P_i 表示相互间的差别,各优先因素的排列顺序为 $P_1 > P_2 > P_3 > \cdots > P_n$。在求解过程中,只有在保证实现上一级目标的前提下,才可能考虑实现下一级目标。

第三,约束方程。模型中的约束方程分为两类,一类是与目标函数相联系的目标约束方程,一类是反映资源及资源间相互关系的资源约束方程。

目标约束方程是按目标函数中的目标项目相对应建立的,其方程形式为:$\sum_{i=1}^{m} a_{ij}x_j + d_i^- - d_i^+ = c_j x_n$;式中,$x_n$ 为土地人口承载量,c_j 为对应目标的人均消费水平,d_i^-,d_i^+ 为各目标项目的实际产量与相对应的人口消费需求量之间的负偏差和正偏差,x_j 为与目标相应的决策变量,包括粮食、植物油、食糖等相应的各种作物播种面积与肉、蛋、奶等目标相对应的各牲畜种类,a_{ij} 为相应的决策变量的单位面积产量系数。

资源约束方程包括资源本身的约束方程与资源平衡的约束方程。主要包括以下的约束方程:

$$
\begin{cases}
\sum_{i=1}^{m} x_j \leqslant b_i & (1) \\[2mm]
\sum_{i=1}^{m} I_{ij} x_j \leqslant w_i & (2) \\[2mm]
\sum_{i=1}^{m} k_{ij} a_{ij} x_j \geqslant d_{ij} x'_j & (3) \\[2mm]
\sum_{i=1}^{m} I_{ij} X_j \geqslant d'_{ij} X'_j & (4) \\[2mm]
\sum_{i=1}^{m} q_{ij} a_{ij} X_j - F_i \leqslant H_i & (5)
\end{cases}
$$

上式中的方程(1)为资源约束方程,主要有耕地资源(分水田、旱地)、林地资源(分用材林地、防护林地、薪炭林地、经济林地、疏林与灌木林)以及草地资源等,x_j 为相应资源有关的决策变量,b_i 为相应资源的可利用数量。方程(2)～方程(5)为资源平衡约束方程,其中方程(2)给出了水土平衡约束方程,I_{ij} 为各农作物的单位面积灌溉定额,x_j 为与灌溉有关的农作物决策变量,w_i 为农作物的可供水量。方程(3)为精饲料畜料平衡约束方程,k_{ij} 为精饲料或代精料的产出系数,a_{ij} 为相应的农作物单位面积产量系数,x_j 为相应的农作物种类,d_{ij} 为相对应的肉、蛋、奶的精饲料转化系数,x'_j 为与肉、蛋、奶目标相对应的牲畜种类决策变量。方程(4)为粗饲料牲畜平衡约束方程,I_{ij} 为相应的农作物秸秆和草地单位面积粗饲料的产出系数,X_j 为相应的农作物种类与草地决策变量,d'_{ij} 为相应的肉、蛋、奶的粗饲料转化系数,X'_j 为与肉、蛋、奶目标相对应的牲畜种类决策变量。方程(5)为肥力平衡约束方程,q_{ij} 为形成每百公斤各种农产品产量所需要的 N 元素系数,a_{ij} 为各农作物的单位面积产量系数,X_j 为相应的农作物种类决策变量,F_i 为有机肥提供量,可以大致按人、畜粪尿、作物秸秆还田、绿肥产量等进行估算,在约束方程中可作为常量处理,H_i 为化肥中 N 元素的可利用量,计算中应注意首先按化肥的种类折纯,然后考虑利用率算出可利用量。

　　第四,参变常量。参与变常量包括耕地资源、林地资源、草地资源等的数量,农业可供用水量,以及化肥可供利用量等。这些变量常量均在土地承载量的作用因子分析时,按不同时段进行预测求得。

　　第五,变量参数。主要的决策变量参数有:土地生产力水平(包括农作物单产水平、林木单产水平、牧草单产水平)、作物补灌定额系数、农作物(代)精饲料产出系数、作物秸秆产出系数及其粗饲料、薪柴产出系数等。这些决策变量系数均可以通过其他数学模型确定出来。

　　(7)分析模型的结果。模型的结果解,将给出各基本单元的土地利用优化结构,各项农林牧产品的总量以及整个研究区域内土地人口承载量。首先,对未来不同时段的人口发展进行预测,求取高、中、低方案;然后,将土地人口承载量与其进行对比分析,得出该土地承载力研究区域的各时段人口承载情况。同时,将整个研究区域与各基本单元预测人口下的产品需求量与模型所求得的产品生产量逐一进行供需对比分析,得出各项产品的盈亏状况以及区内各基本单元之间与区际之间产品相互调剂的状况。最后,我们可以得出一些基本结论并提出相应的建议与对策。

5.2.2　土地潜力评价体系及方法

1.土地潜力评价指标体系的构建及原则

(1)土地潜力评价指标体系构建的原则

　　土地利用潜力受多种因素的共同影响,各种用地环境是一个复杂的自然—社会—经济系统,所选取的指标应涵盖土地利用现状、经济、社会、环境保护等各个方面。因此,指标体系的建立应从系统的角度出发,所选指标应能够作为一个有机整体在其相互配合中科学、准确、合理地反映土地利用各影响因素的主要方面和内在联系。

①主要因素原则。在影响土地利用潜力的众多因素中,要求选取那些对土地利用潜力影响较大的主导因素,忽略一些次要因素,即抓住事物的主要矛盾。

②完整性原则。土地整理目标取向的多元性决定了土地利用潜力的实现是一个综合过程,许多因素影响到土地利用潜力的大小。指标体系作为一个有机整体,应该能较全面地反映和度量土地利用潜力状况。

③区域分异原则。土地的地域分布规律反映了不同地域的土地生产潜力和土地利用效益的差异,是土地的自然、经济、社会各因素不同组合的结果。由于区位条件的不同形成的地域分异状况,可将类似的地域划分为同一利用潜力级别,并作为土地利用潜力评价的基本原则之一。区域分异还体现在不同尺度上,土地利用潜力评价要反映不同空间范围的潜力,对相应的指标设计也要遵循区域分异原则。

④定量与定性相结合的原则。定性与定量相结合,即在定性分析的基础上进行定量化,在对土地利用潜力量化的基础上作定性分析,校核定量分析结果的合理性。另外在指标选择的过程中,有些指标已经是数量化的,可以进行定量分析。而有些指标是定性的,这就要求我们对定性的指标进行量化,总之就是要遵循定量与定性相结合的原则。

⑤科学性和可操作性原则。所选择的指标应能充分反映土地利用的内在机制,指标的物理意义必须有明确的定义,并必须保证数据来源的准确性和处理方法的科学性。同时指标的选取也必须注意指标数据的可得性,可以考虑从统计部门、有关部门的调查报告中获取指标数据;此外,抽样调查或典型调查也是获取数据的有效途径。

⑥指标相对稳定性原则。土地利用潜力是一个相对概念,是相对于一定的土地利用标准、一定的生产技术水平、一定的经济发展水平下的一种潜力,所以评价指标应在一定时期和社会生产技术水平下保持相对的稳定。

(2)土地利用潜力评价指标的构建

前面已经提到土地利用潜力可分为土地整理潜力和土地集约利用潜力,而土地整理潜力和土地集约利用潜力又可根据不同的评价对象,分为不同的整理潜力和集约利用潜力。由于各种土地整理潜力和集约利用潜力的影响因素不同,所构建的指标体系也会不相同,因此,本部分按土地整理潜力和集约利用潜力的分类介绍了耕地整理潜力、农村居民点整理潜力、矿区复垦潜力、土地开发整理潜力和城市集约利用整理潜力这 5 个方面利用潜力的评价指标体系。

①耕地整理潜力评价指标体系

耕地整理潜力评价指标体系就是在土地资源学、生态学、经济学、系统科学等理论的指导下,通过具体分析耕地整理目标、标准、耕地利用现状,建立的能较客观地反映和表征耕地整理潜力的一系列度量指标集合的总称。建立评价指标体系的根本目的在于通过制定适当的度量指标,以定量地反映和衡量通过耕地整理挖掘耕地利用的潜力,从而为土地整理专项规划、耕地整理项目设计提供理论科学依据。耕地整理潜力评价指标体系的构建有许多,在此我们引用张正峰、陈百明、郭战胜[①](2004年)构建的耕地整理潜力进行说明,如图 5.2。

②农村居民点整理潜力评价指标体系

农村居民点整理潜力评价是发现农村居民点土地资源在自然、经济、生态利用过程中限制土地利用率与产出率提高的各种因素,同时预测整理后土地资源能够为人类带来的经济、社会和生态效益,从这个角度分析,农村居民点整理潜力评价是一种现时性与效益性评价相结合的评价过程。同时,从长远目标来看,土地整理是促进土地资源向可持续发展目标迈进而采取的一系列技术手段,从这个意义上讲,农村居民点整理潜力评价指标体系又与土地资源的可持续利用联系在一起。因此,必须从状态性指标——农村居民点整理的基础类指标、响应性指标——农村居民点整理的基本潜力类指标和农村居民点整理的效益性指标三个方面建立农村居民点整理潜力评价的指标体系。在此引用孙钰霞[②](2003 年)构建

---

① 张正峰,陈百明,郭战胜.耕地整理潜力评价指标体系研究.中国土地科学,2004 年第 5 期,第 37～43 页

② 孙钰霞.农村居民点整理潜力分析——以重庆市合川市为例.西南师范大学,2003 年硕士学位论文

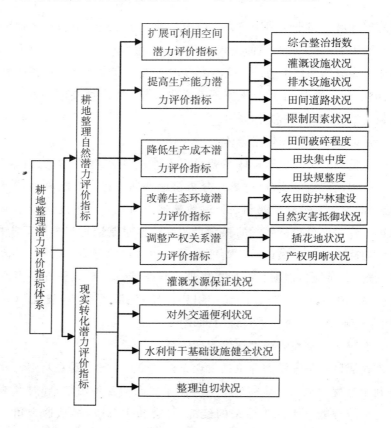

图5.2 耕地整理潜力评价指标体系

资料来源：张正峰，陈百明，郭战胜. 耕地整理潜力评价指标体系研究，中国土地科学，2004年第5期，第37—43页

的农村居民点整理潜力指标体系进行说明（如图5.3）。

③土地复垦潜力评价指标体系[①]

土地复垦潜力评价是指对受破坏的土地经过复垦之后，用于农、林、牧、副、渔各业或其他方面的潜在能力作出的评价。主要是依据沉陷区的

---

① 刘国兴，张振文，冯文丽，孙亚军. 矿区土地复垦潜力多级模糊综合评判分析. 矿产保护与利用，2007年第2期，第10～12页

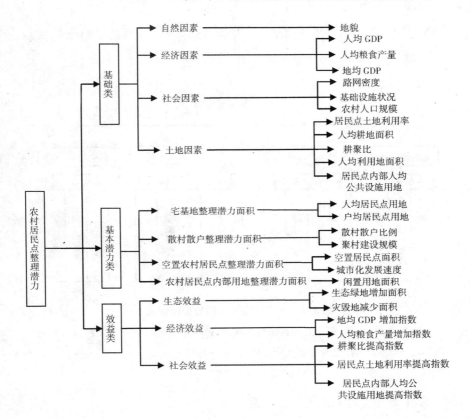

图 5.3　农村居民点整理潜力评价指标体系

资料来源：孙钰霞．农村居民点整理潜力分析——以重庆市合川市为例，西南师范大学 2003 年硕士学位论文

土地破坏程度和治理改良现状以及沉陷地本身的自然条件（土壤、地形和气候等），对土地持续利用的限制程度以及由这种限制程度所决定的不同土地复垦利用方式（包括农田、菜地、鱼塘、林果地以及建筑用地等）的可选择性，对沉陷地的生产潜力作出的评价。因此，指标构建过程中应包括

自然生态因子和社会经济因子,在此引用王立①(2004)提出的土地复垦潜力评价指标体系模型,如图 5.4。

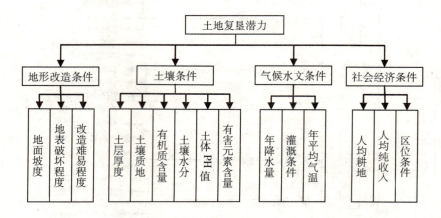

图 5.4 土地复垦潜力评价指标体系

资料来源:王立.黄土丘陵区采煤塌陷地复垦潜力研究——以山西省晋城市城区北石店镇为例.山西农业大学 2004 年硕士毕业论文

④土地开发潜力评价指标体系

土地开发潜力评价主要反映一地区土地开发利用现状以及开发工作实施的难易程度。对一地区土地开发潜力进行科学评价,有利于采取有效的控制和调整措施,对土地进行内涵挖潜,同时为土地开发整理工作中科学划分土地开发区、确定重点项目提供科学的判断依据,目前对土地开发潜力进行研究的文章较少,在此引用叶妙君、卢伟、周寅康②(2004)提出的指标体系(如表 5.1)。

---

① 王立.黄土丘陵区采煤塌陷地复垦潜力研究——以山西省晋城市城区北石店镇为例.山西农业大学,2004 年硕士毕业论文

② 叶妙君,卢伟,周寅康.广西鹿寨县土地开发潜力评价研究.土壤,2004 年第 4 期,第 430~433 页

表 5.1　土地开发潜力评价指标体系

目标层	因素层	因子层	指标含义
土地开发潜力	自然因素	土地利用率(%)	已利用土地/土地总面积
		闲散土地面积(hm²)	闲置土地面积
		增加耕地面积(hm²)	实施开发能够增加耕地总量
		增加耕地系数(%)	实施开发能够增加耕地面积/实施开发面积
	社会经济因素	人均 GDP(元)	人均国内生产总值
		播面单产(kg)	粮食总产量/粮食播种面积
	生态环境因素	区位条件(一)	交通方便程度及地理位置优越程度
		农田有效灌溉率(%)	有效灌溉的耕地面积/耕地总面积
		土壤有机质含量(g/kg)	土壤有机质丰富度
		有效土层厚度(cm)	土层有效厚度
		坡度<15° 土地面积比重(%)	坡度<15° 的土地面积/未利用土地面积
		农田大气环境质量(%)	农田大气质量达标率
		灌溉水环境质量(%)	灌溉水水质达标率

资料来源:叶妙君,卢伟,周寅康.广西鹿寨县土地开发潜力评价研究.土壤,2004年第 4 期,第 430~433 页

⑤城市土地集约利用潜力评价指标体系

　　城市土地集约利用潜力评价就是按城市土地集约利用的内涵,结合城市规划的实施和城市发展的要求,建立土地集约利用潜力评价指标体系,评价当前城市土地的使用效率和使用潜力,得出土地集约利用的潜力状况,并提出进一步提高城市土地使用效率的途径和措施。[①]

　　城市土地利用一般包括三个空间尺度,即城市土地总体的宏观尺度利用、若干地块所构成的均质区域(又称为功能区)的土地中观尺度利用及单一地块的土地微观尺度利用。所以城市土地集约利用潜力评价也有研究尺度的差异。集约利用潜力宏观尺度评价主要是针对整个研究区域的土地利用状况进行评价,反映城市土地利用总体态势,为土地的宏观利用与管理提供依据,但对区域内部土地利用上的差异体现明显不足;而中观和微观尺度评价则是以区域内部的不同功能区和不同地块进行评价,

---

①　蔡文,万涛,王雄.城市土地集约利用潜力评价研究.科技进步与对策,2006 年,第 137~139 页

反映出不同功能区用地和不同地块集约利用潜力的差异,为土地利用的中观管理和潜力的进一步挖掘提供依据。由于城市土地集约利用潜力在不同的空间尺度上,其评价的技术方法有一定的差异,因此应针对空间尺度的不同,选择相应的评价方法进行评价。

第一,城市土地利用宏观评价指标体系的构建。

在广泛借鉴相关研究的基础上,以城市土地集约利用的内涵为出发点,从土地利用程度、土地投入—产出效率、土地可持续利用趋势三个方面分层次构建了评价指标体系(如表 5.2)。

表 5.2 城市土地利用宏观评价指标体系

目标层	因素层	子因素层	因子层
城市土地集约利用潜力	土地利用程度	土地利用结构	居住用地比例
			道路广场用地比例
			一、二级地价区中工业用地所占比例
		土地利用强度	综合容积率
			人均城市建设用地
			土地闲置率
		土地投入强度	地均固定资产投资完成额
			地均财政支出
			地均就业投入
	土地投入—产出效率	经济效益	地均 GDP
			地均二三产业产值
			地均财政收入
		社会效益	人均社会消费品零售总额
			人均居住用地
			人均道路广场用地
		生态效益	工业废水排放达标率
			生活垃圾处理率
			绿化覆盖率
	土地可持续利用趋势	持续利用趋势	城市用地增长弹性系数
			投入与用地增长弹性系数
			产出与用地增长弹性系数

资料来源:张小燕.城市土地集约利用潜力评价研究——以漳州市城区为例.福建师范大学 2009 年硕士学位论文

第二,城市土地功能区中观评价指标体系的构建。

城市土地依据其主导功能的差异可划分为居住用地、商业用地、工业用地等。对各用地功能区土地利用集约潜力进行评价,应根据各类用地的利用特点有针对性地构建评价指标体系。

表5.3、表5.4、表5.5分别给出了城市居住用地、商业用地、工业用地集约利用潜力评价指标体系。

表 5.3　城市居住功能区土地集约利用潜力评价指标体系

目标层	因素层	因子层	备注
居住功能区土地集约利用潜力	土地利用程度	住宅容积率	每公顷居住区用地上拥有的住宅建筑面积
		住宅建筑密度	住宅建筑基地总面积与住宅用地面积的比率
		人口密度	单位面积土地所容纳的人口数
	生活设施完备度	基础设施完善度	从水、电、气、有线电视、宽带网络的普及程度和排水管网建设 6 个方面来度量
		公共服务设施完善度	从菜市场、小学、中学、银行、邮局、社区医疗诊所、医院、文化影剧场馆、体育场所这 9 种公共服务设施的完善度来度量
	土地可持续利用趋势	自然条件优劣度	从洪涝因素、土地质地及居住区附近地貌条件来度量
		公共绿地率	居住区用地范围内的公共绿地面积之和与居住用地面积的比率
		空气、水等环境质量	从空气和水两方面来衡量

资料来源:张小燕.城市土地集约利用潜力评价研究——以漳州市城区为例.福建师范大学 2009 年硕士学位论文

表 5.4　商服区城市土地集约利用评价指标体系

目标层	因素层	因子层	指标测算
商服区城市土地集约利用评价指标体系	土地利用强度	容积率	每公顷商服区用地上拥有的商服建筑面积
		净建筑密度	商服建筑基地总面积与商服用地面积的比率
		商业集聚度	每平方千米所拥有的商服户数量
	土地集约利用度设施完备度	交通便捷度	用公路网结点法进行测算
		基础设施完善度	从水、电、气、有线电视、宽带网络的普及程度和排水管网建设 6 个方面来度量
		公共设施完善度	从菜市场、小学、中学、银行、邮局、社区医疗诊所、医院、文化影剧场馆、体育场所这 9 种公共服务设施的完善度来度量
	投入产出程度	单位面积营业额	商服区总产值除以总用地面积
		客流密度	以平均每小时的客流量计算
		商业基准地价	可根据国家基准地价表查出

资料来源:张敏等.包头市商业服务业用地集约利用潜力评价研究.干旱区资源与环境,2007 年第 1 期,第 120~124 页

表 5.5　工业用地集约利用潜力评价指标体系

目标层	因素层	因子层	指标测算
工业用地集约利用潜力	土地利用状况	工业用地率	工业用地总面积除以总土地面积
		建筑容积率	工业企业建筑物总面积除以工业企业用地总面积
		建筑密度	工业企业建筑物占地总面积除以工业企业用地总面积
		生产性用地率	工业企业生产性用地面积除以工业企业用地总面积
	土地利用效益	投入强度	工业企业固定资产投资总额除以工业企业用地总面积
		产出强度	工业企业总产值除以工业企业用地总面积
		工业三废排放达标率	工业企业三废排放达标数除以工业企业总数

资料来源:童恋.城市工业用地集约利用评价研究——以西安市 6 个典型省级开发区为例.西北大学 2010 年硕士学位论文

2.土地潜力评价方法

与土地潜力评价理论体系完善相适应,土地潜力评价方法已经由定

性向定量方向发展。主要表现在定性评价框架体系上的定量方法的发展,主要标志是利用数学和决策模型选择评价因子,用回归分析法、层次分析法、熵权法及德尔菲专家打分法确定因子权重,采用聚类分析法、极值法和模糊综合评判法划分潜力等级等。随着科技的发展,土地评价研究手段不断更新。准确及时获取土地资源相关信息是土地研究尤其是动态研究的关键。计算机辅助制图实现了土地信息分类和提取,极大地提高了土地信息获取和更新速度。航空和卫星遥感的出现,为土地信息的获取带来了革命性的变化。利用人工智能、模式识别、辅助遥感图像解译,获取土地资源相关信息,已成为研究热点。同时随着数据库、RS、GIS、GPS 的发展,为土地资源的研究提供了崭新的科学手段,为准确、高效地获取土地资源数据提供了可能性,并被广泛应用于土地研究中。作为一种专项土地评价的土地整理潜力评价,应用这些先进技术手段无疑会使评价过程更便捷,结果更准确,更具操作性和应用价值。

下面主要介绍确定因子权重的层次分析法、熵权法,划分潜力等级的模糊综合评判法、多级模糊评价法、协调度模型法以及 GIS、GPS、RS 在土地潜力评价中的应用。

(1)层次分析法

层次分析法是基于系统论中的系统层次性原理建立起来的,通过把复杂问题分解成若干层次,在比原问题简单的层次上逐步分析比较,把人们的主观判断用数量的形式表达和处理,是一种定性和定量分析相结合的多因素评价方法。选用层次分析法(AHP)确定各项指标权重的计算过程如下[①]:

①构造判断矩阵。以 A 表示目标,u_i、$u_j(i、j=1,2,\cdots,n)$ 表示因素,u_{ij} 表示 u_i 对 u_j 的相对重要性数值,并由 u_{ij} 组成 $A-U$ 的判断矩阵 P:

---

① 吕立刚,石培基,潘竟虎,曾翠萍.基于 AHP 和特尔斐方法的工业园区土地集约利用评价——以甘肃西峰工业园区为例.资源与产业,2010 年第 1 期,第 64~69 页

$$P = \begin{bmatrix} u_{11} & u_{12} & \cdots & u_{1n} \\ u_{21} & u_{22} & \cdots & u_{2n} \\ \vdots & \vdots & \cdots & \vdots \\ u_{n1} & u_{n2} & \cdots & u_{nn} \end{bmatrix}$$

②计算重要性排序。根据判断矩阵,求出其最大特征根 λ_{max} 所对应的特征向量 w ,

$$Pw = \lambda_{max} w$$

所求特征向量 w 归一化后即为评价指标的重要性排序,也就是权重的分配。

③一致性检验。以上得到的权重分配是否合理,还需要对判断矩阵进行一致性检验,检验公式为:

$$CR = CI/RI$$

式中:CR 为判断矩阵的随机一致性比率,当判断矩阵 P 的 $CR < 0.$1 或 $\lambda_{max} = n$,$CI = 0$ 时,认为 P 具有满意的一致性,否则,需要调整 P 中的元素,使其具有满意的一致性;CI 为判断矩阵的一般一致性指标,公式为:$CI = (\lambda_{max} - n)/(n-1)$;$RI$ 为判断矩阵的平均随机一致性指标。1～9 阶的判断矩阵的 RI 值见表 5.6。

表 5.6　1～9 阶的判断矩阵的 RI 值

n	1	2	3	4	5	6	7	8	9
RI	0	0	0.58	0.90	1.12	1.24	1.32	1.41	1.45

资料来源:吕立刚、石培基、潘竟虎、曾翠萍. 基于 AHP 和特尔斐方法的工业园区土地集约利用评价——以甘肃西峰工业园区为例. 资源与产业,2010 第 1 期,第64～69 页

按照上述步骤,根据对各项指标相对重要性程度的判断,计算出各指标的权重。

(2)熵权法

熵权法赋权是一种客观赋权方法,用熵权表示评价指标的相对重要程度,基本思想是认为评价指标的差异程度越大越重要,则权重相应也越

大。基本步骤如下[①]:

①原始数据矩阵标准化

设 m 个评价指标 n 个评价对象得到的原始数据矩阵为:

$$X = (x_{ij})_{m \times n} = \begin{bmatrix} x_{11} & x_{12} & \cdots & x_{1n} \\ x_{21} & x_{22} & \cdots & x_{2n} \\ \vdots & \vdots & \cdots & \vdots \\ x_{m1} & x_{m2} & \cdots & x_{mn} \end{bmatrix}$$

对大者为优的收益性指标而言: $r_{ij} = \dfrac{x_{ij} - \min x_{ij}}{\max x_{ij} - \min x_{ij}}$,对小者为优

的成本性指标而言: $r_{ij} = \dfrac{\max x_{ij} - x_{ij}}{\max x_{ij} - \min x_{ij}}$,式中, r_{ij} 为第 j 个评价对象

在第 i 个评价指标上的标准值, $r_{ij} \in [0,1]$ 。

该矩阵标准化可得: $R = (r_{ij})_{m \times n}$

②定义熵

在有 m 个评价指标 n 个评价对象的评价问题中,第 i 个评价指标的
熵定义为:

$$H_i = -k \sum_{j=1}^{n} f_{ij} \ln f_{ij} \quad (i = 1, 2, \cdots, m)$$

式中: $f_{ij} = \dfrac{r_{ij}}{\displaystyle\sum_{j=1}^{n} r_{ij}}$, $k = \dfrac{1}{\ln n}$,当 $f_{ij} = 0$ 时,令 $f_{ij} \ln f_{ij} = 0$ 。

③定义熵权

定义了第 i 个评价指标的熵之后,第 i 个评价指标的熵权定义为:

$$W_i = \dfrac{1 - H_i}{m - \displaystyle\sum_{i=1}^{m} H_i}$$

式中, $0 \leqslant W_i \leqslant 1$, $\displaystyle\sum_{i=1}^{m} W_i = 1$ 。

---

① 王倩.基于熵权法的耕地整理潜力综合评价——以兰州市为例.甘肃农业大学,2009 年
硕士学位论文

（3）模糊层次综合评价法

模糊综合评价法就是应用模糊变换原理和最大隶属度原则，考虑与被评价事物相关的各个因素，对其所作的综合评判。这里的关键点是所要考虑的各个相关因素。[①] 若设评价因素集合为：$U = \{u_1, u_2, \cdots, u_n\}$，决策评语集为：$V = \{v_1, v_2, \cdots, v_n\}$。

①对评价因素集合 U 中的单因素 $u_i(i = 1, 2, \cdots, n)$ 作单因素评判，从因素 u_i 着眼确定该因素对决策等级 $v_j(j = 1, 2, \cdots, m)$ 的隶属度 r_{ij}，这样就可以得出第 i 个因素 u_i 的单因素评判集合：$r_i = \{r_{i1}, r_{i2}, \cdots, r_{in}\}$，它是决策评语集 V 上的模糊子集。这样 n 个评价集就构造出一个总的评价矩阵 R：

$$R = \begin{bmatrix} r_{11} & r_{12} & \cdots & r_{1m} \\ r_{21} & r_{22} & \cdots & r_{2m} \\ \vdots & \vdots & & \vdots \\ r_{n1} & r_{n2} & \cdots & r_{nm} \end{bmatrix}$$

②根据层次分析法或特尔斐方法确定各个因素的权重，得权重集 A：

$$A = \{a_1, a_2, \cdots, a_n\}$$

③作模糊变换，进行综合评判：

$$B = A \circ R = (b_1, b_2, \cdots, b_m)$$

式中，$\circ$ 为合成运算，B 称为决策评语集 V 上的等级模糊子集，$b_j = (j = 1, 2, \cdots, m)$ 为等级 v_j 对综合评判所得等级模糊子集 B 的隶属度。

多层次系统的模糊综合评判将因素集分成几组，每组包含若干个因素。评判是从低层到高层进行的。第 K 层评判因素的评判指标向量即是 $K-1$ 层评判指标的隶属度。评判时先按因素等级进行单因素的一级评判，再做因素组的二级综合评判，最后进行总综合评判（三级模糊综合）。

（4）多级模糊综合评判法

模糊综合评判是对给定对象综合考虑多种模糊因素进行评判和判决

---

① 王德利，陈秋计. 矿区废弃土地复垦潜力的模糊层次综合评价模型. 北京工业职业技术学院学报，2002 年第 1 期，第 28～31 页

的方法。如果所评判对象的影响因素很多,难以真实地反映各因素在评判方案中的地位,这时需要采用多级模糊评判。多级模糊评判是在对评判对象单因素评价的基础上,再进行模糊评判的一种综合评价方法。其基本方法和步骤如下[①]:

①建立因素集和评价集

因素集 U 是影响评判对象的各个因素组成的集合,其中元素 $u_i(i=1,2,\cdots,m)$ 是若干影响因素子集,每个因素子集 u_i 又有 n 个影响因素 u_{ij} ,即:

$$U = \{u_1, u_2, \cdots, u_m\}; u_i = \{u_{i1}, u_{i2}, \cdots, u_{in}\}$$

评价集是对评判对象可能做出的评判结果所组成的集合 V ,模糊评判的目的就在于通过综合考虑评判对象各影响因素,从评判集 V 中获得一个最佳评判。 $V = \{V_1, V_2, \cdots, V_n\}$ 。

②建立权重集

因素集 U 中的各个因素在评判中具有的重要度不同,因而需对各个因素 u_i 及二级因素 u_{ij} 按其重要程度确定出权重集 W_i 、W_{ij} ; $W = \{W_1, W_2, \cdots, W_m\}; W_i = \{W_{i1}, W_{i2}, \cdots, W_{in}\}$ 。

③单级模糊评判

设 u_i 的单因素评价结果为 R_i ,单级模糊评判模型为: $B_i = W_i \cdot R_i$

$$B = \begin{bmatrix} B_1 \\ B_2 \\ \vdots \\ B_m \end{bmatrix} = \begin{bmatrix} b_{11} & b_{12} & \cdots & b_{1n} \\ b_{21} & b_{22} & \cdots & b_{2n} \\ \vdots & \vdots & \cdots & \vdots \\ b_{m1} & b_{m2} & \cdots & b_{mn} \end{bmatrix}$$

④二级模糊综合评判

$$A = W \cdot B$$

(5)基于协调度的土地利用潜力模型

协调度是指系统之间或系统要素之间在发展过程中彼此和谐一致的程度,体现系统由无序走向有序的趋势。协调度的理论基础来自于协同

论（或称协同学）。协同论是由德国物理学家赫尔曼·哈肯于 1971 年提出的，哈肯认为系统相变过程通过系统内部自组织来实现，系统发生相变与否由系统控制参量决定，系统走向何种序和结构取决于系统在临界区域时内部变量的协同作用。相变点处，系统内部变量可分为快、慢弛豫变量。慢弛豫变量是决定相变进程的根本变量，又称为系统的序参量；快弛豫变量服从于慢弛豫变量，可以不加考虑。系统的相变结果可能走向新的有序，也可能走向无序。由协同论可知，系统走向有序的机理关键在于系统内部各子系统间相互关联的协同作用，而不是系统现状的平衡或不平衡，也不是系统距平衡态的远近。协调度是量度这种协同作用的，而协调度模型则是由一个或一组函数构成的对系统协调程度进行测算的一种数量模型。由于土地利用系统中影响系统发展与演化的各个序参量是随着序参量的变化和系统的发展而变化的，因此建立三段叙述的分段函数是必要的。基本思想如下[①]：

①建立功效函数

设土地利用系统有 K 个目标 $f_i(x)(i=1,2,\cdots,k)$，其中 K_1 个目标要求愈大愈好，K_2 个目标要求愈小愈好，余下的 $K-K_1-K_2$ 个目标要求不大不小，接近某一数值最好。分别赋予这些目标一定的功效函数 $U_i(0 \leqslant U_i \leqslant 1, i=1,2,\cdots,k)$。当目标最满意时取 $U_i=1$，当最差时取 $U_i=0$。描述 U_i 与 $f_i(x)$ 关系的函数称为功效函数，即 $U_i=F_i(f_i)$：

$$U_{A(ui)}=\begin{cases} \dfrac{x_i-b_i}{a_i-b_i} & \text{当 } U_{A(ui)} \text{ 具有正功效时} \\[2mm] \dfrac{b_i-x_i}{b_i-a_i} & \text{当 } U_{A(ui)} \text{ 具有负功效时} \\[2mm] \dfrac{x_0-|x_i-x_0|}{x_0} & \begin{array}{l} \text{当 } x_i<x_0 \text{ 时，} U_{A(ui)} \text{ 具有正功效} \\ \text{当 } x_i \geqslant x_0 \text{ 时，} U_{A(ui)} \text{ 具有负功效} \end{array} \end{cases}$$

式中，$U_{A(ui)}$ 为指标 u_i 对系统有序的功效，A 为系统的稳定区域；x_i 为序参量实际值；x_0 为序参量合理值；a_i、b_i 分别为序参量的上、下限数

---

① 欧雄,冯长春,沈青云.协调度模型在城市土地利用潜力评价中的应用.地理与地理信息科学,2007 年第 1 期,第 42～45 页

值,i 为序参量的编号($i = 1,2,\cdots,n$)。

该函数为分段函数,从第一行至第三行分别称为第一段、第二段和第三段函数。当序参量对土地利用系统有序化具有正功效时,即该序参量对应的指标数值愈大愈好时,应使用功效函数第一段的形式;当序参量对系数有序化具有负功效,即该序参量对应的指标数值越小越好时,应使用功效函数第二段的形式;而对于容积率和建筑密度这类不宜过大也不宜过小的指标,则易用功效函数第三段的形式进行计算。

②建立总功效函数

$U_{A(ui)}$ 只能反映单个指标对土地利用系统有序的功效,因此还需建立一个总功效函数,即协调度函数 $C = C(U_i)$ 来反映系统的整体功能。

$$C = \sqrt[n]{U_{A(u_1)} \times U_{A(u_2)} \times \cdots \times U_{A(u_n)}} = \sqrt[n]{\prod_{i=1}^{n} U_{A(u_i)}}$$

协调度 C 反映了土地利用系统的协调性,C 介于 $0 \sim 1$,C 值越大,土地利用系统的整体协调性越好,综合效益越高。

③构建土地利用潜力度模型

基于协调度可以构建土地利用系统潜力度模型:

$$P = 1 - C$$

潜力度 P 表示土地利用系统偏离最高、最佳使用状况的程度,P 同样介于 $0 \sim 1$ 之间,P 值越大,土地利用系统可挖掘的潜力越大。

④建立评价标准

对应协调度的判定标准可给出潜力度的评价标准:当 $P > 0.8$ 时,潜力度极大,土地利用系统几近完全混乱,需要进行大规模整体改造甚至重新规划建设;当 $0.6 \leqslant P < 0.8$ 时,潜力度很大,土地利用系统大大偏离有序状态,有很大的挖潜空间和迫切的挖潜改造需要;当 $0.5 \leqslant P < 0.6$ 时,潜力度较大,土地利用系统偏离有序状态较多,有较大的挖潜空间;当 $0.4 \leqslant P < 0.5$ 时,潜力度较小,土地利用系统基本协调;当 $0 \leqslant P < 0.4$ 时,潜力度很小,土地利用系统比较协调,但距离最优状态尚有潜力可挖;当 $P < 0.2$ 时,潜力度极小,土地利用系统高度协调,基本接近最优状态。

注意事项:利用协调度模型计算城市土地利用系统潜力的合理性,关键在于功效函数中上下限值与合理值的确定。由于土地利用潜力评价是基于评价现有存量土地的利用,因此评价标准和上下限数值的确定都应以评价对象自身在时间序列上的历史数据和期望数据为参照。此外,考虑到不同的用地规模、性质、评价单元大小和数据可得性都不同,应根据待评价土地利用与经济发展的实际情况确定功效函数中评价指标的上下限值和合理值。

(6)3S 技术在土地潜力评价中的应用①

3S 技术是目前空间信息获取、存贮、管理、更新、分析和应用的三大支撑技术。RS 用于实时、快速地提供大面积地物及其周边环境的物理与几何信息,为目标识别提供了精确的定性和定量数据,RS 作为获取土地信息的主要手段,具有极高的空间时间分辨率。GPS 主要用于实时、快速地提供目标地物的空间位置,为所获取的空间及属性信息提供准时或实时的空间地理定位及地面高程模型。GIS 是利用现代计算机图形技术来输入、存贮、编辑、查询、分析、决策和输出空间图形及属性数据的计算机系统,它能够把现实生活中的各种信息有机地与反映地理位置的图形信息结合在一起,并可应用查询与分析功能将信息真实、直观地展示在用户面前,也可将分析决策模型处理结果提交各级管理部门决策时参考,是综合处理与分析多源时空数据的理想平台。

3S 技术在城镇土地调查中的应用方法是:利用 GPS 控制测量,直接野外采集土地利用现状信息,并为一定分辨率的卫星影像进行变形纠正提供地面控制点坐标;把卫星影像数据通过几何校正、配准、影像融合技术等,制作成数字正射影像图;然后以数字正射影像图作为工作底图进行城镇预判、外业调绘,获取有关土地利用现状信息;最后在 GIS 平台下进行数据采集、处理,建立土地调查数据库和信息管理系统。

综合各种地理信息评价模型,图 5.5 和图 5.6 分别给出了基于 GIS 的土地利用潜力评价技术路线图和评价流程图。

---

① 曹爱民,张忠.3S 技术在城镇土地调查与潜力评价中的应用.地理空间信息,2010 年第 1 期,第 17～20 页

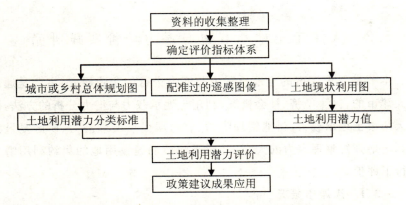

图 5.5　基于 GIS 的土地利用潜力评价技术路线图

资料来源:王双美,张和生.基于 GIS 和 RS 技术的集约与节约利用土地研究.科技情报开发与经济,2007 年第 2 期,第 155、157 页

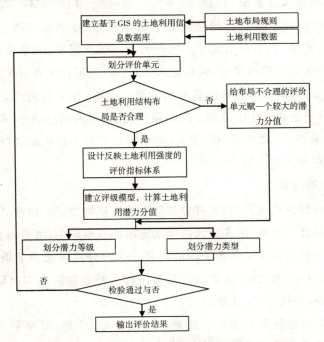

图 5.6　基于 GIS 的土地利用潜力评价流程图

资料来源:欧雄,冯长春,李方.城镇土地利用潜力评价——以广州市天河区为例.地域研究与开发,2007 年第 5 期,第 100～104 页

5.3 天津市土地承载力与潜力评价实践研究

本节是对天津市的土地承载力与潜力进行的实践研究,主要是通过对天津市的自然、经济、社会概况,利用土地承载力与潜力分析的方法,研究天津市土地承载力、耕地整理潜力、农村居民点整理潜力、矿区复垦潜力和土地开发整理潜力的大小,并对天津市的建设用地的集约利用潜力进行了评价。

5.3.1 天津市概况

1. 自然资源概况

(1) 地理位置

天津市市域总面积 11917.32 平方公里,位于北纬 38°34′~40°15′,东经 116°43′~118°04′之间,地处华北平原东北部,环渤海经济区的中心,东临渤海,北依燕山,西靠北京。北与河北省的兴隆县、北京市的平谷县相邻,西与北京市的通州区,河北省的三河、廊坊、霸州三市及文安、大城、香河三县交界,南与河北省的黄骅市和青县接壤,东北与河北省的丰南、丰润、玉田三县和遵化市毗邻。区位条件优越,对内辐射华北、东北、西北13 个省市自治区,对外面向东北亚,是中国北方最大的沿海开放城市,欧亚大陆桥东部的桥头堡。

(2) 地形地貌

天津市地质构造复杂,大部分被新生代沉积物覆盖。地势北高南低,呈现由蓟县北部向南、由武清区西部永定河冲积扇向东、由静海县西南的河流冲积平原向东北呈逐渐下降的趋势。大部分地区地势平坦,海拔高度平均在 2~10 米之间(大沽高程),最高峰为蓟县和河北省兴隆县交界处的九山顶,海拔 1078.5 米。

全市境内地貌类型主要有山地、丘陵、平原、洼地、海岸带、滩涂等。山地和丘陵主要分布于蓟县北部,燕山山脉南侧,面积约 540 平方公里,是天津市重要的生态屏障和水源涵养地。平原和洼地面积约 11380 平方公里,占全市土地面积的 95.5%,均在海拔 20 米以下,其中三分之二地区为低于 4 米的洼地。尤其在滨海地区，滩涂、沼泽洼地总面积达到 2730 平方公里，天津滨海湿地已成为我国北方乃至亚太地区最重要的候鸟迁徙中转站之一。

（3）气候

天津位于北半球中纬度欧亚大陆东岸，面对太平洋，季风环流影响显著，是东亚季风盛行的地区，属暖温带半湿润大陆季风型气候。主要气候特征是，四季分明，春季多风，干旱少雨；夏季炎热，雨水集中；秋季气爽，冷暖适中；冬季寒冷，干燥少雪。全年平均温度为 13.4 ℃，1 月平均气温 −2.94 ℃，7 月平均气温 27.14 ℃；日照时数 2300h 左右，全年太阳总辐射量在 125～130 千卡/平方厘米之间；无霜期 220 天左右；年平均降水量 530 毫米左右，70%左右集中在 6～8 月份；全年平均有效风速为 3 米/秒，出现小时数大于或等于 4533 小时，有效风能功率密度年均 71.3 瓦/平方米，年风能总量平均为 647.8 千瓦时/平方米，年平均风速为 3.7 米/秒；此外，天津的地热资源非常丰富，分布面积占到了全市面积的 83%（除蓟县、宝坻北部地区外，其他地区蕴藏都很多），且埋藏浅，水质好。

（4）水资源情况

天津市是全国 40 个严重缺水城市之一，人均水资源仅有 300 立方米，仅占全国人均的 1/8。农业生产用水主要来源于地上水（占 60%），包括天然降水、河流（包括拦蓄上游来水、城市污水处理后的再生水）以及水库等，但保证率不足 50%。从降雨情况看，天津市降雨总量不足，而且降雨的时空分布不均，年际、月际、区际之间的差异很大，据 1998 年有关资料显示，天津市近 90 年的平均降雨量为 539.7 毫米，而年平均蒸发量为 1000～2000 毫米，蒸发量是降雨量的 2 倍以上。天津南部处于华北地区旱槽的北部边缘，降雨偏少，北部则相对较多；冬、秋、春三季降雨很少，近 300 天干旱少雨，是旱灾多发季节，而全年 70%左右的降雨集中在 6 月中旬至 8 月下旬，是涝灾多发季节。

（5）土壤资源

根据"四查清、四对照"检查结果，全市耕地面积为 445629.89 公顷，耕地类型包括灌溉水田、望天田、水浇地、旱地、菜地；其中高产田

168603.03公顷,占耕地总面积的37.8%;中产田178040.55公顷,占耕地总面积的40%;低产田98986.31公顷,占耕地总面积的22.2%;由于天津市干旱缺水、土壤养分含量低、保水保肥能力差、地下水开采难度大、水利设施不健全,加上农民种田积极性不高,使农田的科技投入较低,造成耕地生产能力大幅度下降,根据全国第二次土壤普查结果显示,全市耕地土壤有机质和全氮含量中等(有机质含量在10~20克/公斤的占75%,全氮含量1克/千克左右),磷素不足(有效磷含量在10毫克/公斤以下的占80.5%),钾素含量较丰富(速效钾含量在150毫克/公斤以上的占60%);由于灌溉水资源短缺,土壤盐分难以有效淋溶,并随水带走,造成耕地盐渍化严重,难以耕种,据统计,全市盐渍化耕地总面积约为291714公顷,其中:轻度盐渍化面积约为171943公顷、中度盐渍化面积约为76523公顷、强度盐渍化面积约为30804公顷、盐土(>0.6%)面积约为12444公顷;天津市耕地污染严重,全市污灌面积约为234000公顷,其中,纯污灌年限在20年以上的耕地为16400公顷,在污染的农田中,超过国家《土壤环境质量标准》二级标准的面积为4000公顷,其中轻度污染的耕地45623公顷,中度污染的耕地7133公顷,重度污染的耕地2293公顷;据2003年调查统计,全市现有机井2.55万眼,泵站0.2万个,耕地有效灌溉面积354100公顷,占耕地面积的79.5%,节水灌溉面积174700公顷;依据《全国耕地类型区、耕地地力等级划分》北方平原潮土耕地类型区耕地地力等级分级标准和耕地生产能力现状,将本市耕地质量划分为7级,分级情况见表5.7。

表5.7　天津市耕地质量分级情况　　　　　单位:万公顷

耕地面积	三级		四级		五级		六级		七级		八级		九级	
	面积	%	面积	%	面积	%	面积	%	面积	%	面积	%	面积	%
44.56	7.61	17.1	10.73	24.1	6.25	14	7.02	15.8	6.30	14.1	5.78	13	0.87	1.9

数据来源:天津市土壤肥料工作站,2004年调查数据。

天津市除农业现代化水平较高外,其余全部较低,具体情况见表5.8。

表 5.8　2003 年天津市主要农业指标占全国的比重

			天津市	全国	占全国的比重
主要农业经济指标	农业人口（万人）		391.4	93750.6	0.42%
	耕地面积（万公顷）		44.56	13003.92	0.34%
	农业产值（亿元）		88.20	14870.1	0.59%
	人均耕地（公顷）		0.114	0.139	
	人均粮食（公斤）		118.2	334.3	
	单位面积产值（万元/公顷）		1.98	1.14	
播种面积和单产	粮食作物	播种面积（万公顷）	25.81	9941.04	0.26%
		占耕地比例（%）	42.8	76.4	
		单产（公斤/公顷）	4621	4332	
	经济作物	播种面积（万公顷）	9.95	2460.7	0.40%
		占耕地比例（%）	22.3	18.9	
		单产（公斤/公顷）	—	—	
	蔬菜	播种面积（万公顷）	13.46	1795.4	0.75%
		占耕地比例（%）	15.28	13.8	
		单产（公斤/公顷）	44772	30095	
机械化水平和物资消耗	农业机械总动力	万千瓦	601.66	60386.5	
		单位面积量（千瓦/公顷）	13.5	4.64	
	排灌动力机械	万台	10.91	1586.6	
		单位面积量（台/公顷）	0.24	0.12	
		万千瓦	1087.7	10928.9	
		单位面积量（千瓦/公顷）	24.41	0.82	
	灌溉面积	万公顷	35.41	5401.42	
		占耕地比例（%）	79.5	41.5	
	化肥用量	万吨	17.8	4411.6	
		单位面积用量（公斤/公顷）	399.5	339.3	
	农药用量	万吨	2547	132.5	
		单位面积用量（公斤/公顷）	5.7	10.19	
	机耕面积	万公顷	37.05	6165.28	
		占耕地比例（%）	83.6	47.4	
	机播面积	万公顷	23.57	4058.29	
		占耕地比例（%）	52.9	26.1	

数据来源：天津市土壤肥料工作站，2004 年调查数据。

（6）作物资源现状

进入 20 世纪 80 年代以来，全市耕地利用维持了低水平的增长态势，农作物总播种面积保持在 55～60 万公顷，粮、棉、油、菜总产量稳步增长，其中粮食总产平均每年为 161.9 万吨，粮食总产平均为 5454.84 公斤/公顷，进入 2000 年后粮食播种面积逐年减少，到 2004 年仅有 26.35 万公顷，占用耕地 20.35 万公顷，粮食总产 125.27 万吨，仅达到国家下达给天津市的粮食生产指标 120 万吨。油料作物进入 1985 年以后逐年减少，到 2004 年仅有 0.61 万公顷；棉花、蔬菜等经济作物分别由 80 年代初期的 0.83、3.7 万公顷增加到 8.69、13.19 万公顷，耕地复种指数由 1980 年的 144.1％降至 2004 年的 120.5％。

蔬菜生产在天津市农业生产中占有重要的地位，随着种植业结构的调整，蔬菜种植面积不断扩大，种植区位也由近郊区逐步向远郊县扩展。播种面积由 80 年代初的 3.7 万公顷发展到 2003 年的 13.46 万公顷，占农作物播种面积的比重由 5.5％增加到 26.8％，总产量达到了 602.78 万吨；其中蔬菜总量的 50％供应本市市场，30％销往北京、东北地区和东南亚、非洲、欧美等国家，20％进行深加工。

（7）植被

天津市植被区系以华北成分为主，全市共有 11 个植被类型，以非地带性植被占优势，资源植物多集中分布于山区。植被类型分为山地自然次生植被、滨海盐生植被、沼泽水生植被及农业栽培植被四部分。大致可分为针叶林、针阔叶混交林、落叶阔叶林、灌草丛、草甸、盐生植被、沼泽植被、水生植被、沙生植被、人工林、农田种植植物等。

2.经济社会

（1）人口

截至 2009 年末，全市常住人口 1228.16 万人，比上年末增加 52.16 万人；其中外来人口 265.99 万人，增加 41.99 万人，占全市常住人口的 21.7％，提高 2.7 个百分点。年末全市户籍人口 979.84 万人，其中女性人口 486.75 万人，占 49.7％；按户口性质分，非农业人口 598.53 万人，占 61.1％；按地区分，中心六区 391.54 万人，占 40％。滨海新区人口集聚效应明显。年末滨海新区常住人口 230.17 万人,比上年末增加 27.29 万人,占全市的 18.7%,提高 1.5 个百分点;其中外来人口 109.84 万人,增加 27.02 万人,占滨海新区常住人口的 47.7%,提高 6.9 个百分点。全年人口出生率 8.3‰,人口死亡率 5.7‰,人口自然增长率 2.6‰,低于全国平均水平 2.5 个千分点。

(2)地区生产总值

天津历史上就是我国北方的经济中心城市。2009 年,为积极应对国际金融危机带来的冲击,加快实施市委"一二三四五六"的奋斗目标和工作思路,坚定信心,攻坚克难,全力以赴保增长、渡难关、上水平,全市综合实力迈上新台阶,城乡面貌发生了新变化,各项社会事业更加繁荣,民生得到进一步改善,形成了优势比较突出的产业园区、天津港和经济技术开发区,保税港货物吞吐量位居全国前列,城市综合实力和辐射带动能力得到显著增强,在我国北方城市中,位于北京之后排名第二。至 2009 年,天津市生产总值达到 7500.80 亿元,按可比价格计算,比上年增长 16.5%,占全国比重的 2.2%。按常住人口计算,全市人均 GDP 达到 62403 元。全年财政收入 1805 亿元,连续 7 年增速超过 20%;全年税收收入 1208.68 亿元。财政支出 1438.3 亿元,其中,科技和企业发展支出比去年增长 20.2%,支农支出增长 20.3%,社会保障和就业、教育、医疗卫生、文化传媒、城市基础设施建设和维护等改善民生支出分别增长 13%、22.1%、28.5%、20% 和 37.1%。

(3)居民收入与消费

2009 年,全市城镇单位从业人员劳动报酬总额 886.51 亿元,比上年增长 11.4%;人均劳动报酬 43937 元,增长 9.9%。从国民经济各行业看,金融业(人均 74068 元)、电力燃气及水的生产和供应业(71632 元)、科学研究技术服务和地质勘察业(67825 元)、信息传输计算机服务和软件业(59022 元)以及采矿业(57508 元)人均劳动报酬居前五位,居民服务和其他服务业(人均 20992 元)、住宿和餐饮业(21067 元)、租赁和商务服务业(26377 元)、农林牧渔业(31834 元)和批发零售业(32671 元)居后五位。居民收入水平实现新突破。据抽样调查统计,城市居民人均可支配

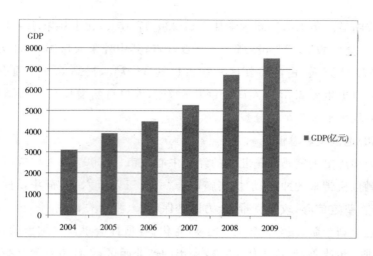

图 5.7　天津市 2009 年地区生产总值

收入超过两万元,达到 21402 元,比上年增长 10.2%,扣除价格因素实际增长 11.3%。其中工资性收入占 61.1%,财产性收入占 1.3%。农村居民人均纯收入突破万元大关,达到 10675 元,增长 10.4%。其中工资性收入占 54%,转移性、财产性收入占 8.1%。

　　2009 年,在"小排量汽车购置税减半"、"家电下乡"、"家电以旧换新"等一系列扩大内需政策的刺激下,城乡居民消费潜力进一步释放。全年城市居民人均消费性支出 14801 元,增长 10.3%。其中商品性消费 10915 元,增长 11.7%;服务性消费 3886 元,增长 6.6%。人均交通和通讯支出增长 25.5%,占消费性支出的 13.3%,比上年提高 1.6 个百分点,跃升为第二大消费类别,仅次于食品支出比重。城市居民恩格尔系数(食品支出占消费性支出比重)为 36.5%,比上年下降 0.8 个百分点。农村居民人均生活消费支出 4926 元,增长 7.3%。其中,家庭设备用品及服务支出增长 15.3%,交通和通讯支出增长 13.4%。农村居民恩格尔系数为 39.5%,下降 0.4 个百分点。居民家庭耐用消费品拥有量进一步增加。年末每百户城市居民家庭拥有家用汽车 11.7 辆,比上年末增加 4辆;电脑 80.3 台,增加 7.9 台;移动电话 190.4 部,增加 11.3 部。每百户农村居民家庭拥有生活用汽车 11 辆,比上年末增加 2 辆;电脑 23 台,增加 4 台;移动电话 162 部,增加 16 部。

(4)住房与医疗卫生

2009 年全年建设保障性住房 770 万平方米,为 16 万户中低收入家庭提供住房保障,向 5 万户低收入家庭发放租房补贴。加快对旧楼区的综合整修,12.3 万居民受益。年末城市居民人均住房建筑面积 29.89 平方米,农村居民人均住房面积 28.48 平方米,分别比上年末增加 1.36 平方米和 1.19 平方米。

截至 2009 年末,全市共有各类卫生机构 2617 个,其中医院、卫生院 437 个,社区卫生服务中心(站)764 个。卫生机构拥有床位 4.64 万张,其中医院、卫生院 4.19 万张,社区卫生服务中心(站)0.29 万张。全市拥有卫生技术人员 6.76 万人,其中执业及助理医师 2.73 万人,注册护士 2.31 万人。每千人口拥有医院卫生院床位 3.49 张、执业及助理医师 2.27 人,高于全国 3.06 张和 1.65 人的平均水平。全市人均期望寿命 80.65 岁,位居全国第二,达到世界高收入国家水平。年末享有各类医疗保障的人员达 929.2 万人,比上年末增长 10.3%;其中城镇职工基本医疗保险参保人员 444.06 万人,增长 11.3%。

(5)产业规模及结构

截至 2009 年,第一产业实现增加值 131.01 亿元,增长 3.4%;第二产业增加值 4110.54 亿元,增长 18.2%;第三产业增加值 3259.25 亿元,增长 15.1%。三次产业结构为 1.7:54.8:43.5。

3.天津市土地利用现状与特征

(1)土地利用现状

根据天津市 2005 年土地利用现状变更调查成果,全市农用地、建设用地和未利用地的现状分别为:

①农用地

农用地总面积为 7073.3 平方公里,占土地总面积的 59.35%。其中,耕地面积为 4455.0 平方公里,占全市土地总面积的 37.38%,其分布相对集中在中部和南部平原地区;园地面积为 371.0 平方公里,占全市土地总面积的 3.11%,相对集中分布在蓟县北部山区;成片林地面积为

366.3平方公里,占全市土地总面积的3.07%,相对集中在蓟县北部山区;牧草地面积为6.0平方公里,占全市土地总面积的0.05%,零星分布于全市部分区县。

②建设用地

建设用地总面积为3462.7平方公里,占土地总面积的29.06%。其中,城镇工矿用地1292.0平方公里,占全市总面积的10.84%;农村居民点用地863.0平方公里,占全市总面积的7.24%;水利设施用地653.73平方公里,占全市总面积的5%。

③未利用地

未利用地总面积为1381.3平方公里,占土地总面积的11.59%。其中,荒草地面积261.6平方公里,主要分布在宝坻区、宁河县和大港区三地;盐碱地62.6平方公里,主要分布在大港区等沿海地区和武清区、静海县、宝坻区等地。表5.9给出了天津市的土地利用结构。由于天津市未利用地主要集中在荒草地、河流和苇地等,这类土地大都具有一定的生态价值,不宜进行开发建设。这样,在保障农用地,特别是稳定基本农田的条件下,天津市土地的供需矛盾非常尖锐,走内涵式城镇化和集约型的土地利用模式是必然的选择。

表5.9 天津市土地利用现状表

土地类型	面积(公顷)	比例(%)
农用地	707330.3	59.35
耕地	445502.9	37.38
园地	37101.0	3.11
林地	36631.4	3.07
牧草地	604.4	0.05
其他农用地	187490.6	15.73
建设用地	346268.7	29.06
城乡用地	215497.9	18.08
城镇工矿用地	129196.5	10.84
农村居民点用地	86301.4	7.24
交通水利及其他用地	130770.8	10.97
未利用地	138132.9	11.59

续表

土地类型	面积(公项)	比例(%)
未利用地	40638.8	3.41
其他土地	97494.1	8.18
总计	1191731.9	100

资料来源:天津市 2005 年土地利用变更调查数据。

(2)土地利用特征及存在问题

①土地利用特征。

第一,耕地比重高,总体质量差。

天津市耕地面积占农用地面积的 62.98%,占土地总面积的 37.38%,高于全国平均水平(全国耕地占农用地比例为 19%,占总面积比例为 13%);但是耕地总体质量不高,中低产田数量比较多,占耕地面积的 62.1%,主要分布在土地盐碱地区及远离村镇地区。导致耕地生产力低下的因素既有土壤污染、土壤盐渍化及沙化,也有质地偏沙或粘重、瘠薄、犁底层过浅等,土地改良的任务十分艰巨。

第二,耕地后备资源匮乏。

天津市现状未利用地面积 1381.3 平方公里,如果扣除未利用地中的河流水面和苇地、滩涂等需要加以保护的土地,天津市可开发的未利用地实际只有 406.5 平方公里,仅占土地总面积的 3.4%。根据土地适宜性评价,在现有技术条件和经济条件下,能够作为耕地后备资源的仅有 178 平方公里,占土地总面积的 1.5%,可开发利用的后备资源极为缺乏,补充耕地的能力不足。

第三,城乡用地比例较低,工矿和农村居民点分布分散。

天津市建设用地占土地总面积的比例较高,高于北京市(19%)、上海市(28%)以及全国的平均水平(3%),但是城乡用地占建设用地的比例却较低(62.2%),低于北京市(74.6%)、上海市(90.6%)以及全国的平均水平(74.7%);建设用地中工矿用地和农村居民点用地分布比较分散,不利于土地集约利用效益的发挥。

第四,土地利用较为粗放。

2005 年天津市人均建设用地为 332 平方米,扣除盐田和水库水面用地后,人均建设用地为 293 平方米;人均农村居民点用地为 229 平方米,远远高于国家标准,特别是远郊区县农村居民点用地更为粗放,人均规模最高达到 300 平方米以上,集约化水平有待提高。

第五,湿地资源丰富。

天津市湿地总面积 1718 平方公里,占土地总面积的 14.4%,其中天然湿地面积 367 平方公里,人工湿地面积 1351 平方公里,分别占土地总面积的 3.1% 和 11.3%。在天然湿地中,河流湿地面积最大,占湿地总面积的 4.8%,其次为湖泊和水库湿地,占湿地总面积的 11.3%。河流湿地、滩涂湿地(天津市现有滩涂 426.7 平方公里,占未利用地面积的 30.9%,占全市土地总面积的 3.6%)与湖泊湿地构成了天津市天然湿地的主体,是湿地生态环境建设与保护的重点区域。

第六,盐田和滩涂资源丰富。

天津市盐田面积 40443.23 公顷,占建设用地的 11.8%,占全市土地总面积的 3.4%。滩涂面积 42674.5 公顷,占未利用地的 30.5%,占全市土地总面积的 3.6%。其中,海滩涂面积 30200 公顷,占未利用地的 21.6%,占全市土地总面积的 2.5%。

②土地利用存在问题。

第一,耕地减少较快。

我国实行最严格的土地保护制度,严格控制建设用地总量,严格控制农用地转为非农建设用地。但是随着人口的增长、经济发展等诸多因素,从客观上看,天津市耕地保有量还在下降。天津市 1996 年耕地面积为 4856.1 平方公里(728.4 万亩),1997 至 2004 年累计生态退耕减少 31.9 平方公里(4.78 万亩),灾害损毁及其他因素减少 36.5 平方公里(5.48 万亩),农业结构调整减少 175.7 平方公里(26.35 万亩)。建设占用 300.9 平方公里(45.14 万亩),其中变更补漏 158.3 平方公里(23.75 万亩),补充耕地 145.3 平方公里(21.79 万亩),2004 年实有耕地面积为 4456.3 平方公里(668.44 万亩)。

2004 年根据国土资源部地籍司的要求,对历年减少的耕地进行了补漏调查。天津因建设占用变更补漏减少耕地 158.3 平方公里(23.75 万亩),主要原因:一是天津市自 1990 年开始至 1995 年形成工作成果的土地详查工作,由于受经济社会发展、技术手段和工作条件等多种因素影响,其间地类变化较大又未及时变更,造成实际耕地数与成果数相比少约 120.1 平方公里(18.02 万亩),直接造成 1996 年规划采用的基数不准确;二是国家实施占补平衡前的 1996 年至 1997 年,地方建设占用耕地约 8 平方公里(1.2 万亩);三是规划实施以来,因丹拉高速、津晋高速、京保高速等国家重点基础设施项目占用耕地 15.7 平方公里(2.36 万亩),未办理用地手续,没有实施占补平衡;四是因津蓟高速等市重点建设项目占用耕地 7.3 平方公里(1.1 万亩),未办理用地手续;五是其他独立工矿、农村建设等占用耕地 7.1 平方公里(1.07 万亩),未办理用地手续。

第二,土地利用结构布局不尽合理。

在充分分析天津市土地利用现状的基础上,《天津市国土规划(2002—2030 年)》确定了天津市农用地、建设用地和其他具有生态功能的用地类型之间的比例结构约为 1∶1∶1 的目标。2005 年,天津市耕地面积为 4455.0 平方公里,占土地总面积的 37.38%;建设用地面积为 3462.7 平方公里,占土地总面积的 29.06%;其他用地面积为 3999.6 平方公里,占土地总面积的 33.56%。三类用地中建设用地仍可以相应增加,耕地面积可适当核减,其他具有相应生态功能的用地比例结构较为合理。

在建设用地内部,交通运输用地面积为 183.9 平方公里,占建设用地总面积的比例为 5.31%。交通运输用地比例低于全国平均水平,更远远低于北京市和上海市相应指标。

城乡建设用地内部,农村居民点用地面积为 863.0 平方公里,占城乡建设用地总规模的 40.47%,城镇用地面积为 1087.7 平方公里,占城乡建设用地总规模的 50.48%,城镇建设用地比例相对较低,影响了城镇居民点的生活质量,阻碍了城市化进程,与天津市城市发展定位也不适应。

第三,建设用地供需矛盾紧张。

天津市在国家振兴环渤海区域经济发展战略中被赋予重任,天津市将逐步建成我国北方经济中心和国际港口城市。目前,天津市正处于新型工业化、城镇化加快发展进程中,其承载的人口、经济总量呈现不断上升趋势。近几年天津市建设用地增长迅速,1996—2005 年间建设用地增加规模达到 517 平方公里,年均增长 50 多平方公里。未来城镇化和工业化加速发展,城市体系的格局不断变化,对建设用地需求仍然较大。

天津市土地利用水平已经较高,在目前严格保护耕地、实行占补平衡政策条件下,由于耕地后备资源稀少,补充耕地的空间不足,同时天津市湿地面积比较大,这些湿地对保护和改善天津市生态环境有很重要的作用,需要加以保护,这些限制了建设用地的拓展。因此,在以上土地资源特征限制下,建设用地拓展的规模和空间位置受到一定程度的限制。在国家实行严格保护耕地和保护生态环境的背景下,建设用地扩张受到耕地保护和生态环境保护的双重约束,可供应量逐年减少,供需矛盾越来越突出。

第四,生态环境保护与改善压力沉重。

天津市面临着多种生态环境问题,一是水资源严重短缺,水资源总量为 15.9 亿立方米,人均本地水资源占有量为 160 立方米,加上外调水源,人均水资源量也仅有 370 立方米,是全国人均水资源占有量最少的省市,属重度缺水地区。二是水土流失问题严重,全市水土流失面积为 638.7 平方公里,占土地总面积的 5.4%,其中轻度水土流失面积 472.7 平方公里,中度水土流失面积 153.1 平方公里,强度水土流失面积 12.93 平方公里。三是天津市存在较大规模的沙化、盐碱化土地。天津地处海河下游,有"九河下梢"之称。历史上河流曾流过的地方留下多处沙化土地,主要集中在永定河泛区、潮白河泛区、青龙湾泛区、蓟运河泛区及北运河泛区。全市盐渍化土地面积 7830 平方公里,占土地总面积的 65.70%。四是具有生态功能的多种用地类型总体不足。自然湿地占土地总面积的比例逐年减少,森林资源相对匮乏,天然林面积不到土地总面积的 1%,生态林总量不足,尤其是具有较高生态价值的森林仅占林地面积的 4.97%,受保护地区面积占土地总面积的比例为 14.87%,明显低于 17% 的国家标准。

随着经济社会的发展进步,天津市土地利用范围不断扩大,利用形式结构渐趋复杂,对环境影响程度也日益加深,生态环境问题越发突出,土地利用面临着较严峻的生态环境现状。

5.3.2　天津市土地承载力与潜力计算

1. 土地承载力计算

(1)天津市粮食需求量预测

根据人口统计和计划生育部门对未来人口增长速度的综合分析,今后天津市人口呈增长趋势。根据天津市土地利用总体规划专题预测结果,到2020 年天津市常住人口规模为 1350 万人,其中全市城镇人口为 1200 万人,农村人口为 150 万人,城镇化水平达到 89%。依据中国农科院提供的21 世纪我国人均营养供给指标等进行推测,2020 年人均粮食消费标准为554.83 公斤(工业、种子、储运损耗用粮按人均用粮的 50%计,上述指标已包含)。根据公式:粮食需求量＝人均粮食消费标准×人口(仅就农村人口计算),得 2020 年天津市的粮食需求量将达到 83.22 万吨。

(2)粮食耕地单产分析

根据天津市土地利用总体规划专题研究成果,粮食耕地单产的预测主要从天津市 1980 年以来粮食耕地单产变化序列并结合科技进步促进粮食增长的潜力分析。即按 1980－2005 年间的平均粮食单产值作为粮食单产基数,并对其进行科技进步的调整。1980－2005 年的粮食单产平均值为 5454.84 公斤/公顷,随着科技进步,未来实现旱作节水技术、沃土工程技术和更新优良品种,预计到 2020 年粮食单产分别提高 33%,若按天津市科技成果转化率 61%计算,2020 年天津市粮食单产最低可增长20.1%,由此推算出 2020 年耕地最低单产为 6551.26 公斤/公顷;若按天津市科技成果转化率的 80%计算,2020 年天津市粮食单产最高可增长26.4%,由此推算出 2020 年耕地单产最高可达到 6894.92 公斤/公顷。

(3)耕地供给分析

人口增长对居住、交通、商业、服务业等用地的需求,是耕地减少的主要原因,随着城市化、工业化的快速发展,耕地减少数量将逐年增加。若建设用地可实现高集约利用,则预测到 2020 年天津市需要建设用地42.37万公顷,新增建设用地为 8.01 万公顷,通过提高土地的节约度,市建设占用耕地减少到 55%，则需累计占用耕地 4.33 万公顷；若按地集约利用方案计算，到 2020 年需累计占用耕地 8.77 万公顷。考虑到生态保护的需要，若根据适度退耕原则，到 2020 年累计可退耕达 16990 公顷；若实现全部退耕，到 2020 年累计可退耕 21281 公顷。依据国家政策，农业结构所占用的耕地，依然按耕地计算，且严格禁止在农业结构调整中破坏耕地的耕作层挖塘养鱼，因此，农业结构调整对耕地的数量基本没有影响；农业自然灾害是造成农业生产大幅度减产和农作物产量不稳定的重要因素，进而影响了耕地生产力的显现，天津市濒临渤海湾，灾害性的地址、地貌、风暴潮活动频繁，每年总有少量耕地受自然灾害影响而被毁损，预计到 2020 年灾毁耕地将达到 3200 公顷。综上所述，到 2020 年天津市若仅能使一部分耕地退耕为生态用地，则耕地减少可达 6.35 万公顷，若实现全部退耕，2020 年累计耕地减少为 6.78 万公顷。

根据天津市耕地整理状况，到 2020 年通过耕地和其他农用地(包括田坎、农村道路、农田水利用地)整理补充耕地 5337 公顷；通过农村居民点整理补充耕地 6900 公顷；通过未利用土地开发补充耕地若按低水平计算可达 14306 公顷，若按高水平计算可达 17882 公顷；通过"可耕地"补充耕地 16421.85 公顷。若将"可耕地"纳入到补充耕地来源，到 2020 年，耕地可供给量最少为 40.11 万公顷，最多为 42.86 万公顷。

（4）土地承载力计算

根据 2020 年人均粮食需求量、耕地单产量和耕地的供给量，可以算出，2020 年天津市可供养活的总人口数。若按低水平计算，即单产 6551.26 公斤/公顷，土地供给 40.11 万公顷，2020 年天津市可供养的人口数为 473.606 万人；若按高水平计算，即单产 6894.92 公斤/公顷，土地供给 42.86 万公顷，则 2020 年天津市可供养的人口数为 532.625 万人。

根据天津市 2006 年规划，到 2020 年天津市的常住人口规模将达到 1500 万人，其中全市城镇人口为 1335 万人，农村人口为 165 万人，可见天津市的现今土地承载力远远超过了其可允许的水平。

2.土地利用潜力分析

(1)耕地和其他农用地(包括田坎、农村道路、农田水利用地)整理潜力

天津市现有耕地 445629 公顷,其他农用地 187991 公顷。由于利用粗放,沟渠路的比例达到了 13.29%,比标准沟渠路系数 4.6%高出近 9 个百分点。根据土地利用潜力评价研究成果,理论上通过整理可以增加耕地 17790 公顷。

(2)农村居民点整理潜力

依据 2004 年土地利用现状变更调查数据分析,农村居民点用地现状规模为 86211.05 公顷,人均农村居民点用地规模为 296.26 平方米,高于村镇规划标准中的最高标准(人均 150 平方米)。人均用地水平分布也不均衡,经济发展水平较高的地区,人均用地指标较低。对农村居民点的布局零散、基础设施配套不完善、土地资源浪费严重等问题,通过对零散农村居民点的合理归并整理,对原有空心村采取迁村并点的方式进行整理,发展中心村、小城镇,充分利用土地和空间资源,有利于集约利用土地,控制农村居民点用地的过度泛滥,提高农村生活环境和农村居民点的生活质量。

根据人口发展预测结果,2020 年天津市农业人口为 150 万人,如果将农村人口人均用地控制为 150 平方米。农村居民点用地的可调整潜力为 63700 公顷,其中可转为城镇、独立工矿、交通用地等建设用地的潜力为 10001 公顷,可用于农用地的潜力为 23000 公顷。如果所有农村居民点只适合整理为其他农用地中的养殖业用地和设施农业以及林地,则通过农村居民点整理增加耕地的潜力为 0;若部分农村居民点通过技术手段可以整理为耕地,综合考虑经济条件等影响因素,到 2020 年按照累计整理 30%计算,可增加耕地为 6900 公顷。

(3)工矿废弃地复垦潜力

天津市可复垦的土地主要是在生产建设过程中,因挖损、塌陷、压占和各种污染,以及自然灾害等造成破坏、废弃的土地,通过采取整治措施,使其恢复利用和经营,增加耕地及其他农用地面积。

经调查资料显示,天津市现有工矿废弃地为 1653.24 公顷需要整理。根据土地变更调查成果分析,1996 年以来天津市共开发整理工矿废弃地 420 公顷,平均每年复垦 60 公顷。从实际情况来看,工矿废弃地复垦为耕地的难度很大,适宜整理为其他农用地,因此通过复垦工矿废弃地补充耕地潜力为 0。

(4)未利用土地开发整理潜力

未利用土地主要包括荒草地和盐碱荒地,是天津市重要的农业后备资源。根据 2004 年土地利用现状变更调查成果,全市未利用土地 42488 公顷,其中有可能进行开发整理的只有 27470 公顷的荒草地。根据土地适宜性评价结果,在现有的技术条件和经济条件下,荒草地中能够作为耕地后备资源的仅有 17882 公顷。若在规划期内,天津市经济实力无法保证将全部后备资源转换为耕地,假设 2020 年按照开发 80% 计算,累计可增加耕地 14306 公顷;若天津市具备了雄厚的经济实力,能够保证充足的资金用于土地整理,可以将后备资源全部转换为耕地,到 2020 年累计开发整理增加耕地 17882 公顷。

(5)城镇建设用地潜力分析

2004 年天津市城镇用地规模为 103836.2 公顷,人均 144 平方米,高出国家标准(120 平方米)24 平方米,如果按照国家人均城镇建设用地标准的上限计算,天津市仅需城镇建设用地 86530 公顷,因此,天津市降低人均城镇建设用地整理的理论潜力为 17306 公顷。又由"四查清、四对照"结果可知,全市共清查出闲置、空闲土地 286 宗,面积共计 780.6 公顷。其中闲置土地 112 宗,面积 299.9 公顷,空闲土地 174 宗,面积480.7 公顷。综合以上分析可知,天津市城镇建设用地整理的理论潜力共计为 18087 公顷。

虽然天津市城镇建设用地整理的理论潜力较高。但由于天津市工业生产职能十分突出,拥有开发区、保税区、海河下游冶金基地、大港石化基地等非劳动密集型工业生产基地,造成常住人口少,流动人口和通勤人口比重高,使得人均用地规模短期内很难降低。同时,又由于建设用地整理投资高、周期长,故规划期内难以全部实现建设用地整理的理论潜力。参考天津市城镇建设用地整理速度，依据天津市城市总体规划布局，预计到2020年实际可挖潜存量城镇建设用地1081公顷。

(6)建设用地集约利用潜力评价

不同类型的用地，其用地特征不同，评价其集约利用潜力的指标也各不相同，同类土地又需从不同的侧面反映其集约利用特征。基于以上原因，将天津市的建设用地分为城镇用地、农村居民点用地、交通用地、开发区用地四大类，针对各类用地的利用特征，选取一定指标进行评价。

①城镇用地集约利用潜力评价

城镇用地集约利用潜力是土地集约和节约利用研究关心的核心之一。现从宏观与中观两个层次对天津市城镇用地进行评价，宏观主要着眼于天津市整个城市土地利用水平，中观主要着眼于城市不同功能区的土地集约利用水平。

第一，城镇用地集约利用潜力宏观评价。

为了反映天津市城镇用地宏观集约利用水平，主要选取了土地闲置率、人均城镇建设用地、城市综合容积率、城镇人口与用地增长的弹性系数四大指标进行评价。在评价中采用比较分析方法，以全国平均水平为评价标准，来判断城镇建设用地的集约利用程度。评价所用的数据来源于2004年天津市土地利用变更调查数据，以及"四查清、四对照"结果，采用人口与经济数据来源于《天津市统计年鉴2004》。

将天津市城镇建设用地评价指标与全国平均水平进行比较分析，可得出如下结论：其一，土地利用率较高，高出全国平均水平约7个百分点；其二，城市土地利用强度较高，为全国平均水平的1.4倍；其三，人均用地面积较高，高于全国平均水平31平方米，城市人口与用地增长弹性系数较低，仅为全国平均水平的34％。综合评价结果认为，天津市城镇建设用地集约利用程度较高，但尚有一定潜力可挖。各项指标如表5.10。

表 5.10 天津市城镇建设用地集约利用宏观评价表

城市＼指标	土地利用率（%）	人均建设用地（平方米/人）	城市总容积率	城市人口与用地增长弹性系数
全国水平	4	103	0.35	3.06
天津市	0.7	144	0.51	1.07

第二，城镇建设用地集约利用中观评价。

城镇建设用地中观评价，属于城市城镇建设用地评价的第二层次，主要揭示各功能区内部土地利用的集约程度。这里只要介绍对天津市城镇用地中工业区、住宅区、商业区的评价，每一功能区选取若干典型区域，提取各项用地评价指标值，以反映该功能区的土地集约利用状况。

各功能区评价标准的确定思路为：居住区参考国家标准制定，工业区和商业区选取全国类似用地平均水平作为标准。评价方法为极限法，该方法能够保证评价对象的各项指标达到一定标准。根据影响评价对象的因素设计评价指标体系，并将各指标体系的评价标准划分为不同的等级，然后将评价对象各指标的实测值与评价值进行对照，便可确定评价对象所属的等级。天津市城镇建设用地集约利用等级可划分为：低度、适宜、集约、过度利用四大类。各功能区选取的指标以及参考的评价标准如表 5.11。

表 5.11 天津市城镇建设用地中观评价标准

类型区	指标＼等级	低度利用	适度利用		过度利用
			适宜利用	集约利用	
工业区	容积率	<0.4	0.4～0.6	0.6～0.9	>0.9
	建筑密度（%）	<30	30～50	50～85	>85
	地均产值（元/平方米）	<800	800～1000	>1000	—
商业区	容积率	<1.5	1.5～2.5	2.5～4	>4
	建筑密度（%）	<30	30～40	40～65	>65
居住区	容积率	<0.8	0.8～1.5	1.6～2.5	>2.5
	建筑密度（%）	<12	12～20	21～30	>30
	人均居住用地面积（平方米/人）	>33	17～33	11～17	<11

经过评价，结论如下：其一，所选评价单元居住区集约利用程度较高。

用地结构较为紧凑、合理。反映了天津市居住区用地总体集约利用水平较高,但许多棚户区多属于过度利用区,基础设施不够健全,可供改造、重建的潜力较大;城乡结合部的居住区集约利用水平较低,用地不够紧凑,是以后居住区用地挖潜的重点地区。其二,工业用地的集约利用水平较居住区低。主要由于区域集聚规模尚未形成,受各种因素影响,布局较为分散,一些工业用地建筑密度较低,土地利用效益较为低下。今后需要建立工业用地集约利用控制标准,引导工业用地尽快集中,建立标准厂房,促进其建筑密度提高。其三,天津市商业用地的集约利用效应最为明显,水平普遍较高。原因在于天津市商业用地较为集中,商业集聚效应较为明显。但商业用地尚存在进一步集约利用空间,需要在统一规划的前提下合理挖潜。各功能区用地评价状况如表 5.12。

表 5.12　天津市城镇建设用地集约利用中观评价表

类型区指标		现状值	评价结果
工业区	容积率	0.42	适度利用
	建筑密度(%)	37	
	地均产值(元/平方米)	3082	
商业区	容积率	2.54	集约利用
	建筑密度(%)	0.52	
居住区	容积率	1.94	适宜利用
	建筑密度	30	
	人均居住用地面积(平方米/人)	19.83	

②农村居民点用地集约利用潜力评价

由于农村居民点用地布局较为分散,且其内部功能分化较不明显,只选取人均农村居民点用地、农村居民点用地综合容积率、农村宅基地占农村总建设用地的比例、农村人口与农村居民点用地增长弹性系数,对其进行宏观层次上的评价,以反映天津市农村居民点用地整体集约利用水平。

本评价以天津市变更调查数据、"四查清、四对照"数据,以及天津市 12个区县所有乡镇农村居民点的村庄建设用地、道路用地、基础设施用地、工业用地调查数据,《天津市统计年鉴(2004 年)》中的人口与经济数据为基础。经过分析评价认为：天津市农村居民点用地处于不集约利用状态，突出表现为：其一，人均用地百分比高，天津市人均农村居民点用地高出国家标准140多平方米；其二，农村居民点用地综合容积率、农村宅基地占农村总建设用地的比例较低，农村居民点用地强度和紧凑度较低；其三，农村人口与农村居民点用地增长弹性系数为－2.13，说明农村居民点用地规模与农村人口呈现反向发展的态势，随着农村人口的减少，农村居民点用地未减反增。可见，有步骤有计划地提高农村居民点用地集约利用程度将成为今后工作的重点。

③建设用地集约利用特征及存在问题

总之，通过对天津市各类建设用地集约利用评价，可以得出如下结论：城镇用地集约程度较高，但人均用地规模较高，今后应适当进行控制；农村居民点用地属于低效利用土地，应随着农村居民点的整理降低其用地规模；开发区用地集约利用程度较高，但应对区县级开发区进行整理，提高集约利用程度；交通用地属于过度集约利用，但其布局与区域功能布局协调性较差，交通用地比例严重低于合理标准，已经严重地制约了天津区域经济中心职能的发挥，今后需要适当增加交通用地比例，使得交通用地由过度集约趋于合理。

5.3.3　天津市土地合理利用措施

1. 耕地和基本农田保护政策

（1）加强保护耕地资源、保障粮食安全的全民教育

耕地资源是人类生存和发展的基础，保护耕地资源不仅要注重其数量的动态平衡，也要维护耕地的质量，因为耕地质量是耕地资源发挥其潜在生产能力与生态能力的基础。但随着城市化过程的不断加快，耕地土壤环境压力不断增加，因此，必须加大宣传力度，把保护耕地资源和提高耕地质量提到同等地位来认识，增强全民爱护土地、珍惜耕地、保护环境的自觉性。这是一项长期工作，绝不是权宜之计，一定要以科学发展观充分认识保护耕地的极端重要性，科学建立与完善总量平衡、供给制约、用途管理、供需合理、结构优化等机制，切实做好经济发展和城市化过程中耕地资源的利用与保护，为确保粮食、蔬菜健康安全和城市及周边区域社

会、经济、生态可持续发展奠定基础。

(2)加强法制建设,依法管理耕地

加强法制观念,关健是要严格执法,严格查处各种违法违规行为,严格土地用途管理。在继续从严控制非农建设占用耕地的同时,加强对非建设占用耕地的控制和管理。无论是建设占用耕地还是非建设占用耕地,都必须符合全市土地利用总体规划。要严肃查处各类建设违法违规占用耕地,也要严肃查处在耕地上违法违规挖塘养鱼、退耕还林、建设速生丰产用材林、营造城市森林,以及其他毁坏耕作层等行为。擅自在非规划退耕的耕地上造林的,有关部门不得核发林权证,违法占用耕地的造林者权益不受法律保护。

此外,还要建立健全耕地质量保护责任制度、补充耕地按等级折算制度和基本农田建设标准体系。为此,农业部门要在完成全市耕地质量调查,确定耕地质量指标和评价体系的基础上,制定耕地地力分等定级办法,并会同市土地管理部门对本市耕地地力进行分等定级,为补充耕地的数量、质量实行按等级折算提供科学依据。要对整理、复垦和补充的耕地及补划的基本农田开展质量验收和确认,并对验收结果承担责任,防止占多补少、占优补劣。要切实加强事关耕地质量的肥料、农药、农膜等农业投入品的检验登记管理和监督管理,确保耕地安全和农产品安全。

(3)加强土壤改良和耕地质量建设

天津市耕地总量中有近 60% 为中低产田,这其中又有近 2/3 为盐渍化土壤。由于水资源短缺和投入不足,耕地土壤肥力总体下降,因此,保护耕地的头等大事,就是加大改造中低产田的力度,全面提高天津市耕地总体质量。

①加大中低产田改良力度,提高耕地总体质量

这方面可以通过土地整理、田间排灌等农田基础设施,改善耕地质量和消除土壤障碍因素,开展平衡配套施肥、深耕深松、保护性耕作,增施有机肥、种植绿肥等培肥地力,改善耕地质量和消除土壤障碍因素等工程措施、技术措施和生物措施,提高耕地质量,遏制土壤退化,控制耕地污染,稳定耕地的综合生产能力。

②推进盐渍化、沙化、干旱耕地的改良力度,改善土地质量

对于严重盐渍化耕地,可采取秸秆还田、增施石膏、增施有机肥、扣压绿肥、施用草炭以及排涝排盐、整平土地等改良措施;对于严重沙化土壤,主要采取造林育草、防风固沙、客土掺沙、粮草轮作、种植绿肥、增施有机肥等措施加以治理;对于严重干旱耕地,主要采取兴修中小型农田水利设施、实施坡耕地治理等工程措施和推广旱作农业、节水灌溉、保护性耕作等旱作节水技术进行治理,以改善耕地质量。

③实施综合配套技术,确保耕地质量提高

首先要加强被列入保护的基本农田的田间设施建设,实施高标准的土地平整,健全排灌系统,做到改造一处、成功一处、受益一处,为改造盐碱耕地和建设高标准农田创造先决条件。二要扩大沃土工程实施规模。沃土工程是改良土壤,培养土壤,提高土壤肥力的技术集成,是提高耕地质量的有效措施,必须因地制宜地进行综合试验,落实到不同类型土壤,不同地块,通过实施,使耕地地力等级全面提高。三要全面推广测土配方施肥和平衡施肥技术。要根据土壤营养状况、作物种植布局和品种类型,通过专用配方肥料载体送到用户手中,实行"测、配、产、供、施"一条龙全面服务,充分发挥平衡施肥技术的作用,努力提高肥料利用率。四要推进施肥生态化技术。强调有机肥料的作用,实行有机肥和无机肥相结合、有机肥和微生物肥料相结合,开发并推广有机肥和无机肥、生物有机肥及商品有机肥,实行秸秆还田和综合利用,促进施肥生态化,保护农田生态环境质量。五要积极推行科技入户工程,组织相关学科专家和技术骨干,加强指导和培训,引导农民科学使用肥料和农药,提高肥料和农药利用率。

(4)加强耕地质量管理,建立耕地保护长效机制

①建立耕地质量检测体系

应用 3S(RS、GPS、GIS)技术,建立耕地地力、施肥效益与环境监测体系,在巩固部、市两级土壤肥力长期定位监测网点基础上,增加区(县)级网点建设,形成部、市、区(县)三级监测体系;加强规范化、制度化管理,按照全国统一监测技术规程按期适时实施动态监测;配备必需的数据信息处理及传输设备,建立土壤质量数据库,及时传递监测动态信息,为保

持土壤养分资源平衡、防止土壤退化、提出综合防治和质量修复技术、实施土、肥、水资源合理配置提供决策依据。

②建立耕地－粮食预警系统

加强耕地质量预警研究,通过研究掌握耕地质量变化规律,预测一定时期内耕地质量变化趋势与变化程度,结合作物生长发育要求进行调控,实现耕地质量的维持和提高,保障耕地资源的永续利用、促进粮食的生产与安全供给。

③建立耕地地力补偿制度,完善耕地培肥激励机制

研究制定有机肥产业发展扶持政策,扶持有机肥生产关键技术引进和高新技术产品开发,促进有机肥无害化处理与产业化生产,加快农作物秸秆资源和畜禽粪便等有机废弃物的无害化处理与综合利用。

建立健全有利于耕地质量建设的各项激励机制,鼓励农民增加农田建设投入,逐步实施耕地质量升级奖励、降低或损坏赔偿制度和分等用地,按级培肥等管理制度。

④建立耕地质量建设专项基金

每年从市、县两级土地出让金、耕地开垦费总额中提取 30％,专门用于土壤监测、地力调查、科学施肥、培肥地力和新垦耕地地力培育等耕地质量建设与管理工作,由市级农业部门统一组织管理。

(5)加强科学研究,增强耕地保护技术储备与推广

加强土壤改良、耕地培肥等科学研究工作,纳入天津市科技发展规划、年度科研、推广项目计划,增加科研经费,组织相关学科专家和技术骨干,开展技术研究与技术积累,通过技术集成、组装配套加以示范推广,积极引进国外技术,开展国际合作,研究和储备一些生产中急需的耕地净化与修复技术,因地制宜地采取工程、生物、化学和农艺等措施,不断提高耕地持续生产能力。

2.促进土地节约利用的保障措施

(1)法律手段

①对闲置土地依法收回

通过法律手段,控制土地使用者对土地的利用程度,对闲置土地率达

到 10％以上的地区,要相应减少土地供给量;依据《中华人民共和国土地管理法》和《中华人民共和国房地产管理法》,对于空置、闲置达两年的土地依法收回,土地归国家所有。对于农用地,转用批准后,满两年未实施具体征地或用地行为的,批准文件自动失效;已实施征地,满两年未供地的,在下达下一年的农用地转用计划时扣减相应指标,对具备耕作条件的土地,应当交原土地使用者继续耕种,也可以由当地人民政府组织耕种。

②制定土地集约利用管理条例

制定《天津市各类建设项目用地控制指标》,合理确定各类建设用地规模,提高各区县工业用地的集约利用水平,确定合理的土地投资密度和容积率。实行区域城乡建设用地的整体控制,避免双重占地现象。通过修改《土地管理法》中的相关条例,加强对弃耕撂荒农田的管理。规范土地流转的利益补偿机制,强化规划执法监督查处制度,运用行政、法律、经济、技术等措施严格管理,更好地节约集约利用土地。

③完善新增建设用地征地制度

政府要制定并公布征地的统一年产值标准或区片综合地价,征地补偿做到同地同价,国家重点建设项目必须将征地费用足额列入概算,大中型水利、水电工程建设征地的补偿费标准和移民安置办法,由国务院另行规定。加快建立和完善征地补偿安置争议的协调和裁决机制,维护被征地农民和用地者的合法权益,经批准的征地事项除特殊情况外,应予以公示。对补偿安置不落实的,不得强行使用被征土地,被征地的农村集体经济组织应当将征地补偿费用的收支和分配情况向组织成员公布,接受监督,农业、民政等部门也要加强对农村集体经济组织内部征地补偿费用分配和使用的监督。

(2)经济手段

①严格按照控制指标体系确定供电规模

制定一套适合天津市的土地利用控制指标体系,以此作为新增建设项目确定用地审批与否的科学依据。加强对用地项目的审批、审核,根据项目的性质、规模、项目投资量的大小、项目的土地产出率等各项指标,综合确定项目用地规模。严格控制增量土地的开发,按照是否促进天津市经济发展水平的标准来批准项目开发。

②鼓励土地使用者对现有用地再开发,提高利用强度

通过实施指标奖励的方法,鼓励土地使用者再开发现有用地,提高土地利用强度。对于采取出让方式取得的建设用地,如果按照城市规划在原有用地上提高开发强度,原则上不再加收土地出让金,且税收优惠。对落实建设用地集约利用政策较好,土地利用集约度较高的地区,优先办理农用地转用、土地征用审查报批等手续,优先供地。

③建议设置城市土地保有税类,促进土地合理流转

提高城镇土地使用税税率,同时按照具体用地类型采用差别税率,在原有按大、中、小城市和、县域、建制镇、工矿区分类的基础上,区别对待工业、商业、居住用地及其他用地,对工业和商业用地采用较高的税率,对居住用地采用一般税率。通过加大征收土地保有税,提高不动产占有成本,从而促进不动产的流转和有效利用。同时,开征土地闲置税,对占而不用的土地课税,促进企业或个人节约用地,促进土地的合理利用,提高土地利用效率,杜绝浪费土地的现象发生。

④新增城镇建设用地与整理农村居民点相挂钩

首先,针对天津的具体情况,深入分析农村建设用地整理的基础条件、发展潜力和制约因素,根据正在开展的新增城镇建设用地与整理农村居民点相挂钩的试点工作,确定不同农村居民点整理类型和适用模式。其次,积极探索和制定不同农村居民点整理模式城镇建设用地增加与农村建设用地减少相挂钩的政策机制和激励措施。最后,在具体实施措施上,可以考虑在土地利用总体规划范围内,划定由拟整理农村建设用地地块(即拆旧区)和预留城镇建设用地地块(即新建区)共同组成挂钩项目区,挂钩试点的规模按国家和省(区、市)下达的挂钩周转指标控制。管理上,挂钩周转指标按照"总量控制、封闭运行、定期考核、到期归还"的原则进行管理。挂钩周转指标分别以行政区域和项目区为考核单位,两者的用地规模都不得突破下达的挂钩周转指标规模。对各项目区挂钩周转指标的使用情况、归还指标的使用情况、归还进度等,要综合行政辖区内的所有项目区进行整体考核和管理。

(3)社会手段

①建立健全推动利用总体规划公告公示和公众参与制度

积极拓宽和加大规划成果宣传渠道和力度,加强土地法规政策的宣传和解释工作,积极扩大公众参与和舆论监督,建立土地利用总体规划公告公示制度,让规划的内容家喻户晓,规划管理的各个步骤都体现公开透明的原则,规划实施接受人民群众的监督。建立健全公众参与制度,就是明确规划程序中公众的职责和权责,参与的渠道与途径,通过集思广益,比较准确地表达社会需求,调整土地利用的整体利益和个体利益,减少决策失误。

②完善社会监督机制

各级国土资源管理部门要根据土地开发整理年度实施计划,定期对规划实施情况进行监督检查,加大监督和指导力度。各级土地行政主管部门应将土地有效利用纳入土地执法巡查的范围,严格禁止违法占地、空置闲置土地以及低效利用现象的出现。按照国家有关标准和规范,加强对土地利用过程的监督指导,强化土地利用数量和质量的监管,确保土地合理高效利用。

深入开展土地基本国情和国策教育,加强土地利用法规和政策宣传,提高全社会对土地节约和集约利用在全面建设小康社会,实施可持续发展战略,保护和建设生态环境中重要作用的认识。树立依法、按规划进行土地开发利用的观念,增强公众参与和监督意识,制订有效的监督管理措施,奖罚分明,调动全社会的积极性,自觉保护和合理使用土地,促进土地的节约和集约利用。

(4)技术手段

①积极推进城市土地整理,充分利用城市存量土地

第一,对于杂乱不规则的地块,由政府或政府委托的机构、企业等单位通过征购或其他方式,从分散的土地使用者手中把土地集中起来,并由政府或政府委托的机构、企业等单位组织进行土地整理。在完成了房屋拆迁、土地平整和基础设施配套以后,根据城市经济发展对土地的需求或政府的土地供应计划,以出让、转让等方式将土地投入市场。通过这种方

式,可以改变建筑物排列零乱,道路狭窄弯曲的不利现状,促进地价上涨。新增的建设用地,有利于解决住宅问题。

第二,对于不合理的土地利用结构,通过地租、地价、税收等经济杠杆,促使商业、金融业等高收益用地向市中心集聚;工厂、仓库等低收益用地向郊区转移,用地方式由粗放转变为集约,提高居住、绿化、交通等用地的比例,有利于优化城市土地利用结构,企业通过出售市中心地价高的土地,购买郊区的廉价土地,取得巨大的经济收益,企业也能因此盘活土地资产。

②建立完善以宅基地换房的新机制

宅基地换房政策可以加快实现城市化,促进农村集体土地重新整合、建设农地流转和集约利用,提高了现有集体存量建设用地的利用率,有利于将现有村庄建设用地向城镇集中。天津市通过对华明示范镇的建设实践,摸索集约节约利用土地的新方法,加强有关小城镇管理制度、扶持政策、运作模式的研究。

③建立土地集约利用挖潜信息系统

城市土地集约利用挖潜需要对大量的图形数据和属性数据进行加工、处理、分析、统计,工作繁琐,容易出错,把这些工作系统化可使得效率大为提高。土地集约利用挖潜信息系统主要包括五大模块:系统维护、数据输入、图形编辑、空间分析、潜力计算及成果输出。通过建立土地集约利用挖潜信息系统,可以为城市土地集约利用潜力分析提供更好的工作平台,为工作高效优质地完成提供保障。

第6章　土地利用生态管护:规划的重点

　　土地是人类赖以生存和发展的物质基础。人类通过对土地资源的改造利用,不断改变其周围的环境。人类对环境影响的主要表现就是对土地利用/土地覆盖变化的影响。土地利用方式或土地利用强度的改变,都会引起相应的资源、环境和社会经济问题。土地利用生态管护分析强调的是在土地利用规划中,要充分考虑土地利用与生态环境的关系,最大限度地避免土地利用对区域生态环境的影响和破坏,从而为优化土地利用,制定区域土地可持续利用提供政策建议和措施。由此可见,土地利用生态管护是土地利用规划的重点内容。

6.1　土地生态管护与可持续发展

　　随着社会经济的不断发展、人口的迅速增长,土地利用与生态环境保护之间的矛盾越来越突出,而随着生态环境的不断恶化,可利用土地的不断减少,生态管护分析逐渐被引入土地利用规划研究之中。

6.1.1　生态管护概述

1.生态管护的原则

　　生态管护原则是生态学应用于各个学科后所提出的一种应用原则。在土地利用规划中生态管护原则是指:在保持区域基本的生态过程和生命维持系统、保存和优化生物多样性的自然生态景观资源(包括原始历史文化遗迹、自然保留地、森林、草原、荒野、河流、湖泊以及具有一定生态敏感度的自然斑块等)的基础上进行土地的开发和利用,从而最大限度地避免土地利用对区域生态环境造成的影响和破坏。① 可见,生态管护原则在时间和空间尺度上为人类活动方式和活动强度定义了一个生态范围,超过这个范围,便应优先考虑生态环境的保护。

这里的生态管护意味着:当各种因素发生矛盾时,其他的因素统统要向生态因素让路,无条件地服从。② 进一步说,这优先的着力点,是基于对自然生态环境合理利用的保护与发展,而不仅仅是原封不动的消极保护。生态管护原则的作用主要表现在:它是协调社会各项事业发展的前提基础;能够增强人类的生态与环境保护的意识,将人类的发展和自然生态环境的发展统一起来;指导决策和规划管理部门制定长期的发展战略。③

2.生态管护发展的现实要求

人类的生产、生活活动总是与自然息息相关,要实现土地的可持续利用,就必须考虑生态环境的承载能力,而生态管护原则与土地利用可持续发展的生态环境要求一致。④

(1)内涵一致

生态管护原则符合土地利用可持续发展的内涵,二者的科学实质相同。生态管护原则的内涵就是对生态系统的结构、功能、过程的维护,是人类与自然环境健康和谐发展的前提与基础,从而使人类社会与生态环境得以良性循环。土地利用可持续发展的实质是满足经济、社会与生态的协调发展以及实现代内、代际和区际间的土地利用公平,以便有效满足经济社会发展对土地的需求,最终促进经济的和谐发展、社会的公平安定和生态系统的稳定。生态管护的土地利用规划的实质就是充分发挥区域自然—经济—社会复合生态系统的最佳综合效益。

(2)目的一致

可持续发展从生态学角度可以理解为:寻找一种最佳土地利用空间

---

① 乔欣.将生态优先原则引入城市用地评价初探.重庆建筑,2004 年增刊,第 33～36 页
② 郑钰,王晓舒.我国城市规划中生态优先概念的应用研究.建筑工程,2006 年,第 280 页
③ 乔欣.将生态优先原则引入城市用地评价初探.重庆建筑,2004 年增刊,第 33～36 页
④ 郑钰,王晓舒.我国城市规划中生态优先概念的应用研究.建筑工程,2006 年,第 280 页

形态和生态系统,以支持人类愿望的实现和生态的完整性,使环境持续性达到最大。因此,可将生态管护方法视为实现土地可持续发展的有效途径,用生态理念指导土地利用规划,即通过生态学、景观学等相关理论指引区域有序、健康发展,避免由于追求短期效益而对生态系统造成不可恢复的破坏。

3. 生态管护的实践途径

生态管护的主张,是基于生态环境与资源系统是经济发展和人类生存的必要支持系统而提出的,其主张经济过程与自然过程的协调发展,强调生态环境建设与资源合理利用在经济、社会发展中的优先地位,从而引导、约束社会经济活动,寻求可持续发展的逻辑起点。生态管护不仅仅是一种主张,而且是需要付诸实施的行动准则。实行生态管护,其途径主要有以下几个方面[①]:

(1)建立生态环境预警系统

在现代工业化社会中,科技进步使环境的改变异常迅速,生态系统经常处于紧张的压力和变动之中。要实行生态管护,有必要对生态环境系统进行动态监管,建立生态环境预警系统,准确预测其可能的变化趋势。

生态环境预警系统,是以生态系统和资源环境的组成要素为预警对象,通过制定相应的预警指标和确定产生警情的依据,在严格监测和科学分析的基础上,提出警报程度,向政府、企业和公众报告,并提出相应的对策建议。在预警系统的指示下,有关部门和单位可快速、准确地进行科学的决策,采取必要的经济、行政、法律手段,避免或减轻人类活动对生态环境的破坏和压力。从现阶段看,应首先把森林动态、土地沙漠化与水土流失、土地使用、城市环境、水环境、大气质量、珍稀动植物、资源消耗及其结构、人口增长动态列为预警对象,分区域类型制定相关指标,为生态环境的有效管理提供可靠依据。

(2)合理利用市场机制与政府职能

导致环境问题或生态危机的根源,既有来自市场失灵(环境保护的正

---

① 刘正跃,刘国清,张嘉木.生态优先的实践途径.经济纵横,2000年第6期,第50~51页

外部性与"搭便车"，环境污染的负外部性，环境资源的公共属性和企业的逐利性）方面的问题；又有来自政策管理调控不力（环境管理不力或法律约束不强，环境政策失灵或不当）方面的问题。因此，解决生态环境问题，实行生态管护，既要重视政策的干预，又要重视市场机制的作用。

①市场调节

市场经济之所以有活力，就在于市场经济的制度安排高效地解决了任何经济运行所必须的经济计算和经济激励问题。通过经济激励和产权明晰，把生态管护纳入到企业的经营活动中来，是市场机制作用的起点。具体措施为：第一，合理利用市场的价格、供求、竞争机制，把环境成本引入决策过程，引导资源配置，提高资源利用效率；第二，建立明晰的环境、资源产权制度，对于公共环境的产权，建立委托代理关系，通过产权保障实现稀缺资源的利用和再生的统筹安排，制止滥用资源；第三，在资源保护、环境管理上防止"搭便车"，使个人收益最大化的同时，也使社会收益最大化。

②政府政策管理

自由的市场机制往往容易导致外部性的产生和发展，因此，政府的宏观调控具有重要的作用。各级政府应当通过制定各种经济政策，完善立法，加强生态环境的行政管理来协调经济与生态环境的关系，推动生态管护原则下的经济可持续发展，运用经济手段来达到保护环境的目的。

第一，政府要建立和完善征收环境费制度，使经济活动的负外部性转变为内在成本。对于森林采伐、矿产资源开发、土地和水资源利用等要征收资源补偿费，通过征费，反映资源的稀缺性，防止自然资源低效率利用和浪费；针对环境污染日益加重的事实，可实行"排污收费，超标违法"的强制性制度安排，对向自然环境排放污物的国家机关、企事业单位、个体经营者都应视不同情况征收排污费，对超标排污的，应加倍收费并进行行政处罚和法律处罚；对开发、利用自然资源者或生产有污染的产品者，实行环境税收制度，依据其污染程度的大小制定不同税率，并将税金作为环境基金的一个来源，以强化环境管理。

第二，政府的财政补贴和金融机构的信贷对环境资源的影响很大。

政府补贴应主要用于减灾工程、污染治理工程,同时向推广环境无害化工艺和技术的企业提供赠款、贴息贷款。为了加强中央对地方、环保部门对企业在环保方面的调控能力,有必要建立环保基金,由政府和环保部门统筹安排和使用。

第三,政府要积极扶植和直接投资环境保护产业。环境保护产业是包括技术开发、产品生产、商品流通、信息服务和工程建设等内容的新兴产业,也是生态管护主张付诸实施的重要措施。

(3)开展全民环境教育,增强生态管护意识

人们生态意识的觉醒,对于实施生态管护的主张具有十分重要的意义。因此,要把环境教育纳入到全民教育体系中来。充分利用各种宣传媒体使人们认识到保护环境的重要性和意义,树立正确的环境荣辱观、发展观、消费观。要通过环境教育,使人们懂得人类只有在生态平衡的自然中,才能创造人类物质文明。

(4)加强生态规划,大力推广生态技术

生态规划是实行生态管护的基础性工作。要根据不同地区、城乡、行业、部门等情况,制定相适应的生态规划,并把其纳入国民经济或区域经济发展规划中,实现社区和生态区的统一布置、综合安排。按照生态经济学原理,对生态环境进行全面综合规划,有利于充分、有效、科学地利用各种资源,促进生态系统的良性循环,跳出先污染—后治理—再污染—再治理的怪圈。

生态工程和生态技术的应用,不仅提高了资源利用转化效率,而且减少了生产的外部性影响,就其实质而言是再生产性资源保护,而且减少了控制外部性的费用,提高了整个社会的经济效率。我国成功地建设了生态农业,为生态管护提供了应用生态工程和生态技术的实践典范,但要制定与目前经济发展水平和国力相适应的生态工程、生态技术、生态农业的原则、标准和相应法规、政策,必须采取必要的行政手段和经济手段,培育一批生态工程、生态农业和生态技术示范企业,建立相应的推广体系和综合服务体系。

4.生态管护的设计原则及方法[①]

(1)生态管护的设计原则

在每一块土地上进行建设时必然会改变或者失去它原有的生态功能。生态管护的设计原则要求充分考虑规划设计所涉及到的区域和各种生态要素,对在规划和设计中可能引起的对自然界的影响进行全面的考虑和检测,衡量并避免对自然环境造成的不必要破坏,在不可避免破坏的情况下,应通过平衡的手法,尽量是对原有生态系统的不良影响降到最低,同时在设计中优先考虑保护区域生态要素的技术,实现可持续发展的理念。

(2)生态管护的设计方法

①自然环境承受力检测

生态管护设计方法,首先应当进行自然环境承受力检测,即检测人类的规划、措施和行为对每一个自然界的元素及其网络体系带来的影响。必须明确这种影响是否很显著,如果影响不是很大,则该规划是"可以承受"的,如果造成的影响很显著,则必须研究如何通过其他方法和措施来减少这种影响。

②在规划中尽量避免对自然界的破坏

在进行新的规划和设计时,为了避免对自然环境造成巨大的影响,应首先进行环境影响研究,并把研究的结果作为规划设计的前提条件。例如在气候方面,可根据季节和通风情况来约束未来建筑的形状,限制楼层的高度,保持新鲜空气的通风道,提出对自然生态的保护要求、物种保护限制以及外围区域建设的建议等。

③发展城市周边自然景观

在快速推进城市化进程中,城市外围建造了众多新居住区,使大量绿地景观空间被侵蚀,城市周边原有的自然生态系统被破坏,出现了社区之间的"真空地带"。或者由于原有工厂搬迁所形成的弃置地,使地块生态

---

①　滕学荣.基于生态优先的城市规划和设计.北京建筑工程学院学报,2007 年第 2 期,第 45~48 页

系统生产力降低、土壤养分维持能力和物质循环效率降低、生物多样性减少或丧失。改善这些区域的生态环境能够增加城市内动植物物种的丰富度、改变区域小气候和城市景观,对城市空间和市民生活起着重要作用。生态管护是进行城市周边自然景观规划设计的原则。

④减少能源需求

现代社会的发展依赖于能源的消费,预测到 2050 年对能源的消费需求量将比现在翻两到三倍。基于生态管护的设计,要求更有效地使用能源,并且充分利用可再生性能源。在规划和设计中,要优先考虑减少能源的需求,并与整体性生态规划相结合。

⑤加强雨水的利用

雨水是区域生态中的重要元素,一方面在许多地区淡水供给紧张,需要长距离输水通道来保证;另一方面在多雨季节洪水泛滥成灾,给人们的生活、财产带来严重的威胁和损失。从区域规划的角度看,随着建设用地的不断增加,土地表层不断硬化,天然降水迅速下渗和蒸发的能力减弱,多是通过人工排水管排入河道系统,在多雨季节大量排入河道的雨水远远超过了河道系统本身的泄洪能力,导致洪水泛滥。另一方面,长距离输水道供给的用水,一部分变成污水,经污水处理系统处理后也被排入河道。这几方面的因素,大大破坏了天然水系的循环能力。因此,要从生态角度尽可能地保持和恢复天然水系的循环系统。

6.1.2 国内外相关研究回顾

由于土地利用生态管护分析、生态规划、土地生态规划以及景观生态规划等内容在许多方面是重叠的,因而它们的产生和发展经常是交织在一起的,以至于很难加以严格分离,尤其是土地利用生态管护分析更是与土地生态规划难以分离,而且这些研究总体上可以概括为土地利用与生态环境关系的研究,所以这里所探讨的土地利用生态管护研究进展的许多内容实际上也属于生态规划、土地生态规划以及景观生态规划的范畴,属于土地利用与生态环境关系研究的范畴。

1. 国外研究动态

土地利用与生态环境关系问题,作为人与自然关系的一个缩影,早在工业革命后期就开始引起各国专家的注意。

(1)土地利用生态管护分析的提出最早出现在 19 世纪末 George Marsh、John Powel 及 Patrick Geddes 等为代表的生态学家、规划工作者及其他社会科学家的规划实践与著作中,正是他们的工作,标志着生态规划的产生和形成,也标志着生态管护分析在土地利用规划中的应用。Marsh 在其 1864 年出版的"*Man and Nature Physical Geography as Modified Human Action*"著作中首次合理地规划人类活动,主张应依据自然环境进行土地规划设计,尤其强调恢复被破坏的土地需进行综合规划。Marsh 的这个规划原则至今仍是生态规划的一个很重要的思想。生态规划的先驱 Marsh,Geddes 与 Powel 分别从生态规划的指导思想、方法以及规划的实践途径出发,为后来的生态规划理论和实践的发展奠定了基础。

(2)20 世纪上半叶,人们开始认识到动植物的美学价值与功能价值,以及保护自然景观对城市发展与城市生活的重要性。Howard[①](1902)在其" Garden Cities of Tomorrow"一书中,将明日理想的城市土地利用描绘成自然景观(包括城市的绿带与农业景观、城市内部的绿地和开阔地)与人工建筑物(文化景观)组成,其实质是土地利用与生态环境的和谐。美国区域规划协会于 1923 年成立,其中的成员 Mackaye 与 Mumford 强烈支持以生态学为基础的区域土地利用规划,其中美国森林学家 Mackaye 通过对整个城市景观的详细评价研究,提出某些土地类型对城市的发展具约束作用的思想,认为某些土地类型会在一定程度上阻止城市扩展,影响城市化土地利用,如:突起的分水岭、沟谷、沼泽、湖泊和岸线等(称之为城市扩展障碍系统),这些因素一经城市利用,总会造成对原生态环境的破坏和改造,并且影响周围生态环境的变化。德国著名地植物学家 Troll[②](1937)在利用航片研究东非土地利用问题时,首次提出"景观生态学"地名词,并认为土地利用与景观结构和功能的变化密切关联。

---

① Ebenezer Howard , Garden Cities of Tomorrow, London Press,1902
② Troll,The science of plant morphology :definition ,history,and role in modern biology, American Journal of Botany,2001,88,pp. 1711—1741

(3)20 世纪 60 年代以来,土地利用与生态环境关系的研究逐渐向应用领域扩展。其中最有影响的当属美国宾夕法尼亚大学 I. L. Mcharg 教授的 *Design with Nature*(1969)一书及其规划实践[①]。Mcharg 在该书中将土壤学、地质学、气象学和水资源学等学科综合运用到海岸带管理、农田保护、城市开阔地的设计、高速公路和流域综合开发规划中,同时对景观生态规划和设计的工作流程做了全面的研究,认为:各项土地利用应充分体现生态适宜性和自然资源固有的价值,重视人类活动对自然的影响,强调人类、生物和环境三者的合作关系。之后,Odum[②](Odum E. P.)、Haber、Forman、J. G. Fabos、Z. Naveh 等生态学家也从景观生态学的角度对土地利用与生态环境的关系不同方面进行了研究,并据此提出了不同的规划模式。其中,Odum 从系统论出发,按照不同土地利用方式对生态环境的影响及其自身功能的不同,将土地利用类型划分为 4 个景观单元:生产性单元、保护性单元、人工单元与调和性单元;Haber 针对 Odum 研究中对土地类型单元间相互影响研究不足的缺陷,提出了土地利用分异 DLU(Differentiated Land Use)战略;Forman 则将生态学原则与土地利用规划任务相结合,以寻求解决土地利用中生态问题的途径。

此外,J. G. Fabos[③](1981)运用生态学原则和区域生态模型,通过生态适宜性土地利用规划,提出了大都市区域生态土地利用优化的方案;Z. Naveh 等[④](1984)在地中海区域的环境保护管理研究工作以及澳大利亚联邦科学与工业研究组织(CSIRO)对南海岸带的土地利用规划研究也都是土地利用生态管护分析的典型。

2. 国内研究动态

我国古代地理学著作《禹贡》、《管子·地员篇》都不同程度地涉及了

[①] Mchargil. ,Design with natures, ,New York:Natural History Press,1969

[②] Odum E. P. ,Barrett C. W. ,生态学基础. 高等教育出版社,2008 年

[③] J. G. Fabos, Renional ecosystem assessment:an aid ecologically compatible land use planning,Perspectives of Landscape Ecology ,Waneninnen,1981

[④] Naveh Z,Lieberman A S. Landscape ecology:theory and application,New York:Sprinner Verlan Prss,1984

土地利用区划、土地适宜性等现代土地利用生态管护分析的思想[1]。这表明我国土地利用生态管护分析的历史十分悠久。1978 年以来，我国掀起了土地资源、土地类型、土地利用研究的热潮，使土地科学进入了重要发展时期。这一时期涌现了大量的土地生态规划研究成果。这方面最早的文献可能要算景贵和教授 1986 年发表的《土地生态评价与土地生态设计》一文[2]。之后，刘胤汉（1987）在陕西省、杨桂华（1994）在金沙江下游河谷区、赵成义（1995）在玛纳斯河流域、刘黎明等（1995）在黄土高原米脂县泉家沟流域分别就土地类型、土地评价基础上进行土地生态设计；王仰麟[3]（1990）对土地生态系统生态设计问题——土地生态功能类型、土地系统生态设计模式及其建立的基本原则进行了研究，并提出了陕西府谷县的土地系统生态设计模型；武吉华等[4]（1990）探讨了土地生态规划的一些理论和方法问题，并在宁夏固原县进行了土地生态规划实践；泰其明[5]（1991）在土地生态位研究基础上从具体的土地生态单元出发进行晋西与晋西北地区的土地生态设计；张爱国等[6]（1999）把土地生态设计的分析方法应用于晋西北沙区，将晋西北各类土地划入生产型、保护型、消费型、调和型 4 种生态功能类中，并从防治土地荒漠化的角度出发，将本地区划分为土地利用方向和土地生态建设重点有所差别的 4 个生态经济区；王万茂、李志国[7]（2000）探讨了耕地生态保护的基本概念、原则、内容、程序和方法问题，这可谓土地生态规划中的重要专项规划研究。

自从国家提出"生态管护"规划思想以来，对生态管护思想在规划中

---

① 徐化成.景观生态学.北京：中国林业出版社，1996 年

② 景贵和.土地生态评价与土地生态设计.地理学报，1986 年第 1 期，第 1～6 页

③ 王仰麟.土地系统生态设计初探.自然资源（现资源科学），1990 年第 6 期，第 48～51 页

④ 武占华，姜鸿.土地生态规划的理论和方法——以宁夏固原县为例.自然地理学与中国区域开发.武汉：湖北教育出版社，1990 年

⑤ 秦其明.土地生态位与土地生态设计研究，景观生态学理论、方法及应用.北京：中国林业出版社，1991 年

⑥ 张爱国，张淑莉，秦作栋.土地生态设计方法及其在晋西北土地荒漠化防治中的应用.中国沙漠，1999 年第 1 期，第 46～49 页

⑦ 王万茂，李志国.关于耕地生态保护规划的几点思考，土地利用与城乡发展——2000 海峡两岸土地学术研讨会（论文集）.成都，2000 年

的应用主要体现在了三个方面。①生态管护思想在城市规划（尤其在新城规划）中的应用，对这方面进行研究的有①：林晓光（2007）、胡俊等（2007）、朱才斌（2007）、滕学荣（2007）、张为福等（2008）、王强等（2008）、姚书凯（2008）。这些研究大都以生态适宜性评价、建设用地条件评价为基础，强调城市交通、城市景观设计、城市集约利用等方面的合理发展，突出生态保护原理。②生态管护在城市景观设计中的应用，对这方面进行研究的有②：阳建强等（2005）、张远旺（2010）、杨爱娟（2010）。这些研究主要是对城市规划中某一具体的生态景观的规划进行的规划设计，强调的是环境的开发与保护。③生态管护在城市用地评价中的应用，对这方面进行研究的有③：乔欣（2004）、谭敏（2008）。这些研究强调生态管护原则的城市用地评定，并利用生态管护原则重新划分城市拟发展用地不同区域的用地评定等级。

可见，目前在我国并没有具体讨论生态管护原则在土地利用规划中的应用，本章将结合以上研究，探讨生态管护原则在土地利用规划中的具体应用。

---

① 林晓光.基于生态优先的新城规划——以成都天府大道南延片区为例.重庆大学,2007年硕士学位论文;胡俊,蒋建明,陆飞,陈洪标.科学发展观和生态优先思想在城市规划中的实践——上海市崇明三岛总体规划简析.城市规划学报,2007年第1期,第9～14页;朱才斌.基于生态优先的城市规划设计方法探讨——以烟台市开发区新区总体规划为例.城市规划学报,2007年第2期,第106～108页;滕学荣.基于生态优先的城市规划和设计.北京建筑工程学院学报,2007年第2期,第45～48页;张为福,周玉倩.生态优先概念在新城规划中的应用.中国新技术新产品,2008年第12期,第72页;王强,伍世代."人地和谐、生态优先"规划理念的应用研究——以南平市城镇体系规划为例.规划广角,2008年第5期,第80～83页;姚书凯.基于生态优先思想在城市规划中的实践探索.山西建筑,2008年第18期,第66～67页

② 阳建强,尹超.基于生态优先的绿色设计——以厦门湖边水库保护与利用规划为例.国家自然科学基金资助项目——案例研究,2005年第3期,第89～90页;张远旺.景观湿地设计中的生态优先.科技资讯,2010年第50期,第129页;杨爱娟.浅议生态优先原则打造节约型园林.河北林业科技,2010年第2期,第151、153页

③ 乔欣.城市用地评定中的生态优先原则导入.重庆大学,2004年硕士学位论文;乔欣.将生态优先原则引入城市用地评价初探.2004年重庆建筑增刊,第33～36页;谭敏.遵循生态优先基本原则 寻求城市建设图底关系——关于推进成是非建设性用地的规划与建设.城乡规划与环境建设,2008年第5期,第4～7页

6.1.3　生态管护在土地利用规划中的重要性

1. 生态管护在土地利用中的紧迫性与必然性

(1)土地利用面临的生态危机[①]

从世界资源与环境的外部角度来看,全球总面积为 $510\times10^8hm^2$,其中包括 $89\times10^8hm^2$ 的植被、农业、森林和草地。目前,世界人口正在呈几何级数的增长,人均生态性资源已随着人口爆炸式增长急剧下降,从工业革命开始的 1820 年,全球人均拥有 $8.9hm^2$ 的生物性生产用地,而到 2000 年时只有 $1.8hm^2$,且其中很大一部分土地贫瘠。与此同时,人类自身对于生态资源的掠夺式开采更加剧了全球性生态危机的产生。从我国土地利用发展的自身角度来看,随着城市建设速度的加快,城市建设性用地迅速扩张,引发了对外对内两方面的诸多问题。

此外,由于城市化的进程加快,城市人口的迅速增长带来了大量城市土地供给的需求,使得城市快速向外围扩张。许多城市在向外扩张的过程中产生了一系列的问题:大量的基本农田、耕地被侵占,引发"三农"问题;城市外围重要生态绿地、廊道被以经济利益为导向的建设规划肆意地圈占,导致城市"摊大饼"式的圈层发展;在缺乏对外围生态系统进行有效评价的情况下,城市盲目向外扩张,使得大量不可再生的生态资源遭到破坏。农业面积的扩张和粗放利用,带来了许多负面影响,如增加侵蚀、降低土壤肥力、降低生物多样性;负面的区域影响,如地表水污染和河流、湖泊的富营养化;负面的全球影响,如大气组成及气候的改变。

随着社会经济的发展,城市内部地价迅速增长。在经济利益的驱动下,由于缺乏有力的监管,城市内部原本就十分稀少的生态性用地受到蚕食,城市用地成块状粘连在一起,城市空间环境恶化,城市内部生态性用地服务功能遭到削弱的现象普遍存在。

---

① 谭敏. 遵循生态优先基本原则　寻求城市建设图底关系——关于推进城市非建设性用地的规划与建设. 四川建筑,2008 年第 5 期,第 4～7 页

（2）现行土地利用总体规划中面临的生态问题

从生态角度分析，目前土地利用总体规划中普遍存在以下两个问题[①]：①规划内容对土地生态功能的重视程度不高：传统规划往往片面看重土地的经济功能，忽视土地的自然特性及其生态功能，以及由这些功能所衍生的其他生态与环境效益，从而导致在过度开发和不合理利用中丧失土地生态功能，影响区域的生态安全；②规划对土地资源综合生态效益的相关规律认识不足：城市土地利用和空间建设的基本规律之一就是追求城市经济、社会、生态系统综合效益的最大化，而许多城市受到短期经济利益的驱动，为了取得更多的生产、生活用地，不惜牺牲生态用地，不按规划要求的指标保留和建设生态用地，导致城市绿地面积大量减少，出现"城市荒漠"，导致城市环境自净能力大为降低，尘土飞扬，噪声倍增。

（3）土地利用规划中必须贯彻生态管护的指导思想

在城市发展面临的上述内外背景下，将生态管护的指导思想贯彻到土地利用规划中就显得十分的重要和紧迫。

生态管护的指导思想对合理、科学的土地利用规划有着极为重要的影响。首先，它是可持续发展基本国策的必然选择。生态资源具有不可再生性，开发后很难逆转，开发不当将会给未来区域土地利用造成难以估量的负面影响，必须慎重处理短期与长期利益之间的平衡问题。其次，它符合国家关于创建节约型社会的时代主题。现阶段大多区域存在以经济利益为导向的粗放型城建政策，从价值论的观点来看，简单的从经济价值来判断土地的开发与利用价值显然有失偏颇，要想将有限的土地资源充分使用，使它的经济效益、社会效益、生态效益最大化，则必须充分地进行多方面的评价，生态因素应是其中具有决定性作用的一个。另外，生态管护的指导思想对于解决当前越来越严重的区域生态问题有着紧迫的现实意义。

在土地利用规划中，生态管护就意味着在选择区域发展用地的时候，不应当以经济利益为主，而应以保障整个区域内外生态系统的平衡为基本依据，优先考虑区域生态性用地空间架构，严格控制区域内外敏感性的

---

① 董黎明，林坚. 土地利用总体规划的思考与探索. 中国建筑工业出版社,2010 年

生态用地资源,在此基础上,选择合适的区域建设用地,从而达到保护区
域生态性用地的目的。

2.生态管护在土地利用规划中的目的

生态管护原则的提出是针对土地利用规划过程中出现的一系列生态
环境破坏和区域环境质量下降问题而提出的。多年以来我国的土地利用
一直存在忽视生态建设的问题,根据中国科学院发布的报告,在全球 118
个国家参加评价的 2004 年生态现代化指数排名中,中国以低于世界平均
水平 17 分的 42 分排在倒数 18 位。生态管护,要求区域在进行各方面土
地利用时,应把生态环境的保护放在首要考虑的位置,成为指导区域土地
利用规划的重要依据,目的是加强人们的生态意识,将人的发展和自然环
境的发展协调起来,实现区域发展与自然的耦合,创建可持续的适宜于健
康生活的人类聚居环境[①]。

3.生态管护在土地利用规划中的任务

(1)对自然生态环境的保护和修复

生态管护首先要求对区域的自然环境进行保护。在规划设计中应当
明确保护的范围和等级,重点是结构性的生态保护区、廊道、斑块;严禁随
意砍伐,对城区具有生态屏障作用的林地,要加强保护和管理,防止生态
破坏,严格监管;加强对河流,水库周边的生态敏感地区的保护;实施对重
点资源开发区生态环境的强制性保护,加强对水、土、生物、森林、矿产等
自然资源开发的环境监管;加强生态农业建设。其次是对生态环境受到
破坏的区域进行保护性修复,以维持正常的自然演进过程,保持生态平
衡。要大力开展植树造林,扩大绿化植被面积,提高绿化覆盖率,加强水
土流失治理;对水域周边地区加强生态修复;对动植物生活环境遭受破坏
的地带实施抢救性修复。

(2)对自然生态环境的合理改造和利用

自然生态环境是最好的景观资源,生态管护要求充分考虑自然的各

---

① 张为福,周玉倩.生态优先概念在新城规划中的应用.中国新技术产品,2008 年第 12
期,第 76 页

类景观要素,将人为景观和自然景观有机结合起来,从而创造丰富的城市景观风貌。规划设计中应当提出对各类自然景观要素的合理利用方案,并对生态景观特征不够明显的区域进行合理改造,达到环境的最优化、资源效益的最大化。例如:强化山体特征和植被质量,形成城市开放空间;将沟谷、洼地改造为生态效益更好的湖面;加强对滨水空间的合理利用;生态保护区可作为生态公园等城市旅游休闲空间。

(3)对土地利用的监控和引导

生态管护要求土地利用的规划建设要在保持良好区域环境基础上进行。其监控和引导作用表现在坚持通过统一规划、合理布局、优化结构、分期实施、突出重点、综合防治的方针,对区域开发强度和规模控制;合理设计区域道路结构;加强区域的社区环境建设;加强区域环境基础设施建设,综合治理工业、生活、交通污染,实行污染集中控制;合理引导和规划区域的产业发展;重点保护好生态保护廊道、斑块以及饮用水源地、河流水库、风景旅游区等;加强对生活污水、垃圾处理的新技术利用,大力推进固体废物综合利用和无害化处理;强化城镇噪声控制区、烟尘控制区、绿化覆盖区的建设,加大环境保护执法力度,完善环境保护设施建设。

(4)完善土地生态评价体系

现有的土地评价指标体系具有不全面、不明确、缺乏生态因素的缺点,因此,应根据土地生态学的基本理论和相关原则,综合土地的生物生产能力与空间容纳资源,制定新的土地评价及利用标准。评价指标可从自然生态和社会两方面入手,包括:自然生态功能指标、社会经济性功能指标、土地建设经济性指标、文化资源指标。其中,土地自然生态功能评价指标包括土地的自然生产效率、生物物种的数量和分布、自然生境类型、生境的生态敏感度等。对尚未进行建设活动的原生土地和耕地还应该增加对土地生态潜能的分析,这一系列指标将决定土地能不能被用于建设用地。

(5)加强生态功能区划

土地利用生态区划是从生态环境的角度,揭示土地利用的区域分异特征和规律以及区域土地的生态特点和问题,以便因地制宜地进行生态治理和生态建设。生态规划的目的是为不同土地利用区域社会经济发展、产业结构的合理布局以及生态环境评价和综合整治提供科学基础,为区域资源的合理开发利用、生物多样性保护和自然灾害的防治提供重要的理论依据,从而为社会经济的可持续发展服务。

　　规划应明确自然保护区、基本农田保护区、生态脆弱区、水源涵养区、水源严重短缺区、自然灾害频发区、重点开发区和优化整合地区等各种类型区域的主体功能和发展原则。对于不同类型的地区,实行差别化的区域政策。对于重点开发区,应继续加大投资力度,尽快完善发展环境,使其成为新的增长极;对于生态脆弱区,不要盲目追求 GDP 增长目标,而应把社会发展、科学教育、生态环境保护作为发展的根本目标;在区域开发的空间单位上,除了强调重点开发区,更要关注特殊类型区域的开发和保护,尤其要注意二者在资源开发、利用和生态环境建设等方面的协调问题。

6.1:4　土地利用生态管护与可持续发展的关系

　　土地利用生态管护原则与可持续发展两者相辅相成,在某种意义上是相一致的。两者都是在人类面临人口、经济、资源与环境矛盾日益突出的情况下提出的,都强调经济发展与人口、资源、环境之间的关系,解决的核心问题也都是资源与人口、经济、环境之间的关系问题。具体来说,二者的关系如下:

　　1.可持续发展是生态管护原则提出的前提。生态管护分析的概念是建立在可持续发展理论的基础之上的。生态管护原则反映的是目前人类对资源、环境与生态系统认识的提高,是在可持续发展的基础上提出的一种应用原则。

　　2.生态管护原则的提出对实施可持续发展理念提供了可行的途径。可持续发展的关键就是如何正确使用自然资源,使自然资源在合理利用的同时,又不伤害自身的发展。毫无疑问,生态管护原则的提出,为协调经济、社会、环境之间的关系提供了解决方案。所以,在土地开发和区域发展过程中,只有坚持生态管护原则才能保证可持续发展的实现。

　　总之,坚持生态管护原则就是坚持可持续发展的理念。可持续发展是一种科学的发展观,强调发展的可持续性、协调性、公平性,强调发展离不开资源与环境的束缚,是区域发展中必须遵循的基本原则;而生态管护原则是把生态保护提高到了重要的位置,强调在区域规划和发展的过程中,首先要考虑区域自然资源和生态环境的承受能力,在合理利用和保护自然资源和生态环境的基础之上,合理规划区域的开发与发展,是对可持续发展理念的一种具体应用。

6.2 生态管护在土地利用规划中的工作方法

土地利用规划中,生态管护是怎样体现的? 又是怎样指导土地利用规划的? 本节将对这些问题进行系统研究。

6.2.1 区域生态调查与分析

1.生态调查的内容

生态调查是"生态管护"的先决条件,一个完整的生态调查反映了区域生态的现状、发展过程以及生态的决定因素等内容,同时通过生态调查获取的信息和资料也将成为协调土地利用与自然演进的基础①。

生态调查的主要目标是收集规划区域的各方面资料和数据;其目的是了解规划区域的生态结构和生态过程、生态潜力以及社会文化状况,建立完整的系统化资料库,从而获得对区域生态系统的整体认识,为后续的土地利用规划设计奠定基础。根据资料获得手段方法的不同,可以分为搜集历史资料、实地踏勘和社会调查等方法。这些资料包括生物与非生物成分、生态过程及与之相关联的生态现象、人类对生态的影响结果和程度等。具体内容如下:

①自然地理要素

地质要素:基岩层分布、土壤类型、土壤类型所占比例、土壤的物理化学性质(主要包括土壤的密实程度、土壤的透水性、土壤的透气性、土壤的肥力等)、土壤的生产力、土壤的稳定性、土壤的退化情况等;

---

① 杨东辉.生态背景与生态城市.规划师,2005 年,第 10 页

水文要素:河流及其分布、地下水、地表水、洪水、侵蚀和沉积作用;

气候要素:温度、湿度、日照、辐射、盛行风向、风频、降水、降水量及其影响范围、暴雨、台风、暴风雪、最大冻土深度等;

生物要素:生物群落,主要植物、鸟类、陆生动物、水生动物、昆虫种类及分布等、物种密度、特有物种比例、景观单元总数、不同景观单元比例。

②地形地貌因素

土地构造:水域、陆地外貌、地势分析、地貌类型及分布;

自然特征:自然景观类型、自然景观特色、景观价值;

人为特征:行政区界、交通设施、各种建筑设施、市政设施。

③社会文化因素

社会环境因素:规划区财力物力、人口总数、人口结构、就业状况、城市建设发展历史、附近区情况等;

经济因素:行政范围、分区布局、环境质量标准等;

政治及法律约束:土地价值、税收结构、地区增长潜力等。

2.土地的生态评价

土地的生态评价一般包括生态因子评价、生态适宜度评价、土地建设的经济性评价等。而土地的生态评价方法最早起源于美国规划师麦克哈格所确立的"叠图"分析方法。他认为区域土地利用应当满足双重的目标:既要保证至关重要的自然演进得以进行,又要把不适合于建设用地的土地留作别用,以减少自然剧烈变化而产生的危害。

(1)生态因子评价

生态因子评价是在生态因子现状调查的基础上,根据生态系统的特点,运用生态学、环境科学的理论和方法,选取研究目标区域土地利用最敏感的因素,并逐一对各生态因子的现状及相关资料、时空分布进行分析研究,评述该因子对规划区的影响与作用,为区域生态环境的维护与管理、区域开发决策的制定和已被破坏但重要的生态区域的恢复,提供依据[1]。不同的区域生态因子的选择是有差别的。通常情况下,下列生态

---

①　乔欣.经生态优先原则引入城市用地评价初探.重庆建筑 2004 年增刊,第 33～36 页。

因子对土地利用规划的影响较大：地质因子、地形地貌因子（高程、坡度、坡向等）、气象因子、河流水系因子（包括地面水、地下水、洪水位）、植被绿地因子、生态敏感区因子、景观因子（包括自然和人文景观）、城市配套设施因子（交通、公建、市政设施）等。

在特定区域的生态因子选择过程中，可以选择其中对该区域发展影响最大的某几个因子。如选择地貌特征、高程、坡度、生态敏感性、等因子对用地进行分析与评价。

(2)生态适宜度评价

生态适宜度，是指特定区域生态环境现状对特定土地用途的满足，反映了该类土地利用的生态和谐性。土地利用的适宜度评价是从土地利用需要与土地质量相匹配的程度，揭示具体土地利用用途的现实可能性。区域用地生态适宜度评价，就是根据区域建设的生态学需求，分析区域土地自然属性所决定的特征对区域发展需求满足的程度，从保护和建设良好的区域生态环境角度出发来认识区域用地对区域生态环境的影响，给出区域发展与土地生态特征相匹配的区域发展空间布局意向，协调区域发展过程中的人地矛盾，创造和谐的人居环境模式[①]。

由于区域土地利用与生态环境之间存在复杂的动态反馈关系，不同土地利用方式有不同的生态环境需求，对于某一具体的土地利用方式，其生态需求条件便会构成一个多维的需求空间，称之为"需求生态定位"，而区域生态环境现状则构成其对应的供给空间，二者之间的匹配关系就成为表征区域土地利用与生态环境关系的重要指标，其度量可以用生态适宜度来估计。当区域生态环境完全满足土地利用方式的需求时，令生态适宜度为1，完全不满足土地利用需求时，生态适宜性为0。

根据生态环境因子的不同属性，可将土地利用方式对生态环境的要求分为3类。第1类生态环境因子必须满足某一最低标准，此后越丰富越好，如土壤有机质的含量；第2类为在供给范围内存在一个适宜的区

---

① 沈虹，肖青，周正明.区域环评中生态适宜度分析指标体系的探讨.安全与环境学报，2005年第2期，第30～33页

间,供给过多过少都将成为限制因素,如农业用地对环境温度的要求、对土壤水分的要求等;第 3 类为现状值越少越好,如地质等自然灾害。对此,可根据模糊数学隶属度来估计其生态适宜度[①]。

对于第一类需求情形,有:

$$X_i = \begin{cases} 0 & \text{当 } S_i < D_{i\min} \\ \dfrac{S_i}{D_{iopt}} \times R_i & \text{当 } D_{i\min} < S_i < D_{iopt} \\ R_i & \text{当 } S_i < D_{iopt} \end{cases} \qquad (6.1)$$

对于第二种需求情形,有:

$$X_i = \begin{cases} 0 & \text{当 } S_i \leqslant D_{i\min} \text{ 或 } S_i \geqslant D_{i\max} \\ \dfrac{S_i - D_{i\min}}{D_{iopt} - D_{i\min}} \times R_i & \text{当 } D_{i\min} < S_i \leqslant D_{iopt} \\ \dfrac{D_{i\max} - S_i}{D_{i\max} - D_{iopt}} \times R_i & \text{当 } D_{iopt} < S_i < D_{i\max} \end{cases} \qquad (6.2)$$

对于第三种需求情形,有:

$$X_i = \begin{cases} 1 & \text{当 } S_i \leqslant D_{i\min} \\ 1 - \dfrac{D_{i\max} - S_i}{D_{i\max} - D_{iopt}} \times R_i & \text{当 } D_{i\min} < S_i \leqslant D_{iopt} \\ 0 & \text{当 } S_i \geqslant D_{i\max} \end{cases} \qquad (6.3)$$

式中,X_i 为 i 中生态环境因子的生态适宜度性指数,S_i 为 i 因子现状的测度,D_i 为某种土地利用方式对 i 因子要求的测度,$D_{i\min}$ 为 i 因子要求的下限,$D_{i\max}$ 为土地利用对生态环境因子 i 需求的上限,D_{iopt} 为 i 因子最理想值,R_i 为 i 因子风险性测度,可以用保证率来表示。

上述公式表明,任何一种土地利用方式的实现都受到多种生态环境因子所构成的需求生态位的约束。根据谢尔福德限制性定律,任何一个生态因子在数量或质量上不足,都会使该种生物衰退或不能生存[②]。显

---

① 欧阳志云,王如松,符贵南.生态适宜度模型及其在土地利用适宜性评价中的应用.生态学报,1996 年第 2 期,第 114~120 页

② Odum EP.,Fundamentals of Ecology,Philadephia PH. A. Saunders Company Press,1971

然,这一定律也完全适合用来分析区域土地利用与生态环境之间的关系,即当任何一种现状生态环境因子在数量或质量上存在缺陷,从而使该因子生态适宜度为 0 时,整个土地利用方式的生态环境适宜度也会变为 0,也就是所谓的"木桶效应"。根据此原理,可以用以下公式估计多维因子约束的土地利用方式生态适宜度:

$$X_j = \left(\prod_{i=1}^{n} X_{ij} \right)^{\frac{1}{n}} \qquad (6.4)$$

式中,X_j 为区域第 j 种土地利用方式的生态适宜度;X_{ij} 为区域第 j 种土地利用方式第 i 生态因子适宜指数。

生态适宜性评价结果将引导和控制区域土地利用的建设与开发。其作用主要表现在:第一,对区域可建设用地和不可建设用地的界定;第二,对具体地块的开发强度和容量进行控制;第三,根据土地的适宜度状况确定土地利用性质和最优的开发用途。

通常情况下,根据生态适宜性评价结果,可将区域用地分为禁止建设区、不宜建设区、控制建设区、引导建设区和优先建设区 5 级,并对每一种分区结果进行区域生态适宜度分区建设控制。

①禁止建设区:禁止在该区内进行有损生态环境、历史文脉的各种活动;推进生态建设,加强管理力度,创造适宜于生物群落发展的生态环境控制区;

②不宜建设区:严格控制建设活动,以保护自然生态为主,可适当地降低利用强度,建筑体量不宜过大,尽量结合生态建设使之成为区域生态建设区和供市民游憩的开放绿地空间;重点对生态格局影响重大的线(廊道)或点(斑块)进行建设或生态修复;

③控制建设区:在该区周围可划出一定范围的用地作为生态安全区,并严加控制;区域内其余用地建设不宜过大过密,形成相对集中但整体分散的发展模式;

④引导建设区:该区开发需合理引导,控制建设规模和强度,尽量与绿地系统结合,引入生态开发方式;位于城镇边缘的该类用地可作为城市发展的备用地;

⑤优先建设区：首先应明确优先建设区的功能分区，对其进行生产、生活功能的划分；同时，在规划和建设过程中加强对"容量"的研究，防止透支环境容量的过度开发；最后，开发过程注重优先美化区域环境，使区域土地利用过程与区域生态环境生长过程相协调。

（3）土地建设的经济性评价

土地建设的经济性与土地的自然属性密切相关，涉及地形、地貌、地质、地表坡度、土地承载力、地质灾害分布、水文条件、气候条件等相关因素，也受人类社会的科技发展、经济状况的影响，它从"投资—回报"的角度，决定某种类型的土地对于区域建设活动本身而言，是否经济与合理，重点是评估建设活动本身的经济性。

土地建设的经济性评价的最终目的就是争取在保障最低限度影响自然生态环境的前提下，寻求比较经济的区域土地利用开发与建设方式。对土地建设的经济性评价通常是利用综合评分法计算土地建设的适宜度，并根据综合评分，把建设用地分为以下几类：

①适宜修建的用地（A 类）：是指地貌平整、坡度平缓、地质条件良好、不受洪水淹没的地段。这类用地一般不需要或只采取简单的工程整备措施就可以修建利用。

②需采取一定的工程措施加以整治才能修建的用地（B 类）：是指某些局部自然要素限制较大，采取一些工程量不大、投资不高的措施即可改成适用地的地段。

③不适于修建的用地（C 类）：指多数自然要素限制较大，或某些对该规划地段相对重要的自然要素极为不利的地段。在区域空间中，这类用地可以通过改变其使用方式达到合理利用的效果。如陡坡山地可以改为公园和休憩地，低洼谷地可以改成水面或湿地。

（4）遥感技术（RS）与 GIS 的运用

遥感技术（RS）是一门应用日益广泛的高新技术。遥感获取的地理信息相当丰富，如陆地和资源卫星可以提供陆地表面的地质构造、岩性、地表水、地下水、植被、土地覆盖与利用、环境生态效益等直接或间接的多种信息。而多平台、多时相的各种遥感数据，既包含着自然资源的空间分布和生态环境状况,又包含着山区城镇和经济发展现状信息,是山区城镇和经济建设研究的理想信息源。

地理信息系统(GIS)的根本思想是将各种形式的空间数据与各种数据处理技术结合起来,在计算机软件的支持下,进行空间数据的分析处理,将相关的生态环境、经济、社会等各个方面的因素考虑在内,使得土地利用的生态评价更加完整、综合。由于 GIS 具有处理大量数据和极强的图形显示、输出功能,因而应用 GIS 进行土地利用规划是一种新的发展趋势;GIS 也是土地综合生态分析与评价强有力的工具和技术手段。

6.2.2　生态敏感度分析以及生态敏感区保护

生态敏感度分析是指通过生态调查和生态评价,根据不同生态因子对于整个生态系统的作用和敏感程度,确定不同生态因子的权数,加权得出不同区域的权重,划分不同区域的生态敏感等级,通常生态较为敏感的区域为生态因子较为集中的区域①。

生态敏感区是自然界最薄弱的地带,也是自然灾害经常发生的地方。因此对土地进行生态保护首先就要对生态敏感区进行保护。近年来许多自然灾害是由于人类对自然敏感区土地不恰当利用而造成的后果。可持续发展观认为:洪水、飓风等自然灾害是自然发生的,它们本身并不具有很大的危害性,只有当我们在它们的通道上建设构筑物和居住场所的时候,它们才会变成"危害"②。

生态管护要求土地利用规划能够从自然的角度来理解其所承受的自然压力和危害,并以生态的方式来调整土地利用与自然的关系。这就要求在土地利用规划中,尽量避免把城市建设在洪泛平原、陡坡、潜在的山体流失地区及被强侵蚀的海岸地带。同时洪泛平原作为自然的一部分,应该发挥其自然行洪空间的功能,这就要求我们合理规划洪泛平原,恢复其自然演进的过程。

6.2.3　土地和开放空间的保护和管理

在中国,许多地区规划管理上的随意性较大,在利益的驱使下导致区

---

①　乔欣.经生态优先原则引入城市用地评价初探.重庆建筑 2004 年增刊,第 33～36 页
②　查理德,瑞吉斯特.生态城市——建设与自然平衡的人居环境.社会科学出版社,2004 年

域开放空间被各类开发所占用,自然土地和开放空间得不到很好的控制和管理,区域中的开放空间越来越少,自然土地也受到严重破坏。

开放空间的保护是建立在区域生态调查、环境影响评估等技术分析之上的。在美国,对保护有价值的开放空间和自然土地通常采用两种方式:①政府出资购买。同国家总体发展战略一致,地方政府可自行制定土地存放战略,并通过购买相对大量的土地来增加土地的储存量。[①] 首先,允许在现有发展区进行扩展,同时通过销售可发展用地来购买相对外围的土地资源,然后再将其向外围逐渐释放。通过这种方式,政府可获得或部分获得土地的最终增长值。例如:美国弗吉尼亚西海岸的自然资源管理局(TNC)应用土地存放战略购买了属于自然敏感区的海边土地,并对其制定了有限发展计划,同时通过契约来限制未来的发展。旧金山湾的半岛开放空间也是这一计划的一部分,这里大部分都是自然敏感地区、陡坡和地震带,因此,政府制定了一个年度评估计划来保障沿岛脊的开放空间。②转移发展权策略(TDR)。TDR 代表另一种规划手段,并被越来越频繁地用来保护增长边界之外的土地。例如:美国新泽西州 Pineland 是一个大约拥有一百万英亩土地的地方,它包括一个自然的栖息地和一个镇。它的综合管理规划是由 Pineland 规划委员会来制定的,并按照一系列土地容量类型来分类。在不同的容量区域运用不同的发展限制手段和执行标准,其中心思想是指导城市发展向现有的村庄、乡镇和指定的发展中心扩展。该规划的内容之一是划分保持区(Peservation Area)和发展区(Sending Zone),其中一块约 33700 英亩的土地只发展与资源有关的行业,如林业和农业。虽然这一区域不允许进行住宅等城市建设,但它的土地拥有者有向现有城镇和增长中心转移发展许可的权利。土地所有者拥有可以向发展商出让的许可证,发展商可以利用许可证在城镇发展中心的接受区(Receiving Zone)增加密度。一旦转移完成,在保持区的发展限制也随之完成,从而阻止了保护区未来的发展。

---

① 王洪涛.德国的土地与开放空间政策——资源保护策略.国外城市规划,2003 年,第 40~42 页

对土地和开放空间的管理,必须由政府牵头,并制定相关的法规进行严格控制。从而有效地减少土地资源的消耗;优化土地利用方式,提高居住密度和实现城市功能的整合;在数量和质量上,对居住区的扩张进行平衡和调节,防止土地浪费。

区域的开放空间不能只是简单的预留,还需要对其进行日常的维护和合理的开发利用,使开放空间能真正服务于大众,成为区域生活中不可缺少的部分。土地是区域最大的资源,对自然土地的控制不能是简单的硬性约束,而应当加强引导,制定科学的区域发展模式和区域空间拓展方向,从而合理利用和高效开发区域拓展方向上的土地,保留其他区域的基本农田、水域和生态绿地。

6.2.4 对区域规模和增长容量的控制

区域发展对自然生态造成破坏的重要原因是区域中城市无休止的蔓延,这种蔓延不仅侵占了大量的自然土地,割裂了土地自然系统的整体性,同时也减少了城市未来发展的机会。在城市生态学中,一个生态性的城市首先应该是一个能最大限度地利用城市的空间资源、较少消耗自然土地的场所。因此,为控制城市无止境的蔓延,区域必须采取有效的办法来管理未来的发展用地,并确保它在既定的空间范围内满足需要,同时满足一定的交通及其他的城市设施要求。在区域规模和增长容量的控制中城市人口容量、土地承载力、土地的生态敏感性是主要因素。

1. 城市人口容量

城市人口容量,指一个城市(包括城市生态系统和城市社会经济系统)能够支持多少人生存的潜力。影响、制约城市人口容量的因素很多,每一个因素对城市人口的支撑量都有自己的取值范围。根据不同的定义和研究目的,人口容量的研究方法也不尽相同。目前,国内采用的研究方法主要有以下几种:

①单因子分析法。此种方法一般把人口容量理解为最大负载能力,根据农业生产所提供的粮食或某种资源的食物生产能力进行环境人口容量的估算,尤以依据粮食生产进行估算的方法应用最为广泛。此方法考虑的因子较少,操作简单,在人口容量估算时应用较多。但此法没有考虑

到人口对农业生产或资源利用的反馈以及农业的投入与整个经济相关部门间的反馈作用，因而是一种非常粗略的估计方法。

②土地资源分析法。这是联合国粮农组织在 1979 年召开的《未来人口的土地资源》专家咨询会议上提出的研究方法。它以土壤评价为基础，依据资源、生态特点划分出不同的农业生态区，并给出各类农业生态区的三种农业产出水平（低、中、高），根据各种作物的不同要求求出各种作物的产量并换算成蛋白质及热量，然后再与每人每年需要的蛋白质与热量进行对比，即得出环境人口容量。对草地畜牧业也以同样方法换算。

③资源综合平衡法。1973 年由澳大利亚的研究者提出并得到广泛应用。这种方法综合考虑土地、水、气候资源等因素，避免了单因子分析法的某些不足。通过分析各种环境资源对人口发展的限制，利用多目标决策分析，进行综合研究，从生态系统角度全面进行估算，从而得出比较精确的结论。

④投入产出法。这种方法以投入产出技术为手段，根据农业生产的劳动力、水、肥等实际投入状况及其发展趋势，推测土地的现状及未来生产潜力，从而计算土地承载力。这种方法考虑了实际生产情况，因而更接近实际，对预测一定时间尺度的土地生产能力表现出一定的可信度。

⑤系统动力学方法。这一方法最先由罗马俱乐部创立，并在《增长的极限》一书中用于研究人类的未来。1984 年苏格兰的资源利用研究所首次将其应用到环境人口容量的研究中。它基于联合国教科文组织提出的环境人口容量的定义，综合考虑人口、资源、环境、社会经济发展之间众多因子的相互关系，建立系统动力学模型，通过模拟不同发展战略，得出人口增长、资源承载力与经济发展相互间的动态变化及其发展目标。此法能把包括社会经济、资源和环境在内的大量复杂因子作为一个整体，对一个区域的人口容量进行动态的定量计算，这是其他方法所不及的。而且这种方法能模拟各种决策方案的长期效果，并对多种方案进行比较分析而得到满意的方案，与优化有同等的效用，是目前为止是区域人口容量研究较为先进的方法。

2. 土地承载力

土地承载力是指在一定时期,一定空间区域,一定的社会、经济、生态环境条件下,土地资源所能承载的人类各种活动的规模和强度的限度,一般分为超负荷、满负荷、容量小、容量大四个等级。控制区域的合理规模和容量最具有约束性的因素就是土地承载力。

在土地承载力的概念中,体现着相互关联的多重规定。其一为持续性,即保证土地承载力在时间上的持续和稳定;其二为稳定性,即维持生态系统或环境的稳定和持续,是保证土地承载力持续、稳定的基础和前提;其三为阈值性,即土地承载力是一个以生态系统稳定性为前提,或为环境稳定性限制的最大值;其四为动态性,即土地承载力可随技术、投入的变化而变化;其五为平衡性,即具一定消费水平的人口或一定强度的人类活动规模要同土地资源的支持力也即环境保持平衡,这是土地承载力质的规定,而与土地资源支持力或环境保持平衡的人口或人类活动规模,则是土地承载力量的展现。

土地承载力的计算是个复杂的过程,总的来说可分为两部分,一是根据"一定的生产条件"计算土地生产潜力;一是在第一步完成的基础上根据"一定的生活水平"计算出土地资源承载人口的数量,即土地资源承载力[①]。

3. 土地利用的生态敏感性

生态环境敏感性是指生态系统对各种环境变异和人类活动干扰的敏感程度,即生态系统在遇到干扰时,生态环境问题出现的概率大小。[②] 生态敏感性分为生态环境质量敏感性和生态环境功能敏感性两类。生态环境质量敏感区是指对人类活动反应强烈,容易发生恶化,扰动后不宜恢复的区域,该区域主要包括山体及边坡地区、水环境容量狭小地区和河湾冲沟地区。生态环境功能敏感区是指这一区域的环境质量的高低将对区域的自然—经济—社会复合生态系统产生重大影响的地区。

---

① 郭秀锐,毛显强.中国土地承载力计算方法研究综述.地球科学进展,2000年第6期,第706页

② 刘康,欧阳志云,王效科.甘肃省生态环境敏感性评价及其空间分布.生态学报,2003年第12期,第2717~2718页

　　目前关于区域生态敏感性分析的研究主要有两种框架:①基于区域生态环境问题的形成机制而建立的研究框架。此方法是在明确区域主要生态环境问题的基础上,根据这些生态环境问题的形成机制,选取导致形成这些问题发生的生态环境因子作为评价指标,设定权重,分析某一具体生态环境问题的生态敏感性区域分异规律;然后,对多种生态环境问题的敏感性进行综合分析,明确区域生态环境敏感性的分布特征,划定生态敏感区;最后,根据各生态敏感区的具体特点设定空间管制的措施,避免因不当的人类活动引发生态环境破坏。②基于区域内某些生态实体生态功能特殊意义与脆弱性而建立的框架。此方法认为,在任何一个具体的区域生态系统内总是存在对区域整体生态安全与系统稳定其关键作用的特殊生态要素与实体,它们的好坏决定了区域内生态环境质量的好坏。从空间布局来看,这些生态要素与实体一般分布在两种或两种以上不同生态系统的结合部,景观差异明显,类型冲突激烈,具有内在的脆弱性。因而,可根据不同的功能类型和性质差异将其划分为生态敏感区,对此进行保护。根据此框架,生态敏感性分析的过程实质就是对影响区域生态系统稳定的关键生态要素进行识别的过程,也是显化区域生态格局、优化区域生态功能分工的过程,与区域景观安全格局的识别具有内容上的重叠性。

　　一般在生态调查的基础上,通过生态环境评价,可以把区域土地利用分为四类生态敏感区[①]:

　　①最敏感区:包括河流及其影响区,森林保护区。该区域生态价值高,敏感度最高,开发建设最易对区域内生态系统造成严重破坏,应给予重点保护,区域建设应远离该区。

　　②敏感区:自然地形复杂,植被较好,种类繁多区域。对人类活动敏感度高,对维护一类敏感区的良好功能及气候环境等起重要作用,开发必须慎重,要尽可能保护。

　　③低敏感区:可承受一定的人类活动干扰,但严重的干扰会产生水土流失及相关的自然灾害,生态恢复慢,开发建设要适度。

---

　　①　黄光宇,陈勇.生态城市理论与规划设计方法.科学出版社,2002 年

④不敏感区：平地上的旱田及农田区域、城市建成区，可承受较高强度的开发建设，土地可做多用途开发。

4. 土地利用的生态系统阈值

区域生态系统阈值包括规模阈和配比阈两类。规模阈是一个区域生态系统对人类活动规模最大的承受能力，可以用生态环境容受力来表示；它是区域生态环境对人类活动"量"的约束，是整个约束的基础，也是区域系统功能层面上决定约束土地利用的核心环节，决定着土地利用与生态环境的和谐关系。配比阈是区域生态系统内部各要素之间比例变化关系的容忍程度，它是区域生态环境对人类活动"质"的约束，在特定的情况下可以通过不同"质"型的量比来体现。在此，只对规模阈值的约束作用进行评价。

所谓土地利用生态系统规模阈评价，是指从区域生态系统功能的角度出发，对目前土地利用系统规模与强度是否超出生态环境容受力的结果进行评价，从而为区域可持续发展状态的测算、土地利用规划的调控提供依据。但从目前研究成果来看，土地利用生态环境容受力作为一定社会、经济、技术条件下区域生态环境对土地利用和人类需求的满足程度，包含社会、经济、自然等各项因子，同时又受到资源禀赋与环境容量的双向约束，因此，可以从生态系统功能平衡的角度需求入手。目前评价生态用地阈值的方法主要是基于生态足迹的生态用地评价方法。

生态足迹分析法作为通过研究满足人类消费所需的消费性用地的供需状况，来推测区域可持续发展程度的系统方法，很早就得到了学术界的广泛认同。它的计算基于两个基本假设：第一，人类可以确定自身消费的绝大多数资源及其产生的废物的数量；第二，这些资源和废弃物流能折算成提供相应资源与环境功能所需要的生物生产土地面积。[1] 其计算公式为：

$$EF = N \times ef = \sum_{i=1}^{n} \gamma_i \left[(P_i + I_i - E_i)/p_i \right]$$

式中，EF 为总生态足迹，N 为总人口，ef 为人均生态足迹，i 为人

---

[1] Ress W E, Wackemagel M, "Urban ecological footprints: Why cities can not be sustainable and why they are a key to sustainablility", Environmental Impact Assessment Review, 1996, pp. 224—248

类所消费的商品及投入的类型,P_i 为第 i 种消费项目的年产量,I_i 为第 i 种消费项目的年进口量,E_i 为第 i 种消费项目的年出口量,γ_i 为第 i 种生物生产性土地面积的均衡因子,p_i 为第 i 种消费商品的区域或地方平均生产能力。

生态承载力(ecological capacity)也称生物承载力(bio-capacity),它是指在不损害生态系统的生产力和功能完整性并且保证实现可持续利用的前提下,最大资源利用和废物消化的量,即区域内部的生物生产性土地的供给数量,它是区域生态环境容纳力的重要体现,计算公式为:

$$EC = N \times ec = N \times \gamma_i \varphi_i [ae_i / N]$$

式中,EC 为生态总承载力,ec 为人均生态承载力,γ_i 为均衡因子,φ_i 为产量因子,ae_i 为第 i 种生物生产性土地总面积,N 为总人口。

当一个地区的生态足迹大于生态承载力时,称为生态赤字;反之,称为生态盈余。生态赤字表明该区域的人类负荷超过了其生态环境的容纳力,该地区要满足其人口在现有生活水平下的消费需求,要么从地区外进口欠缺的资源以平衡生态赤字,要么通过过度消费自然资本来弥补供给的不足,但此方式是不可持续的。生态盈余则表明该地区的生态容量足以支持其负荷,该区域的消费模式具有相对可持续性。

6.2.5　区域生态景观架构的建立与优化

生态景观架构是一个区域的三维网络生态景观系统,是运用生态学、景观学的方法,通过界定和改造某些区域,形成区域土地利用的生态景观背景和前提,与北京大学俞孔坚教授基于维护自然生态安全提出建立生态安全格局的概念基本一致,但此概念更强调对自然环境的优化和改造,即根据地貌和环境特征,在需要的情况下对某些区域的生态和景观特征进行强化,使之满足区域的生态环境改善需要。

架构由若干生态和景观性的区域结构性要素构成,山体、水面、沟谷以及植被良好的区域,以至农田都可能成为生态景观架构的组成要素。在规划工作之前,首先需要详细调查和研究区域的自然地理状况。前期调研工作的重点在于挖掘和发现那些有保护和利用价值的自然要素,在若干要素中选择结构性的有利于构成生态景观架构的部分,进行科学的组织和整理,使之形成一个系统的三维的网络架构。另外区域内需要保护的历史文化的遗址也应当作为景观因素纳入架构的考虑范畴。

6.3 天津市土地利用生态管护分析

1998年的特大洪灾给我国的环境保护、生态建设敲响了警钟。国家对生态建设和环境保护的重视达到一个前所未有的高度。在未来的2005－2020年间,我国生态建设和环境保护将面临一些新的形势和严峻的挑战。在新形势下,如何既保障经济社会发展的土地需求,促进经济社会的全面发展,又兼顾环境保护和生态建设,改善生态环境,促进社会的和谐和可持续发展,给土地利用和土地管理提出了新要求,也对新一轮土地利用总体规划修编提出了新的要求。在这样的大背景下,国务院办公厅转发《国土资源部关于做好土地利用与生态环境建设问题》作为土地利用重大问题之一,要求在修编前期工作中对此进行深入调查研究,提出解决问题的措施和建议。

天津市正处于经济社会发展的黄金时期,强烈的土地需求将会对土地利用的强度、方式、规模、布局等造成深远的影响。再加上天津市的生态环境本来就不容乐观,生态环境建设压力巨大。因此,对天津市进行土地生态环境的研究,在"生态管护"原理下,提出土地利用规划对天津市的经济发展与生态建设有重要的意义。本节分为两部分,分别对天津市生态、环境和资源的状况、天津市土地利用与生态环境关系分析及天津市土地利用模式发展方向进行说明。

6.3.1 天津市生态、环境和资源状况分析

1. 生态环境现状和问题调查分析

(1) 天津市生态环境存在问题分析

① 土壤侵蚀

天津市水土流失主要分布在蓟县,按土壤侵蚀类型、程度、特点、危害和发生发展规律可以分为三个区域。东部于桥水库周边地区,水土流失面积139平方公里,占总面积的42%;北部中低山区,水土流失面积143

平方公里,占总土地面积的 72%;西部、南部低山丘陵区,水土流失面积
177 平方公里,占本区总土地面积的 70%。

②土壤盐渍化

全市盐渍化土地面积 783000 公顷,其中:轻度盐渍化(0.1%—
0.2%)面积约为 314800 公顷,中度盐渍化(0.2%—0.4%)面积约为
275400 公顷,强度盐渍化(0.4%—0.6%)面积约为 67800 公顷,盐土(>
0.6%)面积约为 125000 公顷。盐渍化耕地总面积约为 291714 公顷,其
中,轻度盐渍化面积约为 171943 公顷、中度盐渍化面积约为 76523 公顷、
强度盐渍化面积约为 30804 公顷、盐土(>0.6%)面积约为 12444 公顷。
盐渍化耕地主要分布在宁河县、静海县、津南区、大港区、塘沽区和汉沽
区,其他地区也有一定面积的分布。

③土地沙化

天津沙区总面积 181 278 公顷,其中沙化土地 25 697 公顷;沙化土地
中半固定沙地 1 558 公顷,占沙化土地的 6.1%;在固定、半固定沙地中,
乔木固定沙地 11442.6 公顷,占 95.8%,草类固定沙地只有 498.4 公顷,
仅占 4.2%;固定沙地 10 383 公顷,占沙化土地的 40.4%;沙改田 13 757
公顷,占沙化土地的 53.5%。全市没有流动沙地。

④地面沉降

天津市自 1959 年发现地面沉降以来,沉降值逐年增加,到目前为止,
沉降的累计最大值达 2.83m,沉降范围约 730000 公顷,占辖区面积的
61.24%,形成了市区、塘沽、汉沽、大港及海河下游地区等几个沉降中心。

⑤农业污灌造成土壤污染严重

由于缺水,农民不得不采用污水灌溉,污水灌溉面积约为 234032 公
顷,其中直接利用污水灌溉约为 114882 公顷;间接利用污水灌溉约为
119150 公顷。全市污染的土地 177657 公顷,主要分布在中心城区附近
和海河沿岸两侧。其中轻度污染的土地 147758.36 公顷,中度污染的土
地 23179.19 公顷,重度污染的土地 6719.45 公顷。在这些污染的土地
中,包含 55049.02 公顷的耕地,占全市耕地面积的 12.4%,其中轻度污
染的耕地 45622.47 公顷,中度污染的耕地有 7133.17 公顷,重度污染的

耕地有 2293.38 公顷。

⑥水环境质量差

近年来,从天津市各河总体质量情况看,除引滦入津沿线的水环境和水质较好,供水水质基本达到地面水Ⅲ类标准外,其他河道的水环境和水质较差,大部分河流常年干枯,河流水质及入境水体的水质劣于地面水Ⅴ类标准。

⑦近岸海域污染严重、生物资源逐年减少

2008 年天津近岸海域中未达到清洁海域水质标准的面积约 2650hm², 占天津市所辖海域的 88.3%, 严重污染海域一直呈现增加趋势。天津市近岸海域的生态环境质量破坏主要是由陆域排放造成的, 2008 年天津市有 84.6% 的入海排污口超标排放污染物。而且生物种类、密度和生物量在逐年减少。

⑧城市热岛效应明显增加

近 20 年来,随着城市规模的不断扩大,机动车、空调等人为热源增多,人均绿地减少,湖泊湿地锐减以及城市与郊区地面下垫面结构的差异,致使市区热岛效应显著。市区平均温度比周边地区高 0.5℃—2℃, 湿度低 2%—8%, 地表辐射少 15%—20%, 风速小 20%—30%。

(2)天津市生态系统特点

天津市地处华北平原东北部,北依燕山,东临渤海,总面积为 1191970 公顷。地势北高南低,呈现由蓟县北部向南、由武清县西部永定河冲积扇向东、由静海县西南的河流冲积平原向东北呈逐渐下降的趋势。地貌类型主要有山地、丘陵、平原、洼地、海岸带、滩涂等。山地和丘陵主要分布于蓟县北部,燕山山脉南侧,面积约 54000 公顷,是天津市重要的生态屏障和水源涵养地。平原和洼地约占全市土地面积的 95.5%, 均在海拔 20 米以下,其中三分之二地区为低于 4 米的洼地。尤其在滨海地区滩涂,沼泽洼地总面积达到 273000 公顷,天津滨海湿地已成为我国北方乃至亚太地区最重要的候鸟迁徙中转站之一。天津特殊的自然地理条件,使得其生态系统有着其自身独特的特点:

①面积狭小,由南到北纬向跨度不足 2°, 经向跨度仅有 2°。而且除北部小面积山区外,境内无特殊地形因子变化,大气环流及水热条件均无

明显差异,植被地带性变化不明显。

②山区森林面积小,具有重要的生态服务功能。天津山区森林面积主要分布于蓟县北部,面积仅 54000 公顷,但其多年平均地表水资源量 1.90 亿立方米,地下水资源量 0.69 亿立方米,分区水资源总量为 2.59 亿立方米,对天津北部的地表水和地下水的形成起到重要作用。而且,天津重要的引滦枢纽于桥水库就位于蓟县山区,林地对防治水土流失,节流氮磷等污染物,延长水库使用寿命起到重要作用。

③非地带性发育明显,天津市平原占总土地面积的 95.5%,其中三分之二地区为低于 4 米的洼地,由于河道变迁及冲淤关系,使地表起伏不平,加之海潮顶托,排水困难,地下水水位高,土壤盐渍化严重,盐分成为制约植物生长的主要因素。

④水环境剧烈变化,成为影响生态系统变化的最主要因子,人为因素在水资源调控中起主导作用。天津位于海河流域最下游,是海河流域九大水系的入海口,有"九河下梢"之称。随着海河上游水资源过度开发,天津入境水量急剧减少。入境水量由 20 世纪 50 年代 95 亿立方米下降到 90 年代的 10 多亿立方米,导致大部分河流成为季节性河流,湿地大量丧失,引发超采地下水、地面沉降、海水入侵、生物多样性大量丧失等一系列环境问题。由于入境水量不足,输水成为维持天津生产、生活和生态用水的重要途径,河道和湖泊已经成为输水的通道和中转站,人为控制水量对一些水生生态系统起到决定性作用,如七里海、团泊洼等湿地必须依靠人工输水才可以维持。

由以上分析可知,在天津市内,蓟县北部山区森林生态系统主要起着涵养水源、水土保持,截留污染物、维持山区生物多样性的作用;而在平原地区,湿地、湖泊、河流等生态系统起了调蓄水源量、保护生物多样性、降解污染物等功能。不难看出,水资源在天津生态系统的变化中起着决定性的作用,是关键因子,而且这个关键因子在短时期内剧烈变化,是引起湿地减少、地面沉降、海水入侵、生物多样性丧失、生态系统退化的主要原因,而人为因素在水资源的调控中又起主导作用,所以也可以说天津的生态系统是一个半人工、半自然的生态系统。

(3)生态用地现状分析

生态用地指主要功能是维护生物多样性及区域或全球的生态平衡以及保持地球原生环境,并通过维持和改变自身性状,进而对区域或全球自然—社会—经济系统的可持续发展起到支持和促进作用,最终达到增加整个区域或全球系统生产力的自然、半自然或人工的土地利用类型。表6.1 给出了天津市生态用地分类。

表 6.1　天津市生态用地分类及统计

生态用地类型	生态用地子类型	主要功能	构成要素	分布及面积
自然生态用地(包括半自然半人工生态用地)	自然保护区	保护特殊的生态系统和物种	国家和地方各级自然保护区的野生动植物	十个自然保护区;81943 公顷(不包括古海岸与湿地国家级自然保护区缓冲区与试验区面积 940667 公顷和蓟县中上元古界国家级自然保护区的试验区 5407 公顷)
	水源涵养型生态用地	涵养水源、保护水质	乔、灌、草结合的林地生态系统	蓟北山地丘陵;55367 公顷(增加了引滦沿线)
	湿地型生态用地	保护物种多样性和其他功能	天然或半天然湖泊、水体和水生及水陆过渡地带的生物	在天津中部和沿海地区分布广泛;160920 公顷
	荒地型生态用地	保持野生的生态系统	野生生物,盐碱荒地	较少
人工生态用地	防护型生态用地	主要是防护功能	人工培育的乔、灌、草植被	主要分布在生态敏感区和引滦、引黄、引江的输水河道、于桥水库、尔王庄水库、拟建的王庆坨水库;1443 公顷
	城市绿化用地	绿化功能,防护功能,休闲娱乐	人工培育的乔、灌、草植被	公共绿地 8716.6 公顷、铁路、公路行道树、建成区区河道及水面周围的景观绿化带 76000 公顷
	农田林网	防护功能	人工培育的乔、灌、草植被	平原地区农业区
	人工湿地	调解气候、净化污水、调丰济枯等	人工湖泊、水库、河道及其周围的生物	主要分布在天津中部地区

从 2002 年土地利用现状看,天津市生态用地面积 30244.6 公顷,占

市域总面积的 25.4%。但生态用地布局破碎程度较高,很多用地不能起到相应的保护环境的生态功能。具体来看:

①湿地。据市林业局、环保局调查结果表明,天津市湿地总面积180080 公顷,且以河流湿地、滩涂湿地和湖泊湿地为主,湿地类型的多样性也使天津市湿地动植物资源十分丰富,据统计,天津市共有各类湿地动物约 600 种,植物约 400 种。

②自然保护区。天津市现有自然保护区 10 个,其中国家级自然保护区 3 处,市级自然保护区 4 处,区级自然保护区 3 处。即:盘山风景名胜古迹自然保护区、八仙山国家级自然保护区、中上元古界国家自然保护区、天津古海岸与湿地国家级自然保护区、东丽湖自然保护区、港北森林公园自然保护区、团泊鸟类自然保护区、大港湿地自然保护区,武清青龙湾固沙林自然保护区、大黄堡湿地自然保护区。

③林地。2008 年天津市林地面积为 13.44%,森林覆盖率为8.14%,大大低于全国的平均水平。尤其是蓟北丘陵区,其灌木林覆盖非常低,导致较严重的水土流失发生,而且平原区林木基本没有大面积的分布,除宝坻和武清的固沙林自然保护区外,其他地方只有零星的分布。

④公共绿地。2008 年天津市建成区公共绿地率 26.2%,人均绿地面积 8.59m²,相对于其他城市天津市人均公共绿地面积较低,同期上海的绿地率为 41.5%,人均绿地率面积 18.14m²;北京绿地率 37.2%,人均绿地面积 27.72m²,重庆的绿地率为 35.9%,人均绿地面积为 10.03m²。

2.资源供给情况分析

(1)水资源供给情况分析

2008 年,天津市水资源总量共计 18.3 亿立方米,其中地表水资源13.6 亿立方米,地下水资源 5.9 亿立方米,人均水资源量约 159.8 立方米/人。与其他城市相比,天津市的人均水资源情况也较低。同期上海水资源总量共计 37.0 亿立方米,地表水资源 30.0 亿立方米,地下水资源10.2 亿立方米,人均水资源量约 197.5 立方米/人;北京水资源总量共计34.2 亿立方米,地表水资源 12.8 亿立方米,地下水资源 24.9 亿立方米,人均水资源量约 205.5 立方米/人;重庆水资源总量共计 576.9 亿立方米,地表水资源 576.9 亿立方米,地下水资源 88.4 亿立方米,人均水资源量约 2040.3 立方米/人。

①供水现状情况

2009 年全市总供水量 22.92 亿立方米,比上年增加 1.49 亿立方米,增幅 7.00%。其中地表水工程供水量 17.21 亿立方米,比上年增加 1.74 亿立方米;地下水工程供水量 5.71 亿立方米,比上年减少 0.24 亿立方米,其中农业用水量达 12.84 亿立方米,全市人均日生活用水量达 133.5 升/人,工业用水量 4.50 亿立方米,生活用水量 4.75 亿立方米,工业万元产值用水量为 1.87 立方米/万元。

②供用水趋势分析

2002—2009 年全市供水量基本呈现缓慢增长的趋势。总体上看全市用水与供水趋势一致,呈缓慢增长,但城市生活用水量呈快速增长趋势,工业、农业用水呈缓慢增长趋势。

③水资源开发利用现状评价

在地表水开发利用方面,南部地区较北部地区高。南部地区地表水资源量少,大清河一般年份已无入境水量,而已建工程蓄水能力已超过可利用的水资源量,因此该地区地表水资源已无进一步开发的潜力。北部地区地表水资源相对丰富,北运河、潮白河、蓟运河入境水量较多,而已建工程蓄水能力相对较小,地表水资源还有一定的开发潜力。

地下水开发利用方面。北部全淡水区赋存条件好,地下水资源丰富,还有较大的开发潜力。南部地区的浅层地下水主要是咸水区和微咸水区,深层淡水已超量开采,尤其在中心城区及周围地区,滨海地区的塘沽、汉沽、大港和静海县超采尤其严重,必须加以控制和限制开采,已无开发能力。

(2)土地资源供给情况分析

《全国土地分类(试行)(过渡期适用)》将土地分为三大类,即农用地、建设用地、未利用地。根据 2009 年土地利用现状变更调查成果,全市农用地、建设用地、未利用地的面积分别是:农用地面积为 7220.16 平方公里,占土地总面积的 60.87%(其中,耕地面积为 4471.77 平方公里,园地面积为 316.40 平方公里,林地面积为 565.53 平方公里,其他农用地面积为 1866.46 平方公里);建设用地面积 3810.62 平方公里,占土地总面积的 32.13%(其中,居民点及独立工矿的面积为 3057.79 平方公里,交通设施用地面积为219.38平方公里;水利设施用地面积为 533.45 平方公里);未利用地面积为 829.85 平方公里,占土地总面积的 7.00%。

3.天津市环境容量分析

(1)水环境容量分析

天津市地表水共分为 128 个水环境功能区,按照国家环保总局本次水环境容量核算工作的要求及根据天津市的具体情况,进行水环境容量测算的有 98 个水环境功能区,以这其中每一个水环境功能区及其控制的陆域范围为单位,划分了 98 个控制单元,这些控制单元基本覆盖了整个天津市。

以 2002 年为基准年,对全天津市 128 个水环境功能区进行了现状达标评价,除引滦入津水系、引黄济津水系、海河干流水系中部分景观水体能达到功能区标准外,只有东丽湖、黄港一库、黄港二库等水体能达到功能区要求,其余水体综合水质为劣 V 类。并且,在进行计算的 98 个水环境功能区当中,综合水体类别超标占总数的 81%,形势不容乐观。

在全天津市范围内开展了对 6256 家工业污染源以及对各区县城市生活污染源和非点源的调查工作,全市污染物排放量分别为 COD 250802 吨/年,氨氮 32180 吨/年。其中,工业源总废水排放量为 29415.43万吨/年,COD 排放总量为 46677 吨/年,氨氮排放总量为 4946 吨/年;城市生活污染源中,COD 排放总量为 132192.66 吨/年,氨氮排放总量为 12947.71 吨/年,多数进入城市污水处理厂和排污河;非点源中,COD 排放总量为 71933.62 吨/年,氨氮排放总量为 14286.88 吨/年,其中农田径流 COD 和氨氮排放量均占到总数的 94%以上。

天津市 90%水文保证率下的地表理想水环境容量为 COD 排放总量为 140303 吨/年、氨氮排放总量为 6466 吨/年;其中,98 个控制单元的理想水环境容量为 COD 排放总量为 31756.44 吨/年、氨氮排放总量为 1038.47 吨/年,水库的理想水环境容量约为 COD 排放总量为 108547

吨/年、氨氮排放总量为 5427 吨/年。

天津市 75% 水文保证率下的地表理想水环境容量为 COD 排放总量为 175286 吨/年、氨氮排放总量为 7419 吨/年；其中，98 个控制单元的理想水环境容量为 COD 排放总量为 66739.66 吨/年、氨氮排放总量为 1991.22 吨/年。

另外，天津市近岸海域的理想水环境容量约为 COD_{mn} 220000 吨/年、无机氮 22000 吨/年。90% 水文保证率下的水环境容量汇总结果见表 6.2。

表 6.2   天津市 90% 水文保证率下水环境容量汇总表

单位：吨/年

	理想水环境容量		水环境容量		最大允许排放量	
	COD	氨氮	COD	氨氮	COD	氨氮
控制单元	31756.44	1038.47	30340.27	757.05	44858.92	1235.12
水库	108546.80	5427.34	108546.80	5427.34		
地表水合计	140303.24	6465.81	138887.07	6184.39		
近岸海域	220000 (COD_{mn})	22000 (无机氮)				

上游对天津市水环境容量的影响巨大。经估算，入境河流在多年平均流量（采用平均入海量分配得到流量约 20 立方米/秒）下的污染物浓度仅超标 1 毫克/升，上游省市对天津市的污染物贡献量就约为 600 吨/年；而实际监测的情况要远远劣于 V 类地表水标准，从天津市历年的监测结果来看，境外来水 COD 浓度常常在 100 毫克/升左右，超过入境水质标准 60 毫克/升左右，照此估算，境外来水占用了天津市水环境容量约 4 万吨/年。所以，应该严格控制上游来水的污染程度，才能保证天津市水环境容量的合理利用，推进天津市水环境质量的达标工作。

在考虑天津市的水环境容量时，不能忽视污水处理厂的人工再生容量和近岸海域的环境容量。因为这二者所能提供的水环境容量是十分巨大的：天津市拥有 3000 多平方公里的近岸海域，其水环境容量约为 COD_{mn} 220000 吨/年、无机氮 22000 吨/年，如若不考虑这部分环境容量对天津市这样地处"九河下梢"入境水质恶劣的地区来说是十分不公平的;其次,天津市污水处理厂能够提供的人工再生容量也很可观,约为 COD 92654 吨/年、氨氮 3722 吨/年,在分配水环境容量时,应充分考虑积极建设运行污水处理厂提供的巨大人工环境容量的因素。

(2)大气环境容量

根据大气环境容量研究技术报告(如图 6.3、6.4),分别对天津市城区采暖季和非采暖季控制区的 SO_2 和 PM_{10} 达到二级标准限值时的环境容量进行了模拟计算。结果表明 SO_2 达到二级标准的环境容量为:70213 吨,应削减 8448 吨。PM_{10} 达到二级标准的煤烟尘环境容量为:30717 吨,应削减 17906 吨。

表 6.3　SO_2 容量测算结果

单位:吨

	采暖期		非采暖期	
	点 源	面 源	点 源	面 源
现状排放量	27032	10859	39036	1734
允许排放量	25499	3944	39036	1734
削减量	1533	6915	0	0

表 6.4　煤烟尘容量测算结果

单位:吨

	采暖期		非采暖期	
	点 源	面 源	点 源	面 源
现状排放量	27032	10859	39036	1734
允许排放量	11928	5269	12130	1390
削减量	4943	6555	5482	926

6.3.2　土地利用与生态环境的关系

1.土地利用规模、结构和布局对生态环境的影响

(1)城市拓展与生态环境的关系

近些年,天津市城市生态环境逐步得到加强,外环绿化带、武清西北防护林等生态建设也已逐步实施,天津市中心城区绿化面积比 20 世纪 90 年代初期增加近两倍。在生态建设逐步增强的同时,城市边缘区的向外拓展,又给城市周边地区生态环境带来一些不利影响。近年来,由于干

旱少雨以及城市建设等原因占用水面,天津市中心区的河湖水面总面积在逐年减少。据统计,1999 年中心城区河湖水面总面积为 3894 公顷,比1998 年减少了 141 公顷,比 1996 年减少了 444 公顷,房地产业的迅速崛起,使城市的土地迅速增值,城区内及边缘区大片湿地被填埋,许多湿地被开发为城市居民区,如著名的华苑、梅江居民区等。

(2)海河两岸综合开发改造与城市热岛效应

海河的开发改造,使天津的城市面貌得到了极大改善,同时也给周边地区带来了良好的商机。在城市面貌得到改观的同时,由于海河沿岸景观节点生态用地较少,造成这一地区的城市热岛效应有所增加。按照海河两岸综合开发改造规划方案,我们采用美国的 MM5 模式对海河两岸综合开发改造完成后的城市热岛效应发展状况进行了数据模拟预测,预测结果表明:海河两岸综合开发改造完成后,由于受建筑物和人为热释放增多的影响,城市热岛将会得到加强。热岛中心气温升高(冬季 $0.5\sim$ $0.8℃$,夏季为 $0.3\sim0.5℃$),高温中心的范围将有所扩大,同时在海河沿岸的几大开发节点处,城市热岛状况将明显增强,在三岔河口、海河广场、小白楼和南站 CBD 地区有形成新的热岛中心的趋势。

(3)海洋资源的开发利用对生态环境的影响

天津市海洋资源丰富,沿海地区有丰富的石油和天然气资源,这些资源为我市开发利用海岸带提供了良好的基础。沿海地区现已形成了海洋化工、石油化工、港口海运、电子、机械加工、电业、化学纤维等工业部门。伴随沿海地区的发展建设,该地区生态环境问题也日益突出,滨海新区排放污水占入海污水的比重正在快速增长。

大港油田地处渤海湾,它的油气开发始于 20 世纪 60 年代,随着油田生产的不断发展,勘探范围不断扩大,且开发生产已延伸到沿海地区和环境敏感区。在油田生产过程中,油污染已造成该地区环境质量逐步下降,产生油污染的原因主要是:打井过程中会产生含油超标的废泥浆;采油过程中会产生含油污水;在修井试井等井下作业时会排出含油废液;由于管理不善会造成原油跑冒滴漏;石油作业过程中,由于地下压力的变化或其他原因会出现井喷等事故;人为的破坏会造成原油的大量泄漏等。

2. 基础设施建设对生态环境的影响

(1)天津港的开发建设与周边地区生态环境的关系

天津港是我国最大的人工港,目前港口建设日新月异,港口的大部分泊位及码头前沿和货场用地是围海造地形成的。目前已形成三个港区:北疆港区、南疆港区和海河港区。

随着港口地区的开发建设,天津港口的年废水排放量为 260 万吨,主要污染物年入海量:COD(化学耗氧量)174 吨、无机氮 8.8 吨、无机磷 1.32 吨、油类 16.5 吨。由于港口年废水排放量的增加、技术设备的不完善和管理措施薄弱,使得天津港周边地区的生态环境质量下降。随着天津港的发展建设,今后应完善管理措施,加强该地区的生态环境的建设,使港口建设与生态环境协调发展。

(2)水利设施建设对生态环境的影响

解放以来,天津市重视水利设施建设,修建了一些大中型水库,特别是 20 世纪 80 年代以来,引滦工程的建设使天津长期饮用咸水的局面得到了改善。但是有些水利设施工程的建设也给生态环境带来了一些不利影响,如挖渠引水入海、流域上游大范围兴修水库截流导致河水断流等,使湿地的水源补给受阻,由此造成湿地逐年干涸,使得湿地各项生态功能下降。

天津的水域面积由 20 世纪 20 年代占总面积的 45.9% 已经减少到 50 年代的 27.3% 和目前的 17.9%。天津自然湿地占国土总面积的比例在不断减少。

3. 土地开发整理对生态环境的影响

1997 年至 2004 年,天津市累计开发整理土地 20882.73 公顷,被整理区域的生态环境得到大大改善,生态环境效益的提高主要表现在以下几方面:

(1)改善了农田的生态环境

田间林网能够起到降低风速、缓和大风冲击力的作用,保护农作物不受强风的损害;此外,田间林网还起到护路、护渠、防止水土流失和防止农田水利设施受到破坏的作用,充分提高农田保水、保肥性能,改善农田的气候条件。

（2）提高了农田的自然生产力

土地平整、农地保水保肥能力提高、桔梗还田，有利于土壤结构改良，使有机质含量增加；完善的农田水利设施，确保整理区旱涝保收。农田自然生产力提高，有利于农作物的生长。

（3）增强了现有设施的利用率

规划中，充分利用了现有的集雨场、水渠、机井，既节省了投资，又充分发挥了现有设备的作用，节约了自然资源。

（4）田间环境园林化

田间绿化选用树冠优美的树种，充分考虑空间布局的合理性和美观性，树种搭配保证四季常青；标准化梯田整齐划一，农田林网错落有致，构成了一幅别具一格的田园风光图画。田间绿化工程不但美化了农田环境，还考虑到了环保、防病害的要求，选择具有吸纳有害物质、抗虫害功能的树种，可降低因施用农药、使用农机等造成的环境污染，抵抗病虫害，净化空气。

（5）环境保护效应

通过对整理范围内的废弃工矿用地、废弃采砂（石）场、荒草地、裸土地填平整治，将大面积减少水土流失和风沙对农田及村庄的侵害。

（6）节约能源

农田水利工程建设后，渠系水利用系数可达到98.0%，节约了灌溉用水量和提水灌溉的用电量，节约了能源。

（7）农村的生活环境得到改善

土地整理会促进村镇改造建设，村镇的基础设施和环境建设大大加强。通过对各种污染源的防治、发展生态农业、田间绿化等措施，生活环境得到改善。

6.3.3 天津市环境友好型土地利用总体规划方案建议

1.适宜天津市的土地利用模式分析

（1）生态用地布局模式

根据天津市山、水、田、林、海、城分布的特点，制定天津市生态用地布局模式，在北部重点建设蓟北山区林地及水源涵养地，建设四条生态廊道:海河北翼湿地生态廊道、海河南翼湿地生态廊道、津西北防护林生态廊道、蓟运河生态廊道,结合海河开发改造和城市建设发展规划,建设海河都市生态廊道。

重点保护生态用地,禁止开发建设,制定严格的保护措施,在重点保护生态用地外围设置一般保护生态用地,一般保护生态用地可以是传统意义上的生态用地,也可以是具有生态效益的农用地。

(2)都市生态廊道土地利用模式

中部地区尤其是海河沿岸开发强度高,适宜采用快速开发地区的土地利用模式,解决生态用地的不足。森林环围城市、城市环抱森林,城市与自然相融合,是绿色城市、生态城市的基本建设模式。一级河道两岸绿带宽度至少应保持在50~100m,以达到亲水、改善城市景观、保护水域环境的目的。防护带的组织形式也应多样化绿化,市政绿地、湿地、水面、林地、草地、观光型农业种植带,甚至基本农田的各种组合和搭配。各种生态用地之间保证联通,是提升一定面积用地生态效益的重要手段。

(3)西北防风固沙林土地利用模式

在天津西部青龙湾固沙林自然保护区和武清港北固沙林自然保护区的基础上建设津西北防护林带。防护林带的核心是重点自然保护区,属于严格限制开发的特殊保护区域,核心外围的防护林带结合本地的实际情况和保护基本农田的需要,采取农田林网和林果业的方式提高林地覆盖率,以村庄、城镇为绿色节点,以乡村道路为绿色纽带,建立林带的骨干网络;绿化田间沟渠、输水河道、田间道路,因地制宜发展经济价值高的用材林和有特色及市场竞争力的果业,形成独特的津西北防护林用地模式。

(4)北部低山丘陵林、果、粮生态土地利用模式

根据其自然基础条件,在山顶种植生态林,防治水土流失,林区空间分层加以利用,上层发展蜜蜂养殖业,下层种植牧草,人工收割后作牲畜饲料,也可利用林下空地种植中药材,并人工培育珍贵品种,以质取胜,以稀、特占据市场;山腰发展经济林果,石灰岩山区主要以柿树为主,并与畜牧小区共同开发,就地取材,果树枝叶喂养牲畜、牲畜粪便培肥地力,大型的畜牧基地就近开发一些规模较大的沼气工程;山脚缓坡地带经梯田改

造后发展种植业,农作物秸秆发展养殖业或培养食用菌;菌渣再加工成生产饲料喂养牲畜发展牧业,畜禽粪便进入沼气循环。

(5)东部盐碱地土地利用模式

经过淡水冲洗改良的滨海盐碱地,可以栽植葡萄、冬枣。葡萄对水土的适应性很强,盐碱地、砂荒地或山薄地经过适当改良后,都能成功地进行葡萄栽培。汉沽区在盐碱地成功栽种 4 万亩葡萄的基础上,进一步优化土地利用模式。大面积的葡萄树种单一,不利于病虫害的防治,应在灌溉渠道、河流、田间道路和乡村公路的基础上建设生态林带,建成生态林网系统。

在盐碱地上种植冬枣,做到地尽其用,提高盐碱地利用效率。冬枣原分布在河北省黄骅、盐山等瘠薄盐碱地,其对土质要求不严,抗旱、耐盐碱、耐瘠薄,具有适应性强、长势强、萌芽力高、抗病虫能力强、产量高的特点。

(6)南部低洼地土地利用模式

低洼地区的土地利用模式可以借鉴"桑基－鱼塘"模式,在涝洼地,挖地抬土为田,田下为塘。田中种植耐盐碱的苜蓿,苜蓿被誉为"牧草之王",是公认的优质饲料,苜蓿一次种植多年收益,易管理,效益高,同时具有改善生态环境、改良土壤、培肥地力的作用。收获的苜蓿发展牛、羊圈养业,牛羊排泄物发酵产生沼气,可解决农村能源需求,沼渣可还田;塘中可发展鱼、虾、蟹养殖。

2.天津市生态敏感性分区及保护

(1)天津市生态环境敏感区评价

生态敏感性是指在不损失或不降低环境质量的情况下,生态因子对外界压力或外界干扰适应的能力。结合天津市的生态环境特征,生态环境敏感性评价应用了定性与定量相结合的方法进行,在评价中应利用遥感数据、地理信息系统技术等方法与技术手段,分别对天津市土壤侵蚀、土壤盐渍化、土壤沙化和生境进行了敏感性分析。

①土壤侵蚀敏感性评价

土壤侵蚀敏感性评价是为了识别容易形成土壤侵蚀的区域,评价土壤侵蚀对人类活动的敏感程度。我们通用土壤侵蚀方程对天津市土壤侵蚀敏感性进行了分析评价,影响侵蚀敏感性的因子有 4 个,包括降水侵蚀力(R)、土壤质地因子(K)和坡度坡向因子(LS)与地表覆盖因子(C)。

天津市土壤侵蚀敏感性主要分为三个等级,分别为中度敏感、轻度敏感和不敏感。中度敏感性地区主要分布在蓟县、武清和静海三个区域。蓟县主要是由于地形起伏度比较大,导致其土壤易被侵蚀,但由于有林木等植被的适度保护,所以,敏感性没有到达高度敏感和极敏感,大多为中度敏感地区。武清区主要是由于土壤质地中砂土的作用,使其部分地区具有中度敏感性。静海主要是由于砂质地和一年一熟旱地粮作而使其部分地区具有中度敏感性。

②土地盐渍化敏感性评价

土地盐渍化敏感性是指旱地灌溉土壤发生盐渍化的可能性。在盐渍化敏感性评价中,根据发生土地盐渍化的影响因子,采用蒸发量、降雨量、地下水矿化度与地形等因素划分敏感性等级。

由于天津市属于半湿润地区,蒸发量/降雨量没有达到高度敏感和极敏感的程度,故天津市盐渍化极敏感区范围极小,只在塘沽区海河附近有分布。

由于天津滨海低平原区地形敏感度为极敏感,地下水矿化度也属于极敏感等级,所以滨海低平原区为盐渍化高敏感区。

中部平原区地形敏感等级为中度敏感至轻度敏感,因为地下水矿化度低,故盐渍化中度敏感区主要分布于中部冲积平原区。

蓟县山区由于地形敏感等级低,地下水矿化度低,故属于盐渍化不敏感区。

③土壤沙化敏感性分析

天津土壤沙化无极敏感区,高度敏感区主要分布在武清县、北辰区、东丽区和宁河县北。武清为春秋风速最高区,其他地区主要是由于土壤质地较轻。因为天津为冲积平原区,除北部山区外,南部平原土壤质地均较轻,尤以中部最轻。平原区除一些地区植被子覆盖较好,或因有水面没有土壤沙化外,大部分地区为土壤沙化中度敏感区。北部山区不具土壤沙化敏感性。

④生境敏感性评价

生境敏感性是指重要物种的栖息地对人类活动的敏感程度。根据生境物种丰富度，即评价地区国家与市级保护对象的数量来评价生境敏感性。

天津市生境极敏感区有 5 处。主要包括蓟县中上元古界国家级自然保护区（区内有国家一级保护动物金钱豹，二级保护动物豹猫、红脚隼、长耳鸮等 20 多种；黄檗、核桃楸、野大豆等为国家二级保护植物，还有北五味子、猫眼草、地锦草、京大戟等国家保护物种；属天津市级保护的鸟类有 14 种）、蓟县八仙山自然保护区（国家一、二级保护和世界濒危动物有金钱豹、豹猫、雕鸮、红角鸮、领角鸮、长耳鸮、灰林鸮、普通鵟、红脚隼、北鹞鹞等；勺鸡、雀鹰、榛鸡等为国家重点保护动物；属于《中日保护候鸟协定》规定保护的鸟类有三宝鸟、山鹡鸰等 25 种；斑啄木鸟等 10 种鸟类是天津市市级保护鸟类）、盘山自然保护区（区内有国家一级保护动物金钱豹；还有其他多种国家二级保护动植物）、七里海湿地生态系统（国家一级保护鸟类有白鹳、大鸨等，二级保护鸟类有天鹅、鸳鸯等）、团泊鸟类自然保护区（一级保护鸟类有白鹳、黑鹳、大鸨；二级保护鸟类有苍鹰、松雀鹰、猎隼、红脚隼、鸳鸯、大天鹅、疣鼻天鹅、雀鹰、灰鹤、鸮）、北大港水库（有十几种国家一、二级保护物种）。

天津市生境中度敏感区主要有大黄堡湿地生态系统、除七里海湿地生态系统以外的天津古海岸与湿地生态系统、除北大港水库以外的大港古泻湖生态系统。

属于生境轻度敏感区的主要有东丽湖自然保护区和塘沽湿地生态系统。

(2)天津市生态环境敏感性分区

对生态环境敏感性分析的目的是要进行敏感性分区，从而确定各生态环境敏感区应采取的保护措施。按照敏感性评价的结果，本部分分别就生态环境严格保护区、一般保护区、引导控制区和可开发建设用地给出了土地利用模式。

①生态环境严格保护地区

第一，蓟县盘山风景区、八仙山自然保护区、中上元古界自然保护区、蓟县国家地质公园、九龙山国家森林公园。重点的自然保护区,禁止开发建设。

第二,于桥水库水源地、尔王庄水库、引黄济津沿线、南水北调输水沿线、海河干流(外环线以外)。本范围的开发建设要经过有关部门的审批,禁止污染项目的建设。

第三,湿地分为重要湿地和一般湿地。

重要湿地:七里海古泻湖湿地、北大港湿地、团泊洼湿地、大黄堡、东丽湖等。

一般湿地:北塘水库、黄港一库、黄港二库、营城水库、鸭淀水库、津南水库,在这些地区周围 0.5 公里范围内严格控制建设用地。

第四,海岸带(包括滩涂和海域)。天津的海岸带开发强度比较大,对于未开发的地区要加强保护,对于已开发的地区适当的调整用地结构,使其更有利于生态环境的恢复。

第五,中心城区生态保护圈(市内六区、新四区、塘沽、大港城区、北以永定新河为界、南以独流减河为界、包括大港水库、静海团泊洼水库,一直到海边围合的区域,形成城在林中、林在城中、城在水中、水在城中的格局)。

生态环境严格保护地区是生态环境非常重要或非常敏感的地区,严禁破坏性的开发和建设,此类地区的开发项目要经过严格的审批和论证才能实施。

②生态环境一般保护地区

生态环境一般保护地区包括:中型水库、19 条蓄水兼行洪河道、农用河道(接纳再生水为主)及排沥河道。这些地区周围 500 米范围内控制建设用地。

③生态环境引导控制区

生态环境引导控制区包括:小型水库、农田、大型公共绿地周围可发展生态型产业、杜绝污染严重、耗能大的企业。严格控制开发建设用量和建设用地性质,建筑风格宜地区化。

④可开发建设用地

可开发建设用地包括:中心城区、各区县城区、各镇区及中心村。这些地区应根据适度的可开发容量,在不破坏生态环境的基础上进行合理的建设。已有的建设用地应加强环境管理。

(3)重要生态功能保护区

重要生态功能保护区是指在保持流域、区域生态平衡、防止和减轻自然灾害,确保国家和地区生态安全方面具有重要作用的区域。建立重要生态功能区的目的是对这些区域的重要生态功能进行抢救性保护。包括盐碱地、苇地、沼泽地、河流、小型水库、沿海防护林、城镇生态林、交通干线绿化带、公共绿地、农田林网等。

重要生态功能保护区内的林地禁止开垦为农田,也不得擅自改变用途,严禁各类建设占用水土保持林、水源涵养林、防风固沙林及海防林。如必须影响和占用重要生态功能区用地,要进行必要的生态恢复,并在建设前进行环境影响评价,评价的重点一定要包括生态环境影响预测与分析,并提出防护对策。

①自然保护区和风景名胜区

自然保护区类型的严格控制开发用地总面积为 235360 公顷,占天津市国土面积的 7.7%,依据《中华人民共和国自然保护区条例》(1994 年 10 月 9 日)和《风景名胜区管理暂行条例》(1985 年 6 月 7 日)制定相应的土地利用管理措施。

表 6.5 自然保护区和风景名胜区规划

生态用地类型	规划面积
自然生态用地(包括半自然半人工生态用地)	天津蓟县中上元古界国家级自然保护区 900 公顷,天津八仙山国家级自然保护区 5360 公顷,盘山自然风景名胜古迹自然保护区 10600 公顷,大黄堡保护区 11200 公顷、七里海保护区 7854 公顷、黄港水库保护区约 2000 公顷、东丽湖保护区 2200 公顷等及其周围区域;团泊洼鸟类自然保护区 6000 公顷、北大港自然保护区 44240 公顷及其周边区域范围
人工生态用地	港北森林公园和宝坻青龙弯固沙林自然保护区 1443 公顷
总计	91797 公顷

②水源涵养地和水源保护区

水源涵养地和水源保护区类严格控制开发生态用地主要包括北部山

区水源涵养地、王庆坨水库及引江沿线、引滦沿线、于桥水库。

　　水源涵养地和水源保护区的土地开发利用控制措施根据《饮用水水源保护区污染防治管理规定》、《天津市水污染防治管理办法》(天津市人民政府令第 14 号)和《天津市引滦水污染防治管理条例》制定。

表 6.6　水源涵养地和水源保护区规划

生态用地子类型	规划面积
水源涵养型生态用地	(1)北部山区水源涵养地 58500 公顷:(其中包括严格控制开发面积 16860 公顷:天津蓟县中上元古界国家级自然保护区 900 公顷,天津八仙山国家级自然保护区 5360 公顷,盘山自然风景名胜古迹自然保护区 10600 公顷) (2)王庆坨水库及引江沿线:22000 公顷(严格控制开发面积) (3)引滦沿线:6500 公顷(严格控制开发面积)
	于桥水库区:10110 公顷
总计	97110 公顷

③海岸带

　　在此,重点保护的是具有生态价值和开发强度较小或未开发的生态岸线、滩涂与河口湿地,主要是典型的海洋自然地理区域、有代表性的自然生态区域,以及遭受破坏但经保护能恢复的海洋自然生态区域;海洋生物物种高度丰富的区域,或者珍稀、濒危海洋生物物种的天然集中分布区域;具有特殊保护价值的海域、海岸、岛屿、滨海湿地、入海河口和海湾等具有典型性、代表性的海洋生态系统;具有重大科学文化价值的海洋自然历史遗迹和自然景观;其他需要予以特殊保护的区域。

表 6.7　海岸带规划

生态用地子类型	规划面积
滩涂与河口	东部沿海滩涂湿地与河口 44000 公顷
生态保护岸线	陆域津冀北界线至大神堂以东岸线 580 公顷 海滨浴场至独流减河北岸的岸线 960 公顷 油田防洪堤以南至沧浪渠的岸线 920 公顷
总计	严格控制开发面积 46460 公顷

海岸带类型生态用地的限制开发措施如下：以海岸带生态系统特征和自然资源赋存条件为基础，制定海岸带综合开发规划，明确海岸带的功能区划和保护目标，以综合决策和协调管理为原则，明确管理的责任和权利，海岸带的开发建设项目的布局和开发建设目标必须与综合规划相一致。

海岸带资源的多样性和土地资源的多宜性，使海岸带成为竞争性利用的首要冲击目标，因此根据海洋生态系统互相连通和具有一定区域相似性的特点，我们确定了如上的区域，进行生境和生态系统的保护，以期在一定程度上减缓和补偿开发建设活动对海岸带生物多样性的影响。

在海岸带资源开发中应遵循的一般原则是：稀有用途或窄用途优先于一般用途；高经济效益的用途优先于一般经济效益的用途；可再生性的用途优先于不可再生性的用途。所以要本着节约的原则，保存尽可能多的原生环境，严格保护产卵区、繁殖区、索饵场、育肥场；凡是可利用海岸资源也可以利用其他资源替代或导致海岸带其他资源不可逆变化的资源利用应当禁止；海岸带景观资源为稀有资源，破坏景观的资源利用方式应当禁止；对具有重要经济、社会价值的已遭到破坏的海洋生态，应当进行整治和恢复。

④河流

一般河流的限制性开发执行以下措施：禁止新建、扩建向水体排放污染物的建设项目；禁止排放超过国家和本市规定的污染物排放标准或者总量控制要求的污染物；禁止设立装卸垃圾、油类及其他有毒有害物品的码头。

(4)天津市生态用地区划及保护

将天津市划分为六个生态用地功能区：即人口密集、生态环境较差的中心城市生态保护区；林地集中的山地生态林水源文物保护区；水面集中的永定新河—潮白新河湿地生态保护区；大港—团泊洼湿地生态保护区；中部城市化生态功能发展区和南部城市化生态功能发展区。六大生态用地分区可以归为以下三类：

①中心城市生态保护区

中心城市生态保护区涵盖了大部分现状建成区以及适宜开发建设的

生态非敏感区或低敏感区。该区生态建设要处理好城市建设与环境承载力的关系,在城市开发建设中要加强生态补偿和生态恢复,保证生态环境的稳定与改善。

该地区的建设重点是协调区域内各级城市间的关系,促进区域有序发展,进一步提高城市化的水平和质量。以建设森林型生态城市为目标,保留大面积的生态敞开空间,建设海河生态廊道、沿海滩涂生态廊道和以主要公路、河流为骨架的生态保护林网。

根据中心城区与各组团内部不同区域的自然条件与开发建设状况,将中心城区与各组团分为城市生态综合改善发展区、城市生态重点建设区、组团发展与城市生态保护区和滨海生态综合发展区。

②山地生态林水源文物保护区与中心城区北部永潮湿地生态保护区、中心城区南部港团湿地生态保护区

上述三个生态保护区是天津市三个重点生态保护区,以生态恢复、保护和建设带动经济社会发展的地区,严格控制可能影响生态保护的开发建设。该区包括自然保护区、重要地质和历史遗迹以及人文景观保护区、山地次生林保护区,以及重要的水源涵养地、基本农田保护区、饮用水二级以上的保护区、主要河流水域、湿地以及城市组团间的结构性生态隔离带。

③中部、南部城市化生态功能发展区

该区是天津市区县经济和城市化发展的重点区域,是城市化主要促进地区,采取"极化"发展模式,以宝坻城区、宁河和汉沽城区、静海城区为重点,加速区域城镇化进程。按照生态示范镇模式,加大绿化建设规模,完善城镇环境基础设施,提高生态环境水平。

目前在这两个区域内以传统农业用地为主,应合理利用土地增加林地果园等非耕地,以改善生态环境。实现由资源依附型的粗放增长方式向可持续发展的生态模式跨越,发展以花卉、草皮和生态林为重点的环保农业,及以山区、滨海、森林、河湖和特色种养基地为依托的休闲观光农业,推进无公害农产品和绿色食品基地建设。另外要整理农村宅基地使土地资源得到合理利用,并划分充足的基础设施和生活服务用地及生态景观用地。

3.天津市生态用地规划

(1)生态用地规划原则与目标

①生态用地规划的原则

第一,科学统筹原则。

从实际出发,因地制宜、处理好全局与局部、长远与当前的关系,优先实施生态环境脆弱区的生物多样性保护、水土保持、水源涵养、防风固沙等重点生态系统的保护。

第二,高起点、高标准原则。

以国内外先进的城市为目标,首先达到国内先进水平,同时考虑基础与现实可行性。实现国家生态环境建设目标。

第三,可持续性原则。

生态用地的规划要为经济发展和社会进步服务,通过生态用地规划,在经济快速发展的条件下建立人与自然协调发展的生态框架、用地分布,生态建设优先保护人口集中的城市和城镇,在尽可能恢复水生态用地的同时,将森林引入城区。

第四,坚持生态用地建设与制度并重的原则。

在合理开发建设各类生态用地,科学安排整治措施和建设内容的同时,进一步建立健全法律法规保障体系,依法对生态用地进行有效的管理和保护。满足抢救性生态恢复,维持城市生态、自然生态和海洋生态平衡所需的生态用地。

第五,湿地的恢复和保护为主的原则。

在保证湿地面积不缩小的前提下,逐步恢复湿地的生态功能,促进物种多样性的保护,通过生态用地的规划加强湿地资源管理、改善湿地生态环境,维护区域良好的生活环境。

②规划目标

用15年时间,逐步提高天津市全市生态环境的健康水平,使其具有良好的区域生态环境,自然山川、平原林地、湿地和农业用地得到充分保护和合理利用,构建市域生态安全空间格局。以津西北防护林、海岸带、海河两翼湿地生态廊道形成保护中心城区的生态圈,对其起到生态屏障的作用；中部平原形成保护农田的利益多效的农业林；北部建设成为天津水源涵养林。保护生物多样性，合理布局生态用地，实现城乡空间结构山水化和田园化，建立人居环境优美的生态格局。

（2）天津市生态用地的具体规划

①天津市生态功能区划

根据中国综合生态环境区划方案，在全国大尺度范围内，天津市可以分为两个生态区，分别为蓟北山地丘陵生态区和城镇及城郊平原农业生态区。

二级生态亚区的划分主要根据地貌，典型生态系统及其服务功能，并结合土地利用类型来划分。天津市划分为 7 个生态亚区，即蓟北中低山丘陵森林生态亚区、于桥水库湿地与林果生态亚区、津西北平原农业生态亚区、津北平原农业生态亚区、中部城市综合发展生态亚区、津南平原旱作农业生态亚区、海岸带综合利用生态亚区。

②生态用地空间架构

第一，区域空间和城市空间布局战略。

天津要立足于京津冀城市群的发展，要在"一轴、两核、三区"的京津冀都市圈发展战略中与北京共同承担核心职能，就要强化京津生态走廊的建设，按照"交通轴＋城镇群＋生态轴"的空间发展模式，形成市域空间发展中集城镇、交通、景观为一体的、最重要的复合发展轴，主要城镇自西向东依次有：武清城区、中心城区和塘沽城区等。

除此之外天津市的发展还沿着滨海和蓟县－静海两条辅轴展开，滨海发展轴已经形成一定的规模，涉及的主要城镇有汉沽城区、塘沽城区和大港城区，重点发展港口经济和海洋经济。发展轴位于渤海湾西侧，是海洋生态系统与陆地生态系统耦合的地区，生物多样性较好，但开发强度大，生态敏感性强，环境质量脆弱，是亟需治理和保护的区域。

第二，生态用地构架。

根据天津市区域、城市发展规划和布局，为了建设"城在园中，园在林中，山林水涧"的宜居城市型生态城市，生态用地的规划要结合生态环境敏感性分析的结果，要考虑到削减城市和区域的发展形成的热岛和环境污染，要能起到防治土壤沙化和盐碱化的作用，同时还要提高区域的生物多样性,总之,生态用地规划既要符合景观学、生态学的科学规律,又要为经济和社会的发展保驾护航。

在操作中应用生态修复和生态补偿原理进行规划,在宏观上提出了如下的规划方案:在市域规划建设山区水源涵养地及山区林地保护区、饮用水源地、保护区和横纵交错的 5 条生态主廊道,构成天津市域生态架构。

③自然保护区规划目标制定

天津市自然资源分布及其丰富程度有着严格的地域分异规律,特别是自然生态系统和物种随着地域的变化而变异更为明显,因此,按照天津市的地貌类型,将全市划分为北部山区、中部平原及东南部沿海地区三种类型地区,在这三种不同地貌分区内,相应地选择一些典型的有代表性和有科学意义的区域,合理规划出不同类型的自然保护区,使保护区的建立和布局形成科学的体系。

蓟县北部山区森林资源丰富,但由于近年来的工业生产及采矿业的发展对山体和林木的破坏较重,且自然保护区周边地区的采矿业发展没有得到有力控制,仍有部分在继续破坏山体。基于上述,蓟县北部森林类型自然保护区有必要扩大保护区范围,应把八仙山、蓟县中上元古界、盘山自然风景名胜古迹自然保护区三处连接,形成整体蓟县北部森林自然保护区,扩大该地区保护区的面积,加大保护和管理力度。

天津市南部临海,地势较低,多坑塘、水库,故湿地类型自然保护区较多,但保护区范围比较零散、多为块状湿地,且面积较小。由于近年城市发展和经济增长加快,对南部沿海地区的开发力度不断加大,势必对自然保护区造成人为影响。天津市海洋资源丰富,但由于围海造地的破坏,天津市部分海岸滩涂被破坏,由此对南部湿地及滩涂的保护应加大,自然保护区长远规划应将天津南部古海岸与湿地国家自然保护区面积扩大,将东丽湖、黄港水库一库、二库及北塘水库、塘沽芦苇场划入整体保护范围内,形成湿地自然保护区,有助于保护与管理,对天津市生态环境起调节作用,汉沽区沿海滩涂湿地也应划入生态用地需要范围内,扩大滩涂湿地保护面积,湿地保护区应由"零散型"向"成片型"发展。

天津中西北部沙化较为严重,且有欲扩大趋势,由于临近市区,春、冬两季沙尘对市区造成较大影响,现有的两处固沙林带保护区范围较小,且多为 80 年代人工种植的林木,树种较为单一。保护区之间地区多为农田及村庄,无工业用地。应在武清、宝坻固沙林自然保护区的基础上扩大保护区面积形成"带状"林网,多种植乔灌、草木等耐旱生命力强的植物,形成错落性林、乔、灌、草植被覆盖的带状固沙林网。有利控制沙化趋势,加快固沙林自然保护建设,加强保护区管理力度,形成绿色屏障。

④山区水源涵养地及山区林地保护规划

第一,山区水源涵养地保护规划。

天津市蓟县北部山区林地和于桥水库是天津最主要的水源涵养地,提高水源涵养林的质量和林分功能等级,改善和优化生态环境,是保护现有饮用水源,提高于桥水库水质的必要手段。

山区水源涵养林规划面积 58500 公顷,占全山区林地总面积 100%。使得流入该区域的水质,达到国家地面水质标准的一类饮用水要求。更好的发挥于桥水库储存饮用水的作用,保证其水位不低于 21.16 米,且水质达到国家二类饮用水标准。

天津市水源涵养林建设规划的确定,除了必须遵循上述三个原则外,还应综合考虑林种、地类、优势树种、生态功能等级等因素,才能做到合理布局、合理设置。总体而言按照山区林地的类型和作用可划分为三种类型:第一类为管护型,这种类型需原有林地较为茂盛,植被条件较好,能够起到很好的水资源进化作用;第二类为抚育型,植被条件较好,能起到水资源进化的作用,且其所处地理位置对现有水资源具有至关重要的作用;第三类为补植型,适用于不能起到或根本起不到水资源进化作用的山区林地。

具体而言,对于九山顶自然风景区、中上元古界自然保护区、八仙山自然保护区、九龙山自然保护区以及盘山、黄崖关长城等风景名胜区等林地的管理类型定性为管护型,规划面积约为 21456 公顷;于桥水库西北部地区鉴于故有林地较为丰盛,且是于桥水库涵养水源的重要来源之一,因此定性为抚育型林地,其面积约 3754 公顷;由于于桥水库东北部以及南部地区的山林密度较小,对山区水源净化作用不太明显,起不到很好的水源涵养作用,因此需要对这些地区的林地进行补植,其管理类型定为补植型,规划面积约为 8814 公顷。

第二,山区林地保护规划。

森林是陆地生态系统的主体,它不仅具有为社会提供木材、果实的经济价值,而且还有保护环境、防风固沙、蓄水保土、涵养水源、净化大气、保护生物多样性和栖息地、吸收二氧化碳以及生态旅游的功能。由于森林资源是可再生资源,它有自然生长和枯损的发展过程。同时由于人类经营利用活动和自然灾害因素的影响,森林资源的分布、数量、质量都处于动态变化的状态中。

蓟县北部山区,规划实现全区作为水源涵养林地,面积 53600 公顷,重点规划造三块林地。第一块在于桥水库东面,从水库南面的东五百户村到水库北边的唐庄户村之间的沿库公路向东延伸至天津东部边界附近,规划面积约 8278 公顷;第二块从北面的东马坊至新苏庄段的沿库公路向北延伸至穆庄子、东大井、西小毛庄、上宝塔、夏庄子一带,基本上呈带状分布,面积约 1220 公顷;第三块在西部地区划定南线为许家台庄至西大佛塔,北部至石佛官庄镇一带,东部至肘各庄一带,西部与山林相连,呈块状分布,面积约 874 公顷,有林地达到 707.94 公顷,森林覆盖率达到81%。主要目标是建设以水土保持、涵养水源为主要功能的生态林,承担起净化水源、维系贮水功能、保护水源安全的巨大社会重任;结合山区综合开发,建设绿色果品基地,改造低产、低质、低效果园,发展名、特、优、新品种,提高果品产量和质量;同时大力发展以森林资源为依托的森林旅游业,把蓟县建成天津的"后花园"。

⑤区域生态防护用地规划

第一,海河都市生态廊道。

在天津"一轴两带三区"的市域空间布局中把"武清—中心城区—滨海新区"作为发展主轴,该轴西连北京,东至天津港,中间以天津中心城区为核心,城镇密布,是未来京津国际化大都市连绵带核心发展轴的重要组成部分,城镇发展呈带状组团式布局。

本着以人为本的原则,特别提出了沿着"武清—中心城区—滨海新区"发展主轴建设海河都市生态廊道,这是城市性质的要求,也是未来的发展方向。海河都市生态廊道对改善区域大气环境质量、声环境质量、生态环境质量、缓解热岛效应都有重要意义。

表6.8　海河两岸绿化现状及目标

单位:%

名称	现状	目标	差额
绿地率	7.8	35	27.2
绿化覆盖率	10.6	40	29.4

表6.9　海河两岸生态用地规划汇总表

单位:公顷

生态用地名称	生态用地面积
思源广场	22.61
中心广场	34.56
柳林风景区	600
天钢搬迁后建设生态用地	61.04
都市消费娱乐区	100
三岔口(南运河与北运河的交汇处)	100
海河带状公园	700
总计	1618.21

　　总体来看,海河都市生态廊道市区段呈现出一个"以海河绿化带为纽带,公园和节点绿基作点缀,河流绿脉与道路绿轴交错叠加,形成环形与楔形相交错的绿化网络体系"。按照上述规划建设完成之后,中心市区生态用地面积将达到约15000公顷,占到中心市区总用地面积的近45%,其中规划的湿地面积约1600公顷,公园及其他公共绿地3900公顷,道路、河流绿化带折合9500公顷。

　　第二,海河两翼湿地景观生态廊道。

　　a.海河两翼生态廊道规划原则

　　形成面域广、以湿地为主体的生态系统,以改善和提高城区外围的生态环境,并充分发挥湿地调节气候、净化大气和防治污染等重要功能。

　　充分利用该区优势,恢复湿地天水一色、碧波荡漾、芦草幽深、鸟翔浩空、鱼游水底的湿地生态环境,成为市民休闲娱乐的理想场所。

b. 海河北冀湿地景观生态廊道规划设想

该区位于天津市区北,与海河走向一致,地理位置大致在 E117°5′58″~E117°44′5″,N39°4′59″~N39°35′55″之间的狭长地带,长 60 公里,宽 22 公里,面积约 132000 公顷。大部分区域位于潮白新河与永定新河之间的三角地带。该区在历史上曾经是两个洼地:大黄堡洼和大港洼两个洼地所在地,曾经是连片水域。

建成以潮白新河和永定新河为主要观景平台的湿地景观生态廊道。该区规划成为大黄堡湿地、七里海湿地和黄港洼湿地三大连续的、物种多样的湿地景观生态区,在规划为观景平台的同时要拓宽潮白新河和永定新河两侧景观深度,以达到更好的连通作用,实现"生物通道"的重大功用。该区内作为生态用地的土地面积约为 72700 公顷。

c. 海河南冀湿地景观生态廊道规划设想

该区位于天津市区以南,北界独流减河,与海河走向一致,地理位置大致在 E117°5′25″~E117°29′56″,N38°40′17″~38°59′59″之间,长约 44.5 公里,宽约 17.5 公里,面积约 77875 公顷。主要包括独流减河及其南岸的团泊洼、北大港和钱圈水库。

规划为围绕市区的四条重要生态廊道之一,以两大湿地自然保护区为主,构建以独流减河和青年渠为主要"生物通道",以河道和库堤坝为主要观景平台的津南湿地景观生态区。该区内作为生态用地的土地面积约为 49345 公顷。

第三,海岸带生态廊道。

该区位于天津市东部沿海,范围包括沿海岸线向内陆纵深 10 公里陆地区域和向海延伸 3~7 公里的滩涂地区,位于 E117°26′28″~E118°3′20″,N38°36′33″~N39°20′6″之间。

规划为天津市东部的重要生态廊道,以保护滩涂和河口湿地为主,以海防路为主要观景平台,以几大河流为"生物通道",连接内陆与海洋生物物种的物质与能量流通。开发海岸旅游观光项目,营造京津地区海滨娱乐渡假场所。该区内作为生态用地的面积约为 40072 公顷,其中滨海防护林 72 公顷(规划沿海防路约 72 公里,两侧宽度共 10 米的防护林),河口、滩涂等约 40000 公顷（不包括盐田和卤水池）。

第四，津西北防护林生态廊道。

规划建成横穿宝坻、武清直至静海与西青区界独流减河的一条宽度为 1000～2000 米林地防护带，该防护带北起于宝坻青龙湾固沙林自然保护区南侧，贯穿武清岗北固沙林自然保护区，南至独流减河起点，长约 70 公里，面积约 10500 公顷，其中包括林带通过的南水北调工程引江水库王庆坨水库及库区周边。

第五，道路农田林网与城镇生态林。

a.交通干道景观绿化带

公路绿化是国土绿化的组成部分，也是现代公路交通的要素之一。道路网是建设生态城市道路景观环境的基础。天津市主要交通干道（包括铁路、国道主干线、高速公路）两侧应有 3～10 米的绿化带。

目前，天津市高速公路（京沪公路、京津唐高速公路、京沈公路、唐津公路、津塘公路、津保公路、津晋公路、津滨公路、津蓟公路、津港公路）里程约为 754 公里，国道里程 275.3 公里（国道高速路除外）考虑到特殊地段无法进行道路绿化，规划绿化率达到 60%，两侧 5～10 米绿化带作为生态用地，高速路中间隔离带绿地 1 米，该类生态用地面积应为 494.06 公顷。天津铁路里程共 620 公里规划绿化率达到 50%，两侧绿化带 3～5 米，该类生态用地面积应为 124 公顷。

b.农田林网与城镇生态林

农田防护林是人工森林生态系统，其主要作用是保护农田中农作物的正常生长，减轻自然灾害的侵袭，促进农作物的高产稳产，并且有自身的经济价值。

以往研究已充分揭示和认识了农田林网调节气候、涵养水源、防风固沙、防止水土流失、保护农田的功能和意义。

2004 年底，天津市（市区、四郊县、塘沽除外）耕地面积 44.56 万公顷，生态省市建设要求农业林网占全部农田的 85%，天津市农业林网规划林带宽为 5 米，林带网格面积 10 公顷，绿化带占耕地面积的 10%，规划该类生态用地面积为 29376 公顷。该类用地包括农田林网区域内自然村庄或镇的环村（镇）林,环村（镇）林与农田林网带相衔接,利用靠近村庄的林网林带,拓宽 10 米以上,并在较大城镇周围建设成片的生态林地（镇周边建设面积大于 100 公顷,其中区县政府所在城镇建设面积大于 300 公顷）共约 15600 公顷。

⑥规划生态用地汇总

表 6.10　生态用地规划汇总表

生态用地类型	生态用地子类型	规划面积	面积汇总	包括耕地面积
自然生态用地（包括半自然半人工生态用地）	自然保护区	自然保护区面积包括在以下各种类型中	严格控制开发面积	
	水源涵养型生态用地	（1）北部山区水源涵养地 58500 公顷（其中包括严格控制开发面积 16860 公顷,天津蓟县中上元古界国家级自然保护区 900 公顷,天津八仙山国家级自然保护区 5360 公顷,盘山自然风景名胜古迹自然保护区 10600 公顷）（2）王庆坨水库及引江沿线,22000 公顷（严格控制开发面积）（3）于桥水库区 10110 公顷及引滦沿线 6500 公顷（严格控制开发面积）	97110 公顷（严格控制开发面积 55470 公顷）	5841.6 公顷
	湿地型生态用地（严格控制开发面积）	北翼湿地 23254 公顷,包括大黄堡 11200 公顷、七里海 7854 公顷、黄港水库约 2000 公顷、东丽湖 2200 公顷等及其周围区域;南翼湿地 50240 公顷,包括团泊洼鸟类自然保护区 6000 公顷、北大港自然保护区 44240 公顷及其周边区域范围东部沿海滩涂湿地与河口 44000 公顷,河流 55120 公顷	严格控制开发面积 172614 公顷	19464.7 公顷
	生态保护岸线（严格控制开发面积）	陆域津冀北界线至大神堂以东岸线 580 公顷;海滨浴场至独流减河北岸的岸线 960 公顷;油田防洪堤以南至沧浪渠的岸线 920 公顷	严格控制开发面积 2460 公顷	

续表

生态用地类型	生态用地子类型	规划面积	面积汇总	包括耕地面积
人工生态用地	防护型生态用地	交通干线绿化带 618 公顷 津西北防护林 10500 公顷(包括严格控制开发面积港北森林公园和宝坻青龙弯固沙林自然保护区 1443 公顷) 滨海防护林 72 公顷; 城镇生态林 15600 公顷	26790 公顷 (严格控制开发面积 10500 公顷)	15360.3 公顷
	公共绿地	杨村到市区段:片状生态用地面积 972.9 公顷,道路和河流两侧生态用地规划面积 4220 公顷; 海河中下游段:片状生态用地面积 8640 公顷,公路和河流绿化带 10643 公顷; 市区总面积 15000 公顷,湿地面积约 1600 公顷,公园及其他公共绿地 3900 公顷,道路、河流绿化带折合 9500 公顷	39475.9 公顷	23922.4 公顷
	农田林网	29376 公顷	29370 公顷	17798.2 公顷
总计		严格控制开发面积 241044 公顷	367819.9 公顷	82027.2 公顷
占国土面积比例		20.22%	30.86%	6.9%

表 6.11　天津市规划生态用地分布细类表

	公路两侧绿化带		河流及其两侧绿化带	
	等级公路 (两侧宽 30 米)	高速公路 (两侧宽 50 米)	河道	河流两岸绿地 (两侧宽 40 米)
长度(公里)	10420	517	2500	
面积(公顷)	62500	5200	55120	8300

表 6.12　天津市自然保护区核心区、缓冲区、实验区面积汇总

单位:公顷

	核心区	缓冲区	实验区	总面积
蓟县中上元古界国家级自然保护区	450	450	540(未计入保护区面积)	1440
天津古海岸与湿地国家级自然保护区	4934.2	4700	89366	99000
天津八仙山国家级自然保护区	1050	3230	1080	5360
盘山自然风景名胜古迹自然保护区	900	2000	7700	10600
天津市北大港湿地自然保护区	17227	24873	2140	44240

续表

	核心区	缓冲区	实验区	总面积
团泊鸟类自然保护区	2000	1333	2667	6000
大黄堡湿地自然保护区	3947	3475	3778	11200
东丽湖自然保护区		2200		2200
武清港北固沙林自然保护区		800		800
宝坻青龙湾固沙林自然保护区	211	208	224	643
面积汇总	181483,占天津市国土面积的 15.23%			

6.3.4 规划实施措施

生态用地一经规划确定,就不可做为其他用途,要保障规划的实施,必须采取以下措施:

1. 加大保护生态用地的宣传力度。由市生态用地主管部门牵头,联合新闻和科普部门开展对保护生态用地及合理利用生态资源的重要性、紧迫性、科学性的宣传,提高各级政府、有关部门以及社会各界人士对生态用地功能、价值和效益的认知,强化保护生态用地意识和合理利用生态用地的理念,形成保护生态用地的良好氛围。

2. 制定生态用地保护的政策、法规。以市生态用地主管部门为主,组织有关单位起草拟订出保护和合理利用天津生态用地的法规和政策,做到有章可循、有法可依,以制裁不合理利用生态用地资源行为和打击破坏生态用地的违法犯罪活动,实现生态资源可持续利用。

3. 建立有效的生态用地管理机制。生态资源保护和利用涉及到林业、水利、水产、环保、经贸、海洋、计划等多个部门和行业,关系到多方面的权益,需要加强管理方面的协调与合作。为此,需建立生态用地保护委员会,实施联络工作制度,做到明确分工、合作办事,使各部门间有序、有效地承担起生态用地保护和管理的任务。

4. 严防生态用地被污染。一是对排污的途径、种类、范围、数量进行限制;二是加大行政、经济、法律的处罚力度,实现清洁生产工艺;三是各区县及重点乡镇建办污水处理厂;四是尽快推广和应用自然能(太阳能、风能、潮汐能)的"绿色"能源,以减少化学、物理、机械能的污染。通过上述措施,确保生态用地价值,发挥其对人民生活生产的重要作用。

5.保护现有生态用地,合理开辟新的生态用地。结合天津水资源紧缺的特点,今后应合理调配和利用水资源,使水库变成以生态功能为主的经济、生活型水库。引进客水和储存天然降水,增加湿地生态用水。

第7章　耕地保护:规划的首要任务

耕地是关系到我国国计民生的重要基础,社会稳定发展的关键。加强耕地保护,实现耕地的可持续利用,是当前我国新一轮土地利用规划的重要目标和首要任务。本章主要分析了耕地保护的重要性及其与土地利用规划的关系,并详细阐述了耕地保护的内涵及理论基础,并在此基础上对天津市的耕地保护进行了实践研究。

7.1　耕地保护与可持续发展

耕地保护是当前我国新一轮土地利用规划的重要目标和基本原则,因为在人多地少、资源日益稀缺的现实背景下,耕地保护是否成功直接关系到我国的粮食安全、农业发展乃至国民经济的可持续发展和全社会的稳定。

7.1.1　耕地保护的概念及内涵

耕地保护从不同的角度有不同的定义,现有的研究主要从耕地利用和经济学两方面来注释耕地保护的定义,而且相对于不同国家和地区在不同时期耕地保护的内涵和目的也不尽相同。

1. 耕地保护的概念

从耕地利用的角度来定义耕地保护,着重从具体保护的内容和手段来描述,耕地保护的内容主要包括耕地数量、耕地质量和耕地生态环境的保护,是狭义的耕地保护。可以说,耕地保护是人们为了自身的生存及发展从而保存耕地资源,改善和恢复耕地资源的物质生产能力,防治和预防耕地资源的环境污染,使耕地资源能可持续利用所采取的措施和行动。

从经济学的角度来定义耕地的保护,着重从保护的目的和意义来阐述,强调代际公平。耕地保护的目的是为了高效合理地利用耕地资源,以获得社会净效益最大化。雷利·巴洛维认为严格但又狭窄的土地保护是保护地球上的资源效率不降低,或是保持近似于自然状态下的条件,或只容许明智地耗用资源。[①] 资源保护意味着秩序井然地利用资源,除去经济及社会的浪费,来最大限度地提高社会效益。另有一些学者在强调高效合理的利用土地资源的同时,更注重土地资源保护在实现代际公平上的意义。如阿兰·兰德尔对资源保护下的定义是,使自然资源在时间配置上对社会最优。[②] 这种观点强调长远性,关心遥远未来的子孙后代的利益,认为保护资源的决策就是把消费当前时期转移到以后时期,要给未来人类留下一个达到最小安全标准的量,即资源要在各代人之间公正分配。保护自然资源的中心是保护、增殖(可更新资源)和合理利用自然资源,其目的是为了给当代和后代人建立最舒适的生活、工作和生产条件,以保证经济的持续发展和社会的繁荣进步。

对于我国来说,耕地保护的科学内涵是以粮食安全为基础的保障社会稳定和可持续发展的综合目标体系。我国人口众多,人均耕地资源少,解决我国人民的温饱问题一直是国家的工作重点之一。因此,耕地保护的目的在很长一段时间里界定为保障粮食安全。但随着经济发展、科技进步及城市化进程的快速推进,耕地保护的目标已发生拓展。首先,解决吃饭问题是根本,粮食安全仍然是耕地保护的重要目标之一。其次,城市化进程不可能吸收所有农村剩余劳动力,耕地仍然是农民的重要社会保障,保护耕地是保障社会稳定的基础。再其次,耕地是土地生态系统的一个重要的子系统,有着净化空气、保持水土等重要作用,是生态安全链的重要环节,具有重要生态服务价值。在国家号召建立资源节约型和环境

---

① 雷利·巴洛维.土地资源经济学.北京农业大学出版社,1989 年

② 阿兰·兰德尔.资源经济学.商务印书馆,1989 年

友好型社会的新形势下,保护耕地是实现社会经济可持续发展的重要保障。

2.耕地保护的内涵

耕地保护并不是单纯意义上的数量保护,还包括质量保护和生态保护,在讲究可持续发展的今天,耕地质量保护与生态保护变得日趋重要。

(1)耕地数量保护

耕地数量保护是耕地保护的基础,是指国家采取行政、经济、法律、技术等措施和手段,严格控制现有耕地数量上的不减少,如严格控制建设占用耕地、农业结构调整占用耕地,防止水土流失,减少自然灾害毁坏耕地等[①]。耕地数量保护要求既要做到耕地总量不减少,又要保证耕地均量不减少。

(2)耕地质量保护

耕地质量指的是构成耕地的各种因素和环境条件状况的总和,表现为耕地生产能力的高低、耕地环境状况的优劣及耕地产品质量的高低。[②]耕地质量保护就是指国家采取行政、经济、法律、技术等措施和手段,保护高质量的耕地,并改善治理耕地中的限制因素,同时保证耕地在利用过程中质量不下降。在我国,由于不合理地利用所引起的耕地次生潜育化、次生盐渍化、沙化、养分贫乏化、水土流失以及环境污染等退化现象已非常严重,所以我们必须重视耕地质量的保护工作。[③] 耕地质量保护,要求在掌握耕地质量变化规律的基础上预测未来一定时期内的变化方向及变化程度,并结合农作物生长发育要求进行调控,从而保障耕地资源的可持续利用,保障耕地质量不下降。

(3)耕地环境保护

耕地环境保护是指国家采取行政、法律、经济和科学技术措施,治理那些已经退化的耕地,恢复其功能,防止那些具有潜在风险的耕地发生退

---

① 张凤荣.土地保护学.科学出版社,2006 年
② 王海玫.耕地保护.中国大地出版社,1997 年
③ 李彦芳,张侠.耕地保护重在质量—对耕地总量动态平衡政策的反思.经济论坛,2004 年第 14 期,第 103～104 页

化以防止耕地生态环境污染和破坏,合理利用耕地资源,并保持和发展生态平衡。① 耕地与周围的环境密不可分,它既是环境的组成部分,又与周围环境及其他用途的土地相互影响。良好的生态环境将有益于耕地质量的提高以及数量的保证,进而提高生产能力。反之,则会导致质量下降,生产能力减小,不利于耕地的可持续利用。

我国当前的农地利用结构中,耕地利用单一型结构仍占主导地位,这样一来就大大减弱了耕地生态环境的不稳定性。因此,生态质量的改善是耕地保护的一个重要组成部分,而且日趋重要。

7.1.2　耕地保护与土地利用规划

我国新一轮土地利用规划特别强调耕地保护的地位,将耕地保护作为土地利用规划的重要目标,各地土地利用规划必须将耕地保护纳入其中。事实上,耕地保护是土地利用规划的重要内容和基本目标,而土地利用规划也是耕地保护的重要手段和基本保障。

1.耕地保护是土地利用规划的重要目标

土地利用规划是对未来一定时期内现有土地利用进行科学的规划,以保障土地的合理利用和可持续发展,而耕地是土地资源的最重要组成部分,特别是在我国当前人地矛盾日趋严重的背景下,耕地的合理利用和保护显得尤为重要。全国土地利用总体规划明确指出进行土地利用规划必须重视耕地保护,必须将耕地保重作为土地利用规划的重要目标。

近年来,人地矛盾日益加剧,在全国土地利用总体规划的指引下,各级政府都将农地保护尤其是耕地保护作为编制土地利用规划的重要目标,取得了一定成果,现阶段耕地数量减幅有所降低,在 2008 年甚至还出现一定程度的增加。新一轮土地利用总体规划纲要规定,到 2020 年,全国耕地保有量保持在 18.05 亿亩,并确保 15.6 亿亩基本农田数量不减少、质量有提高。这是不能打任何折扣的约束性指标,是丝毫不得逾越的一条红线。在编制新一轮土地利用规划中,曾数次增加耕地保护内容,围绕着 18 亿亩耕地保护准则,减少了规划年限内新增建设用地的增加量,

---

① 　张凤荣.土地保护学.科学出版社,2006 年

尤其压缩了建设用地占用耕地的量。要求加强建设用地空间管制,严格界定城乡边界,杜绝城市无限制向农村扩展,防止城乡结合部借城市化之机,将未批先占的土地合法化。为落实保护耕地的任务,新一轮土地利用规划还出台了诸多耕地保护措施,如减少建设占用耕地;暂不安排生态退耕规模;完善农业结构调整;提高灾毁耕地的复垦率等。

耕地保护已从单纯控制数量向规模化发展转变。以往实践表明,单纯的以控制耕地数量为目的的土地利用规划并不能很好地解决耕地保护问题,传统的"占补"政策使得"占好补次"现象愈发严重,耕地质量迅速下降,保护耕地的核心目标遭到了异化。中央政府自 2009 年起,开始在新一轮土地利用规划的修编中提出了"从耕地保护到耕地保护与节约集约兼顾"原则,从土地利用系统出发,体现了以耕地保护为前提、土地节约集约利用为核心,控制建设用地为重点的特点,实现了从单纯控制耕地数量向集约发展的转变。

2. 土地利用规划是耕地保护的重要手段

坚持最严格耕地保护制度和节约用地制度是中国的基本国策,在众多耕地保护措施中,土地利用规划的作用尤其重要。土地利用总体规划是落实土地宏观调控和土地用途管制、规划城乡建设的重要依据,实行最严格的耕地保护制度需要通过土地利用总体规划来体现和实施。

首先,土地利用规划具有最严格的法律效力。作为目前国内公认最严格执行的规划之一,土地利用规划是对一定区域未来土地利用超前性的计划和安排,是依据区域社会经济发展和土地的自然历史特性在时空上进行土地资源合理分配和土地利用协调组织的综合措施。土地规划制度自 1986 年国家土地管理局成立后开始步入正轨,发挥的作用越来越大,受重视程度也愈发加大,修订后的《土地管理法》将土地利用总体规划列为专章,对规划编制、实施及相关法律责任都作了规定,对提高土地利用规划的地位和效力起到至关重要的作用。《土地管理法实施条例》、《基本农田保护条例》等法规也相应修订,对规划编制和实施的有关规定进行了完善。国土资源部制定了《土地利用年度计划管理办法》、《建设项目用地预审管理办法》等行政规章。这些法律法规不仅完善了土地规划制度,更重要的是赋予了土地利用规划以重要权力,土地利用规划自制定之日起便具有了法律效力,任何单位和个人不得违反。

其次,保护基本农田是编制土地利用规划的基本原则。作为人口大国,农产品需求不能过度依赖进口,这就决定了中国的土地利用必须要贯彻保护基本农用地尤其是耕地的原则,农业生产要求有较好的土地条件,但由于我国宜农土地资源十分有限,因此,在土地利用规划中,那些土地就要优先保证农业生产需要。

因此,由以上可看出,作为具有严格法律效力的阶段性土地利用的蓝本,土地利用规划是全国各级政府和个人的土地利用准则,加之保护基本农田为其重要原则,土地利用规划在耕地保护中的地位可见一斑。当前中国正处在工业化、城镇化加快发展时期,从世界各国的经验教训看,这一时期耕地减少面积最快,如果不控制盲目占地,减少不合理占地,就有可能犯历史性错误。近几年,一些地方盲目设立各种经济开发区、科技工业园等,占用了大量耕地。各地乱占浪费耕地的情况相当普遍,有的地方随意出台土地批租的优惠政策,减免地价甚至实行"零地价";有的城市建设摊子超大,盲目扩大城区,搞大市政广场、主题公园,占用了大量优质耕地。因此,通过严格有效的土地利用规划来保护耕地十分重要。

7.2 耕地保护目标的确定

土地是人类赖以生存的空间,是社会生产中最为重要的自然资源及生产资料。土地资源面积的有限性与土地需求之间的矛盾需要借助于合理地利用、科学地规划来解决,土地规划中需要进行大量的调查研究工作,即调查过去和现在,研究和预测未来。耕地指标是土地利用总体规划调整指标中最重要的指标,在土地利用总体规划的修编过程中,如何保护好耕地,实现耕地总量的动态平衡,是规划修编工作成败的首要标准。在以往的总体规划编制过程中,对耕地的保护力度不够,规划方案中安排大量的耕地用于非农建设和农业结构调整,使耕地数量锐减。新一轮土地利用规划的突出特点是严格保护耕地、严控非农建设占用耕地,所以说耕地总量的预测及保护规模的确定是耕地保护的核心内容,是土地利用总体规划的必要前提。

7.2.1 耕地地力评价

准确了解与把握耕地利用现状是确定耕地保护目标的前提和基础,而耕地利用的现状主要包括耕地数量、结构及耕地质量两方面。在当前土地资源稀缺的背景下,在可持续发展及集约化发展的要求下,耕地质量分析与保护显得越来越重要,已成为耕地保护的重要方面。

耕地在农业的发展中具有不可替代的作用,耕地质量的好坏直接影响到农产品的产量水平和质量,从而影响农业生产的效率和效益。耕地质量评价是耕地利用分区的主要技术依据和决策因素,并为随时掌握各个不同时期的耕地质量动态演化规律,为种植业结构调整、优势农产品区域布局规划以及无公害农产品生产基地的建设等提供有效的基础性技术支持,从而为保障国家粮食安全和提高农民收入服务,在整个国民经济建设中具有重大的意义。

1.耕地地力评价的原则

耕地地力评价应遵循以下原则:第一,综合分析与主导因素分析相结合,抓住主导因素,进行综合分析;第二,定性分析与定量分析相结合;第三,充分利用第二次土壤普查、土地资源详查、基本农田保护区划定等已有的成果作为耕地地力调查和评价的基础资料;第四,结合实际的原则,本着必需、可能的原则确定田间实地调查内容,评价要与当地的农业生产实际相结合,要满足当地农民解决生产中耕地存在的问题的需求;第五,体现高新技术的原则,应用3S、计算机和数学模型集成技术,进行信息获取、成果表达及动态监测;第六,评价方法既能保证评价成果的质量,又要简便易行。

2.耕地地力评价的方法

综合指数法:简称指数法,该法先根据实测值和评价标准求取土壤各因子的分指数,然后由分指数计算综合指数。计算综合指数的方法有叠加法、均方根法、算术平均法等。综合指数法的最大特点是具有等价性,便于对比,计算简单。既能明确指出各样点的耕地质量级别,又能对各样点的耕地质量进行排序。但是,在对各分指数进行综合时,评价结果往往只是一个均值或简单的累加。这样就会掩盖某些限制因子质的飞跃特征,而使评价结果不符合土壤质量的内在演变规律。另一方面,计算综合指数的方法不同,所得评价结果也不一定相同,受人为因素影响很大。

　　回归分析法:回归分析法是一种统计分析方法,通过大量的统计数据,确定各个因素之间的关系,建立回归分析方程。在进行耕地质量评价时,先确定耕地质量与哪些因素有关,然后建立回归模型,从而可计算出单个或多个因素指标影响下的耕地质量评分值。借助计算机,应用回归模型进行耕地质量评价,能提高评价的精度和工作的效率。[①]

　　模糊聚类法:在模糊数学中,是以隶属度来划分事物的模糊界限的,隶属度则用隶属函数来表示。[②] 此法根据不同的隶属函数求出各因子的隶属度,建立模糊关系矩阵,再对其进行标准化和模糊变换,求出传递闭包矩阵,最后用动态聚类的方法求出土地质量级别。[③] 这种统计分类的分析方法,避免了传统分类法的主观性和任意性的缺点,但该法在求传递闭包矩阵的过程中,其复合运算的基本方法是取大取小,只强调极值的作用,因此丢失信息的现象较严重。

　　在耕地地力评价中,近年来的许多研究采用了模糊隶属度函数方法。这种方法建立在模糊数学的基础上,提供了几种隶属度函数对耕地地力指标进行标准化,目前在耕地评价中经常采用的隶属函数包括:戒上型、戒下型、梯形、概念型。这些函数需要确定一些参数,确定参数的方法包括:直接采用有关标准值、专家打分、通过田间试验拟和经验公式等方法。耕地地力评价指标标准化之后,需要确定各项指标对总的耕地地力的权重,可以采用层次分析法确定。模糊综合评价模型具有比较扎实的数学基础,与层次分析方法结合,提供了耕地质量评价的数学模型框架。

7.2.2　耕地保有量的确定

　　科学准确的预测耕地需求量与保有量对于全国或地方的土地利用总

---

　　①　张超.计量地理学基础.高等教育出版社,1991 年

　　②　谢季坚,刘承平.模糊数学方法及其应用.华中理工大学出版社,2000 年

　　③　毛达如.植物营养研究方法.中国农业大学出版社,1994 年

体规划具有十分重要的现实指导意义。

1. 耕地需求量的预测

耕地需求量的预测方法较多,总体来说主要包括数学模型预测法、粮食安全角度预测法和基于社会经济发展战略预测法。

(1)数学模型法

该类方法主要包括趋势预测法、回归预测法、灰色预测法和其他方法。由于现代科学技术的发展,使计算机技术广泛应用于本领域,现代统计学与计算机的结合使我们摆脱了繁琐的计算过程,在实际应用具体模型时,只需利用统计软件即可在短时间内准确地完成。

趋势预测法:趋势预测法是一种传统的以时间序列为研究参数的分析方法,具体步骤是先将时间序列对应值描绘在以时间为横轴,指标时序值为纵轴的直角坐标系上,建立散点图,然后根据序列的散点图形状,结合对其发展的具体分析,选择适当的趋势线方程,用最小二乘法求解方程中的参数,再应用所确定的趋势线方程进行预测。常用的趋势线方程包括直线方程、二次曲线方程和指数方程。由于实际应用中的数据是多因素共同作用的结果,应用趋势预测法近似的模拟耕地面积的变化时难免产生预测误差,因此,在计算时需要对各模型预测值与实际值比较确定,同时进行标准误差计算,确定最优模型。

回归预测法:回归预测法是根据变量之间的相互关系,利用其他变量已知值来推断预测变量的数值,是通过表明两个或几个变量之间关系的数学方程式进行预测的一种方法。该预测方法需要两组以上时间顺序相同的时间序列,它们之间存在着相关关系或是因果关系,但不能是完全确定的函数关系。耕地面积同人口数量、粮食总产量、建设用地增长量和基建投资等许多因素有关,它们之间存在着某种因果关系。通过建立方程 $Y=f(x_1,x_2,\cdots,x_n)$ 函数关系式,确定影响因素 $x_1,x_2,\cdots,x_n$ 与耕地面积的线性回归方程:$Y=a+b_1x_1+b_2x_2+\cdots+b_nx_n$,方程中的各参数 a、$b_1\cdots b_n$ 是应用最小二乘法计算而得。确定线性回归方程的同时,必须通过计算相关系数明确耕地面积与其他因素的相关性。

灰色预测法 GM(1,1):灰色系统理论是对既含有已知信息又含有未知或非确定信息的系统进行预测，就是对在一定方位内变化的、与时间有关的灰色过程的预测。由于耕地面积的变化是一个随时间变化的未知量，近年来应用灰色预测模型对土地需求量进行预测的研究很多。应用 GM(1,1)模型法预测耕地需求的预测过程包括以下几步，首先将历年耕地数量（原始数据）建立数列，再对该数列建立新数列 $X^{(1)} = \{x^{(1)}_{(1)}, x^{(1)}_{(1)}, \cdots, x^{(1)}_{(1)}\}$，并立微分方程 $dX^{(1)}/dt + aX^{(1)} = u$，用最小二乘法求解待估计参数，进而求解微分方程；最后建立预测模型为 $X^{(0)}_{(1)} = (1 - e^a)\left[x^{(0)}_{(1)} - \dfrac{u}{a} e^{-a(t-1)}\right]$。需要注意的是该模型在使用时需要进行精度检验。灰色预测的优势在于短期预测，尽管在对长期预测和波动性较大的数据列方面的拟合较差，但也广泛被应用于耕地需求的预测。

在进行耕地需求量预测方面，指数平滑法和移动平均法应用也较多，实际上二者兼有趋势预测的特点。此外，还有应用模糊预测法和马尔柯夫链模型进行预测的相关报道，实际应用起来前者需要确定影响耕地面积的因素及权重，后者较为繁琐，计算量较大，应用较少。

（2）粮食需求角度预测耕地需求量

粮食需求角度预测耕地需求量是从确保粮食安全角度对耕地需求量进行的预测，需要考虑粮食总需求量、农作物单产水平、复种指数、耕地系数、农作物播种面积和未来人口等因素。基于粮食安全的耕地需求量预测首先是对预测区域进行粮食安全分析，确定在规划目标年满足粮食安全目标下的粮食需求总量，根据对粮食作物单产水平、复种指数和粮经比的预测结果，最终得到预测区域耕地需求量，主要参量的计算可参考以下数学模型：

$$S = \frac{L \times B}{D \times F}, L = R \times X \times Z$$

式中：S 为耕地需求量，L 为粮食需求量，B 为粮经比，D 为粮食单产，F 为复种指数，R 为规划目标年总人口，X 为人均粮食消费量，Z 为粮食自给率①。

人口预测：人口因素是土地利用变化最活跃的因子，人口增长构成了对农、园、林、居民点、交通等多方面的用地需求，人口预测是预测各类用地需求的基础②，未来人口状况是土地利用总体规划中确定各类用地控制性指标的重要依据。人口预测的最终目的就是为了预测耕地供需量。预测方法主要有机械增长法、自然增长法或者二者结合的综合法，其中综合法使用较为广泛，但是相对复杂。

粮食单产预测：根据研究区域历年粮食单产水平，采用平均增长法、趋势外推法、回归预测法、指数平滑法、灰色预测法、产量系数法等数学方法，对规划目标年的粮食单产水平进行预测。

人均粮食消费水平：人均粮食需求量即人类生产、生活所需要的粮食，包括人均粮食消费量、饲料粮食需求量、工业用粮与种子用粮。人均粮食消费分为口粮和饲料转换粮。随着人民生活水平的提高，食物结构发生了巨大变化，口粮的直接消费下降，肉、禽、蛋、奶的消费量增加，导致饲料粮消费上升。

耕地复种指数、粮作比测算：

粮作比=粮食作物的播种面积/农作物的播种面积；

耕地复种指数=全年播种作物的总面积/耕地面积。

粮食安全的耕地需求量的确定：

$$耕地需求量=\frac{粮食需求量×粮食自给率}{（粮食单产×粮作比×复种指数）};$$

粮食需求量=人口总量×人均粮食需求量。

（3）社会济发展角度预测耕地需求量

耕地与社会经济有较大的关联度，有很多社会经济指标影响耕地的变化，如第一、二、三产业产值、社会固定资产投资、人口、全口径财政收入

---

①　SuttonP,"odeling population density with nighttime satellite imagery and GIS",Computers,Environment and Urban Systems,1997,21(3),pp.227~244

②　付光辉.不同等级耕地保有量的测算——以江苏省淮安市为例.地域研究与开发,2008年第27期,第104~107页

等指标,一般采用这些指标作为状态变量。将这些指标与耕地面积进行关联度分析,确定与耕地的关联系数与关联顺序,即对各指标对耕地的影响进行排序,确定与耕地相关的较为重要的指标建立 $G(1,N)$ 模型,实现对规划期耕地面积的预测。相对来说,本方法应用数据较多,并且容易遗漏较为重要的指标。

2.耕地保有量的预测

耕地保有量的预测可以从耕地需求方面进行预测也可以以耕地供给为基础进行预测,还可以运用灰色系统预测。

(1)基于耕地供给的预留法

预留法是在土地利用现状调查和土地利用适宜性评价的基础上,根据土地生产潜力、土地开发整理规划、农业结构调整、生态退耕、建设用地扩张规模等进行分析,对规划年限内耕地的供给能力进行合理预测。其基本思想是根据社会经济和国民经济发展目标,结合各部门用地需求,考虑规划期间耕地减少和增加的各种可能性,进行增减相抵后得到规划期间耕地保有量。耕地减少主要去向为耕地转用,主要包括建设占用耕地、农业结构调整、生态退耕 3 大因素;耕地增加的主要来源为耕地补充,主要包括土地整理、土地开发和土地复垦。计算公式为:

$$S = S1 + S2 + S3 + S4 + S5 - S6 - S7$$

其中,S 为耕地总需求量,S1 为现有耕地面积,S2 为土地开发增加耕地面积,S3 为土地整理增加的耕地面积,S4 为土地复垦增加耕地面积,S5 为建设占用耕地面积,S6 为生态退耕面积,S7 为农业结构调整面积。依据上述公式可以先预测出建设用地占用耕地数量。在预测建设用地占用耕地数量时,可用部门预测法、回归分析法,然后用权重法得出结果。在用回归分析法时,要先根据要素间的关系得出散点图,依据散点图建立不同的方程;然后根据资料得出耕地减少与补充预测量;最后,运用上述公式计算出耕地保有量的值。

(2)基于耕地需求的粮食需求法

该方法通过粮食作物需求量预测耕地的需求量,然后根据耕地的供给量分析供需平衡,确定耕地保有量。首先预测区域内的人口数量,可用机械增长法、自然增长法等。根据预测出的人口数量和我国粮食消费标准以及农业部等部门得出的全国人均粮食需求量预测粮食需求量,并利用粮食需求量预测 3 种不同增长方式(高、中、低)的粮食播种面积。运用公式,种植粮食需要耕地＝粮食播种面积/复种指数、粮食和经济作物生产需要耕地＝种植粮食需要耕地/粮经比、实际粮食和经济作物生产需要耕地＝粮食和经济作物生产需要耕地×粮食自给率,可以预测出种植粮食需要的耕地、粮食和经济作物生产需要耕地及实际粮食和经济作物生产需要耕地的数量。其中,低增长方式预测出来的指标就是耕地最低保有量。

(3)灰色系统预测模型

控制理论中的灰色系统分析是一个十分重要的分析工具,在科学研究中应用相当广泛。灰色系统是指既含已知又含未知或者非确知信息的系统,是充分利用灰色系统的已知信息来求解控制问题的方法。与传统预测模型相比,它建立的数字分析模型不仅适用样本数量较少、波动较大的数列,而且淡化了误差积累,可用于未来时段系统的预测。其基本思想是:通过时序数据累加的生成模块建立起来的,滤去原始序列中可能混入的随机量,从上下波动的时间序列中寻找某种隐含的规律性。对于 GM(1,1)模型的拟合精度,常采用后验差检验,用后验差比值 C 及小误差概率 P 来确定模型的精度等级。

3.耕地保有量目标的确定

耕地保有量目标的确定往往需要同时考虑耕地的需求与耕地的供给能力。上述耕地需求量与保有量的预测都包括数学模型法和粮食安全需求法,而粮食安全需求法是相对应用更广泛的方法。这是因为,粮食安全是耕地保护的基本目标,以粮食安全为基础预测的需求量和保有量是耕地保护的必要目标,而应用数学模型进行的预测则是历史数据基础上的的可能性目标,相对来说粮食安全预测法具有更重要的实践和现实意义。

因此,确定耕地保有量目标最常用的做法是以粮食安全为基础对耕地需求量进行预测,然后以耕地供给变化为基础进行耕地供给的预测,在此基础上进行耕地供求平衡分析,最终确定耕地保有量的目标。

7.3　天津市耕地保护的实践研究

天津市耕地面积占农用地面积的比重高(61.9%),明显高于全国平均水平(不到 20%)。但是由于土壤污染、土壤盐渍化、沙化以及质地偏沙性或粘重、瘠薄、犁底层过浅等因素,耕地总体质量差,土壤改良的任务十分艰巨。而且,可开发利用的耕地后备资源极为缺乏,补充耕地的能力不足。随着城市、交通和工业建设的发展与城乡人民生活水平的提高,用地需求日益增加,建设占用耕地数量逐年增加,补充耕地越来越困难。规划期内,天津市将进一步推进城乡一体化进程,加快社会主义新农村建设步伐,加强现代农业建设,发展节水灌溉,提高养殖业产值在农业产值中的比重,高标准建设设施农业示范区等,发展水产养殖业、畜禽养殖业等,会占用一定的耕地资源;另一方面,农业结构调整也会使耕地进一步减少,耕地保护的压力正在逐渐加大,而对天津市耕地保护的实践研究也就越来越具有现实意义。

7.3.1　天津市耕地现状及动态变化分析

保护实践研究的前提是对现状的准确认识,如对耕地数量及其分布、耕地质量、耕地质量等级划分、耕地生产力分析等情况及相关变化情况,本小节将对此进行详细叙述。

1. 天津市耕地现状

(1)耕地数量及质量

根据天津市土地变更调查数据统计显示,2005 年全市耕地面积为445629.89 公顷,主要集中在蓟县、宁河、静海、武清、宝坻五区县,面积为363400 公顷,占耕地总面积的 81.55%;东丽、西青、北辰、津南新四区耕地面积为 58300 公顷,占耕地总面积的 13.08%;滨海三区耕地面积为23600 公顷,占耕地总面积的 5.3%,天津市区耕地面积 329.89 公顷,占耕地总面积的 0.07%。

由于天津市地处渤海之滨,三分之二地区为低于海拔 4 米的洼地,盐渍化较为严重,加之近年来土壤污染、耕地污灌较为严重,土壤质量较为贫瘠。2006 年天津市农用地分等定级结果显示,全市耕地以中低产田为主,其中高产田 168603.03 公顷,占耕地总面积的 37.8%;中产田 178040.55 公顷,占耕地总面积的 40%;低产田 98986.31 公顷,占耕地总面积的 22.2%。依据《全国耕地类型区、耕地地力等级划分》中北方平原潮土耕地类型区耕地地力等级分级标准和耕地生产能力现状,将天津市耕地质量划分为 7 级,属于耕地中 3～9 级,分级情况见表 7.1。

耕地土壤沙化与自然条件、地形地貌、成土母质及人为生产活动密切相关,据资料记载,天津市沙化土地形成于 20 世纪 30 年代,沙化区域主要集中在蓟运河、潮白河、青龙湾河、永定河流域。解放后经过多年的综合治理,耕地沙化已基本得到控制,但在轻质地的土壤上,仍有潜在沙化的威胁。据不完全统计,全市耕地潜在沙化面积约为 27100 公顷,主要分布在宝坻、武清、北辰、西青和东丽等五个区县,其分布规律与河流流域相符,多为河流泛区,因河流泛滥泥沙淤积所致。

表 7.1　天津市耕地等级划分表

耕地等级(级)	三	四	五	六	七	八
产量水平 (公斤/公顷)	>10500	9000～ 10500	7500～ 9000	6000～ 7500	4500～ 6000	3000～ 4500
面积(公顷)	75311	107842	61942	69072	61942	59268
百分比(%)	16.90	24.20	13.90	15.50	13.90	13.30

此外,由于工业化快速发展,工业废水对已经很少的灌溉水资源造成污染,农业灌溉不可避免地直接利用污水灌溉,对人的生命安全构成威胁。天津市耕地污染主要源于污水、污泥、化肥和农药,其中以灌溉污水和施用污泥造成的危害最大。全市污灌面积约为 234000 公顷。其中,直接利用污水灌溉的面积为 114900 万公顷;间接利用污水灌溉 119000 公顷。在直接利用污水灌溉面积中纯污灌面积为 8300 公顷,占直接污灌面积的 7.2%;清污混灌面积为 89300 公顷,占 77.7%;间歇污灌面积为 17300 公顷,占 15.1%。全市每年工业废水和城市污水产量为 9 亿立方米,年均污水灌溉的水量为 6 亿立方米,约占灌溉总用水量的 40%,除雨季 7、8 月份有部分污水排入渤海外,其余全部被农田所接纳或用于养殖。

灌溉所引用的污水主要来源于南、北排污河及北京排污河,由此形成了南排污河灌区、北排污河灌区及北京排污河灌区三大污灌区。

(2)耕地生产力

进入 20 世纪 80 年代以来,天津市耕地利用维持了低水平的增长态势,农作物总播种面积保持在 55 万-60 万公顷,粮、棉、油、菜总产量稳步增长,其中粮食总产平均每年为 161.9 万吨,粮食总产平均为 5454.84 公斤/公顷,进入 2000 年后粮食播种面积逐年减少,到 2004 年仅有 26.35 万公顷,占用耕地 20.35 万公顷,粮食总产 125.27 万吨,刚达到国家下达给天津市的粮食 120 万吨的生产指标。油料作物进入 1985 年以后逐年减少,到 2004 年仅有 0.61 万公顷;棉花、蔬菜等经济作物分别由 80 年代初期的 0.83 万、3.7 万公顷增加到 8.69 万、13.19 万公顷。耕地复种指数由 1980 年的 144.1% 降至 2004 年的 120.5%。粮、菜、经分别占用耕地面积的 42.52%、35.13%、16.35%。

蔬菜生产在天津市农业生产中占有重要地位。随着种植业结构的调整,蔬菜种植面积不断扩大,种植区位也由近郊区逐步向远郊县扩展。播种面积由 80 年代初的 3.7 万公顷发展到 2003 年的 1346.5 公顷,占农作物播种面积的比重由 5.5% 增加到 26.8%,总产量达到了 602.8 万吨,为历史最高。蔬菜生产总量的 50% 供应本市市场,30% 销往北京、东北地区和东南亚、非洲、欧美等国家,20% 进行深加工。随着城镇人口对农产品质量和安全保障需求的提高,按照国家农业部统一部署,我市于 1999 年开始对蔬菜生产实行无公害基地认证制度,截止到 2004 年全市已经认证无公害菜、果品生产基地 595 个,认证面积 3.71 万公顷。

受地形地貌、土壤、水文、气候等条件影响,经过多年的农作物栽培技术积累和市场筛选,逐步形成部分地域性不同特色农产品生产基地,其中"沙窝萝卜"、"茶淀葡萄"和"宝坻三辣"等优势农产品响誉全国、畅销海内外。据不完全统计,2004 年全市优势农产品播种面积约 3.65 万公顷,总产量 568 万吨。发展特色农业,扩大优势农产品生产规模,将成为我市农民增加收入的重要途径。

2. 天津市耕地动态变化分析

(1)耕地数量及结构变化分析

天津市耕地面积呈现逐年减少的趋势。1997—2004 年,天津市耕地面积从 485609.2 公顷减少为 445629.9 公顷,总共减少 39979.3 公顷,尤其是从 2003—2004 年,天津市耕地面积净减少了 29838.9 公顷,主要是变更调查补漏造成。耕地减少主要集中在大港、东丽、西青、津南、武清和蓟县。

表 7.2 天津市 1997—2004 年耕地动态变化表

单位:万公顷

年度	年初面积	年末面积	当年增减情况		当年增减	
			增加	减少	绝对值	%
1997	48.56	48.44	+0.26	−0.38	−0.12	−0.2
1998	48.44	48.44	+0.14	−0.14	—	—
1999	48.44	48.44	+0.09	−0.09	—	—
2000	48.44	48.34	+0.16	−0.26	−0.10	−0.2
2001	48.34	48.12	+0.15	−0.38	−0.23	−0.5
2002	48.12	47.85	+0.21	−0.47	−0.26	−0.6
2003	47.85	47.55	+0.18	−0.48	−0.30	−0.6
2004	47.55	44.56	+0.26	−3.25	−2.99	−6.29
年合计			+1.45	−5.45	−4.00	−8.24

数据来源:天津市规划和国土资源局,天津市土地变更调查数据汇编。

1997—2004 年,天津市共减少耕地 54494.21 公顷,补充耕地 14526.01 公顷,净减少耕地 39979.3 公顷。其中建设占用减少耕地 30095.85 公顷,包括城镇建设减少耕地 4334.90 公顷,农村居民点建设减少耕地 3058.03 公顷,独立工矿占用耕地 15998.69 公顷,交通用地占用耕地 4355.0 公顷,水利设施用地及其他用地占用耕地 2351.91 公顷;农业结构调整减少耕地 17561.31 公顷,生态退耕减少耕地 3183.42 公顷,灾毁及其他原因减少耕地 3650.65 公顷,详见表 7.3。

表 7.3　历年耕地变化结构

年份	耕地面积	建设占用耕地	其中					农业结构调整占用耕地
			城镇	独立工矿	交通	水利	其他用地	
1996	485609.2	—	—	—	—	—	—	—
1997	484404.8	2722.13	163.6	625.6	337.93	308.47	64.87	1038.07
1998	484405.7	1404.87	117.4	229.27	730.8	283.47	0	21.33
1999	484447	771.47	25.23	433.32	173.13	6.69	133.11	41
2000	483416.1	1481.83	163.1	799.37	130.29	49.97	362.94	1114.17
2001	481174.9	1515.45	41.46	1733.92	115.73	0	369.99	2187.56
2002	478504.6	2013.71	186.96	1682.27	24.48	0	177.2	2716.44
2003	475468.8	1794.47	333.75	1433.01	12.69	0	15.02	1020.02
2004	445629.9	18391.91	3303.41	9242.1	2845.07	902.91	623.41	9249.36

第一,建设用地占用耕地数量分析。根据新增建设用地及其空间分布的初步分析,预计到 2010 年,城镇建设需要占用耕地 11800 公顷,独立工矿建设需要占用耕地 10102 公顷,交通设施建设需要占用耕地 5318 公顷,水利设施建设需要占用耕地 1100 公顷,以上各项合计约 28320 公顷。预计到 2020 年,城镇建设需要占用耕地 19915 公顷,独立工矿建设需要占用耕地 13786 公顷,交通设施建设需要占用耕地 8372 公顷,水利设施建设需要占用耕地 1200 公顷,各项合计约 43273 公顷。

第二,生态退耕数量分析。近年来,天津市因生态退耕而减少的耕地达到 6111 公顷。其中,退耕还林 1226 公顷,退耕还湿 4885 公顷。从天津市的土地利用特征来看,今后,随着对湿地等自然生态资源的保护,仍将有一定数量的生态退耕数量。根据自然保护区和水源地保护规划以及土地利用变更调查成果分析,在规划期内,由于自然保护区核心区保护和水源地周边需要退耕 7031 公顷;在蓟县山区因坡度大于 25 度需要退耕的坡耕地 357 公顷;根据土壤污染状况,因土壤中对人体有害的砷、汞、铬等重金属污染严重需要退耕的耕地 959 公顷,因强度盐渍化、盐土而导致退耕的耕地面积为 12934 公顷。到 2010 年,因生态退耕减少耕地 10290 公顷,到 2020 年,因生态退耕累计减少耕地 21281 公顷。

第三,农业结构调整造成耕地减少的可能性分析。依据国家政策,农业结构所占用的耕地,依然按耕地计算,严格禁止在农业结构调整中破坏耕地的耕作层挖塘养鱼。对于因污染、盐渍化等原因造成耕地不能耕种的，除建设占用外，可以通过农业结构内部调整种植其他农作物，在用地类别上仍然作为耕地加以保护。基于以上分析，本次规划不考虑因农业结构调整对耕地数量的影响。

第四，灾毁耕地数量分析。天津市濒临渤海湾，灾害性的地质、地貌、风暴潮活动频繁，每年总有少量耕地受自然灾害影响而被毁损。据不完全统计，近年来天津市累计灾毁耕地面积 3560 公顷，每年灾毁的耕地面积约为 709 公顷，预计到 2010 年、2020 年灾毁耕地将分别达到 1200 公顷、3200 公顷。

(2)耕地减少原因分析

首先，基期数据不准确。例如，1996 年底至 1997 年底，耕地减少 1204.4 公顷，主要是由于包括国家重点工程在内的许多建设占用耕地项目没有及时进行变更，国土资源部在 1997 年统一对变更调查补漏，造成规划期内耕地面积减少。

其次，农业结构调整和生态退耕。上轮规划实施以来，尤其是 2000 年以来，天津市农业结构调整的幅度加大，相当一部分耕地转为园、林、牧、渔业用地。另外，伴随天津市各项生态建设工程的实施，水域和林地等生态用地面积也有较大增加。根据"四查清、四对照"成果，1997－2004 年农业结构调整和生态退耕的数量达 20744.73 公顷，占耕地净减少量的 51.9%。

再次，灾毁及其他原因导致耕地的减少。天津市耕地整体质量不高，受水资源缺乏和盐碱化、沙化和污灌影响的低质量的耕地面积较大，盐碱化和沙化土地分别占耕地总面积的 44% 和 5%，污灌面积占 24%，对这部分耕地近几年大多实行了退耕还林、还牧、还渔；农业自然灾害也是耕地面积减少的因素之一。

在农业自然灾害中尤以干旱分布最广，出现频率最高、影响农业生产最为严重。由于天津属于暖温带半干旱半湿润气候，降雨量季节分配不均，年际变化率大，干旱发生较为频繁。病虫草害也是制约农作物高产、优质、高效益和持续发展的重要因素之一。据联合国粮农组织估计，世界粮食生产因虫害常年损失 14%,病害损失 10%,鼠害损失 20%。进入 20 世纪 90 年代以来,受多方面因素影响,我市农作物病虫鼠害的受灾频率明显加快,致灾强度逐年加剧。据不完全统计,近年来,天津市累计灾毁等减少耕地面积 3560.65 公顷。

此外,农用土地产权制度上的不完整,是引发耕地减损的深层次原因。农用土地产权制度的不完整,首先表现在产权界定不明晰。根据我国《土地管理法》的规定,农村土地所有权的主体是集体经济组织,一般是农村农业集体经济组织,或是村民委员会,还可以是乡镇农民集体等。这种土地所有权主体的模糊性,易造成道路、水利设施等公共物品供给主体的缺乏,以及在原有公共物品和土地保护、监督上的乏力。其次,农用土地产权制度的不完整性表现在农村土地使用权的流转不顺畅。目前的农村土地流转是低偿的或无偿的,其结果是使农民无论有无稳定农业外的就业收入,都不愿放弃承包地,不能使分得过细过碎的承包土地集中经营,形成规模经济,不能达到耕地资源的最优配置和利用,造成一些耕地荒芜和由于缺少管理而引起耕地质量的下降。耕地数量、质量的下降,导致农业综合生产能力的降低,同时,危及粮食安全,影响社会安定。

(3)耕地补充潜力分析

利用土地开发补充耕地潜力:根据 2004 年土地利用现状变更调查成果,全市未利用土地 42488 公顷,其中有可能进行开发整理的只有 27470 公顷的荒草地。根据土地适宜性评价结果,在现有的技术条件和经济条件下,荒草地中能够作为耕地后备资源的仅有 17882 公顷。规划到 2010 年通过开发整理增加耕地 15400 公顷,到 2020 年累计开发整理增加耕地 17882 公顷。

矿废弃地复垦补充耕地潜力:调查资料显示,天津市现有工矿废弃地 1653.24 公顷需要整理。根据土地变更调查成果分析,1996 年以来天津市共开发整理工矿废弃地 420 公顷,平均每年复垦 60 公顷。从实际情况来看,工矿废弃地复垦为耕地的难度很大,适宜整理为其他农用地,因此规划期内通过复垦工矿废弃地补充耕地潜力为 0。

村居民点整理补充耕地潜力:农村居民点用地现状规模为 86211.05

公顷,人均农村居民点用地规模为 296.26 平方米。根据农村居民点用地预测结果,扣除直接转为其他建设用地的农村居民点用地,到 2010 年有 10000 公顷农村居民点用地需要整理,到 2020 年有 23000 公顷农村居民点用地需要整理。根据国内农村居民点整理的经验,结合天津市的实际情况,农村居民点只适合整理为其他农用地中的养殖业用地和设施农业用地以及林地。因此,通过农村居民点整理增加耕地的潜力为 0。

耕地和其他农用地整理补充耕地潜力:天津市现有耕地 445629 公顷,其他农用地 187991 公顷。由于利用粗放,沟渠路的比例达到了 13.29%,比标准沟渠路系数 4.6%高出近 9 个百分点。根据土地利用潜力评价研究成果,田坎、农村道路、农田水利用地理论上通过整理可以增加耕地 17790 公顷。综合考虑经济条件等影响因素,规划到 2010 年按照整理 10%计算,可增加耕地 1779 公顷,到 2020 年按照累计整理 30%计算,可增加耕地为 5337 公顷。

"可耕地"补充耕地潜力:"可耕地"是指耕作层没有受到破坏,随时可以调整为耕地的土地,主要是园地。天津市现有园地 37263 公顷,根据条件分析,有 16421.85 公顷的园地可以划定为"可耕地",根据需要可纳入耕地保护范围。

综合以上分析,规划期内耕地补充潜力如下:不包括"可耕地"数量,规划到 2010 年,耕地补充潜力为 17179 公顷,到 2020 年,耕地补充潜力为 23219 公顷。如果将"可耕地"纳入耕地补充来源,规划到 2010 年,耕地补充潜力为 33601 公顷,到 2020 年,耕地补充潜力为 39641 公顷。

7.3.2 天津市耕地和基本农田保护目标

1. 耕地保护目标的确定

(1)基于粮食生产功能的耕地需求量预测

从耕地生产功能和社会保障功能出发,基于一定粮食生产率与人口规模,测算天津市耕地的基本需求底线。主要涉及因素有人口数量、耕地单产、复种指数、粮作比等,公式如下:

耕地需求量=粮食需求量/耕地生产力=(人均粮食消费量×规划总人口)/(粮食单产×复种指数×粮作比)

天津市是国务院确定的国际港口城市、北方经济中心和生态城市。近年来,随着经济社会的快速发展,外来人口逐步增加,2005 年天津市常住人口达到 1043 万人。而粮食总产量仅为 140 万吨,无法满足全市人口的粮食需求,需多渠道维持天津市的粮食供给。因此,规划期内天津市耕地生产功能应定位为:在保证农村人口自给的前提下,有适度余粮供应市区。

耕地需求量公式修正如下:

耕地需求量=粮食需求量/耕地生产力=(人均粮食消费量×规划农村总人口)/(粮食单产×复种指数×粮作比)

①粮食需求量预测

确定规划期农村总人口:根据人口预测方案,到 2010 年,天津市常住人口规模为 1250 万人,其中城镇人口为 950 万人,农村人口为 300 万人,城镇化水平达到 76%;2020 年天津市常住人口规模为 1500 万人,其中全市城镇人口为 1335 万人,农村人口为 165 万人,城镇化水平达到 89%。

确定人均粮食消费量:依据我国人均营养供给指标,2010 年人均粮食消费标准为 506.53 公斤,2020 年人均粮食消费标准为 554.83 公斤(工业、种子、储运损耗用粮按人均用粮的 50%计,上述指标已包含)。

确定粮食需求量:因为,粮食需求量=人均粮食消费标准×农村人口,可以得出天津市 2010 年、2020 年粮食需求量分别为 151.96 万吨和 91.55 万吨(表 7.4)。天津市多年来粮食产量稳定在 130 万吨左右,"十一五"期间粮食生产目标稳定在 130 万吨,因此,计算 2010 年耕地保有量时采用 130 万吨作进一步计算。

表 7.4　天津市农村人口粮食需求量预测

年份	农村人口 (万人)	人均消费 标准(公斤)	粮食需求量 (万吨)
2010	300	506.53	151.96
2020	165	554.83	91.55

②耕地生产力预测

粮食单产预测:粮食单产的预测主要从 1990 年以来粮食耕地单产变

化序列并结合科技进步促进粮食增长的潜力进行分析。1990 年粮食单产为 4173 公斤/公顷,2005 年粮食单产为 4779 公斤/公顷,15 年间增长了 14.5%。随着科技的进步,农田水利设施的建设和完善,未来天津市将大力推广旱作节水技术、沃土工程技术和更新优良品种,预计到 2010 年和 2020 年粮食单产分别提高 8% 和 20%。由此推算,2010 年耕地单产平均为 5161.32 公斤/公顷,2020 年为 5734.8 公斤/公顷(表 7.5)。

表 7.5 粮食单产预测结果表

年份	粮食单产计算公式	粮食单产
2010 年	4779×(1+8%)	5161.32
2020 年	4779×(1+20%)	5734.80

复种指数的确定:根据历年统计资料,天津市的耕地复种指数变化不大,1996 年为 1.16,2005 年为 1.12,10 年间平均为 1.13。考虑到规划年经济发展还会对农户土地利用模式选择产生影响,确定复种指数采用历年平均水平 1.13。

耕地粮作比预测:按 2000－2005 年统计数据分析,天津市粮作比基本保持在 51%－65% 范围,平均为 57.8%。随着城镇化的快速发展,市场变化将更为频繁,因此,考虑到规划期内种植业结构调整的趋势和可能性,在发展优质品种、稳定粮食总量的同时,因地制宜地大力发展名优蔬菜和特色农产品,以满足京津地区市场需求。预测 2010 年粮作比为 52%,2020 年粮作比为 48%。

③耕地需求量预测

根据上述分析计算,预测到 2010 年,天津市耕地保有量最低为 4286 平方公里(642.97 万亩),2020 年耕地保有量为 4179 平方公里(626.9 万亩)。

表 7.6 耕地需求预测表

年份	粮食需求量 (万吨)	粮食单产 (公斤/公顷)	复种指数	粮作比 (%)	耕地面积 (平方公里)	耕地面积 (万亩)
2010	151.96	5161.32	1.13	50.00	4286	642.97
2020	130.00	5734.80	1.13	48.00	4179	626.90

（2）基于耕地变化趋势的耕地保有量预测

①建设占用耕地

目前，天津市正处于工业化、城镇化快速推进的时期，各行业对建设用地需求量增加迅猛。根据建设用地预测方案，至 2010 年新增建设用地规模为 284 平方公里，至 2020 年新增建设用地 571 平方公里。天津市1996－2005 年新增建设占用耕地比例平均为 61％，在规划期内，根据严格控制建设占用耕地规模的指导思想，将建设占用耕地比例确定为55％－60％。据此，到 2010 年，建设占用耕地约 123～156 平方公里（18万－23 万亩），到 2020 年，累计占用耕地 309～337 平方公里（46 万－51万亩）。

②生态退耕减少耕地

为了更好的落实天津市"十一五"水土保持规划，需要对蓟县山区3.6平方公里大于 25 度的坡耕地进行退耕，以及自然保护区核心区和水源地周边需要退耕 70 平方公里，共计需退耕约 73.60 平方公里。

规划期内，如果基于耕地保护规模的要求或其他原因，仅能将部分耕地退为生态建设和环境保护用地，则按 40％－50％的比例，规划期内完成 30～36 平方公里，其中 2006－2010 年间退耕 12 平方公里，包括山地退耕 3.6 平方公里。

③灾毁减少耕地

天津市濒临渤海湾，灾害性地质、地貌、风暴潮活动频繁，每年总有一定数量耕地受自然灾害影响被毁损。天津市对耕地破坏较大的自然灾害主要有旱灾、水灾、地质灾害、风雹灾等。根据天津市历年农村经济社会统计年鉴统计，1993－2003 年 10 年间，平均每年农田受灾面积为 1744平方公里，占农作物总播种面积的 31.5％，其中成灾面积为 896 平方公里，绝收面积 240 平方公里。预计到 2010 年、2020 年灾毁耕地将分别达到 12 平方公里、30 平方公里。

④农业结构调整

未来几年，为满足都市农业、生态农业发展的需要，部分耕地将调整为园地、林地和其他农用地。1996－2005 年间，平均每年约 3.7 平方公里耕地进行农业结构调整。同时按照耕地保护的要求,需将部分不适宜继续作为园地、林地、其他农用地的用地转化为耕地。预计 2006－2010 年,农业结构调整减少耕地 10 平方公里;2006－2020 年,农业结构调整减少耕地 20 平方公里。

⑤土地整理复垦开发补充耕地

根据天津市后备土地资源的状况,在现有技术条件下,荒草地中能够作为耕地后备资源的仅有 178.8 平方公里,预计 2010 年开发 40%－50%,可增加耕地 72～89 平方公里;预计到 2020 年开发 60%－70%,累计增加耕地 107～125 平方公里。天津市现有其他农用地 1879.9 平方公里,由于利用粗放,沟渠路的比例达到了 13.29%,比标准沟渠路系数4.6%高出近 9 个百分点。根据土地利用潜力评价研究成果,理论上通过整理可以增加耕地 178 平方公里。综合考虑经济条件等影响因素,预计到 2010 年,整理 15%－25%,可增加耕地 28.2～35 平方公里;预计到2020 年,累计整理 20%－25%,可增加耕地为 35～53 平方公里。

农村居民点整理复垦是本轮规划下大力度进行土地整理的重点,根据《城市规划》划定的城镇范围,将对城镇规划范围外的农村居民点用地,通过推行城乡增减挂钩,进行有序的迁并整合。预计到 2020 年农村居民点用地规模为 750 平方公里,大约有 113 平方公里需进行整理,考虑到农村居民点用地整理周期长、投资高,转化规模和速度受到各种原因的限制。因此,设定规划期内整理规模为 40%－60%,预计到 2010 年可增加耕地 20～30 平方公里;预计到 2020 年,农村居民点用地可复垦 100～140 平方公里。

综上所述,规划期内,2010 年耕地保有量为 4410～4419 平方公里,2020 年耕地保有量为 4308～4314 平方公里。

(3)耕地保有量目标的确定

综合上述分析,天津市当前正处于经济高速发展时期,综合考虑粮食安全保障、经济发展需求,土地开发整理难易程度及退耕还林的可实行性,按照《全国纲要》要求,确定耕地保有量目标。规划至 2010 年耕地保有量为 4420 平方公里(663 万亩),2020 年耕地保有量为 4373 平方公里

(656 万亩)。天津市耕地保有量基础数据,含有清河农场、芦台农场和汉沽农场耕地数据,因此,规划期内天津市耕地保有量规模均含有上述三农场指标。上轮规划确定了三农场的耕地保有量规模,根据上轮规划和2005 年现状耕地数据,确定三农场耕地规模,三农场耕地保有量为 200平方公里(30 万亩)(见表 7.7)。

表 7.7 清河农场、芦台农场和汉沽农场耕地规模

	2005 年现状耕地		上轮规划		2010 年耕地保有量		2020 年耕地保有量	
	公顷	亩	公顷	亩	公顷	亩	公顷	亩
清河农场	4596.1	68940.8	4596.1	68940.8	4596.1	68940.8	4596.1	68940.8
芦台农场	8379.2	125688.7	8379.2	125688.7	8379.2	125688.7	8379.2	125688.7
汉沽农场	7024.7	105370.5	7024.7	105370.5	7024.7	105370.5	7024.7	105370.5
合计	20000	300000	20000	300000	20000	300000	20000	300000

天津市 2005 年耕地面积为 4455 平方公里,2006－2010 年期间耕地补充量为 147 平方公里(22 万亩)。规划期间,耕地总量核减 85 平方公里(13 万亩),主要为农业结构调整、生态退耕与灾毁。

表 7.8 2006－2020 年天津市耕地总量动态平衡

规划目标年	规划耕地面积	耕地现状面积	规划期间减少耕地(万公顷)					规划期间补充耕地(万公顷)			
			减少合计	建设占用	生态退耕	农业结构调整	灾毁	补充合计	农地整理	居民点复垦	未利用地开发
2010	44.21	44.55	1.81	1.47	0.12	0.10	0.12	1.47	0.32	0.40	0.75
2020	43.73	44.55	4.15	3.33	0.35	0.20	0.27	2.33	0.65	0.44	1.24

2. 基本农田保护目标的确定

根据基本农田保护面积不低于耕地面积 80％的原则,考虑到天津市耕地整体质量较差和经济发展形势,规划期内基本农田保护目标按照现状耕地面积的 80％划定,即基本农田保有量为 3567 平方公里(535 万亩),主要分布在静海、武清、宝坻、宁河与蓟县。天津市基本农田保护面积规模含清河农场、芦台农场和汉沽农场基本农田保护面积,根据上轮规划确定的三农场基本农田保护面积规模,确定本轮规划三农场基本农田保护面积为 185 平方公里(27.72 万亩)(见表 7.9)。

表 7.9 清河农场、芦台农场和汉沽农场基本农田保护面积

	上轮规划		本轮规划	
	公顷	亩	公顷	亩
清河农场	4246.3	63694.4	4246.3	63694.4
芦台农场	7741.6	116123.8	7741.6	116123.8
汉沽农场	6490.1	97351.8	6490.1	97351.8
合计	18478	277170	18478	277170

在远郊五区县划定基本农田重点保护区,结合农村居民点整理、农地整理等途径,积极推进区内标准化基本农田建设。建立基本农田养护机制,不断提高基本农田质量和综合生产能力。

7.3.3 天津市耕地保护对策建议

对规划确定的耕地和基本农田要按照"总量不减少、用途不改变、质量不下降"的要求严格管理。要加强耕地质量建设,稳步提高耕地生产力,保护生态环境,合理开发耕地后备资源,从行政、法律、经济、科技等多方面建立耕地保护长效机制。

1. 加强保护耕地资源、保障粮食安全的全民教育

社会经济发展对土地需求增长与资源稀缺的矛盾历来是土地与耕地利用研究的核心问题。由于土地资源的多功能以及需求的多样性,加之其不可再生性和不可移动性等特点,要实现并维持协调、稳定的经济和城市化发展过程,就必须从动态角度来研究未来土壤资源的合理配置问题。否则,既影响粮食健康安全,又阻碍社会经济发展和生态环境安全。因此,必须加大宣传力度,把保护耕地资源和提高耕地质量提到同等地位来认识,增强全民爱护土地、珍惜耕地、保护环境的自觉性。这是一项长期工作,绝不是权宜之计,一定要以科学发展观充分认识保护耕地的极端重要性,科学建立与完善总量平衡、供给制约、用途管理、供需合理、结构优化等机制,切实做好经济发展和城市化过程中耕地资源的利用与保护,为确保粮食、蔬菜健康安全和城市及周边区域社会、经济、生态可持续发展奠定基础。

2. 加强法制建设，依法管理耕地

为落实土壤资源可持续利用，促进社会经济协调发展，国家和本市相继颁发了《中华人民共和国土地管理法》、《中华人民共和国土地管理法实施条例》、《基本农田保护条例》、《天津市土地管理条例》、《天津市基本农地保护条例》等法律、法规文件。加强法制观念，关键是要严格执法，严格查处各种违法违规行为，严格土地用途管理。在继续从严控制非农建设占用耕地的同时，加强对非建设占用耕地的控制和管理。无论是建设占用耕地还是非建设占用耕地，都必须符合全市土地利用总体规划。要严肃查处各类建设违法违规占用耕地，也要严肃查处在耕地上违法违规挖塘养鱼、退耕还林、建设速生丰产用材林、营造城市森林，以及其他毁坏耕作层等行为。擅自在非规划退耕的耕地上造林的，有关部门不得核发林权证，违法占用耕地的造林者权益不受法律保护。

认真贯彻《国务院关于深化改革严格土地管理的决定》，健全基本农田保护制度。要强化耕地质量管理的法制建设，尽快组织制定《天津市耕地质量管理条例》、《补充耕地等级折算办法》和《补充耕地质量验收办法》，明确农业部门工作职责，将耕地数量保护和质量管理摆到同等重要的位置。建立健全耕地质量保护责任制度、补充耕地按等级折算制度和基本农田建设标准体系。为此，农业部门要在完成全市耕地质量调查，确定耕地质量指标和评价体系的基础上，制定耕地地力分等定级办法，并会同市土地管理部门对本市耕地地力进行分等定级，为补充耕地的数量、质量实行按等级折算提供科学依据。要对整理、复垦和补充的耕地及补划的基本农田开展质量验收和确认，并对验收结果承担责任，防止占多补少、占优补劣。要切实加强事关耕地质量的肥料、农药、农膜等农业投入品的检验登记管理和监督管理，确保耕地安全和农产品安全。

3. 与相关规划衔接，加强土壤改良和耕地质量建设

我市耕地总量中有近 60％ 为中低产田，这其中又有近 2/3 为盐渍化土壤，由于水资源短缺和投入不足，耕地土壤肥力总体下降，因此，保护耕地的头等大事，就是加大改造中低产田的力度，全面提高我市耕地总体质量。

(1)摸清耕地质量级数,制定耕地质量建设规划

组织开展耕地质量调查和土壤普查工作,摸清耕地质量级数,建立耕地档案,在此基础上做好耕地质量分等定级和适宜性评价,制定长期耕地质量建设规划,特别是做好标准农田建设、中低产田改造、盐碱地改良计划,按照现实目标做好组织实施工作。

加大中低产田改良力度,提高耕地总体质量。在加强高标准良田建设的同时,加大中低产田改造力度。通过土地整理、田间排灌等农田基础设施、改善耕地质量和消除土壤障碍因素、开展平衡配套施肥、深耕深松、保护性耕作、增施有机肥、种植绿肥等培肥地力、改善耕地质量和消除土壤障碍因素等工程措施、技术措施和生物措施,提高耕地质量,遏制土壤退化,控制耕地污染,稳定耕地的综合生产能力。

推进盐渍化、沙化、干旱耕地的改良力度,改善耕地质量。对于严重盐渍化耕地,可采取秸秆还田、增施石膏、增施有机肥、扣压绿肥、施用草炭以及排涝排盐、整平土地等改良措施;对于严重沙化土壤,主要采取造林育草、防风固沙、客土掺沙、粮草轮作、种植绿肥、增施有机肥等措施加以治理;对于严重干旱耕地,主要采取兴修中小型农田水利设施、实施坡耕地治理等工程措施和推广旱作农业、节水灌溉、保护性耕作等旱作节水技术进行治理,以改善耕地质量。

(2)与相关规划衔接,推动耕地质量建设行动

要在落实耕地保有量和基本农田保护面积总目标的前提下,与农业部门实施的沃土工程、保护性耕作、优质粮食产业工程、特色农产品区域布局规划、农业现代化示范工程、无公害农产品生产基地建设规划,水利部门的农田水利建设和节水灌溉工程规划,林业部门的退耕还林规划等相关规划做好协调和衔接,充分发挥项目资金对土壤改良力度,改善农田生产条件的作用,通过工程建设带动和引导地方政府、农业企业和农户加大耕地质量建设与保护的投入力度。

(3)实施综合配套技术,确保耕地质量提高

近20年以来,我市土肥科技工作者在改良盐碱地和中低产田方面已积累了成功的经验和科技成果,要在总结已有成熟技术的基础上,进一步

扩展深化,发挥它应有的作用。首先要加强被列入保护的基本农田的田间设施建设,实施高标准的土地平整,健全排灌系统,做到改造一处,成功一处,受益一处,为改造盐碱耕地和建设高标准农田创造先决条件。二要扩大沃土工程实施规模。沃土工程是改良土壤,培养土壤,提高土壤肥力的技术集成,是提高耕地质量的有效措施,必须因地制宜地进行综合试验,落实到不同类型土壤,不同地块,通过实施,使耕地地力等级全面提高。三要全面推广测土配方施肥和平衡施肥技术。要根据土壤营养状况、作物种植布局和品种类型,通过专用配方肥料载体送到用户手中,实行"测、配、产、供、施"一条龙全面服务,充分发挥平衡施肥技术的作用,努力提高肥料利用率。四要推进施肥生态化技术。强调有机肥料的作用,实行有机肥和无机肥相结合、有机肥和微生物肥料相结合,开发并推广有机无机肥、生物有机肥及商品有机肥,实行秸秆还田和综合利用,促进施肥生态化,保护农田生态环境质量。五要积极推行科技入户工程,组织相关学科专家和技术骨干,加强指导和培训,引导农民科学使用肥料和农药,提高肥料和农药利用率。

4. 加强耕地质量管理,建立耕地保护长效机制

(1)建立耕地质量监测体系

应用 3S(RS、GPS、GIS)技术,建立耕地地力、施肥效益与环境监测体系,在巩固部、市两级土壤肥力长期定位监测网点基础上,增加区(县)级网点建设,形成部、市、区(县)三级监测体系;加强规范化、制度化管理,按照全国统一监测技术规程按期适时实施动态监测;配备必需的数据信息处理及传输设备,建立土壤质量数据库,及时传递监测动态信息,为保持土壤养分资源平衡,防止土壤退化,提出综合防治和质量修复技术,实施土、肥、水资源合理配置提供决策依据。

(2)建立耕地—粮食预警系统

加强耕地质量预警研究,通过研究掌握耕地质量变化规律,预测一定时期内耕地质量变化趋势与变化程度,结合作物生长发育要求进行调控,实现耕地质量的维持和提高,保障耕地资源的永续利用、促进粮食的生产与安全供给。

（3）建立耕地地力补偿制度，完善耕地培肥激励机制

研究制定有机肥产业发展扶持政策，扶持有机肥生产关键技术引进和高新技术产品开发，促进有机肥无害化处理与产业化生产，加快农作物秸秆资源和畜禽粪便等有机废弃物的无害化处理与综合利用。

建立健全有利于耕地质量建设的各项激励机制，鼓励农民增加农田建设投入，逐步实施耕地质量升级奖励、降低或损坏赔偿制度和分等用地，按级培肥等管理制度。

（4）建立耕地质量建设专项基金

每年从市、县两级土地出让金、耕地开垦费总额中提取 30％，专门用于土壤监测、地力调查、科学施肥、培肥地力和新垦耕地地力培育等耕地质量建设与管理工作，由市级农业部门统一组织管理。

5.加强科学研究，增强耕地保护技术储备与推广

加强土壤改良、耕地培肥等科学研究工作，纳入本市科技发展规划、年度科研、推广项目计划，增加科研经费，组织相关学科专家和技术骨干，开展技术研究与技术积累，通过技术集成、组装配套加以示范推广，积极引进国外技术，开展国际合作，研究和储备一些生产中急需的耕地净化与修复技术，因地制宜地采取工程、生物、化学和农艺等措施，不断提高耕地持续生产能力。

6.加强职能部门建设，强化管理功能

各级土壤肥料部门承担着土肥技术研究、推广、管理等综合服务职能，构建完善的土肥技术服务体系至关重要。一是完善土壤农化监测手段，配置相关仪器设备，提高技术服务水平，使之便利地为农业生产、为农民服务。二是稳定土肥机构，提高基础能力，使之在耕地质量监督管理、加强地力建设、提高农业生产水平中发挥作用。鉴于目前土肥队伍整体素质不高、知识老化的实际，适当增加再教育经费，通过岗位培训、专业技能培训及其他相关学科新技术的学习教育，提高其知识、工作水平。三是建立和完善竞争机制、激励机制、收入分配机制等相关制度，创造宽松的工作环境，提高耕地质量管理和技术服务水平。四是配合土地管理部门对耕地和基本农田保护实施监督，明确分工并承担相应的责任。

7. 有计划有步骤地推进生态退耕

从区域经济社会发展水平、粮食生产能力以及耕地资源的特点出发,综合评价并合理确定生态退耕标准、规模和速度。生态退耕工程,一方面保证退耕地区"退得下,稳得住",另一方面保证退耕地区农民有基本口粮来源,使得退耕还林工程等在实施补贴完成后,有稳定的粮食来源。

保护和改善生态环境,是关系中华民族生存和长远发展的根本大计。要协调好经济发展与土地利用、生态环境建设的关系。

8. 推进土地整理,提高耕地农业综合生产能力

土地开发整理是补充耕地、实现耕地占补平衡,改善生产条件和生态环境,提高土地生产能力的重要途径。随着本市人口持续增长、国民经济快速发展对耕地需求的不断增加,造成补充耕地压力的进一步加大,为积极稳妥地推进土地开发整理工作,保证土地开发实施后能够取得预期的经济、社会和生态效益,使土地开发目标顺利实施,特制定以下措施:

(1)行政措施

第一,加强领导,设立精干高效的组织管理体系。设立土地开发整理工作专门领导机构,协调各部门积极配合土地开发整理工作,统一组织和实施土地开发整理。

第二,加大宣传力度,提高全市对土地开发整理重要性的认识。深入开展土地基本国情和国策教育,加强土地开发整理法规和政策宣传,树立依法、按规划进行土地开发整理的观念,增强公众参与和监督意识。

第三,开发与保护相结合,强化环境保护意识。要把土地开发与保护结合起来,强化环境保护意识,提高土地利用的综合效益。在土地开发中要牢固树立保护环境的忧患意识,坚持"在保护中开发,在开发中保护"的原则,科学而理智地开发后备资源,减少在土地开发中的环境代价。

第四,建立目标责任制,实行目标管理。国土资源管理部门应按照土地利用总体规划确定的规划目标,制定符合本市的土地开发整理规划,认真落实土地开发整理规划指标,制定土地开发整理年度计划,并将指标分解落实到具体项目和责任单位。

第五,建立土地开发整理项目库,完善项目管理。完善土地开发整理

项目管理制度,并建立项目库,切实加强和规范项目管理。积极推行项目立项审查会审制,进一步完善项目法人制,全面实行项目招投标制,严格执行项目监理制,形成土地开发整理按规划确定项目,按项目进行管理,按设计组织施工,按进度安排资金,按效益考核验收的项目管理规范体系。

第六,建立有效的土地开发整理监督机制。国土资源管理部门要根据土地开发整理年度实施计划,定期对规划实施情况进行监督检查,加大监督和指导力度,确保土地开发整理活动规范、有序地开展。

各级土地行政主管部门应加强土地开发整理权属管理,按照依法、自愿、公平的原则调整土地权属,防止发生新的土地权属争议。开发整理前,要明确土地权属和土地利用现状;开发整理后,要及时进行土地变更调查和土地变更登记。

(2)法律措施

第一,严格执行规划。土地开发整理规划一经批准,必须严格执行。土地开发、整理和复垦活动都必须符合天津市土地利用总体规划和土地开发整理规划。土地开发整理项目的立项审查、规划设计、项目实施和检查验收,都必须以土地开发整理规划为依据。凡没有土地开发整理规划的土地开发整理项目,一律不得安排。

第二,健全土地开发整理法律法规。不断完善土地开发整理的项目管理、资金使用、权属调整、土地置换、土地整理新增耕地指标折抵等配套政策,制定《土地整理条例》逐步形成适应市场经济体制要求下的专项法律法规体系。

第三,加强土地开发整理权属管理。加强土地开发整理权属管理,按照依法、自愿、公平的原则调整土地权属,防止发生新的土地权属争议。开发整理前,要明确土地权属和土地利用现状;开发整理后,要及时进行土地变更调查和土地变更登记。

第四,加大执法监察力度。各级土地行政主管部门应将土地开发整理纳入土地执法巡查的范围,严格禁止违反规划的土地开发整理活动,做到执法必严、违法必究。按照国家有关标准和规范,加强对土地开发整理实施过程的监督指导,强化工程质量、资金使用等的监管,确保土地开发整理活动规范、有序地开展。

(3)经济措施

第一,加大专项资金收缴力度,严格资金的使用和管理。务必做到收缴到位、专款专用,将新增建设用地有偿使用费、耕地开垦费、土地复垦费、土地荒芜费和农业重点开发建设资金、耕地占用税、土地出让金等中用于土地开发整理的资金集中起来,统筹安排,努力提高资金使用效率,降低成本。

第二,建立多元化、多渠道的土地开发整理资金筹措机制。积极争取政策性低息或无息贷款,鼓励劳动力投资、个人投资、技术投资,广泛吸纳社会资金投入土地开发整理。

第三,以产权管理为纽带,形成有效的激励机制。加强土地开发整理中的权属管理,以土地评价体系为基础,按照自愿、公平的原则调整土地权属,保证权利人在整理前后权属、利益的相当性和均衡性。围绕整理后产权归属的核心,合理配置土地所有权、使用权及其他项权利,形成积极的激励动力。

第四,建立土地开发整理的奖惩制度。对于在土地开发整理中成绩显著的区县,在安排下一年度土地开发整理项目、资金时予以优先考虑,并进行倾斜;对于没有完成年度土地开发整理计划的或不按规划要求开展土地开发整理工作的区县,在安排土地开发整理项目、资金时予以控制。

第五,完善土地收益分配制度。按照"谁投资、谁受益"的原则,完善适应市场经济要求下的利益分配机制,调动各参与主体进行土地开发整理的积极性,吸引更多社会资金投入土地开发整理,着力推进土地开发整理的项目基地化、管理企业化和经营产业化进程。

第六,建立土地开发成果验收制度。土地开发会产生巨大的社会效益、生态效益和经济效益,但不合理的开发行为也会对生态环境造成破坏。因此,设立统一的土地开发成果标准,对各项土地开发成果进行检查验收,符合要求的方可通过,否则应返工,直到达到要求。

(4)技术措施

第一,建立土地开发整理数据库。建立土地后备资源数据库、土地开发整理项目备选库、土地开发整理项目数据库和耕地占补平衡指标库,以便于对项目的立项、实施以及耕地占补平衡指标进行管理。

第二,引进、推广现代土地开发整理的创新方法和先进的技术手段。充分运用现代科技手段,加强土地开发整理的资源调查、评价和监测;开展土地开发整理领域的基础研究,完善土地开发整理标准体系;加快土地开发整理规划管理的信息系统建设,实现管理的计算机化和网络化;加强土地开发整理实用技术的开发和推广,增加土地开发整理的科技含量。

此外,还需要广泛开展国际交流与合作,学习借鉴国外的先进技术和经验;健全专门机构,加强人才培养,全面提高土地开发整理专业队伍的整体素质。在继续做好后备土地资源开发的基础上,今后要重点加大农村居民点和耕地整理、废弃工矿的复垦力度,提高土地质量,改善土地生态环境,提高耕地的农业综合生产能力。

第8章 建设用地节约集约利用:规划的核心

随着城市化、工业化进程的快速推进,节约集约利用建设用地是土地利用的必然趋势和土地利用规划的核心所在。建设用地节约集约利用是通过土地利用规划和城市总体规划科学地安排城市用地,建立合理的用地结构和空间布局,促进城市的社会、经济和生态环境得以协调发展。本章主要介绍了建设用地节约集约利用的内涵和相关理论,并对天津市的建设用地具体情况进行了实践研究。

8.1 建设用地节约集约利用与可持续发展

建设用地的节约集约利用是在特定的某一时间、某一区域内的一个动态的、相对的概念,它是指在当期条件下和满足城乡发展适度规模、使城乡土地获得最大规模效益和集聚效益的基础上,以城乡合理布局、优化土地结构和可持续发展为前提,通过改善经营管理理念、增加存量土地投入等途径来不断提高城乡建设用地的节约集约利用效率,实现建设用地的社会效益、经济效益和生态效益最大化。

8.1.1 建设用地节约集约利用的内涵

国内外学者对于建设用地节约集约利用的概念和内涵研究较少而且尚未达成共识。由于建设用地主要集中分布在城市中,因此,目前一般认为:所谓建设用地节约集约利用,是指在城市合理布局、优化用地结构的前提下,通过改善经营管理、增加存量土地投入等途径,以充分发挥土地利用潜力,不断提高土地的利用效率和经济效益。从国内外学者的研究和建设用地节约集约利用的特征来看,建设用地由于功能的多样性,土地利用价值或效果有很多方面不是经济指标所能衡量的,也就是说其集约度很难简单地采取经济投入产出指标对土地节约集约状况进行衡量或评价。由于建设用地利用效果的整体性,某一宗地的高强度投入或产出,可能是以其他宗地的低强度投入或产出为代价的。因此,建设用地节约集约利用的内涵比农业土地集约利用的内涵丰富而复杂。建设用地节约集约利用概括地讲就是如何更有效地利用土地,用最小的土地成本,最大化地满足社会经济发展和环境建设的需要。但土地节约集约利用不能只考虑经济层面上的最佳效益问题,也需兼顾生态和社会层面上。因此,我们可以认为建设用地节约集约利用就是指在土地上进行密集的投入,并获得较高的产出,使得区域在更高层次上形成有序结构,且兼顾经济、社会和生态效益的最佳土地利用方式。[①]

衡量建设用地节约集约利用水平不能只看土地产出的绝对水平,还要考虑区域的差异性,即该区域的经济发展水平。[②] 建设用地的产出水平一方面取决于土地的区位属性,表现为土地上开发建设的建筑物数量和市场价值;另一方面取决于企业的产出效率及其赢利能力,表现为土地上经营的产值。我国地域辽阔,各区域的自然、社会、经济条件具有很大的差异,因此不能用一些类似指标去衡量建设用地集约利用状况。同时,不同功能和性质的区域,衡量的标准也存在着差别。同时,建设用地还是一个三维立体空间,聚集潜力着重横向总量扩张和内部总量效益均衡,水平结构潜力着重内部结构合理整合问题,空间潜力则着重立体空间维度的强度开发问题,还表现为土地利用总体规划、城市总体规划等的合理性和科学性。上述这几个方面涵盖了建设用地节约集约利用的所有内容。[③]

---

① 何晓丹. 建设用地集约利用评价. 浙江大学,2006 年硕士学位论文
② 李旭丹. 中国大百科全书·地理学. 中国大百科全书出版社,1984 年
③ 何晓丹. 建设用地集约利用评价. 浙江大学,2006 年硕士学位论文

　　另外,建设用地节约集约利用本身具有阶段性特点。伴随着工业化、城市化进程的加速,建设用地利用由最初的劳力资本集约型,过渡到资本技术集约型和更高层次的集约形式——生态集约。[①] 在城市化初期,人口、产业为寻求集聚效益向市区集中,土地利用由粗放到集约化,这阶段的土地利用是属于劳力资本型集约阶段。随着城市的不断集聚,土地资源供应短缺,地价上涨,建筑技术不断进步,单位建筑密度不断提高,建筑层数也不断增加,逐渐转向资本技术型。但是,城市过度集聚会导致"城市病"的出现,因此建设用地利用应表现为集聚后的分散,即人口与产业的不断分散,并随着工业化、城市化的不断深入,人们追求的不仅是经济的增长,而且是经济、社会、环境的综合谐调发展[②],由此建设用地利用表现出更高层次的节约集约利用形式,即生态型集约。

　　借鉴农业用地集约利用的内涵并结合目前国内外学者对城镇土地利用研究的最新成果,可将建设用地节约集约利用的概念归纳为:以科学发展观为指导思想,以符合城市总体规划、土地利用总体规划及相关法规为原则,通过整合、置换、储备和增加投入,合理安排土地投入的节奏和数量,改善城镇土地结构和布局,不断提高土地的利用效率和经济效益,以挖掘土地利用潜力,节约土地资源的一种开发经营模式。[③] 总而言之,建设用地节约集约利用的内涵可以从广义和狭义两方面来理解和归纳,从广义上理解,建设用地节约集约利用就是指以合理布局、优化土地利用结构和可持续发展的思想为指导,通过增加存量土地投入、改善经营管理等途径,不断提高土地的利用效率和经济效益,实现更高的社会、经济、生态和环境效益;而从狭义上理解,建设用地节约集约利用就是指增加土地投入,以获得土地的最高报酬。[④] 建设用地节约集约利用是一个动态过程,

---

　　① 毛蒋兴等.20 世纪 90 年代以来我国城市土地集约利用研究述评.地理与地理信息科学,2005 年第 21 卷第 2 期,第 48～52 页

　　② B.F.舒马赫.小的是美好的.虞鸿钧、郑关林译,商务印书馆,1984 年;罗马俱乐部.增长的极限.四川人民出版社,1972 年

　　③ 曹建海.我国土地节约集约利用的基本思路.中国土地,2005 年第 10 期,第 19～21 页

　　④ 王静,邵晓梅.土地节约集约利用技术方法研究:现状、问题与趋势.地理科学进展,2008 年第 27 卷第 3 期,第 68～74 页

随着经济社会的不断进步,人们改造自然和利用自然的能力不断增强,土地的承载能力也在不断提高,不同历史时期有不同的土地利用集约度。[①]

建设用地节约集约化不能简单地理解为土地利用的高强度开发,而是使土地利用达到最有效的状态,即以可持续发展的思想为依据,在区域内通过土地利用结构与空间结构的高度有序化组织,以土地为载体的各种建筑物和城市基础设施相互之间以及与外部环境之间,无论从效益上、使用功能上、后续发展或形象景观上,都达到组织有序、结构严谨、相容性好、功能互补并能进行自我修复的状态,最终带来城市的高水平发展和土地的可持续发展,同时充分挖掘土地资源经济供给潜力,使建设用地投入产出比和土地利用效率达到最佳。[②]

8.1.2 建设用地节约集约利用在土地利用规划中的重要性

建设用地节约集约利用是通过土地利用总体规划和城市总体规划科学安排建设用地,建立合理的用地结构和空间布局,促进城市的经济、社会和生态环境得到协调发展。建设用地节约集约利用是解决我国土地资源稀缺、人地关系矛盾突出的必然选择;是推动我国城市化快速、良好发展和城市质量全面提高的重要途径;是改变我国土地利用粗放、浪费,加强土地管理的重大举措;是我国经济健康发展的客观要求,也是我国城市社会经济可持续发展的必然选择。[③]

鉴于土地利用总体规划对于土地资源节约集约利用的基础作用,各地区应根据所在区域的土地资源禀赋、实际利用情况以及规划期间经济社会发展的趋势做出合理判断,以促进土地资源节约集约利用为主要目标,科学制定土地利用总体规划,这也是加强规划权威性的前提条件和实现土地资源节约集约利用的关键因素。土地利用总体规划编制的关键在

---

① "昆山市土地集约利用与可持续发展研究"课题组.区域发展与土地利用研究.中国国土资源报,2005年8月22号

② 马武定.走向集约型的城市规划与建设(三)——高质量、高效能与可持续发展.城市规划,1997年第3期,第52~53页

③ 毛蒋兴,闫小培等.20世纪90年代以来我国城市土地集约利用研究述评.地理与地理信息科学,2005年第21卷第2期,第48~52页

于对规划期间各种土地使用需求的科学预测和判断,而以往相关规划执行效果不明显也在很大程度上与土地需求预测过大或过小(通常情况下是预测远远超出实际需要)有关,因而缺乏科学相关性。鉴于上述情况,各地在编制土地规划时应基于当地土地资源节约集约利用水平综合评价结果,深入分析和研究各类、各业用地节约集约利用潜力和长期的变化趋势,从而科学地预测各类土地的合理需求。以城市建设为例,比较科学的土地利用总体规划应包含基本农田保护和引导城镇合理健康发展的内容:明确城镇发展界线,严格控制建设用地供给总量,遏制城镇规模的盲目扩张与占用耕地势头;但另一方面也要给城镇留有余地,满足其适度发展空间的需要,坚持把当前利益与长远目标相结合,既注重规划超前性,为城市发展留下合理空间,又注重对耕地特别是基本农田的保护。

在编制土地利用总体规划的过程中,应加强土地利用结构和布局的优化调整。由于土地资源稀缺而各产业又竞相用地,所以应该根据土地利用的生态经济适应性使之用得其所,提高有限土地的利用效率,发挥土地利用的最大综合效益;按照充分利用存量土地原则,根据各地特点和用地需求,统筹合理安排各类用地的存量和增量,促进用地结构和布局趋于优化。并且为了保障规划得以顺利实施,以从根本上提高土地资源的节约集约利用水平,还应在编制规划的同时制定和完善一系列相应的政策及保护措施,例如,依法严格控制"农转非"用地,严格制定城乡非农业建设用地标准以及严格土地管理防止非法占用土地资源等。①

8.1.3 建设用地节约集约利用与可持续发展的关系

可持续发展是土地节约集约利用的重要依据和指导思想,而土地节约集约利用是可持续发展的重要内容和必由之路。大量研究表明,对土地资源的合理开发和利用,只有立足现实,着眼将来,才能做到对土地资源的合理利用,从而避免造成土地资源的过度浪费和破坏,实现经济、社会和生态环境的可持续发展。另一方面,土地的节约集约利用不仅可以提高土地的利用效率,还可以减缓城市无序扩张的速度,从而节约宝贵的

---

① 刘新卫,张丽君等.中国土地资源集约利用研究.地质出版社,2006 年

土地资源,有利于实现代际公平和可持续发展。

建设用地是我国土地资源的重要组成部分,我国人多地少,耕地资源后备不足。长期以来我国城市建设用地持续低效、粗放经营。在用地结构上,主要表现为各类土地利用布局不合理、产值效率低;在用地规模上,主要表现为扩张过快、总量失控。我国人地矛盾突出,且耕地不足和建设用地供给有限以及土地利用的不合理是现存的实际情况,这就决定了今后必须走节约集约利用土地资源的道路,并逐步实现土地利用方式由粗放型向集约型的转变,这也是我国转变经济增长方式的重要环节和必然要求。

土地节约集约利用是研究土地资源配置的合理性,其目的就是在不破坏土地生态环境平衡的基础上,挖潜存量土地,提高土地的相对供给能力,保持土地价值的自然利用性和耐久性,为区域经济的可持续发展和土地资源的可持续利用创造有利条件。提高土地利用节约集约度并不是土地合理有效利用的最终目的,而是通过土地合理的节约和集约利用促进产业结构的调整和优化升级,促进土地利用效率的提高,达到经济效益最佳,促进土地资源可持续利用,实现经济、社会和生态环境的可持续发展。

土地节约集约利用与可持续发展关系的实质就是要协调人口、资源、环境和发展之间的关系,为后代奠定一个能够持续、健康发展的基础。土地资源的稀缺性决定了人们只能改造土地而不能创造土地,因此,可持续发展理论是土地节约集约利用的指导思想。

近年来,随着城市化、工业化进程的快速推进,我国人口的增长、经济的发展,都需要储备大量的建设用地,各类建设用地需求的扩张给建设用地的供给带来巨大压力,如果仅仅依靠新增建设用地来发展城市建设已不太可能,必须提出一个合理的土地利用方式。在城市化进程的不断推进中,只有转变建设用地粗放、低效的经营模式,逐步向节约集约化利用的方式转变,才有可能实现区域以及整个国民经济的可持续发展。土地节约集约利用是缓解我国土地供需矛盾,保障新时期社会、经济和环境持续稳定发展的必然选择。

8.2　建设用地节约集约利用的基本原理与方法

　　建设用地节约集约利用的目的是使人类能够得到工作、生活和休憩的乐趣。合理的用地布局、优化的用地结构和宜人的居住环境,突出"以人为本"的理念,是一个地区吸引人们的最基本的要素,理应成为土地集约利用的前提。[①]

8.2.1　建设用地节约集约利用的形式、类型和特征

1. 建设用地节约集约利用的形式和类型

　　根据集约经济增长理论,劳动力集约度是指经济系统产出量的增长中,在劳动力数量不变的情况下由劳动生产率的提高带来的产出量的增加所占的比重,即其对总产值的贡献率;资金集约度是指经济系统产出量的增长中,在资金投入量不变的情况下由资金产出率提高带来的产出量的增加所占的比重,即其对总产值的贡献率;对应地,劳动力粗放度是指经济系统产出量的增长中,在劳动生产率不变的情况下由劳动力数量的增加带来的产出量的增加所占的比重,即其对总产值的贡献率;资金粗放度是指经济系统产出量的增长中,在资金产出率不变的情况下由资金投入量的增加带来的产出量的增加所占的比重,即其对总产值的贡献率。[②]因此,土地集约度是指经济系统产出量的增长中,在土地投入量不变的情况下,由土地产出率的提高带来的产出量的增加所占的比重,即其对总产值的贡献率;对应地,土地粗放度是指经济系统产出量的增长中,在土地产出率不变的情况下,由土地数量增加带来的产出量增加所占的比重,即其对总产值的贡献率。这是一种理论度量,同时也表达了土地集约的类型。[③]

---

　　①　彭再德,宁越敏.上海城市持续发展与地域空间结构优化研究.城市规划汇刊,1998 年第 2 期,第 17～21 页

　　②　陈庆吉,王殿选.经济系统集约度与粗放度的评价模型及应用.系统工程理论与实践,1999 年第 4 期,第 27～31 页

　　③　许伟.城市土地集约化利用及其评价研究.重庆大学,2004 年硕士学位论文

根据集约的内涵和程度的不同,可以将建设用地节约集约利用划分为以下几种形式:①粗放利用:对土地资源低度投入或土地闲置、浪费。②过度利用:对土地资源过度投入,造成土地报酬率递减,或者土地利用存在外部不经济,导致土地利用综合效益下降。③节约集约利用:对土地利用程度适宜,既实现了规模效益,又达到结构和强度的合理性,且没有拥挤成本,实现城市土地经济效益的最大化,充分挖掘了土地利用潜力。[①] 根据集约要素的特征,可将建设用地节约集约利用划分为以下几种类型:①劳动力资本型集约:在城市发展的初始阶段,对土地的投入主要以劳动力和资本为主。②资本技术型集约:在城市发展水平较成熟阶段,对土地的投入主要表现在资本和技术的含量。③结构型集约:在城市化发展的后期阶段,城市土地利用结构通过不断调整、优化到逐渐合理化。④生态型集约:城市发展的最高阶段,城市用地结构、利用空间和利用强度合理配置,既实现了经济效益的最佳,同时又保护了生态效益。

2.建设用地节约集约利用的基本特征

(1)建设用地节约集约利用需要完善的土地价格机制

由于缺乏土地的永久性产权的交易制度,节约集约利用土地难以给使用者带来更大的收益,且浪费土地也不会增加任何的成本,可见建设用地节约集约利用需要完善的土地价格机制,发挥土地价格在土地利用总体规划和土地资源配置中的基础作用。[②] 在我国,政府是土地的唯一供给者,而且只卖使用权而不卖所有权,土地价格在国家与农民之间具有巨大的差别。这样的土地市场化不可能是一个真正意义上的市场化。在国外,绝大多数国家市场化的首要前提是生产要素的市场化,即能够从制度上保证对生产要素所有权的自由买卖。由于在我国土地的基本生产要素还不具备市场化,导致主要社会资源和财富在不同利益主体之间的畸形分配。因此,解决我国土地利用问题的办法是使土地真正市场化,其首要前提是落实土地所有权。土地所有权明确了,才会有一个真正有效的土

---

① 许伟.城市土地集约化利用及其评价研究.重庆大学,2004年硕士学位论文
② 何晓丹.建设用地集约利用评价.浙江大学,2006年硕士学位论文

地市场和土地价格机制。只有这样,才能真正发挥地价、地租对土地利用的调节作用,通过土地市场评估,可以明确土地市场的发育程度,了解它的形态、结构和功能,进而制定出相应的政策和措施来规范土地市场的运作,提高土地利用效率。[①]

(2)不同的空间层次,建设用地节约集约利用的目标不同

对于不同的空间层次,建设用地节约集约利用的目标是不尽相同的。基于整个区域空间尺度的宏观层次,重点强调区域综合效益及用地结构、功能的合理性,建设用地节约集约利用要追求多个目标:区域具有多种功能,包括社会功能、经济功能和环境功能,这些功能相互促进,又相互制约。建设用地节约集约利用的目的主要是充分发挥土地在社会经济发展过程中的作用,促进社会经济的发展和进步,而社会的发展是一个社会、经济和环境相互协调发展的过程,所以在宏观层次上,节约集约利用土地的时候不可单方面追求经济上的投入产出比。不少地方为了实现 GDP 增速的单一目标,不惜付出土地、资源、重复建设的代价,甚至对每一个部门也下达了招商引资的指标,在这种情况下,土地就成为了最大的牺牲品。[②] 特别是城市,它是人口聚集的主要区域,我们需要有一个舒适、美好的生活和工作环境,所以更应该追求社会、经济和环境的和谐统一,以节约集约来促进社会的进步和发展。

而面向小区的中观层次和宗地的微观层次,则偏向于土地投入产出的效果。建设用地节约集约利用对土地的投入产出比要求有适度的范围,高建筑密度和高容积率并不能说明土地节约集约利用程度,而应充分考虑区域规划的布局,依照区域自然环境与社会经济发展条件,确定不同类型用地的土地节约集约利用方向和模式,充分、合理、节约集约地利用土地。[③]

---

① 张传玖. 集约的关键是市场. 中国土地,2005 年第 8 期,第 8~9 页
② 董黎明. 城市土地问题与土地集约利用. 中国土地,2005 年第 8 期,第 6~7 页
③ 何晓丹. 建设用地集约利用评价. 浙江大学,2006 年硕士学位论文

(3)建设用地节约集约利用表现为基本经济资源的优化组合

建设用地利用表现为各种经济资源的某种有机组合（资源配置形式），在这些组合中，生产要素之间往往存在某种程度上的互补性或可替代性。替代的存在为一定条件下实现资源的优化配置提供了可能。只有各种生产要素之间的合理配置才是建设用地的节约集约利用。

在现实生活中，各种资源的稀缺程度是不均衡的。[1] 这种不均衡可以从各要素的边际收益率体现出来，并最终体现在要素的相对价格上。从我国的情况看，在土地、劳动力、资本三要素中，土地是"最小构成因子"，我国土地资源稀缺，成为经济发展的最大限制因素。经济学家厉以宁教授曾经用"木桶原理"来解释和阐明非均衡经济理论中的"短线决定原则"：一个由若干个长短不一的木板条组装成的木桶，其最大盛水量唯一地取决于最短的那根木板条。可以用这个原理反映我国土地资源的现状，最长的木板是劳动力（L），长度为 H；最短的是土地（G），长度为 h；资本（C）是较短的木板条。那么可以用木桶盛水部分的体积（V）来表示土地的产出量（Y）。可以看出，盛水部分的体积 V 等于木桶的底面积 S 与最短木板高度的乘积，即 $Y_0 = V_0 = S \times h$。如果能把木桶适当地向劳动力方向倾斜，假设在这一过程中，其他投入要素并未替代土地成为最短的木板条。可以得出，虽然土地的限制没有突破，但随着劳动力投入的增加，土地总产量是增加的（$Y_1 > Y_0$）。这里就发生了劳动力对土地的替代作用，作为限制要素的土地资源获得了更高的报酬。[2]

生产要素之间往往都存在一定程度的互补性或可替代性，不同资源要素之间的替代水平与各要素的边际产量相关联。由于边际报酬率递减的普遍存在，边际产量也是不断减少的，所以一种要素很少能完全替代另一种要素。生产力水平一定的条件下，在有限的土地上投入过多的劳动力，并不一定会增加产量。科学技术能够提高自然资源的利用效率，从而

---

[1]　马歇尔著.经济学原理(上卷).朱志泰译,商务印书馆,1964 年

[2]　叶勃,李江风,季翔.城市化过程中的土地集约利用途径.资源开发与市场,2004 年第20卷第 2 期,第 108~110 页

使土地的边际报酬不断提高,可以在有限的土地上投入更多的劳动力,获得更高的产量。

(4)建设用地节约集约利用是一个动态的过程

建设用地节约集约利用是一个动态变化的过程,而不是一个静态的终极目标。随着城市化的快速发展,人们的生活方式、生产方式和居住方式等方面都发生了很大变化,所以为了促进土地节约集约利用而制定各项政策措施时,需具有前瞻性,充分认识未来土地的需求,做好信息的反馈,根据需要不时地改进策略和措施。同时,随着经济发展水平和科技的进步,土地利用的效率将会不断地得到提高,因此,土地节约集约利用可以看成是一个不断追求的长远目标。[1]

8.2.2　建设用地节约集约利用的影响因素及系统分析

1.建设用地节约集约利用的影响因素

影响建设用地节约集约利用水平的因素有很多方面,且可能处于不同的决策层面。从宏观层面来看,建设用地利用结构及相应的产业结构是重点。一个地区的增长方式如果以粗放为主,那么其用地无论在微观上如何强化,也不可能改变总体的利用态势。当前我国强调要增强建设用地参与宏观调控的作用,就是要通过对建设用地供给的控制,来达到促进各类地区产业结构的调整与优化升级。从中观层面来看,城乡、区域间是否统一优化配置,是否统筹协调,是影响建设用地节约集约利用水平的主要因素。这方面最明显的就是公共设施、基础设施低效利用和重复建设的问题。有些地方在基础设施投资建设方面过分强调招商引资和超前建设,没有合理地控制时序,结果导致投资建设的基础设施低效利用甚至闲置。一些地方试图用行政手段来推进城市化,大肆扩张城市用地,大搞城市基础建设,结果农村人口反而没有进城,城市内部却出现了大量的闲置用地,基础设施得不到有效合理的利用,造成实质上的土地粗放利用。这在小城市建设中比较明显。在微观层面上则直接反映为建设用地利用的强度和方式。工业用地的大绿地、低层厂房肯定达不到土地效益的最

---

① 何晓丹.建设用地集约利用评价.浙江大学,2006 年硕士学位论文

大化。而且建设用地的利用强度也不是越高越好。随着建筑密度、高度和容积率的扩大，人均拥有休闲、绿化、开敞面积减少，交通、安全隐患、噪音等问题也会越来越突出，从而会降低建设用地的利用价值。[①]

建设用地既是自然产物，也是人类长期劳动后的社会经济产物，影响建设用地节约集约利用的因素具有多样性和复杂性。由于区域的差异，土地利用受到各种因素的影响，产生不同的土地利用结构。这些影响因素主要包括土地资源状况、经济发展水平、产业结构、人地关系、自然环境条件、区域规模、土地用途和区位、科技水平和政策制度等。[②]

（1）经济发展水平

社会经济发展变化迅速使区域聚集着各种社会矛盾，其中土地的供需矛盾既是社会经济发展带来的结果，也是导致建设用地集约或粗放利用的原因。发展水平高的城市，土地市场竞争激烈，单位面积土地利用率高，投入产出大。而且随着人口的增加、经济的发展、人们购买力的上升，土地市场需求量扩大，可以降低土地和房产的闲置率，减少土地的损害和浪费，促进区域建筑容积率的提高和集约利用。[③] 随着人口的不断增加，经济的不断发展，人们对各类资源的需求量也越来越大，而土地作为一种不可再生的资源，它的稀缺性越来越为大家所认可。现在人们不仅具有节约集约利用土地的意识，而且越来越有能力（包括资金、技术、制度等）节约集约利用土地。经济发展水平的高低直接影响着土地节约集约利用的水平。经济发展水平较高的区域，以其优越的经济、社会和环境条件，吸引了大量投资，同时也有能力加大生态环境建设和保护，使土地资源的投入强度和产出率都比较高，土地节约集约利用程度明显较高。经济发展水平落后的区域，由于缺乏资金、技术的投入，单位土地产出率低，土地利用也会比较粗放。[④]

---

① 倪绍祥，刘彦随，杨子生. 中国土地资源态势与持续利用研究. 云南科技出版社，2004年；吴初国，刘树臣，张迪. 国土资源可持续发展指标体系探索与实践. 地质出版社，2006年

② 何晓丹. 建设用地集约利用评价. 浙江大学，2006年硕士学位论文

③ 何晓丹. 建设用地集约利用评价. 浙江大学，2006年硕士学位论文

④ 孙玲霞. 土地节约集约利用及其影响因素. 科技信息，2010年第8期，第368页

（2）产业结构

根据新西兰经济学家费希尔于 1935 年提出的三次产业概念,将全部经济产业部门分成三大产业,即:第一产业为对自然资源进行开采和初步加工的部门;第二产业为对第一产业部门所生产的产品进行加工的部门;第三产业为以服务业为主的服务部门和流通部门。此后,克拉克进一步指出在收入作用差异下劳动力由低级向高级产业梯次转移的规律,从而使三次产业的划分成为国际通用产业划分标准。社会分工和产业演变关系到建设用地的利用,建成区的迅速扩张也是三次产业更替发展的结果,也直接影响着建设用地节约集约利用。由于产业结构的不断调整,产业的空间布局必将同时发生改变,进而导致土地利用结构发生改变:城镇用地扩张,农村用地减少;工业用地外迁,中心城区工业用地减少;商务用地增加,形成各类 CBD 及城市中心;服务以及生活性基础设施建设和公益设施建设用地增加;住宅用地增加或住宅分布外迁;绿化或开敞性用地面积增加。[①]

（3）人地关系

工业化、城市化进程的快速推进,造成建成区的不断向外扩张,同时也伴随着人口的聚集。研究表明城市人口密度和城市人口规模呈正相关性,越是人口密集的地区,越容易产生人口聚集现象,形成规模较大的城市。[②] 因此,人地关系是影响土地利用节约集约度的重要因素之一,这也是为什么不同国家和地区处于相近的经济发展阶段,却出现完全不同的土地利用结果的原因之一。一般来说,在人多地少、人地关系较为紧张的区域,由于土地的稀缺性较高,理性的投资者往往倾向于以更多的资本代替土地,从而导致较高的土地利用强度。

图 8.1 中直线 A 代表 A 城的等成本线,B 代表 B 城的等成本线。较之 B 城,A 城人多地少,人地关系较为紧张,因此在土地市场上表现为 A 城的土地价格较高,因此 A 线较为陡峭。追求成本最低的结果导致 A 城

①　何晓丹.建设用地集约利用评价.浙江大学,2006 年硕士学位论文

②　何芳.城市土地集约利用及其潜力评价.同济大学出版社,2003 年

的生产者均衡点处于 E2,对应的土地利用集约度为 E2/L2,同理 B 城的最优点为 E1,对应的土地利用集约度为 E1/L1,显然 A 城的土地利用集约度要比 B 城高。但需要注意的是,这是在自由价格机制下理性投资者追求利润最大化的土地利用结果,尽管两个区域的土地利用集约程度不同,土地利用效率却都是最高的。[1]

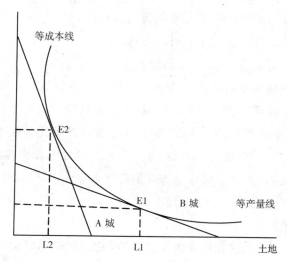

图 8.1　人地关系与土地利用集约度

（4）自然条件

建设用地资源的开发利用与农用地不同,土地利用集约度的自然驱动因素主要表现在地基承载力的大小上,作为土地资源开发利用的基础条件,其差异大小从根本上影响建设用地的开发利用强度和深度,从而影响城市建设土地节约集约利用水平的高低。[2]

（5）技术管理

技术的进步改变了人类对土地利用方式的选择。近年来高科技水平的不断提高（其中包括交通、建筑等方面）为城市土地三维空间资源的开

---

① 何晓丹.建设用地集约利用评价.浙江大学,2006 年硕士学位论文
② 王长坤.基于区域经济可持续发展的城镇土地集约利用研究.天津大学,2007 年博士学位论文

发利用提供了重要支持,极大地提升了土地空间利用的强度和深度,城市土地资源在地表、地上、地下三维空间范围内的开发力度不断加大,对城市建设用地的节约集约利用起到了极大的促进作用。[①]　此外,不同区域管理水平的差异同样对建设用地的节约集约利用具有一定的影响,其中包括城市规划、土地利用总体规划和城市法制等方面的因素。在规划中,土地利用总体规划和城市规划不相协调,规划往往缺乏科学性、合理性、严重滞后,并且规划执行不严格,随意性大,这些因素都直接影响和限制了城市建设用地节约集约利用水平的提高。此外,影响土地资源节约集约利用的因素不仅包括作为系统运行基础的自然生态条件和社会经济条件,还包括作为系统主体的不同层次利用(管理)者,而他们之间相互作用、相互影响的结果便是当前各地表现的土地资源节约集约利用水平的高低。[②]

(6)政策因素

建设用地节约集约利用所带来的效益往往具有全局性和长远性,而经营者常对短期利益和个人利益感兴趣,两者之间的矛盾通常需要政府制定政策来加以调节,对经营者的行为加以约束和引导,如土地利用总体规划、城市规划、土地用途管制等政策、制度。它们对建设用地的节约集约利用产生极为重要的作用。[③]　随着我国人口的扩张、城市化水平的提高,越来越多的土地被开发、利用。为确保社会经济健康、持续、和谐发展,政府制定了大量的政策来鼓励和促进土地节约集约利用。在全面建设小康社会、建设节约型社会与可持续发展社会的宏观背景下,我国在开发区建设、建设用地审批、农村改造、旧城改造等方面制定了一系列政策措施,在防止土地浪费、粗放利用,提高土地节约集约利用水平等方面起到了非常积极的作用。[④]

----

①　张凤荣.土地持续利用评价指标体系与方法.中国农业出版社,2003 年

②　王长坤.基于区域经济可持续发展的城镇土地集约利用研究.天津大学,2007 年博士学位论文

③　何晓丹.建设用地集约利用评价.浙江大学,2006 年硕士学位论文

④　孙玲霞.土地节约集约利用及其影响因素.科技信息,2010 年第 8 期,第 368 页

2.建设用地节约集约利用的系统分析

(1)建设用地节约集约利用系统分析的出发点

对于我国城市土地问题,虽然从不同的角度进行了多种研究和探讨,但其中存在的最大不足是就土地论土地。因此,城乡建设用地节约集约利用作为实现土地资源可持续利用的具体表现,就要以可持续发展思想为指导,综合考虑城乡土地利用的经济、社会和生态效益,实现城乡建设用地的合理开发和利用。具体可以从以下几方面考虑:

①城乡建设用地是一个多目标、多层次的复杂系统,不同时期与不同社会经济条件下的目标是有区别的,系统也处于不断优化的过程,因此要以动态的观点来研究。

②城乡建设用地节约集约利用是一个人地相互作用的过程,因此,必须十分注重人的作用对土地利用系统行为的影响。人作为其中的一个重要因素,其数量和质量在很大程度上影响和决定着城乡建设用地利用的强度和深度,人类的需求在很大程度上影响着城乡建设用地的节约集约利用这个动态系统和可控系统的发展方向和目标,特别是人类在政策制定方面的影响要尤为注意。

③实现城乡建设用地空间结构的协调发展。根据城乡土地资源及社会经济发展情况,寻求在技术上可行、经济上合理、有利于资源环境协调发展的土地利用类型,提高城乡建设用地内部空间利用效率,加强城乡空间的立体开发,形成城乡土地利用的地上、地面、地下协调持续发展,尽量减少城乡建设用地的增量需求。

④兼顾多方面效益,创造良好的居住环境。通过对人类行为的优化控制,合理转变和调整土地的用途与利用方式,对土地资源进行合理配置,以确定最优的土地利用结构,获得最佳的利用效益,平衡土地利用中经济与社会、生态之间的多种关系,创造一个协调的、良好的居住环境。①

(2)建设用地节约集约利用的系统目标

随着节约集约利用理念的深入人心,以及人类对社会及生态目标重

---

① 渠丽萍,姚书振.城市土地集约利用的系统分析.城市开发,2004年第10期,第64~66页

要性的共识,土地利用目标呈现出多样性,既要满足当代经济发展之需求,又不能忽视居民生活及城乡发展生态环境良性循环之需求。具体而言,城乡建设用地节约集约利用目标主要体现在以下几个方面[①]:

①经济有效。在土地资源供给有限的前提下,提高经济效益和效率是人类发展的基本能力,也是土地节约集约利用系统的基本要求,但不是目标最大,而是目标有效,即人类合理利用土地资源以获得社会的可持续发展。大量事实表明,盲目追求经济效益而忽视生态环境和社会效益的土地利用方式都是不可取的。因此,城乡建设用地节约集约利用要求实现土地资源利用方式的转变,以促进经济又好又快地发展。经济高效发展要求经济增长方式由粗放型向集约型转变。

②社会可接受。城市土地利用相关制度的发展完善以及城市经济的快速发展,为城市人口提供了更完善的生活条件和更多增进福利的机会。代表城市不同利益集团的土地经营者推动了土地利用社会目标的提高。如城市人口居住面积的均衡、城市人均占有绿地面积的增加、当代土地经营者与后代土地经营者在享有土地资源及其生态环境方面的公平。

③生态安全。城市经济的发展必须在土地资源及其生态环境的承载力之内。这样,才能使系统保持其相对稳定的结构和功能,使其具有持续不断的再生产能力和自我修复能力。当人类对土地利用的不合理严重干扰正常的自然生态过程时,将对自然生态系统的结构造成不可逆的破坏,导致该系统的功能障碍,自然再生产能力将下降甚至消失殆尽,最终导致经济再生产能力的不复存在。

④协调发展。根据哈肯的协同论,形成系统有序结构的根本原因在于各个子系统间相互关联的"协同作用"。土地节约集约利用系统内部各个子系统之间的协同关系,使系统的功能得以增强。因此,只有人口、社会经济和自然生态子系统处于协调状态,各要素的开发利用规模在系统相应的阈值范围内,如城市人口集聚程度、城市建筑容积率等,才能保证

---

① 王长坤.基于区域经济可持续发展的城镇土地集约利用研究.天津大学,2007 年博士学位论文

系统持续不断地向有序状态转变。

上述各目标之间相互影响、相互制约,经济目标是基本,生态目标是保障,社会目标是最终目的,系统协调目标是必要条件。从系统运行的发展过程来看,目标的实现是自然再生产、经济再生产和社会再生产的有机合成,目标的最终实现取决于城乡经济再生产和自然再生产能否高效、和谐地持续运行。

(3)建设用地节约集约利用的系统结构分析

按照有关"土地利用"的定义,任何一个土地利用行为都对应着一个土地利用系统。建设用地节约集约利用也不例外。由于影响城乡建设用地节约集约利用的因素有很多,且相互间又存在着较为复杂的关系,所以需要应用系统论的观点和方法,对城乡建设用地节约集约利用进行综合的分析与考察。系统是由相互作用、相互依赖的若干组成成分结合起来的,是具有某种特定功能的有机整体。系统的结构是指系统内部各要素相互联系、相互作用的方式或秩序,即各要素之间的具体联系和作用的方式。[①] 通过对系统结构的全面分析可以准确地把握系统中各要素之间的相互作用关系。现在以城市土地节约集约利用系统的结构和相互关系(如图 8.2 所示)为例进行分析。

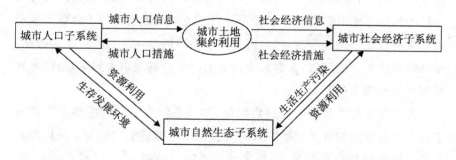

图 8.2 城市土地集约利用系统结构图

资料来源:渠丽萍,韩润仙.城市土地集约利用系统分析及调控研究.生态经济,2007 年第 3 期,第 71~74 页

---

① 渠丽萍,韩润仙.城市土地集约利用系统分析及调控研究.生态经济,2007 年第 3 期,第 71~74 页;任国臣.系统科学.高等教育出版社,1993 年

　　土地利用是人与自然、环境相互作用的集中表现，是由不同的利用方式和利用强度组成的一个系统。而城乡建设用地节约集约利用系统则是由城乡人口、自然资源、社会与经济子系统相互耦合而成的空间交互影响的复杂系统。随着城市社会经济的发展变化，人们需求质量的改变，城市土地利用结构和功能也相应发生变化，即系统所处的环境总是在不断变化之中，系统也总处于一个非平衡的运动状态。[①]

8.2.3　建设用地节约集约利用的评价体系研究与评价方法

　　1.建设用地节约集约评价指标体系编制原则

　　建设用地节约集约利用的经济效益是指对土地的投入与取得有效产品（或服务）之间的比较，主要是在城市这个区域范围内各个产业投入产出经济效益的综合反映。在实际工作中，建设用地的经济效益可以用工业总产值、地均 GDP、固定资产投资等指标简单地概述，但建设用地节约集约利用是一个含义十分丰富的概念，涉及社会、经济等诸多方面的因素，难以简单地用单一或少数几个指标进行评价判断，必须建立科学的评价指标体系，进行全面反映，综合评价。[②] 建设用地节约集约利用评价指标体系，是直接反映建设用地节约集约利用目标、内容等不同属性特征的指标按照隶属关系和层次关系构成的有序集合。[③] 评价指标体系必须具备解释功能、评价功能和预测功能，使建设用地节约集约利用评价具有动态发展的连续性。[④] 因此，构建建设用地节约集约利用评价指标体系必须坚持以下原则[⑤]：

---

　　① 王长坤.基于区域经济可持续发展的城镇土地集约利用研究.天津大学,2007 年博士学位论文

　　② 王长坤.基于区域经济可持续发展的城镇土地集约利用研究.天津大学,2007 年博士学位论文

　　③ 何芳著.城市土地集约利用及其潜力评价.同济大学出版社,2003 年

　　④ 查志强.城市土地集约利用潜力评价——指标体系的构建.浙江统计,2004 年第 4 期,第 9～11 页

　　⑤ 潘锡辉,雷涯邻.开发区土地资源集约利用评价的指标体系研究.中国国土资源经济,2004 年第 17 卷第 10 期,第 35～38 页

（1）代表性，即指标应抓住重点，简单明了，具有代表性。评价应定位于绩效（成果）评价，抓住主要指标，通过设置土地资源节约集约利用评价的基本情况指标、土地投入产出指标、土地使用结构指标来进行评估和考察。指标体系应该反映出土地资源利用的现状及其特点、城市土地经济运行的独特规律，以及该指标体系设计的内涵和目的，这是城市土地利用经济效益评价指标体系区别于其他指标体系的根本特征。通过对一级指标的设置和二级指标的分解，清楚、明确地反映区域土地利用的现状、结构、投入和产出。指标应尊重客观实际、实事求是，并根据实践需要调整指标设置和权重分配，注重权重的效度和信度，为城市土地利用经济效益评价提供科学的依据。

（2）可操作性，即如果在构建指标体系时片面追求系统状态的完整描述，其指标数量过多，无法计算，或选定的指标难以获得，都会使设计的指标体系缺乏实用性。因此，在设计指标体系时，都应尽可能选择已有的统计资料和数据，保证数据的可获得性、指标体系的可操作性，便于统计、管理和实施，既能完善又能分析清楚问题，并注意与现行国家统计指标、土地资源利用方面的指标相协调。

（3）系统性，即指标体系构建要反映建设用地利用的经济效益形成要素的主要方面和内在关系。为了使指标体系结构明确，易于使用，指标体系应该根据研究系统的结构，理出层次，由宏观到微观，由抽象到具体。

（4）独立性，即指标体系中应该排除一些与之有密切关系的指标，而选用相互独立的指标才能获得最优的评价方案。

（5）立足激励与指导作用，促进土地节约集约利用。通过对科学的规范的指标体系进行比较，产生正面激励机制，引导和促进土地节约集约利用，促进区域经济稳定发展，落实可持续发展战略示范区，树立走要素集约式发展道路的典型。

（6）鼓励综合统筹发展，通过对土地要素的经济考察，实现较快的经济发展，完善科学的管理体制和提高管理决策水平，建立良好的成长环境，形成基础设施较完善，投资环境良好的人才、资本、技术密集区。

（7）评价指标应以定量指标为主，易于考察和评价，描述明确，同时具有可比性。

2.建设用地节约集约评价指标体系的构建

(1)建设用地节约集约利用宏观评价指标体系的建立

建设用地节约集约利用宏观评价就是以城市土地利用现状为整体来进行分析和研究,通过对同类城市之间的集约度进行比较,揭示城市建设用地节约集约利用总体相对水平。从宏观视角出发,对城市建设用地节约集约利用进行总体评价,具体来说就是通过建立数学模型和一套能够反映土地节约集约利用的指标体系,评价各城市建设用地节约集约利用的水平,并对全国同类城市进行横向比较,分析之间的差异情况,衡量各城市土地利用的现状和未来趋势,为土地利用总体规划的编制、城市土地利用的宏观管理和政府宏观调控土地市场提供重要参考。[①]

在参考国内外相关研究成果的基础上,本书中关于城市建设用地节约集约利用评价指标体系主要从土地利用承载力指数、土地利用协调度指数、土地利用贡献度指数、土地利用管理绩效指数四个方面来构建,具体指标见表8.1。

表 8.1 城市建设用地节约集约利用宏观评价指标表

指数	分指数	分指数指标
土地利用承载力指数	人口承载力指数	城市建设用地人口密度
		城镇工矿用地城镇人口密度
	经济承载力指数	地均城市建设用地固定资产投资
		地均城市建设用地二三产业增加值
		地均城市建设用地财政收入
		地均城镇工矿用地工业产值
	建设承载力指数	城市综合容积率

---

① 任平.城市土地资源集约利用:绩效评价与机制构建.西南财经大学,2009 年博士学位论文

续表

指数	分指数	分指数指标
土地利用协调度指数	人口协调度指数	人口与城市建设用地增长弹性系数
	经济协调度指数	二三产业与城镇工矿用地增长弹性系数
		财政收入与城市建设用地增长弹性系数
土地利用贡献度指数	人口贡献度指数	人口与城市建设用地增长贡献度
	经济贡献度指数	二三产业与城镇工矿用地增长贡献度
		财政收入与城市建设用地增长贡献度
土地利用管理绩效指数	城市用地供应绩效指数	城市空闲地、闲置地比率
		城市批次土地供应化率
		城市土地供应市场化比率
	城市用地监管绩效指数	开发区已建成率
		闲置土地处置率

宏观评价指标体系主要反映城市建设用地节约集约利用的总体水平,其指标内涵如下[①]:

①土地利用承载力指数

它主要反映城市试点土地承载的现状,以人口承载力指数、经济承载力指数和建设承载力指数来体现。第一,人口承载力指数:通过城市建设用地人口密度和城镇工矿用地城镇人口密度来反映。其中,城市建设用地人口密度是指基准年的总人口规模与城市建设用地总面积的比值。城镇工矿用地城镇人口密度是指基准年的城镇人口规模与城镇工矿用地总面积的比值。第二,经济承载力指数需要通过地均城市建设用地固定资产投资、地均城市建设用地二三产业增加值、地均城市建设用地财政收入和地均城镇工矿用地工业产值四个分指数指标来反映。其中,地均城市建设用地固定资产投资是指基准年前5年的固定资产投资平均额与城市建设用地总面积的比值,反映土地的投入使用状况。地均城镇工矿用地二三产业增加值是指基准年第二、三产业增加值之和与城镇工矿用地总面积的比值,反映土地产出效益状况。地均城市建设用地财政收入是指

---

① 任平.城市土地资源集约利用:绩效评价与机制构建.西南财经大学,2009 年博士学位论文

基准年财政收入与城市建设用地面积的比值,反映土地产出效益状况。地均城镇工矿用地工业产值是指基准年的工业总产值与城镇工矿用地总面积的比值,反映土地产出效益状况。第三,建设承载力指数是通过城市综合容积率这一分指数指标来反映的。其中,城市综合容积率,是指基准年城市建成区总建筑面积与城市建成区面积的比值,反映土地的利用强度。

②土地利用协调度指数

它主要反映城市土地利用与人口、经济发展的协调程度,由人口协调度指数、经济协调度指数所构成。第一,人口协调度指数需通过人口与城市建设用地增长弹性系数来体现。其中,人口与城市建设用地增长弹性系数是指基准年前 3 年的人口增长幅度与同期城市建设用地增长幅度的比值。第二,经济协调度指数需通过二三产业与城镇工矿用地增长弹性系数、财政收入和城市建设用地增长弹性系数来体现。其中,二三产业与城镇工矿用地增长弹性系数是指基准年前 3 年的二三产业增长幅度与同期城镇工矿用地增长幅度的比值。财政收入与城市建设用地增长弹性系数是指基准年前 3 年的财政收入增长幅度与同期城市建设用地增长幅度的比值。

③土地利用贡献度指数

它主要反映城市土地利用对人口承载、经济发展的贡献程度,由人口贡献度、经济贡献度两个指数所构成。第一,人口贡献度指数需通过人口与城市建设用地增长贡献度这一分指数指标体现。其中,人口与城市建设用地增长贡献度是指基准年前 3 年的总人口增长量占全国或某一区域该指标的比重与城市建设用地增长量占某一区域该指标的比重的比值。第二,经济贡献度指数需通过二三产业与城镇工矿用地增长贡献度、财政收入与城市建设用地增长贡献度两个分指数指标体现。其中,二三产业与城镇工矿用地增长贡献度是指基准年前 3 年的二三产业增长量占某一区域该指标的比重与城镇工矿用地增长量占某一区域该指标的比重的比值。财政收入与城市建设用地增长贡献度是指基准年前 3 年的财政收入增长量占某一区域该指标的比重与城市建设用地增长量占某一区域该指标的比重的比值。

④土地利用管理绩效指数

它主要反映城市土地利用管理的成效,由城市用地供应绩效指数和城市用地监管绩效指数两个指数构成。第一,城市用地供应绩效指数需通过城市空闲地、闲置地比率和城市批次土地供应化率及城市土地供应市场化比率三个分指数指标体现。其中,城市空闲地、闲置地比率是指城镇土地空闲地、闲置地总面积与城镇工矿用地面积的比值。城市批次土地供应化率是指基准年前 5 年的供应土地总量与已批准批次供应的城市建设用地总量的比值。城市土地供应市场化率是指基准年的招标、拍卖、挂牌出让土地总量与土地供应总量的比值。第二,城市用地监管绩效指数需通过开发区已建成率和闲置土地处置率两个分指数指标体现。其中,开发区已建成率是指各开发区已建成总用地面积与经批准的开发区规划总面积的比值。闲置土地处置率是指评价范围内累计已处置的闲置土地总面积与累计闲置土地总面积之比,反映城市闲置土地的处置情况。

(2)建设用地节约集约利用微观评价指标体系的建立

城市建设用地节约集约利用的微观评价就是对城市内部按照土地利用功能区分类,如可以分为居住功能区、商业功能区、工业功能区等类型,按照功能区的划分原则,建立各种类型的评价指标体系,分析城市建设用地节约集约利用的微观状态和成效,为土地利用的微观管理提供依据。有些研究中将微观评价定位为对宗地节约集约利用评价,宗地节约集约利用更多涉及规划和建筑本身,和评价有一定的区别,故本书中将微观评价定位为功能区评价。功能区是指土地利用中以某种使用功能为主,在土地利用方向、利用强度、基准地价大体一致的区域,其节约集约利用程度和利用潜力也应趋于一致。功能区的划分主要根据土地利用现状,结合城市规划,并考虑行政区划与地形明显边界一致性的原则将城市划分为若干个功能区。功能区划分一般按商业、工业、住宅等功能用途划分。①

在参考国内外相关研究成果的基础上,根据不同功能区土地利用的特点,按照指标体系建立的原则,设置住宅、商业、工业功能区指标体系如

---

① 任平. 城市土地资源集约利用:绩效评价与机制构建. 西南财经大学,2009 年博士学位论文

表 8.2 所示[①]：

表 8.2　城市建设用地节约集约利用微观评价指标体系

功能区类型	指标
住宅功能区	综合容积率
	建筑密度
	人口密度
	基础设施完备度
	生活服务设施完备度
	绿化率
	住宅地价实现水平
商业功能区	综合容积率
	单位土地面积从业职工数
	基础设施完备度
	商业地价实现水平
	单位土地面积营业额
工业功能区	综合容积率
	土地利用率
	单位土地面积固定资产总额
	基础设施完备度
	单位土地工业总产值
	单位土地面积工业利税
	工业地价实现水平

①住宅功能区

住宅功能区评价通过综合容积率、建筑密度、人口密度、基础设施完备度、生活服务设施完备度、绿化率和住宅地价实现水平等指标进行评价。各指标内涵如下：综合容积率是指功能区内的各类建筑总面积与功能区土地面积的比值，反映土地利用强度；建筑密度是指功能区内的各类建筑基底面积与功能区土地面积的比值，反映土地利用强度；人口密度是指功能区内的居住人口与功能区土地面积的比值，反映土地利用强度；基

---

①　任平．城市土地资源集约利用：绩效评价与机制构建．西南财经大学，2009 年博士学位论文

础设施完备度是指功能区内的水、电、路等基础设施的配套程度,反映土地投入状况;生活服务设施完备度是指功能区内的学校、幼儿园等设施的配套程度,反映土地投入状况;绿化率是指功能区内的绿化用地面积与功能区土地面积的比值,反映土地投入状况;住宅地价实现水平是指功能区楼面地价平均值与所在级别的住宅基准地价的比值,反映土地的经济效益。

②商业功能区

商业功能区评价通过综合容积率、单位土地面积从业职工数、基础设施完备度、商业地价实现水平和单位土地面积营业额 5 个指标进行。各指标内涵如下:综合容积率是指功能区内的各类建筑总面积与功能区土地面积的比值,反映土地利用强度;单位土地面积从业职工数是指功能区内的从业职工人数与功能区土地面积的比值,反映土地利用强度;基础设施完备度是指功能区内的水、电、路等基础设施的配套程度,反映土地投入状况;商业地价实现水平是指功能区的楼面地价与所在级别的商业基准地价的比值,反映土地的经济效益;单位土地面积营业额是指功能区内的总营业额(或营业收入)与功能区土地面积的比值,反映土地的经济效益。

③工业功能区

工业功能区评价通过综合容积率、土地利用率、单位土地面积固定资产总额、基础设施完备度、单位土地工业总产值、单位土地面积工业利税和工业地价实现水平 7 个指标进行。各指标内涵如下:综合容积率是指功能区内的各类建筑总面积与功能区土地面积的比值,反映土地利用强度;土地利用率是指功能区内的实际建设土地与功能区土地面积的比值,反映土地利用强度;单位土地面积固定资产总额是指功能区的固定资产投资总额与功能区土地面积的比值,反映土地投入状况;基础设施完备度是指功能区内的水、电、路等基础设施的配套程度,反映土地投入状况;单位土地工业总产值是指功能区的工业总产值与功能区土地面积的比值,反映土地的经济效益;单位土地面积工业利税是指功能区的工业利税总额与功能区土地面积的比值,反映土地的经济效益;工业地价实现水平是指功能区的楼面地价与所在级别的工业基准地价的比值,反映土地的经济效益。

3.建设用地节约集约利用评价方法

建设用地节约集约利用的研究是一个复杂的系统工程。其评价方法是构建用地节约集约利用定量评价的基础,但由于研究困难大,成为研究中的薄弱环节。有关这方面的研究分散于诸如土地经济学、城市经济学、城市地理学、城市规划等不同的学科和领域中。归纳起来可以分为以下几个方面[①]:

(1)主成分分析法

主成分分析法是把原来多个指标转化为少数几个综合类指标的一种统计方法,是一种数学的排序方法。目的是通过变换,将原来的一组变量(指标)变换成另外一组变量。可将具有许多变量的高维空间,通过数学方法转变成较低维的空间,尤其是在直观的二维、三维空间中排列的各个点,并尽量减少信息的损耗,使结果能保持原有高维空间中的重要性。

(2)十八等分法

十八等分法是一种简化的 AHP 法。层次分析方法是由美国著名运筹学家、匹兹堡大学教授 T. L. Saaty 于 20 世纪 70 年代中期提出来的,是一种较好的决策方法。该方法能够统一处理决策中的定量和定性因素,十八等分法继承了 AHP 方法的思想,并在指标权重确定和层次排序方面比 AHP 法更简单,但结论不失其科学性。

(3)复合指数法

复合指数法是在对各因素指标进行分级的基础上,分别赋予各个指标分级值,然后计算出指数,其指数是通过每一个指标的指数相乘再乘以 100 获得的。用公式表示为:$S_i = 100 \prod_{i=1}^{n} R_i$。$S_i$ 为指数,R_i 为各个指标的分级值。

(4)特尔菲法

特尔菲法采取的思路是罗列所有对建设用地节约集约利用有影响的因素、因子指标,采用特尔菲法通过专家咨询去掉一些明显不合理的指

① 何晓丹.建设用地集约利用评价.浙江大学,2006 年硕士学位论文

标,去掉数据不可获得和难以定量、定性分析的因子,最后确定的因子作为评价的指标。

(5)熵值法

构建一套建设用地节约集约利用评价的指标体系,采用熵值法,信息熵表示系统的有序程度,一个系统的有序程度越高,则信息熵越小,由此可以根据各项指标值的差异程度,利用信息熵计算出各指标的权重,为综合评价提供合理依据。

(6)模糊评价法

模糊综合评价就是运用模糊变化原理和最大隶属度原则,考察与被评价事物相关的多目标、多层次的各个因素,对其所做的综合评判。它是根据评价对象的具体情况和评价的具体目标,通过评判指标的取值、排序、再评价择优的过程。鉴于各城市区域环境不同、发展水平不同,城市土地利用现状究竟是粗放、集约还是过度,没有一个明确的标准。它本身是个非常模糊的社会经济问题,其界限很难准确划分。而模糊集理论是专门用来分析研究自然界和人类社会广泛存在的模糊现象和模糊信息的一种有效工具。[①]

8.3 天津市建设用地节约集约利用实践研究

本节对天津市建设用地节约集约利用进行了实践研究,主要通过建设用地节约集约现状分析及总目标、城市土地节约集约利用的分区实践以及基础设施用地合理布局和建设用地整理三部分来进行研究。

8.3.1 天津市建设用地节约集约现状分析及总目标

1.天津市各区县建设用地节约集约利用程度评价

由于城镇用地内部存在规模等级次序,每一等级次序用地的节约和集约利用评价标准也存在一定的差异。因此,依据天津市城镇用地内部等级次序规律,将城镇用地按行政区划划分为十三个评价单元,即:市内

---

① 张跃等.模糊数学方法及其应用.煤炭工业出版社,1992年

六区、宝坻区、津南区、北辰区、塘沽区、东丽区、大港区、蓟县、汉沽区、宁河县、静海县、武清区、西青区。针对每一个评价单元,选取人均建设用地、建设用地地均 GDP、单位建设用地固定资产投资、建设用地地均财政收入四项指标进行土地集约利用程度调查。土地数据采用 2005 年土地利用变更调查数据,由于盐田和水库水面的分布受自然条件的限制较大,其投入产出跟其他建设用地也不具有可比性,因此这里的建设用地采用扣除盐田和水库后的建设用地,人口和经济社会发展数据采用 2005 年天津市经济社会统计年鉴数据。

(1)人均建设用地

人均建设用地是指建设用地面积与人口的比值。该指标能够从整体上综合反映建设用地的状况。2005 年天津市各区县评价单元人口和建设用地数据如表 8.3 所示。

表 8.3　天津市各区县人口与建设用地的关系

	建设用地(公顷)	户籍人口(万人)	人均建设用地 (平方米)
市内六区	16192.95	384.57	42.11
塘沽区	19010.21	48.85	389.15
汉沽区	5987.76	16.91	354.10
大港区	26841.85	35.46	756.96
东丽区	16972.45	31.82	533.39
西青区	17493.73	31.48	555.71
津南区	12189.14	38.07	320.18
北辰区	15306.15	33.02	463.54
武清区	31544.07	81.72	386.00
宝坻区	27395.93	65.28	419.67
宁河县	17614.27	36.74	479.43
静海县	22830.19	52.27	436.77
蓟县	26993.62	80.70	334.49
总计	256372.31	936.89	273.64

天津市各区县人均建设用地差别较大,人均建设用地最少的市内六区为每人 42 平方米,人均建设用地最多的大港区为 757 平方米,两者相

差 18 倍。除市内六区外,人均建设用地最少的津南区为 320 平方米,和大港区差别也较大(大港区人均建设用地为津南区的 2.4 倍)。从整体上来看除市内六区外,津南区、蓟县、汉沽区人均建设用地较少,用地较为集约。大港区、西青区、东丽区、宁河县人均建设用地较多,用地较为粗放。从市域空间结构来看,市内六区人口过度集中,用地非常集约,而滨海新区所在的大港区、东丽区、塘沽区人口相对较少,用地较为粗放,和滨海新区的发展定位不相适应。吸引人口就业和居住是加快滨海新区发展的重要方式,引导人口由市内六区向滨海新区转移是加快滨海新区发展的必然举措。

(2)建设用地地均 GDP

国内生产总值是反映经济增长的综合指标,建设用地地均 GDP 是指国内生产总值与建设用地面积的比值,是反映建设用地产出的指标。因此,建设用地地均 GDP 指标能够代表土地产出水平,该指标值越高,其土地集约利用程度越高。

表 8.4 天津市各区县建设用地与 GDP 的关系

	建设用地(公顷)	GDP(亿元)	地均 GDP (万元/平方公里)
市内六区	16192.95	313.53	19362.13
塘沽区	19010.21	89.79	4723.25
汉沽区	5987.76	24.08	4021.54
大港区	26841.85	70.18	2614.57
东丽区	16972.45	102.21	6022.11
西青区	17493.73	123.68	7069.96
津南区	12189.14	85.7	7030.85
北辰区	15306.15	135.18	8831.75
武清区	31544.07	114.54	3631.11
宝坻区	27395.93	74.26	2710.62
宁河县	17614.27	54.86	3114.52
静海县	22830.19	85.18	3731.03
蓟县	26993.62	83.53	3094.43

天津市各区县地均 GDP 产出相差较大。市内六区地均产出最高,为

19362 万元/平方公里,地均 GDP 产出达到较高的水平;其次是北辰区,
每平方公里 GDP 产出为 8832 万元;地均 GDP 产出最低的是大港区,地
均 GDP 为 2615 万元/平方公里。市内六区地均 GDP 产出为大港区的
7.4 倍,第二位的北辰区为大港区的 3.4 倍。从整个市域来看,地均 GDP
产出呈圈层分布,第一级为市内六区,第二级为近郊四区,第三级为武清
区、静海县、塘沽区、汉沽区,其余为第四级。近郊四区地均 GDP 产出高
于滨海新区的塘、汉、大三区,提升滨海新区各功能区用地效益,提升单位
建设用地产值,加快滨海新区发展仍是今后重要的努力方向。

(3)单位建设用地地均固定资产投资

固定资产投资是一个地区生产、生活的支持系统,单位建设用地地均
固定资产投资是指当年固定资产投资与建设用地面积的比值,是反映土
地投入强度的指标。地均固定资产投资越高,土地的开发强度和产出就
相应越高,土地的集约利用程度越高。

表 8.5　天津市各区县建设用地地均固定资产投资

	建设用地 (公顷)	固定资产投资 (万元)	地均固定资产投资 (万元/公顷)
市内六区	16192.95	4494248	277.54
塘沽区	19010.21	3475198	182.81
汉沽区	5987.76	221041	36.92
大港区	26841.85	564834	21.04
东丽区	16972.45	1325078	78.07
西青区	17493.73	1088194	62.20
津南区	12189.14	336448	27.60
北辰区	15306.15	428433	27.99
武清区	31544.07	507834	16.10
宝坻区	27395.93	320166	11.69
宁河县	17614.27	150000	8.52
静海县	22830.19	240556	10.54
蓟县	26993.62	190759	7.07
总计	256372.31	13069943	52.04

从地均固定资产投资来看,市内六区仍是固定资产投资的重点,其次

是塘沽区。中心城市固定资产投资远远高于外围区县。

(4)建设用地地均财政收入

表 8.6 天津市各区县建设用地与财政收入的关系

	建设用地(公顷)	区级财政收入(万元)	地均财政收入(万元/公顷)
市内六区	16192.95	475267	29.35
塘沽区	19010.21	108465	5.71
汉沽区	5987.76	17930	2.99
大港区	26841.85	50838	1.89
东丽区	16972.45	97988	5.77
西青区	17493.73	112110	6.41
津南区	12189.14	63602	5.22
北辰区	15306.15	92430	6.04
武清区	31544.07	77473	2.46
宝坻区	27395.93	35326	1.29
宁河县	17614.27	32144	1.82
静海县	22830.19	36167	1.58
蓟县	26993.62	48009	1.78
总计	256372.31	1520595	4.87

从地均财政收入看,市内六区最高,另外依次分别是西青区、北辰区、东丽区、塘沽区、津南区。总体上来看,中心城市的地均财政收入仍大于外围区县。

(5)建设用地集约利用综合评价

针对每一个评价单元,选取单位建设用地承载人口数、建设用地地均GDP、单位建设用地固定资产投资、单位建设用地财政收入四项指标进行土地集约利用程度综合评价,对评价结果进行标准化,加权平均,得出综合评价结果。

从综合评价结果可以看出,天津市市内六区用地集约程度最高,其次是近郊四区和塘沽区,再次是汉沽区,大港区和远郊区县建设用地集约程度较低。总体上来看,市内六区高于外围区县,近郊四区和滨海新区高于远郊区县。这种用地集约程度符合天津市区域经济格局和发展方向。大港区油田用地 109 平方公里,在变更调查中均统计为城镇工矿用地,造成了大港区在指标测算时的用地不集约。

2.天津市各类建设用地节约集约利用程度评价

由国土资源部发布的《全国土地分类(过渡期间适用)》,将全部用地类型划分为农用地、建设用地和未利用地三个一级类,建设用地又分为居民点及工矿用地、交通运输用地、水利设施用地三个二级类,其中居民点及独立工矿用地分为城市用地、建制镇用地、农村居民点用地、盐田用地、特殊用地五个三级类。交通运输用地和水利设施用地又可以进一步细分。根据相关标准,对各类三级类或三级类的组合进行土地节约集约利用研究,以确定天津市各类用地节约集约利用的现状以及各类建设用地内涵挖潜的潜力。

(1)城镇用地

城市人均用地和城市用地结构的标准在建设部颁布的《城市用地分类与规划建设用地标准》(GBJ139-90)中均有规定,见表 8.7 所示。

表 8.7 城市规划人均建设用地指标分级

指标级别	用地指标(平方米)
Ⅰ	60.1~75.0
Ⅱ	75.1~90.0
Ⅲ	90.1~105.0
Ⅳ	105.1~120.0

资料来源:《城市用地分类与规划建设用地标准》(GBJ139-90)

现有城市规划人均建设用地指标,应根据现状人均建设用地水平,按表 8.8 确定。

表 8.8　现有城市的规划人均建设用地指标

现状人均建设 用地水平(平方米)	允许采用的规划指标		允许调整幅度 (平方米)
	指标级别	规划人均建设用 地指标(平方米)	
≤60.0	I	60.1～75.0	+0.1～+25.0
60.1～75.0	I	60.1～75.0	>0
	II	75.1～90.0	+0.1～+20.0
75.1～90.0	II	75.1～90.0	不限
	III	90.1～105.0	+0.1～15.0
90.1～105.0	II	75.1～90.0	−15.0～0
	III	90.1～105.0	不限
	IV	105.1～120.0	+0.1～15.0
105.1～120.0	III	90.1～105.0	−20.0～0
	IV	105.1～120.0	不限
>120.0	III	90.1～105.0	<0
	IV	105.1～120.0	<0

资料来源:《城市用地分类与规划建设用地标准》(GBJ139－90)

注:①现有城市和县城的规划人均建设用地指标,应根据现状人均建设用地水平,按表8.8的规定确定。所采用的规划人均建设用地指标应同时符合表中指标级别和允许调整幅度双因子的限制要求。调整幅度是指规划人均建设用地比现状人均建设用地增加或减少的数值。②人均耕地面积小于1亩的地区,在现状人均建设用地允许采用的规划指标等级中,只能采用最低一级。③新建城市的规划人均建设用地指标宜在第III级内确定;人均耕地小于1亩的地区,应按II级确定。

由于建设部建设用地分类与国土资源部全国土地分类中关于"建设用地"和"城市用地"的分类方法不一致,建设部人均建设用地标准需要修订后才能使用。

表 8.9 土地利用总体规划与城市规划用地分类关系

土地利用总体规划		城市总体规划
居民点及工矿用地	城市用地	包含在城市建设用地中
	建制镇用地	包含在城市建设用地中
	农村居民点	不含在城市建设用地中
	独立工矿	大部分集中分布的包含在城市建设用地中
	特殊用地	与城市建设用地集中分布的包含在城市建设用地中
交通运输用地		与城市建设用地集中分布的包含在城市建设用地中
水利设施用地		与城市建设用地集中分布的包含在城市建设用地中

从表 8.9 可以看出,不能单纯用城市规划的建设用地标准来约束土地利用总体规划的城市用地或者城镇用地。但另一方面,随着城镇建设用地规模的扩大,越来越多的独立工矿用地被包括到城镇中去,并且依据国家有关规定,各类开发区和工业园区应纳入城镇规划用地范围,需要符合城市规划标准。城镇工矿用地(城市用地、建制镇用地、独立工矿用地)用地标准参考城市规划标准较为可行。

表 8.10 天津市 1996—2005 年人均城镇工矿用地变化

	城镇工矿用地(公顷)	非农业人口(万人)	人均城镇工矿用地(平方米)
1996	89301.13	513.15	174.03
1997	91597.80	515.36	177.74
1998	92309.47	521.37	177.05
1999	93208.00	528.68	176.30
2000	94791.63	532.51	178.01
2001	97488.93	535.22	182.15
2002	101007.79	541.14	186.66
2003	104027.43	549.74	189.23
2004	126523.13	556.17	227.49
2005	129196.49	562.4	229.72

天津市人均城镇工矿用地从 1996 年的 174.03 平方米,增加到 2005 年的 229.72 平方米,人均城镇工矿用地逐年增加,表明天津市用地不集约的情况加剧。

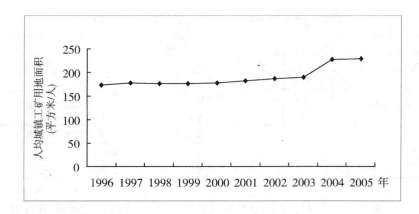

图 8.3 天津市人均城镇工矿用地变化(1996－2005 年)

表 8.11 天津市现状人均城镇工矿用地

2005	城镇工矿用地 (公顷)	城镇人口 (万人)	人均建设 用地(平方米)
天津市	129196.49	562.4	229.72
市内六区	15884.48	382.86	41.49
塘沽区	14161.99	42.81	330.81
汉沽区	4262.11	12.36	344.83
大港区	19215.06	25.06	766.76
东丽区	10977.99	12.06	910.28
西青区	10790.30	8.34	1293.80
津南区	6150.77	10.38	592.56
北辰区	8393.70	13.21	635.40
武清区	11920.08	12.48	955.13
宝坻区	5651.37	10.44	541.32
宁河县	5807.57	8.77	662.21
静海县	9128.42	9.2	992.22
蓟县	6852.64	12.01	570.58

从表 8.11 可以看出,天津市各区县人均城镇建设用地差别明显,其中市内六区人均建设用地仅为 41.49 平方米,用地过度集约。其余区县人均城镇工矿用地远远高于城市规划标准,呈现不集约状态。总体来看,天津市人均城镇工矿用地现状水平为 229.72 平方米,比城市规划标准上

限要高出 109.72 平方米，属于用地不集约的状态，用地集约水平有待进一步提高。

(2)农村居民点用地

从表 8.12 可以看出，人均农村居民点用地从 1996 年的 206.12 平方米，增加到 2005 年的 228.97 平方米，农村居民点用地较为粗放。

表 8.12　人均农村居民点用地(1996－2005 年)

	农村居民点用地(公顷)	农业人口(万人)	人均农村居民点用地(平方米)
1996	79415.73	385.29	206.12
1997	79860.33	384.44	207.73
1998	80405.00	383.72	209.54
1999	80695.53	381.5	211.52
2000	81178.21	379.5	213.91
2001	81507.60	378.76	215.20
2002	81451.54	377.91	215.53
2003	81402.79	376.26	216.35
2004	86211.05	376.38	229.05
2005	86301.41	376.91	228.97

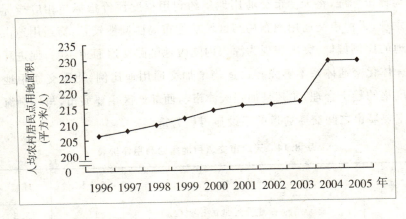

图 8.4　人均农村居民点用地变化(1996－2005 年)

结合我国村镇居民建设用地国家规模控制标准，天津市人均农村居民点用地属于第五级，在本轮规划中，新增农村居民点用地按上限调整到人均 150 平方米以内。

表 8.13　村镇建设用地人均指标

现状人均建设用地水平（m²）	人均建设用地指标级别	允许调整幅度（m²）	现状人均建设用地水平（m²）	人均建设用地指标级别	允许调整幅度（m²）
≤50	一、二	应增 5～20	100.1～120	三、四	可减 0～15
50.1～60	一、二	可增 0～15	120.1～150	四、五	可减 0～20
60.1～80	二、三	可增 0～10	>150	五	减至 150 以内
80.1～100	二、三、四	可增、减 0～10			

（3）交通运输用地

在交通用地评价过程中，主要以 2005 年天津市土地变更调查数据，以及 2006 年天津市统计年鉴中的人口数据为基础，选取交通用地占建设用地的比例、单位 GDP 交通用地、人口增长与交通用地增长弹性系数三个指标对其集约利用程度进行评价。

将北京市、上海市、重庆市、天津市四大直辖市上述三指标的平均值作为评价标准，将天津市交通用地集约利用程度评价指标与相应指标对比发现，天津市交通用地布局与区域功能布局协调性较差，交通用地占总用地的比例偏低，突出表现为深入内陆腹地陆路交通通道不畅，促进环渤海一体化交通体系不够完善。适当增加交通用地比例，使得交通用地由过度集约趋于合理，尤其是加强天津市与西部地区主要城市，与环渤海地区主要城市之间交通通道的建设显得更为重要。

表 8.14　天津市交通用地集约利用评价表

评价用地类型	评价指标	评价标准	现状
交通用地	交通用地占建设用地的比例（%）	11.3	5.3
	单位 GDP 交通用地（万元/公顷）	1253	2010.55
	人口增长与交通用地增长弹性系数（%）	5.12	21.5

　　3.建设用地的节约集约利用目标

　　(1)建设用地节约集约利用总目标

　　1996 年到 2005 年,建设用地总规模由 2945.3 平方公里增加到 3462.7 平方公里,增长了 517.3 平方公里,年均增长 51.73 平方公里,增长率为 1.76%。规划到 2020 年,建设用地总规模达到 4034 平方公里,新增规模为 571 平方公里,年均增长 38.1 平方公里,增长率为 1.08%。规划期内建设用地年均增长速度和总增长率大大低于历史水平。其中,城乡建设用地(包括城镇用地、农村居民点用地和独立工矿用地)规模控制在 2500 平方公里,城镇工矿建设用地控制在 1750 平方公里。滨海新区城镇用地控制在 510 平方公里。

　　(2)建设用地节约集约利用控制标准

　　规划期内不断提高建设用地节约集约利用水平是引导土地利用的一个重要方向。规划到 2020 年,建设用地总规模为 4034 平方公里,其中城镇建设用地达到 1450 平方公里。据预测,2020 年天津市地区生产总值达到 16100 亿元,人口达到 1500 万人,城市化率为 89%,其中都市核心功能区和滨海新区核心区城镇人口达到 630 万。

　　依据各类规划用地指标和经济、人口指标,到 2020 年,市域范围平均每平方公里建设用地的地区生产总值不低于 4 亿元;平均每平方公里城镇建设用地的地区生产总值不低于 11 亿元;全市平均每平方公里城镇建设用地常住人口不低于 8300 人;其中,都市核心功能区和滨海新区核心区平均每平方公里建设用地居住人口不低于 10800 人。规划期间,全市地区生产总值每增长 1%,建设用地总体规模增长将控制在 0.05%以内;全市常住人口每增长 1%,建设用地规模增长将控制在 0.55%以内。

8.3.2　天津市城市土地节约集约利用的分区实践

　　1.中心城区用地优化调整与集约利用

　　中心城区规划控制范围是指以滨海新区界、外环线北延长线、永金引河、永定新河、津永公路、子牙河、津晋高速公路、机场大道围合区域,总面积 795.1 平方公里。

(1)中心城区用地现状

中心城区总用地面积 795.1 平方公里,其中建设用地 497.3 平方公里,占总面积的 62%;农用地 259.7 平方公里,占总面积的 33%;未利用地面积为 38.1 平方公里,占总面积的 5%(图 8.5)。

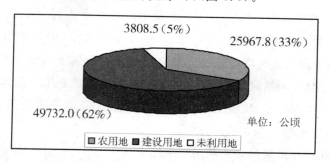

图 8.5 中心城区用地现状图

中心城区农用地包括耕地、园地、林地和其他农用地(图 8.6),其中耕地 136.8 平方公里,占农用地的 53%;园地为 21.1 平方公里,占农用地的 8%;林地为 15.5 平方公里,占总农用地的 6%;其他农用地为 86.2 平方公里,占农用地的 33%,其他农用地主要是坑塘水面、养殖水面和农田水利用地。

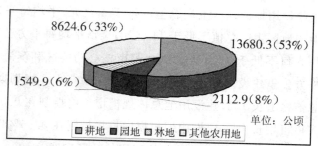

图 8.6 中心城区农用地结构

建设用地中城镇工矿用地 416.3 平方公里,占建设用地的 84%;交通水利及其他用地 46.3 平方公里,占建设用地的 9%;农村居民点用地 34.6 平方公里,占建设用地的 7%(图 8.7)。中心城区用地的主体是建设用地,其中又以城镇工矿用地为主。中心城区是城市功能集中区域,完善城市功能,优化城市布局,提升城市品质,提高居民生活条件和生活质量是城市发展的重要目标,农用地和未利用地占整个中心城区总面积的38%,对改善城市环境质量起到非常重要的作用,农用地和未利用地能作为建设用地后备资源的现状用地很少,城镇建设用地扩展的潜力很小。中心城区的开发与建设应以内部结构优化调整为主。应利用好存量土地,做好内涵挖潜,合理开发和利用城市地下空间。

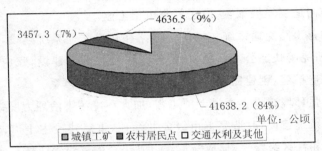

3457.3(7%)　4636.5(9%)　41638.2(84%)

单位:公顷

■城镇工矿　■农村居民点　□交通水利及其他

图8.7　中心城区建设用地现状

(2)中心城区用地布局调整

中心城区要以提升城市综合服务水平,积极巩固创建国家环保模范城市成果、积极创建国家卫生城市和国家园林城市,改善就业、住房、出行状况,建设宜居城市为目标,城市建设应以内涵挖潜为主,通过调整优化,实施旧城有机更新,疏解人口和交通压力,严格控制城市规模。

①继续实施海河综合开发改造。通过海河两岸的综合开发改造,带动城市功能调整和布局完善,加强历史文化名城保护,挖掘城市历史文化内涵,弘扬城市文化;创建现代城市滨水景观,提升城市文化品味和城市整体形象,增强城市的竞争力、吸引力和辐射力。

②加快城市住宅建设。按照统一规划、合理布局、综合开发、配套建设的原则,继续实施新区开发和旧区改建,加快经济适用房和社会保障房的建设,提高人均住房面积;完善现有居住区配套设施,改善居住环境,提高居住质量。

③优化公共设施布局。整合各项公共服务设施资源,完善教育、卫生、科技、文化、体育等设施的布局,提升中心城区的社会公共服务功能,

满足人民群众不断增长的物质、文化需求。加强社会安全保障体系建设，建立防灾减灾、突发事件应急系统，完善信息、指挥体系和医疗救护网络，提高灾时应变能力和服务水平，保障城市安全。

④调整工业、仓储用地布局。结合土地有偿使用制度的改革和城市建设，继续实施工业战略东移，引导对环境影响大的工业企业向滨海新区和工业园区搬迁；调整中心城区工业、仓储用地比例，在保留的工业区和工业街坊内适度发展服装、电子等都市型工业。

⑤完善道路交通系统。加快快速路和轨道交通系统建设，改造交通难点地区；完善快速公交系统，加强停车场（库）配套建设，完成铁路客运枢纽的改造扩建，创建完善、快速、便捷的城市交通体系。

⑥加强环境建设。通过专项工程，加大环境污染治理力度；加快中心城区绿地系统建设，改造完善市级公共绿地，重点建设主干道、快速路两侧绿化带和社区级绿地，形成"点、线、面"结合的三级绿化体系；以建设宜居城市为目标，巩固创建国家环保模范城市成果，积极创建国家卫生城市和国家园林城市。

⑦加快"城中村"改造。采取多种措施，完善"城中村"配套基础设施，改善就业与居住环境，提高群众生活质量，提升城市整体环境水平。

（3）中心城区用地规划

中心城区应调整城市功能布局与产业结构，提升金融、商贸、科教、信息、旅游等现代服务职能，适当发展都市型工业，塑造城市文化特色，改善城市生活环境，提升城市环境质量，中心城区规划范围 795.1 平方公里，建设用地总规模控制在 591.2 平方公里以内。

2.滨海新区用地合理增长与集约利用

滨海新区的用地范围为东邻海岸线，南接大港区行政界，西至大港区、津南区葛沽镇、东丽区无瑕街行政界、京山铁路、外环线规划绿化带、东丽农牧场、京津塘高速公路，北到津汉公路、东金路、金钟河、永定新河、塘沽区行政界、汉沽区行政界。土地总面积约为 2270 平方公里，不包括填海造陆面积。

(1)滨海新区定位

依托京津冀、服务环渤海、辐射"三北"、面向东北亚,努力建设成为我国北方对外开放的门户、高水平的现代制造业和研发转化基地、北方国际航运中心和国际物流中心,逐步成为经济繁荣、社会和谐、环境优美的宜居生态型新城区。

(2)滨海新区用地现状

滨海新区土地总面积为 2270 平方公里。其中农用地 846.0 平方公里,占总面积的 37%;建设用地 1183.2 平方公里,占总面积的 51%;未利用地 264.3 平方公里,占总面积的 12%(图 8.8)。

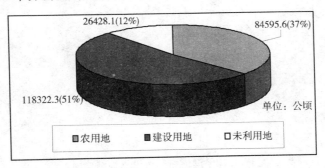

图 8.8　滨海新区土地利用结构图

滨海新区农用地中,以耕地和园地为主。其中耕地 324.8 平方公里,占总农用地的 38%;园地 452.9 平方公里,占农用地的 54%;另外还有少量林地(占农用地的 2%)和其他农用地(占农用地的 6%)(图 8.9)。

建设用地中,城镇工矿用地为 419.6 平方公里,占建设用地的 37%;盐田 369.8 平方公里,占建设用地的 33%;交通水利及其他用地 324.8 平方公里,占建设用地的 29%;农村居民点用地较少,仅为 13.4 平方公里,占建设用地的 1%(图 8.10)。滨海新区是未来天津市发展的重点区域,城镇工矿用地和交通用地将有较快的增长;建设用地中盐田用地由于其特殊性,规模不会有太大变化;农村居民点整理难度较小,但由于总的规模不大,整理潜力不大。

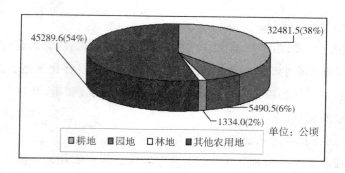

图 8.9 滨海新区农用地结构图

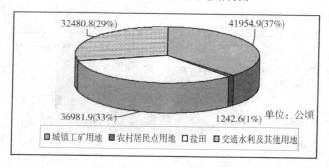

图 8.10 滨海新区建设用地结构图

（3）滨海新区用地调整

根据滨海新区的产业发展方向,规划先进制造业产业区、滨海高新技术产业区、滨海化工区、滨海新区中心商务商业区、海港物流区、临空产业区、海滨休闲旅游区等七个产业功能区;此外,结合建港造陆、科学论证,规划临港产业区。利用各功能区之间的农用地发展沿海都市农业基地。

在滨海新区核心区规划建设中心商务商业区,增强和完善作为现代城市的综合功能;依托京津塘高新技术产业带,整合海河下游现代冶金产业区、天津经济技术开发区(含西区)、塘沽海洋高新技术产业园区、渤海石油基地,规划建设先进制造业产业区、滨海高新技术产业区,成为带动环渤海地区产业升级的制造研发和吸收转化基地;将天津港建成为世界一流大港区,依托天津港保税区、东疆港区(含东疆保税港区)、集装箱及散货物流区,建设海港物流区,形成自由贸易港区;依托空港加工区、空港保税区、空港物流区，建设中国北方航空货运基地和国家级民航产业化基地，与天津滨海国际机场、民航学院等形成产学研一体的临空产业区；按照海洋功能区划，重点建设国际游乐港、主题公园、天津中心渔港等项目，成为特色突出的海滨休闲旅游区；继续壮大石油化工、海洋化工和精细化工等优势产业，逐步完善"三角地"石化工业区和油田化工产业区，加快建设临港工业区，形成滨海化工区，并建成国家级石化产业基地。

（4）滨海新区用地规划

滨海新区由滨海新区核心区、汉沽新城、大港新城、中新生态城、海河下游城镇和功能区构成组团式的布局结构。滨海新区依托轻轨站点和快速路，结合大型购物和文化娱乐设施建设居住社区，新建居住用地布局应充分考虑地质环境和化工产业布局的影响，避开环境易受污染影响的地区，现有居住区以完善现有生活配套设施为主。滨海新区核心区建设的居住社区，应提升居住配套设施水平和居住环境质量。汉沽新城和大港新城的居住用地布局应充分考虑地质环境和化工产业布局的影响，以完善现有生活配套设施为主。海河下游城镇和功能区，应依托轻轨站点和快速路，结合大型购物和文化娱乐设施建设居住社区。在滨海新区核心区建设塘沽区解放路市级商业中心。以塘沽区解放路商业中心、天津经济技术开发区金融商贸区为基础，建设滨海新区的金融、商贸中心。重点发展职业技术教育，规划以技术创新为主的研发基地，预留高新技术产业和科研发展用地。滨海新区核心区重点发展以进出口为主的外向型高科技工业，主要工业用地有天津经济技术开发区、塘沽海洋高新技术产业园区、天津港保税区、临港工业区等。汉沽新城应对现有化工区进行控制，适时调整改造，重点发展精细化工；积极发展农副产品加工业。大港新城重点发展石油化工产业，适度发展电力工业，建成国家级石化基地。主要工业用地包括港城西部石化工业区、港城南部"三角地"石化工业区和千米桥以南大港油田石化工业区。海河下游城镇和功能区，主要工业用地包括天津经济技术开发区西区、海河下游现代冶金产业区和空港加工区等。天津经济技术开发区西区重点发展电子信息、汽车、生物制药、光机电一体化、新能源、新材料以及海洋资源开发利用等高新技术产业；海河下游现代冶金产业区重点发展无缝钢管和高档金属制品;空港加工区重点发展现代加工制造业。

在滨海新区核心区的北部、南部、西部,结合工业区和大型交通枢纽,规划仓储物流基地。天津经济技术开发区规划新增仓储用地,为货运站及开发区工业配套服务。天津港保税区完善现有仓储设施。天津港北疆港区重点建设集装箱物流中心;南疆港区规划煤炭、液体化工品、石油等存储用地;海防路以西、大沽排污河以南地区重点建设天津港散货物流中心。大港新城在万家码头车站以南设置仓储物流加工区,在津歧公路和海滨大道之间规划国家石油战略储备库。综合利用岸线资源,增加生活和旅游岸线,合理划分港口、工业、生活、渔业、旅游和生态保护岸线,避免生产性岸线和非生产性岸线之间的相互干扰。

(5)推进滨海新区开发开放的保障措施

随着滨海新区开发开放程度的不断加深,国家把滨海新区发展写入国家"十二五"规划,滨海新区的地位上升到国家战略的层次,滨海新区的发展面临着新的契机,规划期内,滨海新区的发展将会更加迅速,对建设用地的需求更加强烈。规划到 2020 年,滨海新区城镇人口将达到 415 万人,城镇建设用地规模将会突破 730 平方公里。解决土地利用方面存在的矛盾,一方面,滨海新区需要提高土地开发利用的节约集约程度;另一方面,滨海新区亟需申请特殊政策,寻求解决建设用地指标不足的新措施。

①划定城乡建设用地扩展边界,为建设用地布局预留空间。依据《土地管理法》和《城乡规划法》规定的程序,在增长边界范围内,可合理安排城镇建设用地发展时序,调整城镇建设用地布局。同时,在不突破人均城镇工矿用地指标的前提下,城镇工矿规模可以适度扩大。

②实施盐田等建设用地的综合统筹利用。统筹安排盐田用地、农村居民点用地、工矿用地等,实施盐田用地、农村居民点用地、工矿用地等建设用地减少和城镇建设用地增加相挂钩,优化建设用地的结构和布局,为滨海新区城镇建设提供用地保障。

③结合《海洋功能区划》和《天津市海域使用规划》,适度开展填海造

陆,对围海造地按规划进行"填建分离"开展探索。

④结合《天津滨海新区土地管理改革专项方案》和《国土资源部、天津市人民政府关于共同推进天津国土资源工作促进滨海新区开发开放合作备忘录》,独立编制滨海新区土地利用总体规划,实行土地利用总体规划动态管理,试行两年一次评估调整,五年一次滚动修编,统筹安排与滨海新区相协调的各类用地规模与布局。

3.新城用地的优化安排与集约引导

新城是天津市城市发展轴和发展带上的重要节点,是各区县的政治、经济、文化中心或重要的功能区,是带动区域发展的中等规模的城市地区。应按照中等城市的标准进行建设,充分利用滨海新区开发开放带来的机遇,不断壮大经济实力,承担中心城区人口的疏解任务,承接产业转移,促进产业结构升级,形成多极增长的格局和各具特色的现代化新城。全市共规划 11 个新城,分别为蓟县、宝坻、武清、宁河、汉沽、西青、津南、静海、大港、京津和团泊新城。蓟县新城是京津冀地区重要的风景旅游区,重点发展旅游业和轻加工工业,建设成为天津市北部重要节点和具有历史文化特色的现代化新城。规划 2020 年城镇用地为 30 平方公里。宝坻新城重点发展商贸物流业、现代制造业,建设成为天津市北部城镇发展带中部的重要节点和现代化新城。规划 2020 年宝坻新城城镇用地为 25 平方公里。武清新城重点发展以高新技术产业和服务业为主导的外向型产业,建设成为京津城市发展主轴的重要节点和现代化新城。规划 2020 年武清新城城镇用地为 60 平方公里。宁河新城重点发展加工工业和旅游服务业,注重与汉沽新城的一体化发展,建设成为东部滨海发展带北部的重要节点和现代化新城。规划 2020 年宁河新城城镇用地为 27 平方公里。汉沽新城重点发展旅游、休闲、度假产业,注重与宁河新城的一体化发展,建设成为东部滨海发展带北部的重要节点和以休闲旅游为特色的现代化新城。规划 2020 年汉沽新城城镇用地为 30 平方公里。西青新城以民俗和民间艺术为特色,重点发展科技、教育和高新技术产业、现代制造业及旅游业。规划 2020 年西青新城城镇用地为 79 平方公里(含大学城)。津南新城重点发展综合服务、环保产业和加工制造业,将其建设成为现代化新城。规划 2020 年津南新城城镇用地为 37 平方公里。静海新城重点发展制造业、物流业,建设成为西部城镇发展带南部的重要节点和现代化新城。规划 2020 年静海新城城镇用地为 31 平方公里。大港新城是国家级石化基地,重点发展石油化工产业,建设成东部滨海发展带南部的重要节点和现代化新城。规划 2020 年大港新城城镇用地为 45 平方公里。京津新城重点发展旅游、商贸物流、教育和会议服务,将其建设成为以休闲度假等现代服务功能为特色的现代化的京津新城。规划 2020 年京津新城城镇用地为 34 平方公里。团泊新城重点发展体育及休闲度假产业,建设成为以风景旅游度假为特色的现代化的团泊新城。规划 2020 年团泊新城城镇用地为 10 平方公里。

8.3.3 天津市基础设施用地合理布局和建设用地整理

1. 交通基础设施用地的统筹安排

适应天津市逐步形成北方国际航运中心和国际物流中心的发展要求,天津市交通体系用地采用资源节约型的发展模式。

(1)公交优先,以公共运输为主体,建立现代化城市综合交通体系。充分发挥既有交通设施的潜在效能,以系统结构优化和先进的运行管理为战略手段,最大限度地提高道路网及各类交通运输设施整体运行效率和服务水平,减少资源消耗及对环境的影响。合理规划和调整现有公交运输网,充分发展现有交通网络的运输能力,合理拓展运网规模和公交的运营里程。

(2)综合统筹,依托海空两港,强化交通枢纽功能,以公路、铁路、快速路、轨道交通为骨架,构建各种交通方式紧密衔接、转换便捷的现代综合交通体系。以天津机场、天津站为中心客运枢纽,将城际轨道交通、长途客运、城市公交引入机场和天津站,实现旅客的"零换乘"和各种运输方式之间的"无缝衔接"。整合港口资源,新建大港港区,集中形成一南一北两大港区、一港多区的港口体系,做大做强天津港。带动产业集聚,拓展滨海新区的辐射带动效应。

(3)存量盘活,节约集约利用土地资源。公路等交通设施项目用地规模应严格执行国家有关规定,压缩占用耕地规模,避让基本农田。港口建设应合理规划,符合国家有关规定。

(4)重点保障,确保重大交通基础设施建设。主要有:扩建天津滨海国际机场;扩建天津港,新建大港港区;重点建设京沪高速铁路、津秦客运专线、京津城际铁路及其延伸线、京秦城际铁路、天津机场引入线、天津至保定铁路、环渤海城际铁路、天津地下直径线、天津港东疆港区铁路、天津集装箱中心站、天津枢纽南环线等铁路工程;重点建设国道 112 线、津汕、塘承、海滨大道、津宁、津港、机场大道、唐廊、京港、南港、唐津西延、蓟汕联络线等高速公路,改扩建京津塘、唐津等高速公路;新建塘汉、津汉、中央大道、天津大道等快速路。

2.市政基础设施用地的综合协调

坚持城市发展以基础设施为先导的方针,在城乡建设用地中按比例预留基础设施用地,重视水资源供给、能源供应、信息通信安全。2020年,建成安全、高效的现代化市政基础设施体系,为天津市城乡经济社会可持续发展提供支撑和保障。

(1)严格用地标准,保障城镇供水、雨水排放、污水处理、再生水利用、供电、供气、供热、信息工程、环卫设施系统的建设用地供给。为适应城市的发展,公共基础设施用地的配量应留有扩展和应变的余地,并相应加强政府的土地储备。

(2)加快小城镇基础设施建设。结合农村居民点整理,积极推动农村居民点基础设施配套建设,因地制宜,逐步建立适应新型社会主义新农村发展的基础设施服务和保障体系。

(3)加强空间协调,妥善处理市政基础设施的线、站、点与周边区域的土地利用关系,市政设施建设应避让基本农田,尽量避免占用优质农用地,特别是耕地。

(4)强化水利设施建设,紧紧围绕"建设节水型城市,发展大都市水利"的新治水思路,重点做好以下工程:天津市南水北调工程及其市内配套工程、引滦入津配套工程、引黄济津市内应急输水工程、大黄堡水库工程,新建黄庄洼、泗村店、大杨、陈嘴四座平原水库,以充分利用本地地表水。积极开发非常规水源,进行海水淡化、再生水、微咸水等非常规水源工程建设,利用非常规水源发展农田灌溉。

3. 社会公共服务用地的规划保障

(1)高度重视科技、教育、文化、卫生、体育、公共安全等社会事业发展,优先保障天津市奥林匹克中心体育场建设工程建设,有重点地保障各项社会公共服务设施的建设用地,满足人民物质、文化、精神和生命健康的需要,充分体现现代城市"四个服务"的要求。

(2)积极引导中心城区公共服务设施的合理疏散,保障滨海新区、新城社会公共服务设施的集约用地要求,推进城镇、农村的社会公共设施的集中建设,强化带有社会公益性质的农产品批发市场和公共物流区建设用地的集约利用,建成覆盖城乡、功能完善的综合公共服务体系。

(3)按照"控制总量、盘活存量、优化增量、提高质量"的原则,严格控制中心城区的教育、医疗、文化、政法和社会福利等大型设施的规模扩张,在中心城区原则上政府不再新建各级学校、医院。通过对社会公共设施密集区的各类教育、医疗、文化、体育、政法、社会福利机构的资源重组、土地置换、社会资源整合等方式,重点加强宝坻区、滨海新区等高校聚集区的教育以及滨海新区、近郊四区及其他新城的卫生、文化、体育等功能性公共设施建设。

4. 农村居民点用地整理与新农村建设

1996—2005年,天津市农村居民点用地从794平方公里增长到863平方公里,增加69平方公里,年均增长8.7%。同时,天津市农村户籍人口从385万人减少到375万人,按农村户籍人口来核算,人均居民点用地从206平方米增长到230平方米。人均农村居民点用地呈现不集约的发展态势。规划到2020年,天津市总人口达到1500万人,其中乡村人口为165万。按人均150平方米的标准,仅需农村居民点用地247.5平方公里。农村居民点整理的理论潜力为615.5平方公里。

加大农村居民点整治力度,引导农村人口向城镇和中心村转移。重点整理空心村、城市边缘村和人口少于500人的自然村。本着节约用地、确保生态生产生活安全、注重历史文化保护的原则,分区划类,因地制宜积极有序地推进近城郊四区及塘沽、大港、汉沽农村居民点整理。结合基本农田保护区的建设、生态环境的保护与建设,适时向远郊五区县推进。规划期末,农村居民点用地整理复垦面积达到 134 平方公里。新增农村居民点用地 38 平方公里。贯彻落实严格保护耕地特别是基本农田,促进建设用地节约集约利用的要求,探索实施城镇建设用地增加与农村建设用地减少挂钩的政策,实现建设用地总量不突破国家下达的建设用地总规模,耕地不减少,质量有提高。结合农村居民点整理工作,全面推进社会主义新农村建设。按照"生产发展、生活宽裕、乡风文明、村容整洁、管理民主"的总要求,建设社会主义新农村。

5.盐田用地的综合整治与利用

盐田用地有其特殊性。首先,天津盐田用地具有重要的战略地位。天津长芦盐区,生产规模(包括盐田面积、原盐生产能力和盐业产值等)占全国海盐的 25%—35%,原盐产量占渤海区海盐产量的 50.2%。在全国盐业生产及盐化工产业中占有重要地位。盐田用地是今后天津市必然长期保留的用地类型。

其次,盐田的经济效益与社会效益不统一。天津市共有盐田面积 404.4 平方公里,其中盐田生产面积占 95%,还有 5% 的盐田未利用,根据海洋统计年鉴数字表明,天津盐场现状每平方米的产出效益为 1.4 元,每平方米地价为 45～60 元,而开发区每平方米土地的产值为 1000 元以上。盐田作为建设用地,经济效益低下。以天津市建设海水淡化示范城市为契机,将海水淡化和制盐业等相关产业结合,完善产业链,进行盐田的综合开发利用,改变盐田单一的生产模式,提高盐田生产效率。

再次,盐田用地有较高的生态价值。一方面,盐田具有一般水域湿地同样具有的生态价值,盐田和滩涂是天津市重要的生态资源,尤其是盐田资源,与滨海新区其他建设用地错落其间,对于维护良好的生态环境具有重要的意义;另一方面,盐田的生态意义更加重大,结合海水淡化工程,盐田承接海水淡化后排出的浓盐水,避免海洋生态环境被破坏。

在保证盐田生产能力不下降的前提下,规划到 2010 年,盐田面积为 388 平方公里,比 2005 年减少 16 平方公里;2020 年,盐田面积为 366 平方公里,比 2005 年减少 39 平方公里。

第9章 土地利用分区:规划的关键

　　人类对土地资源开发与利用的同时,也在不断改变着区域土地利用格局,且影响深度及广度都具有强烈的区域差异性。土地利用区域的这种客观存在、特征及形成过程的区域差异性,决定了土地资源开发利用需要进行土地利用分区。[①] 对土地利用进行分区实行分类指导,正在逐渐成为土地利用规划的关键部分。本章主要对土地利用分区与土地利用规划的关系和土地利用分区的基本理论进行了概括,并对天津市土地利用分区进行了实践研究。

9.1　土地利用分区与可持续发展

　　土地利用分区是土地利用总体规划的重要组成部分,是进行合理的土地利用布局的必要前提。

9.1.1　土地利用分区的基本类型

　　土地利用分区一般可分为土地利用地域分区、土地利用用地分区和土地利用生态分区。

　　1.土地利用地域分区

　　地域分区是根据土地自然与社会经济发展条件的差异性,以及土地利用中存在问题的共性,保持乡(镇)或村级行政区边界的完整性,将一个

---

　　① 陈百明.中国土地利用与生态特征区划.气象出版社,2003 年

行政区域划分为若干个地域,区域的划分应与该行政区域国土规划的分区相协调。[①] 这是一项内容繁杂、技术性很强的工作,它是将整个地域划分为若干个在空间上相对完整的不同区域。其划分依据是地域内土地利用方式、条件、措施相对一致的原理,根据组成土地的自然、社会、经济条件,土地利用主导方式和土地利用的目标、方针、战略、措施的差异性划定若干个相对完整的区域。[②] 地域分区所涉及的内容极为广泛,不仅需要综合考察规划区域内自然条件的分异规律、资源的区域特征、土地利用现状和社会经济发展水平的差异,还要结合土地利用规划结构和社会经济发展规划,进一步揭示各地域特征,指出地域内的土地利用方向、结构与布局,确定用地控制区域及保护与改造的途径。[③]

地域分区应该遵循综合分析与主导因素相结合的原则、土地利用适宜原则、土地质量差异原则和保护行政区划界线完整性原则。在综合自然区划、综合农业区划、土地自然生产力分区和土地经济等级分区以及土地适宜性的基础上综合分析和考察,突出主导因素的相似性,把条件相似的区域单元划到同一地域内。地域的相似性和差异性可通过一系列指标加以反映。如山东省地域分区时选用土地利用现状结构比、土地适宜性结构比、气候条件(年均温大于 0℃ 的积温、年降雨量、相对湿度)、山丘/平原比、森林覆盖率、土壤类型、耕地产量、人均产值等。逐步逼近法与指标对比法相结合,定量与定性分析方法相结合,完成地域分区。最后按地域分区统计各类用地面积并指出今后土地利用的结构和方向。[④]

2. 土地利用用地分区

用地分区是按照土地基本(主导)用途进行划分的,也就是基于土地资源,结合国民经济、社会发展和环境保护的需要,为规定的土地基本(主导)用途所作的分区。但需要注意的是用地分区的划分不影响现有土地

①　郝晋珉.土地利用规划学.中国农业大学出版社,2007 年
②　安国辉.土地利用规划.科学出版社,2008 年
③　王万茂.土地利用规划学.科学出版社,2006 年
④　王万茂.土地利用规划学.科学出版社,2006 年

所有权和使用权,不影响各级行政辖区的范围。[①] 土地利用用地分区又可称为土地利用控制分区,是属于主导类型的区划,一般来说也可认为是单一用途的分区,这种分区是属于管理性和实施性相结合的分区,目的是对分区用途进行管制。用地分区是在土地适宜性特点的基础上,结合国民经济、社会发展以及今后土地利用结构调整的需要所划分的用地区域。在土地利用总体规划中采取用地分区与土地利用指标相结合的规划模式,是目前我国编制土地利用总体规划,落实土地利用规划结构、地域分解用地指标的基本方法。[②]

进行用地分区时应遵循土地利用现状与土地适宜用途一致性原则、土地利用地域相似性和差异性原则、土地利用主导用途原则、尽可能保持行政区界完整性原则等。按土地主要利用途径在图纸上划分土地利用用地分区,如重点建设项目用地、经济技术开发区、城乡居民点和基本农田保护区。具体可分为农业用地区(再分为耕地区、园业用地区、林业用地区、牧业用地区等)、建设用地区(再分为城镇规划区、村镇建设用地区、独立工矿用地区、开发区、工业小区等,把建成区和规划区加以区别)、风景旅游用地区、自然和人文景观保护区和未利用地区(如表 9.1)。最后按土地利用用地分区分别统计汇总各类型的用地面积,对规划区域土地利用结构和用地指标进行区域分解,把宏观控制与微观规划相结合,使总体规划方案落到实处。[③]

3. 土地利用生态分区

土地利用生态分区是按照土地利用的基本用途及其生态功能的不同所划分的区域,即以土地所能提供利用的适宜性为基础,结合国民经济和社会发展的需要,明确土地生态结构和功能基本相似的区域。其目的是为了协调各类用地之间的矛盾,限制不恰当的土地开发利用行为,使人类的经济活动符合生态学原则,创造既符合人类理想又符合自然规律的土地利用方式。[④]

---

① 欧名豪.土地利用管理.中国农业出版社,2006 年
② 王万茂.土地利用规划学.科学出版社,2006 年
③ 王万茂.土地利用规划学.科学出版社,2006 年
④ 吴次芳,丁敏.城市土地生态规划探析——以杭州市为例.生态经济,1996 年第 5 期,第 41～43 页

生态分区必须遵循以下基本原则:①必须有利于经济、社会和环境的可持续发展;②必须保证代际、代内和代间具有公平利用土地的机会,实现土地利用的可持续性;③必须保证土地利用的适宜性原则。

表 9.1 土地利用用地分区

名称	内容
基本农田保护区	粮、棉、油生产基地内的耕地;正在实施改造计划及可以改造的中、低产田;有良好的水利与水土保持设施的耕地;蔬菜生产基地;农业科研、教学实验田
耕地开垦区	具备耕作条件,现状为非耕地,但根据需要可随时转变为耕地的区域
一般耕地区	基本农田和可调整耕地以及林地、牧草地以外的农用土地区域
林业用地区	现有连片的林地、疏林地、灌木林地、未成林造林地、基地和苗圃;规划期间通过土地整理、复垦、开发等活动增加的林地;已列入生态保护和建设实施项目的造林地;为林业生产和生态建设服务的基础设施用地,及其他零星土地
牧业用地区	现有连片的人工改良和天然草地;已列入生态保护和建设实施项目的人工种草地;规划期间通过土地整理、复垦、开发等活动增加的牧草地;为牧业生产和生态建设服务的基础设施用地及其他零星土地
城镇建设用地区	现有的城市和建制镇建设用地;规划期间新增的城市和建制镇建设发展的预留地;城镇的开发区、机场、港口码头等现状及规划建设的预留地
村镇建设用地区	重点发展的村庄、集镇现状及规划建设用地;维持现状的村庄和集镇建设用地;村庄、集镇的工业小区、集贸市场、学校、港口码头等现状及规划建设用地
独立工矿用地区	独立于城镇、村镇建设用地之外的工矿建设需要划定的土地区域
风景旅游用地区	具备一定游览条件和旅游设施,为人们进行观赏、休憩、娱乐、文化等活动需要划定的土地用途区
自然和人文景观保护区	政府划定的具有特殊价值的自然和人文景观的区域
其他用地区	河流水面;湖泊水面;苇地;滩涂;冰川及永久积雪

资料来源:覃发超,李铁松,张斌,黄莹.浅析主体功能区与土地利用分区的关系.国土资源科技管理,2008 年第 25 期第 2 卷,第 25～28 页

9.1.2 土地利用分区在土地利用规划中的重要性

土地利用分区是土地利用总体规划的重要组成部分,是进行合理的土地利用布局的必要前提。土地利用分区是在考虑土地利用可持续性发展的基础上,以土地利用现状和土地资源的适宜性为依托,按照不同的土地利用总体规划方向划分不同的用地区域,为控制土地利用格局、协调各项用地矛盾提供客观依据,最终实现土地利用效益的最大化。土地利用分区的目的是落实总体规划的布局调整。土地利用布局调整可分为宏观布局调整和微观布局调整,前者属于战略性、整体性、宏观性的布局调整,是在大范围内根据不同地域制定不同的土地利用目标、方针和政策;而后者则是管理性、实施性、单一类型的布局调整,是在小范围内划定土地管理类型,明确不同用途采用不同的管制方针。总之,土地利用分区的目的,是将土地利用空间布局进一步详细化、具体化和明确化,从而使土地利用总体规划更具有针对性和可操作性,体现出规划的科学性、合理性。①

土地资源分布的区域特点决定了对土地资源的利用和开发问题进行分析时,必须注重其区域性。不同地区区位优势不同,气候、植被、地形、水文等自然环境也会有所差异,所面临的经济、社会、人口、资源和环境问题各不相同,传统的土地利用方式往往也具有差异性,所以在制定可持续性的土地利用管制措施时,首先要做的就是对土地利用进行分区管理。土地利用分区是对土地利用规划的合理布局,也是实行区域用途管制制度的重要手段和法定依据。②

在土地利用分区中,土地空间与人的行为空间的结合程度和分区采用的尺度密切相关。在宏观层次的规划和土地利用总体规划中,土地利用分区的尺度相对较大,土地利用空间与人的行为活动空间的结合程度一般不是很紧密,土地利用分区比较笼统,区域内的土地利用行为也是综

---

① 安国辉.土地利用规划.科学出版社,2008年
② 徐宁.关于土地利用功能分区研究.安徽农业科学,2007年第35卷第2期,第482~
283页

合性的,一般较抽象;越是微观具体的土地利用总体规划,土地利用的分区就越具体,尤其是在项目用地的规划与设计中,甚至可以用行为特征来进行土地利用分区,如在学校土地利用规划中,体育场用地规划中还可以对篮球场用地、足球场用地等具有特殊行为特征的体育项目用地进行分区。[①] 土地利用分区不但可以指导形成合理的土地利用布局,限制不合理的土地利用,而且还能明确区域可接受的土地利用生态环境影响性质,限定土地利用总体规划生态环境影响作用区域。土地利用分区与土地利用控制指标相互结合,可以把包含生态环境保护要求的规划目标、内容、土地利用结构与布局调整及实施的各项措施和管制原则,落实到各种土地利用区,增强了土地利用总体规划实施中的生态环境影响可控性。[②]

实现土地利用结构的合理化,就应在适应自然规律的基础上,以一定区域土地所能提供的利用适宜度为依据,结合经济和社会发展的需要,明确土地利用生态环境和功能基本一致的区域,即进行土地功能分区。目的就是为了协调各种土地利用结构之间的关系,限制不恰当的土地利用方式,做到因地制宜、地尽其用,解决人们利用土地的局部利益与长远利益的矛盾[③],以达到人地关系的真正和谐,实现经济效益、社会效益和生态效益的协调统一,最终达到土地的可持续利用。

9.1.3　土地利用分区与可持续发展的关系

可持续发展理论是土地利用分区的理论基础,土地利用分区是实现可持续发展的必要途径。土地利用分区是在考虑土地利用可持续性发展的基础上,以土地利用现状和土地资源的适宜性为依托,按照不同的土地利用总体规划方向划分不同的用地区域,为控制土地利用格局、协调各项用地矛盾提供客观依据,最终实现土地利用效益的最大化。土地利用分区是分析研究土地利用动态变化和土地资源可持续利用的基础和依据,且土地利用分区是否合理将直接影响土地资源进一步的深度挖掘与利用

---

① 余万军.行为视角下的土地利用规划研究.浙江大学,2006 年博士学位论文
② 余振国.土地利用规划环境影响评价及其经济学分析.浙江大学,2005 年博士学位论文
③ 王如松,周启星.城市生态调控方法.气象出版社,2000 年;万劲波.区域土地规划与环境政策研究.环境科学动态,2000 年第 3 期,第 20～23 页

和区域生态环境的演变。

土地利用分区的目的是在摸清土地利用现状、土地资源储备及社会经济发展条件的基础上,科学、合理、导向性地开发利用土地,揭示区域差异的客观规律,为土地利用规划提供合理、科学的依据,并最终实现社会、经济和生态环境的可持续发展。土地利用分区最根本的目的在于提高土地利用的经济效益、社会效益和生态效益,促进国民经济持续、健康发展和生态系统的良性循环。由于受自然和社会经济条件变化的影响,我国土地利用的方式和结构存在着客观差异性,主要表现在土地利用方式、利用特点、利用潜力、利用方向和土地使用质量上的差异性。目前我国各类矛盾凸现,在区域发展方面突出表现在行政区域之间重复建设严重、地区差距扩大等利益冲突和矛盾。因此,积极促进区域之间的协调发展、合理进行土地利用分区是解决区域问题和化解区域间利益矛盾的必然选择。

通过土地利用分区,反映土地利用的地域差异特征,揭示各类土地利用类型的结构特点与土地利用方式,对土地利用的共性进行合理归纳和科学综合研究,并提出合理开发利用土地资源的对策和措施,为编制土地利用总体规划及合理利用土地资源提供依据,同时为制定土地资源区划、综合自然区划、综合农业区划和农业生产发展规划提供重要的科学理论依据。土地利用分区的提出为宏观控制和微观指导土地利用提供了科学合理的依据,以便制定各区域土地利用结构优化升级、调整和综合整治的方向和措施,从而实现土地利用的科学管理和合理组织。

通过土地利用分区可以优化、调整土地利用空间结构,有利于土地利用的宏观调控、组织和协调,强化各分区之间的协作关系,进行科学合理的分工协作,并可以充分协调各部门之间的矛盾,从而限制不合理的土地利用方式和类型,以适应人口、经济、区域和产业的协调发展,最终实现社会、经济和生态环境的可持续发展。

9.2 土地利用分区的基本理论

土地利用分区是从区域角度来观察和研究地域综合体,探讨土地资

源利用的发展历史、现状特点、变化过程及其趋势，从最大限度发挥土地
生产潜力及改善土地生态系统的结构与功能出发，对土地制定合理的利
用方向，包括确定国民经济各部门用地的合理分配、布局形式和结构等在
地域上进行的分区。[①] 本节主要讲述了土地利用分区的类型、原则、依据
及其优缺点，并对土地利用分区的指标体系及其方法进行了概括。

9.2.1　土地利用分区的原则、依据及其优缺点

土地利用的区域差异性表现为土地质量、土地利用方式、土地利用特
点、土地利用方向和土地利用潜力的不同。这些属性在一定范围内也具
有相对一致性。事物具有两重性，土地利用现状存在着地域分异的属性，
也具有相对同一的属性，即在同一个区域内有若干小区，若干单元，以某
种衡量标准和差别标准来判断，在一定范围内又有着相似与接近，存在着
同一性，这种同一性正是土地利用分区的重要依据。[②] 土地利用分区是
根据土地的自然、社会经济条件的差异性、土地类型与土地利用方向的相
对一致性，划分土地利用的基本单元、地域或用地类型区的过程。根据不
同区域的特点不同、因地制宜，确定不同的土地利用区发展方向和途径，
可以有效地利用土地资源，协调好整体与局部的关系。发挥区域优势，促
进区域经济的可持续发展。[③]

1. 土地利用分区的原则

土地利用分区必须能够客观体现土地利用的现势性（利用格局与现
状）、适宜性（利用方式与特点）和预见性（利用方向与潜力），坚持分区原
则与土地科学利用的高度统一性，因此，土地利用分区应遵循以下原则：

（1）对土地利用起制约作用的自然条件相似性与地域差异性。地球
上不同的地理位置，因受各种大气环流系统的控制，以及地形地貌、地势
所引起的垂直分异结果，带来了土壤—生物—气候的地带性规律和区域
性差异，是进行土地利用分区的基本原则。制约土地利用的主导因素，在

---

① 李元. 中国土地资源. 中国大地出版社，2000 年；杨子生，郝性中. 土地利用区划几个问
题的探讨. 云南大学报（自然科学版），1995 年第 17 卷第 4 期，第 363～368 页
② 王万茂. 土地利用规划学. 科学出版社，2006 年
③ 杨琳. 土地利用弹性规划研究. 同济大学，2008 年博士学位论文

很大程度上影响了土地利用方式、格局、类型、方向和程度。

(2)土地利用方式、结构和特点的相对共同性。自然条件的制约以及社会经济发展条件的综合影响,决定了土地利用属性、利用结构、特点及其生产经营方式,形成了特定的区域性土地利用方式和格局。

(3)社会经济条件的相对类似性。人为生产经营活动和社会经济条件,对土地利用起指导性作用,是开发利用土地资源的基本动力,尤其与土地利用程度、效益和方向密切相关。社会经济实力、生产能力、经济结构、科技水平及人口构成等社会经济条件的相对类似,也是土地利用分区的主要原则与依据。

(4)土地利用适宜性与发展方向及合理开发利用途径的相对一致性。土地利用是否合理,一方面揭示了土地利用现状的适宜性程度;另一方面预见了发展方向及开发利用途径的科学性。土地利用分区原则必须兼顾二者的相对一致性,才能充分发挥土地开发利用的资源潜力优势与最有效的实施措施和途径。

(5)土地利用分区应保持多级行政区界与地域的相对完整性。我国土地资源管理的行政管辖权限,以乡级为基层单位,土地利用现状调查资料,也以乡级为统计单元。为了便于地方行政管理、实施土地利用总体规划及开发利用措施,并考虑使用资料的可行性和实用性,建议在全国划分土地利用分区界线,尽量保持县(市)级行政区界的完整性,至少应保证乡界的完整性;而省(区)级土地利用分区的划分,应保证乡级行政区界的完整性。土地利用分区体现地理分布规律和区域差异性,并应保持地域连片、相对完整,是分区界线连成封闭曲线的空间连续性。

(6)生态环境功能一致性原则。保护和改善规划区域内的生态环境是土地利用总体规划的重要目标之一。在土地利用分区中,只有将具有明确的生态环境功能区进行有机结合,才能确保土地利用方式和开发强度符合整个区域生态环境目标的要求。

(7)土地开发强度相似性原则。由于土地资源性质、构成及生态环境的差异性,土地资源在当地条件下所能承受的人类作用强度也会有所不同;只有根据这种客观存在的空间地域差异性,合理布局土地利用开发方向和方式,才能保证土地利用生态系统的动态平衡。

(8)层次性原则。高层次分区以土地利用功能区为主导,用以控制生态保护区的面积和质量,协调宏观的土地利用结构和布局;低层次的分区则以土地利用类型区为主导,用以根据土地利用现状和土地的自然状况合理区划出土地利用类型。这样既能以功能区控制类型区,又能从类型区中体现出功能区。[①]

(9)实行可持续发展,统筹兼顾,远近结合的原则。农业系统中,每一种资源都有其赖以生存的特定环境,各种资源又都不是孤立存在的。在分区过程中,不仅要求分别地考察各种资源的性质、分布、数量和用途,还要求从资源与资源、资源与环境、资源与经济目标之间进行全面综合的衡量。区域布局要有超前意识,既要考虑适应当前的市场环境,又要考虑资源的合理配置和持续利用;既要大幅度提高经济效益,又要注重生态环境的保护和生态平衡的保持。[②]

(10)土地节约集约利用原则。根据当前经济发展过程中的种种限制因素,土地资源的紧缺已成为最为关键的因素。我国大部分地区的土地均以粗放利用方式为主,因此,由粗放利用向集约利用转变是我国土地利用最为有效的途径。在分区过程中,要尽量使工业用地向高新技术开发区或经济技术开发区集中,乡镇企业用地向工业小区集中,农村居民区用地向中心村集中,使每个区域主导用途明确,促使非主导用途土地向主导用途转变。[③]

2. 土地利用分区的依据

土地利用分区的依据,主要有以下几个:(1)依据一定的指标体系进行分区,一般是指土地利用现状、土地质量等级、土地适宜性评价结果及其他自然、社会经济指标;(2)以综合农业区划作为参考依据;(3)规划区

---

① 杨琳.土地利用弹性规划研究.同济大学,2008 年博士学位论文

② 李宁宁.黑龙江省农业土地利用分区及实施对策研究.东北农业大学,2006 年硕士学位论文

③ 任莉伟.济南市土地利用分区与管制研究.山东师范大学,2009 年硕士学位论文

域内各乡镇的区位条件及其在区域经济发展过程中的地位和作用;①(4)本区域发展战略及各部门用地需求状况是分区的必要依据,在符合国家、省、市土地利用总体规划、用地政策的前提下,分区布局和面积数量要尽可能地满足各部门发展对土地的需求,做到分区结果为各部门所接受,使土地用途分区管制真正为地区经济发展起支撑和保障作用;(5)各县有关保护耕地、水资源及相关环境保护的专门资料是分区的有效依据,它们是为实现社会目标和公众利益所必需的,应尽可能采用;(6)分区技术标准是进行划区的直接依据,在分区过程中制定的技术指标,是分区方案的具体化,应按此操作。②

3. 土地利用分区的优缺点

土地利用实行分区的优点包括:它是控制和制止土地利用冲突的好工具,在自然和环境的保护下能取得好的效果,对不相容的土地进行空间分隔也能取得好的效果,且能保护好私人的财产。其不足之处有当前土地利用分区的地图与土地的未来发展之间存在时间上的间隔,假若管理不当,分区容易受到发展的冲击,且执行分区决定的费用也是相当大的。同样规划编制的"自上而下"或者是"自下而上"的方法也各有利弊。如"自下而上"方法的优点主要表现为符合地方的利益,公众和地方政府有参与规划编制和实施的积极性;能引起人们对土地问题的普遍关注;能为上级规划提供充足准确的信息;规划能够因地制宜。其不足之处表现在:地方利益常常与国家利益不一致;将各地方土地利用规划在大范围内进行综合很困难;地方技术能力有限,没有得到上级政府的支持和帮助,地方政府的规划有时将无法进行。③

9.2.2 土地利用分区的评价指标体系

1. 指标体系设定的原则

(1)遵循 FAO 在《土地持续利用评价纲要》中明确的 5 个准则。包

① 杨琳. 土地利用弹性规划研究. 同济大学,2008 年博士学位论文

② 马金锋. 基于 GIS 的土地用途管制分区研究. 吉林大学,2004 年硕士学位论文

③ 但承龙. 可持续土地利用规划理论与方法研究. 南京农业大学,2002 年博士学位论文

括生产性、保护性、稳定性、经济可行性和社会可接受性,依此原则选取相互独立且能反映影响土地可持续利用的各方面的典型的敏感指标。

(2)评价指标的选择应满足真实性、易获得性、可比性、可操作性和简洁实用性等原则。衡量土地利用程度的指标繁多,关系复杂,特性差异较大,因此指标尽可能采用单位均值、指数、百分率和增长率等形式表示。

(3)区域性与主导性原则相结合。土地可持续利用评价是针对特定区域、特定土地利用系统的评价。不同区域不同层次的资源环境状况、社会经济、文化背景以及土地利用的特点都存在着巨大的差异,因此,土地可持续利用评价必须针对不同目的和不同区域进行。一般来说,可持续利用评价没有绝对的标准,都是以现实为基础提出来的,因此选择的评价指标既要符合评价区域的实际特点,又要对土地资源可持续利用长期起主导作用。

(4)指标的设定应遵循横向与纵向相结合的原则。土地利用是个综合性的范畴,不可能用一个或几个综合指标或单一指标来全面反映。从横向上看,它是一定区域一定阶段内土地利用状况的真实反映;从纵向上看,它反映了该区域土地利用的潜力及可持续利用的可能性。

(5)政策相关性和导向性。政策相关性意味着设定的指标体系能够对决策者带来确实的支持与指导作用,能够表达出其在资源、环境、社会、经济等各方面受到的压力以及社会的响应,并与已有的政策目标相关联,从而为政府制定相关政策提供决策依据。[①]

2.指标体系的建立

根据前述的指标体系设定的原则和研究区域的实际情况,主要考虑的分区因素应包括反映该区域土地利用开发程度和土地利用综合效益等特征的三大类指标,如表 9.2 所示。[②]

---

① 甄静.基于 GIS 的西安市土地利用分区方法研究.长安大学,2006 年硕士学位论文

② 王万茂,韩桐魁.土地利用规划学.中国农业出版社,2004 年

表 9.2　土地利用分区指标

因素	因子	计算方法
土地利用开发程度	土地垦殖率	耕地面积/土地总面积×100%
	土地利用率	已利用土地面积/土地总面积×100%
	土地农业利用率	农业用地面积/土地总面积×100%
	土地建设利用率	建设用地面积/土地总面积×100%
	林业利用率	林地面积/土地总面积×100%
	耕地复种指数	全年农作物播种面积/耕地总面积×100%
土地集约经营程度	人口密度	人口总数/土地总面积
	城镇化水平	城镇人口总数/人口总数×100%
	单位土地资金集约度	总投资/土地总面积
	单位用地产值率	土地产出价值/用地面积
土地利用综合效益	单位播种面积产量	作物总产量/作物总播种面积
	粮食耕地年单产	粮食总产量/(播种面积×复种指数)
	单位桑果园面积产量	桑果园面积产量/桑果园面积
	单位土地 GDP	GDP/土地总面积
	单位工业总产值	工业部门总产值/工业用地面积
	单位农林牧副渔总产值	农林牧副渔总产值/农林牧副渔总面积 农业总产值/农业用地面积 林业总产值/林业用地面积 牧业总产值/牧业用地面积

9.2.3　土地利用分区的主要方法

　　土地利用分区方法是对土地利用分区的具体落实,它借助于区划的方法,根据土地的自然、经济条件的差异性,以及土地利用的相对一致性,将一定的地域按一定标准划分为不同的等级区域,每个区域的土地利用类型、土地利用方向、土地利用政策和措施都具有相对一致性。分区法把握了区域土地利用分区的总体结构,弹性大、应变力强,反映了区域差异性,对宏观的土地利用活动和土地利用战略目标的实现有重要的指导作用。[①] 目前常用的土地利用分区方法可分为定性和定量分析方法。

---

　　① 李宁宁.黑龙江省农业土地利用分区及实施对策研究.东北农业大学,2006 年硕士学位论文

1.土地利用分区的定性分析方法

(1)综合分析法

综合分析法又称为经验法,是一种定性分区方法,主要适用于土地利用方式区域差异显著、分区界限明显易定的情况,要求研究人员非常熟悉当地的实际情况。综合法是从横向和纵向对形成农业地域差异的相关要素在综合分析的基础上进行分区的方法。具体而言,它是从定性出发,既对规划范围内的农业生产历史、现状和发展趋势进行综合分析和研究,又对规划范围内的技术条件、自然社会经济条件、农业生产结构以及各单项性规划进行综合分析研究,而后进行分区。

综合法的优点:①方法通俗易懂,可操作性强;②规划人员熟悉实际情况、综合分析能力强,规划效果明显;③纵横结合,全面考察各种影响因素。缺点有:①只靠经验和定性分析来分区,缺少定量分析,影响区域界线划分的准确性;②只能运用于区域特征显著的地方;③规划效果的好坏取决于规划人员的综合分析能力等。综合法适用于区域特性显著的小型区域规划;适用于标准较低的、涉及因素较多、原始资料较多的规划区域[①]。

(2)主导因素法

主导因素法又称主导指标法,是指标法的一种形式。主导因素分析法就是根据不同规划种类和级别的要求,从各项指标中,选出最能反映区域特性的主要指标来进行分区规划的方法[②]。

主导因素法的优点:①揭示了各区域差异和特征;②主导影响因素明确;③分区界线容易界定;④分区针对性强;⑤表面上是单因子分区;⑥方法通俗易懂。其缺点:①从定性的角度来分区;②从某个方面去分区,可能会忽视辅助性指标的影响;③受区划的种类和级别影响较大;④指标的区域可比性较差;⑤组成主导因素的成分不是唯一的;⑥始终离不开综合分析的原则。主导因素法适用于单个或多个因子能组成一个综合因子的规划;适用于区划单个因子或综合因子影响显著、其他因子影响较少甚至

---

①　甄静.基于 GIS 的西安市土地利用分区方法研究.长安大学,2006 年硕士学位论文

②　韩栋.节水灌溉规划分区方法.北京工业大学,2005 年硕士学位论文

可以忽略的规划;还适用于目标单一(尤其是目标函数的影响因素较少的线性规划)的规划①。

(3)GIS空间叠置分析法

GIS空间叠置分析是地理信息系统最常用的提取空间隐含信息的方法之一。它是将有关的主题层组成的数据层面,进行叠加组成一个新数据层面的操作,其结果综合了原来两层或多层要素所具备的属性。叠置分析不仅包含空间关系的比较,还包含属性关系的比较。该分析方法是国外许多国家进行土地利用规划工作常用的分区方法。

将所搜集的与土地利用规划密切相关的土地利用规划图、地形地貌图、行政规划图、水利规划图、气候规划图、农业规划图及土壤分布图等叠置在一起,根据叠置的情况确定规划分区的边界。这种方法的实质是进行多图比较,找出它们的共同边界。叠置分析的重点在于选好基础图,基础图是指对土地分区起主要影响作用的因素图,如行政规划图、地貌图与地形图等。套图选用的图纸可包括:行政规划图、地形图、地貌图、土壤图、基本农田保护图等。一般适用于地貌、气候差异不大的平原地区;适用于部门的综合区划;适用于已有相关规划图较多的规划;适用于各因子影响分布图较易制作的规划;还适用于综合性较强的农业规划。

叠置分析的优点:①在单因素分析的基础上进行区域综合对比,具有一定的科学性;②方法简便,可操作性强;③容易把握分区的大趋势;④容易把握影响土地利用分区的核心因素;⑤套图工作简单明了;⑥考虑了对象的空间信息。其缺点:①有时叠置后各因素图的界线趋势不一致,很难界定区域之间的分区线;②把影响区域差异的各个因素都同等对待,分不清主导因素和非主导因素影响程度的大小,盲目叠套,在一定程度上影响了分区界线的准确性;③在图幅数量较多的情况下,常出现顾此失彼、不易综合的情况;④基础图的选取对界线的确定有很大影响;⑤工作量大,成果精度较差;⑥数据利用率低,图形与环境数据相分离②。

---

① 甄静.基于GIS的西安市土地利用分区方法研究.长安大学,2006年硕士学位论文
② 甄静.基于GIS的西安市土地利用分区方法研究.长安大学,2006年硕士学位论文

（4）特尔菲法

一种完全定性的分区方法。其基本含义是:在对各种有关土地方面的资料和规划资料进行收集整理的基础上,根据土地所处的地形地貌、气候、土壤状况以及土地利用条件,把土地性能相对一致、土地利用状况相近的图斑组合到一起,划分出多个分区单元,或把土地利用现状图的图斑作为一个分区单元。然后,组织土地、交通、城建、农业、林业、牧业、水利、煤炭、电力、化工等部门的专家对各个单元的土地及环境状况进行分析比较,根据土地利用总体规划对土地利用途径的要求,结合土地的适宜性评价结果,专家凭借对土地利用状况积累的经验,对每个单元的用途提出自己合理的意见,技术人员汇总各个专家的建议,得到不同土地单元的土地用途。这种方法的关键环节是明确专家的实际理论水平和对当地土地利用状况的熟悉程度,专家水平越高,对区域土地状况越了解,分区结果就越接近实际。[①]

（5）类型法

在调查的基础上,根据区域内客观存在的具有不同特征的不同地区,选取一定指标,结合定性分析,找出能代表一定类型的基本特征,以基本特征为主线,划分类型,再根据求同存异的原则,对类型进行合理的归并,最后将归纳出的各大类型定类划区,落实到具体区位。[②]

类型法的优点:①通过对相同类型成因、特征和发展变化的解剖以及不同类型空间结合状况的研究分析,可以使土地利用区域的划分更加准确,基础更加扎实;②定量分析与定性分析相结合,与实际情况吻合程度较高;③方法简单,通俗易懂。其缺点:①若抓不住反映类型区的基本特征,就难于分区,或所划的区域支离破碎,对生产的指导意义不大;②这种方法所花的人力、物力和时间都较多;③主观因素干扰较大。类型法适用于类型区域基本特征明显,区域间差异显著,且易于比较的规划;适用于分类简单、归类方便、易于定位的土地利用规划;适用于某些比较单纯的

① 马金锋.基于 GIS 的土地用途管制分区研究.吉林大学,2004 年硕士学位论文

② 何晓群.多元统计分析.中国人民大学出版社,2004 年

地域差异现象的规划。[①]

2.土地利用分区的定量分析方法

(1)指标法

指标法是一种典型的定性与定量分析相结合的方法。结合实际情况,根据指标选取原则,建立指标体系,针对处理好的基础数据,依照指标进行分类研究,从而达到分区的目的。其具体的步骤如下:①收集资料,分析整理资料,利用现有资料,划分分区单元。②选取指标,赋予权重,计算分区参数。指标的选取可分为两类:一类为土地利用结构指标;一类为土地评价的质量指标。选择指标的基本原则是要具有代表性,能较好地反映区域土地利用特点;要有稳定性,能反映土地的固有特性。权重指某一指标在与各指标相比较而后所占有的权利,权利越大,则所占的权重越大。权重确定后,把上述两类指标参数按其权重对应相加,即计算出某一土地单元的参数。③对计算的分类参数进行归类、分区,形成用途区[②]。

指标法的优点:①将划区原则具体化;②分项指标单一,计算简便;③抓住了最能反映区域特性的主要自然因素和主要生产特征的指标;④分项指标概念明确,计量准确。指标法的缺点是:①受规划编制人员的知识和实践经验的制约,定量分析较少;②对于特征指标差异不明显的区域,难以明确主要指标;③始终离不开综合分析的原则;④指标法的规划界线,是单项规划界线。[①]

(2)主成分分析法

主成分分析也称主分量分析,是由霍特林(Hotelling)于 1933 年首次提出的。主成分分析是采用降维的思想,在损失很少信息的前提下把多个指标转化为几个综合性指标的多元统计方法。通常把转化生成的综合性指标称为主成分,其中每个主成分都是原始变量的线性组合,并且各个主成分互不相关,这就使得主成分比原始变量具有某些更加优越的性能。这样在研究复杂问题时就可以只考虑少数几个主成分而不会损失太

① 甄静.基于 GIS 的西安市土地利用分区方法研究.长安大学,2006 年硕士学位论文

② 任莉伟.济南市土地利用分区与管制研究.山东师范大学,2009 年硕士学位论文

多信息,从而可以更容易地抓住主要矛盾,揭示事物内部变量之间的规律性,同时使问题得到简化,提高分析效率。

①主成分分析的基本理论

假设对某一事物的研究有 P 个指标,分别用 $X_1, X_2, \cdots, X_P$ 表示,这 P 个指标共同构成的 P 维随机向量为 $X = (X_1, X_2, \cdots, X_P)'$。对 X 进行线性变换,可以形成新的综合变量,用 Y 来表示,也就是说新的综合变量可以由原来的变量线性表示,即满足下式:

$$\begin{cases} Y_1 = u_{11}X_1 + u_{12}X_2 + \cdots + u_{1P}X_P \\ Y_2 = u_{21}X_1 + u_{22}X_2 + \cdots + u_{2P}X_P \\ \vdots \\ Y_P = u_{P1}X_1 + u_{P2}X_2 + \cdots + u_{PP}X_P \end{cases}$$

由于可以任意地对原始变量进行上述线性变换,由不同的线性变换得到综合变量 Y 的统计特性也不尽相同。因此,为了取得较好的效果,我们总是希望 $Y_i = u'_i X$ 的方差尽可能大且各 Y_i 之间是相互独立,由于

$$var(Y_i) = var(u'_i X) = u'_i \sum u_i$$

而对任给的常数 c,有

$$var(cu'_i X) = cu'_i \sum u_i c = c^2 u'_i \sum u_i$$

因此对 u_i 不加限制时,可使 $var(Y_i)$ 任意增大,问题将变得没有意义。我们将线性变换约束在下面的原则之下:

(A) $u'_i u_i = 1$,即 $u_{i1}^2 + u_{i2}^2 + \cdots + u_{iP}^2 = 1$; $\qquad (i = 1, 2, \cdots, P)$;

(B) Y_i 与 Y_j 相互无关 $(i, j = 1, 2, \cdots, P)$;

(C) Y_1 是 $X_1, X_2, \cdots, X_P$ 的一切满足原则(A)的线性组合中方差最大者;Y_2 是与 Y_1 不相关的 $X_1, X_2, \cdots, X_P$ 所有线性组合中方差最大者;Y_P 是与 $Y_1, Y_2, \cdots, Y_{P-1}$ 都不相关的 $X_1, X_2, \cdots, X_P$ 的所有线性组合中方差最大者。

基于以上三条原则决定的综合变量 $Y_1, Y_2, \cdots, Y_P$ 分别称为原始变量的第一、第二…第 P 个主成分。其中各综合变量在总方差中占的比重依次递减,在实际研究工作中,通常只选取前几个方差最大的主成分,从

而达到优化系统结构、抓住问题实质的目的。[①]

②主成分分析的步骤

主成分分析的步骤可以归纳如下:第一,根据研究问题选择初始分析变量;第二,根据初始变量特性判别由协方差阵求主成分还是由相关阵求主成分;第三,求协方差阵或相关阵的特征根与相应的标准特征向量;第四,判断是否存在明显的多重共线性,若存在,则回到第一步;第五,得到主成分的表达式并确定主成分个数,选取主成分;第六,结合主成分对研究问题进行分析并深入研究(如图 9.1)。[②]

③主成分分析的优缺点

主成分分析的优点有:第一,确定了影响分区的主要因素;第二,建立了高维空间到低维空间的映射;第三,可以借助计算机来实现计算;第四,不一定总是从原始的指标出发,可以通过变换,直接处理各自的函数;第五,科学性很强,建立在统计分析的基础上。其缺点:第一,只能计算出影响分区的主要因素;第二,必须利用一定的分类方法才能明确科学可靠的分区方案;第三,计算比较复杂;第四,往往与排序是分不开的。[②]

(3)聚类分析法

这是一种定量的分区方法。基本原理是"物以类聚",即把一些相似度较大的指标集合为一类。由于影响土地用途差异的因素较多,且这些因素在空间上都是渐变的,用任一"主导"因素都难以测度系统内纷繁复杂的现象,用综合分析法对一些多宜性土地又难以确定分区界线,常具有一定的随意性。将聚类分析法用于土地利用分区,把众多的指标糅合在一起,还可以将主导因素赋予较大的权重,做到既全面又突出重点,提高了分区的科学性。聚类分析法是数理统计学中研究多因素的一种客观分类法。目前在分区方面得到应用的有星座图聚类、谱系图聚类、模糊聚类、最大树聚类等。

星座聚类法是图解多元分析法中较为简便的一种分区方法。其基本

---

① 何晓群.多元统计分析.中国人民大学出版社,2004 年

② 甄静.基于 GIS 的西安市土地利用分区方法研究.长安大学,2006 年硕士学位论文

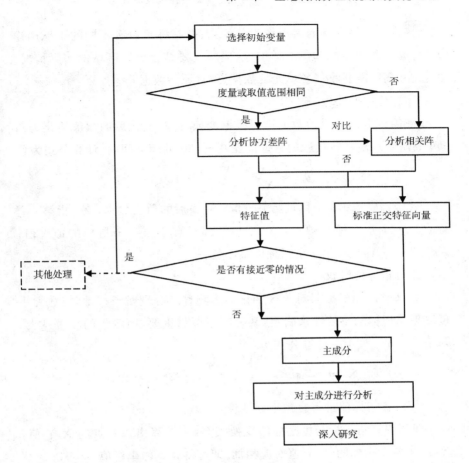

图 9.1 主成分分析的逻辑框图

原理是将每一个样点按一定的数量关系,点在一个半圆之中,一个样点用一颗"星点"来表示,同类的样点便可以组成一个"星座",然后勾画并区分不同星座的界线,就可以进行分区。

星座聚类法的基本内容是:

①建立分区指标体系

以 1:50000 的县级土地利用现状图为工作底图,以图斑或组合图斑划分分区单元,把每一个单元看成一个样点。单元要既能反映土地的主导用途,又不能太多。单元划分后,根据划区需要,选择能代表各区土地资源特点和利用现状的因子作为分区指标,指标可以有不同的土地用途选择,也可多种用途选择一类指标,但一定要结合分区区域的实际情况。指标确定后,需要收集各单元的数据资料(原始数据)。

②进行数据处理

将各类指标的原始数据进行极差变换,并将变化后的数值转化为角度(或弧度),使其转化后的数据落在 $0°\sim180°$ 的闭区间内,计算公式为:

$$\theta_{ij} = \frac{(X_{ij} - X_{j\min})}{X_{j\max} - X_{j\min}} \times 180°$$

式中,θ_{ij} 指第 i 个样点第 j 个指标变换后的角度数据;X_{ij} 指第 i 个样点第 j 个指标原始数据;$X_{j\max}$ 指全部样点中第 j 个指标的最大值;$X_{j\min}$ 指全部样点中第 j 个指标的最小值。

③对指标值赋权

对每项指标根据其对分区变化的影响程度分别赋予权重,权数大小可以根据指标的重要性来确定,某一项指标越重要,则赋予的权重越大,并使 $0 < W_j < 1$。计算公式为:

$$\sum_{j=1}^{P} W_j = 1 \qquad j = 1, 2, \cdots, P(指标个数)$$

④ 对各指标值进行直角坐标计算

即利用直角坐标与极坐标的变换关系,先计算出每一点的 X、Y 值,然后,将各点指标的 X、Y 值对应相加,即可得各点的坐标值。

第一,将极坐标参数方程转换为直角坐标:

$$\begin{cases} X_{ij} = W_j \cos\theta_{ij} \\ Y_{ij} = W_j \sin\theta_{ij} \end{cases}$$

第二,直角坐标系中,第 i 个样本坐标为:

$$\begin{cases} X_i = \sum_{j=1}^{P} W_j \cos\theta_{ij} \\ Y_i = \sum_{j=1}^{P} W_j \sin\theta_{ij} \end{cases}$$

⑤制作星座图

由于数据进行了极差变换,且 $W_j = 1$,所以,计算的结果必然落在上半圆中,根据 X、Y 的值,在图上标出相应的距离,就可以确定每个点在图上的位置。

⑥计算指标综合值

将原始数据进行极差变化后,已变成归一化数值,该数值反映了某一样点的某项指标在全部该项指标中所处的"位置",即高、中、低。若将该样点的各项指标值经极差变换后所得的数值(不变为角度或弧度)加权综合起来,便得到这个样点的指标综合值 Z_i,计算公式为:

$$Z_i = \sum_{j=1}^{P} \theta_{ij} W_j \qquad\qquad 0 < Z_i < 1$$

式中,Z_i 是指第 i 个样点的指标综合值;W_j 是指第 j 个指标的权重;

$$\theta_{ij} = \frac{(X_{ij} - X_{j\min})}{X_{j\max} - X_{j\min}}$$

式中,θ_{ij} 指第 i 个样点第 j 个指标的极差变换值。

根据指标综合值的大小,可以对样点的优劣程度作个初步分析。

⑦利用最优分割法进行分类

把各样点的指标综合值按大小依次排列,得到一有序数列,将这个数列利用最优分割法进行数量分类。最优分割法的基本要求是使同类的样点指标方差之和最小,不同类的样点指标方差之和最大。再参照各个点的实际和规划资料进行修正和分析,则产生不同的用途区域。[①]

聚类分析法的优点有:第一,理论简单、通俗易懂;第二,多因素、多指标的分类;第三,能揭示客观事物内在本质区别和客观联系;第四,能借助计算机计算手段,加快了计算速度,节省了人力、物力;第五,思路的多样化。其缺点有:第一,对样本分类的确定性要求较强;第二,对样本的初始状况要求较高;第三,计算量较大;第四,既要定义事物之间的亲疏程度,又要定义类间的亲疏程度。[②]

---

①　马金锋.基于 GIS 的土地用途管制分区研究.吉林大学,2004 年硕士学位论文

②　甄静.基于 GIS 的西安市土地利用分区方法研究.长安大学,2006 年硕士学位论文

(4)因子处理方法

因子一般分为定性因子和定量因子,对于定量因子的选取很简单,直接运用数据处理方法即可,而定性因子的指标值由于具有模糊性和非定量化的特点,很难用精确的数字来衡量,只能采用模糊数学的方法对模糊信息进行量化处理。常用的方法主要有专家打分法等。

请 n 个专家对取定的一组因子指标 $a_1, a_2, \cdots, a_m$ 分别给出隶属度 $A(a_i)(i=1,2,\cdots,m)$ 的估计值 $r_{ij}(i=1,2,\cdots,m;j=1,2,\cdots,n)$,则因素 a_i 的隶属度 r_i 可由下式估计:

$$r_i = \frac{1}{n}\sum_{j=1}^{n} r_{ij}$$

式中,$i=1,2\cdots m$,r_{ij} 代表第 j 个专家对第 i 个因素的评价值。该方法是用一个确切的数表示判断,如果问题比较敏感、繁杂、信息不全,或者专家对问题的了解不够全面等,在这种情况下,很难找到一个确切的数值。在此基础上,需要我们缩小专家给出的判定范围,以此来提高精确度。[1]

(5)研究数据的分析处理方法

分区数据包含各类用地结构数据和影响用地的各项经济、社会指标数据。数据类型不同,量纲不同,数据含义不同,若要进行数据的统一运用,需要消除各方面的影响。于是在分区过程进行之前,需要对研究数据进行分析处理,一般采用的方法就是数据标准化,即无量纲化处理,从而达到数据属性的统一性。数据标准化的方法有很多,在针对各种社会、经济数据处理时,多数采用标准差标准化方法、极大值标准化、级差标准化等几种主要方法。

①标准差标准化,即 Zscores

$$X'_{ij} = \frac{X_{ij} - \overline{X_j}}{S_j} \quad (i=1,2,\cdots,m;j=1,2,\cdots,n)$$

由这种标准化方法得到的新数据,各要素的平均值为 0,标准差为 1,

---

①　任莉伟.济南市土地利用分区与管制研究.山东师范大学,2009 年硕士学位论文

即有

$$\overline{X_j} = \frac{1}{m}\sum_{i=1}^{m} X'_{ij} = 0 \qquad S_j\sqrt{\frac{1}{m}\sum_{i=1}^{m}(X'_{ij}-\overline{X_j})^2} = 1$$

②极大值标准化,即 Maximum magnitude of 1

$$X'_{ij} = \frac{X_{ij}}{\max X_{ij}} \quad (i=1,2,\cdots,m;j=1,2,\cdots,n)$$

经过这种标准化得到的新数据,各要素的极大值为 1,其余各数值小于 1。

③极差的标准化,即 Rescale

$$X_{ij} = \frac{X_{ij} - \max\{X_{ij}\}}{\max\{X_{ij}\} - \min(X_{ij})} \quad (i=1,2,\cdots,m;j=1,2,\cdots,n)$$

经过这种标准化所得的新数据,各要素的极小值为 0,极大值为 1,其余的数值皆在 0 与 1 之间。数据处理方法的选取主要取决于数据的特点,以及数据在后续工作中所起到的作用。[①]

(6)最小方差法

在数理统计中,方差法是反映样本中数据离散程度大小的一种方法。方差值越小,表明数据离平均值越近,离散程度越小。在方差中最小的那个值,称为最小方差。最小方差法可以直观地判断样本的类别归属,且计算简单、意义明确。最小方差法进行分类的主要步骤如下[②]:

①土地利用结构百分比排序

首先分别求出各县(市)各类土地利用类型(耕地、草地、水域、林地、城乡工矿居民用地和未利用土地)占总土地面积的百分比,然后按照由大到小的顺序对求出的百分比进行排序。计算公式如下:

$$P_{ij} = A_{ij}/A_i \times 100\%,(j=1,2,\cdots,6)$$

式中,A_{ij} 为 i 县第 j 类土地利用类型面积;A_i 为 i 县土地总面积;P_{ij} 为 i 县第 j 类土地利用类型的百分比数量。

---

① 任莉伟.济南市土地利用分区与管制研究.山东师范大学,2009 年硕士学位论文
② 张静.河北省土地利用分区研究.河北农业大学,2008 年硕士学位论文

②建立分类的假设百分比矩阵

为确定某县(市)土地利用结构的类型,还需要按照土地利用组合的假设百分比分布来建立相关矩阵,便于对土地利用结构类型的划分提供参照体系。

③运用最小方差法进行计算

利用方差公式,计算各个县(市)每类土地利用组合结构假设百分比分布和实际百分比分布之差的平方和(N),计算公式如下:

$$N = \sum (P'_{ij} - P_{ij})^2$$

9.3   天津土地利用分区实践研究

天津市作为四大直辖市之一,辖区范围虽然不大,但自然条件、土地资源禀赋、社会经济发展水平和土地利用特点具有较大差异。滨海新区已建成天津市最大的外向型产业基地、加工物流基地、海洋产业开发基地,全市最大的经济增长核心,成为带动区域发展的龙头。该区建设用地比重大,土地利用经济效益颇高。新四区发展迅速,成为中心城区产业、人口和城市功能的重要扩散地。若干高新技术产业园区、航空城、商贸区、大学城、物流区和新城初步成型。而农副食品生产基地功能正逐步弱化,部分农用地出现向设施农业、观赏农业、生态和休闲农业方向转变的趋势。近郊区县耕地比重大、生态环境相对较好,近年来在工业化和城市化加速发展的同时,更多地承担农副产品生产基地的功能,向京津乃至国外提供绿色食品。

在此情况下,本轮土地利用规划要围绕促进区域合理分工和协调发展的目标,从各地实际出发,根据其功能定位和资源环境的特点,扬长避短,全面协调和合理配置各类土地资源,实现土地利用效益的最大化,以及全市各区域经济社会的共同发展和人民生活的共同富裕。

本节对天津市土地利用综合分区、天津市土地利用功能分区两部分进行实践研究。

9.3.1   天津市土地利用综合分区

依据天津市经济发展战略布局,综合各区域自然状况、资源禀赋、经济社会结构及其他因素,按照区内相似性最大、区外差异性最大及保持行政区划相对完整性的分区原则,将天津市划分为六个土地利用综合区:都市核心功能区,滨海城市重点发展区,都市功能扩展区,西部京津协同发展区,南北城乡发展协调区,北端生态涵养发展区。

都市核心功能区指和平区、河东区、河西区、河北区、红桥区、南开区六区及近郊四区在外环线外侧绿化带(含)以内的区域,是体现城市核心功能的区域;滨海城市重点发展区指滨海新区,即塘沽区、汉沽区、大港区三区全部范围及东丽区、津南区的部分区域,是未来天津市发展的重点区域;都市功能扩展区指东丽区、西青区、津南区和北辰区四个行政辖区在外环线绿化带(不含)和滨海新区范围外的区域,是城市功能向外扩散的重点承接区域;西部京津协同发展区指武清区行政范围,是未来京津合作共建的重点区域;南北城乡发展协调区包括市域北部的宝坻区、宁河县和蓟县的京哈公路以南地区以及市域南部的静海县,是天津市农业发展的主体地区。北端生态涵养发展区,包括蓟县北部 12 个镇、3 个乡,以蓟县的城关镇、邦均镇、白涧镇、泅溜镇、别山镇的乡镇行政界线为南界,是天津市重要的生态屏障、重要风景旅游区。

将都市核心功能区与都市功能扩展区划分开,单独作为一个分区,是基于两者在未来土地利用方向上有明显的差异考虑的。都市核心功能区作为天津市城市发展的中心,所有农用地都将转化为城镇建设用地,土地利用规划的主要任务是调整城市用地内部结构,优化各类用地布局。

滨海城市重点发展区是国家战略层面重点发展的区域,党的十六届五中全会《中共中央关于制定国民经济和社会发展第十一个五年规划的建议》明确提出:“继续发挥经济特区、上海浦东新区的作用,推进天津滨海新区等条件较好地区的开发开放,带动区域经济发展”,滨海新区的地位和作用正在发生深刻变化,已由城市发展战略上升为国家发展战略,土地利用主要承担区域产业发展载体功能及生态服务功能。

都市功能扩展区需统筹考虑都市核心功能区人口及产业对本区的辐射带动和耕地保护任务,城镇用地扩展与耕地保护矛盾较为突出。土地利用规划的目标是保护耕地,控制建设用地总量,主要通过提高建设用地集约利用水平和实施城乡建设用地增减挂钩来满足城镇用地的扩展。

将武清区单独列为西部京津协同发展区,是基于天津市城市发展战略和京津冀都市圈深化合作的方向考虑的。武清区位于《城市规划》确定的"一轴两带三区"城市发展空间布局的"主轴"上,也是北京市城市总体规划确定的"两轴两带"的延伸,经济发展地位与其他远郊四区县有较大差异。在当前世界经济不断联合发展的形势下,京津冀都市圈的区域合作势在必行,武清区独特的区位优势为其带来了巨大的发展机遇。土地利用主要围绕承接京津区域经济要素转移进行统筹安排。

南北城乡协调发展区的划分,主要考虑宝坻区、宁河县、静海县及蓟县南部区域是天津市农业发展的重点地区,土地利用特征类似,经济发展水平相近,发展方向和土地宏观调控方式也较为一致。本区土地利用主要突出严格保护耕地和提高耕地质量,适度拓展建设用地空间。

北端生态涵养发展区的划分主要基于地形差异和生态保护要求。蓟县北部是天津市唯一的山地地貌区,是天津市林地最集中分布的地区,也是天津市的生态屏障,土地利用的主要目标是生态涵养和承载旅游产业发展。

9.3.2 天津市土地利用功能分区

1. 功能分区方法

叠图法是主要采用的分区方法。具体做法是:根据已搜集到的与土地利用规划密切相关的图件资料,主要包括地形地貌图、行政规划图、气候规划图、水利规划图、土地利用现状图、基本农田保护区规划图、土地适宜性评价图、农业区划图、土壤分布图、城市总体规划图、市域城镇布局规划图、工业发展规划图、生态建设规划图和林业发展规划图等,在对图件整理、核实的基础上,把它们叠加在一起,对各种分区界限叠合情况进行分析判断。全部或基本重叠的界线可直接作为土地利用分区的界线;两种或两种以上用途重叠的部分,根据有关法律或相关规定确立的优先次序来决定其功能;对不重叠部分则具体分析其主导用途,进而划入相应的功能区。基本一致的地块形成的封闭图斑作为有一定土地功能的图斑。

2. 功能分区具体过程

在对天津市各区域、各部门土地利用现状、发展战略和政策要求进行全面分析的基础上，根据分区原则，采取先重点后一般，先易后难的方法进行。

以天津市土地利用现状图为底图，将已统一到同一比例尺的天津市市域城镇布局规划图叠加到土地利用现状图上，落实城市及重点城镇建设区和海空港建设区边界，使土地用途分区真正对城市及经济发展起支撑和保障作用；将天津市市域生态网络规划图和水资源规划图叠加到土地利用现状图上，首先，落实自然保护区界线，然后，把对天津市有重要影响的水源地——于桥水库、尔王庄水库、鸭淀水库，以及为南水北调工程配套而规划的王庆坨水库，划入水源地保护区，最后，剔除已列入自然保护区和水源地保护区的水库，将一般水库、洼淀、河道及其周边防护绿地以及天津市北部生态保护区（林地、园地集中分布区）划入生态环境恢复整治区，以此来促进对水资源和自然保护区、林地、湿地等生态用地的保护；将上一轮土地利用规划基本农田保护区规划图和土地适宜性评价图与土地利用现状图叠加，以主要用途和资源保护优先为原则，剔除已列入自然保护区、水源地保护区、生态环境恢复整治区、城市与重点城镇建设区、海空港建设区，以及受污染、盐碱化等影响较重的农业生产适宜性较差的土地，依据土地利用总体规划，将生产条件较好、集中连片、产量较高的耕地列入基本农田区（包括分散在其间的部分一般城镇和农村居民点等），以加强对基本农田的保护；以土地利用现状图和土地利用总体规划为依据，把盐田和滩涂中已列入城市与重点城镇建设区、海空港建设区的土地剔除，分别划入盐田综合利用区和滩涂利用区；把没有列入基本农田区、自然保护区、水源地保护区、生态环境恢复整治区、城市与重点城镇建设区、海空港建设区、盐田综合利用区和滩涂利用区的耕地、园地、林地、牧草地、其他农用地和未利用地（包括一部分一般城镇和农村居民点等）划为一般农地区。

3.天津市土地利用功能分区方案

（1）天津市土地利用功能分区方案

根据自然、社会经济条件、土地利用现状、土地适宜性评价、产业结构、城镇布局规划和市域空间布局规划以及社会经济发展对各产业用地

提出的需求,按照各区的客观条件、资源特点和优势,将天津市土地划分为以下三个大区和九个功能分区:

①农地区,主要用于种、养殖业等农业生产,农地区内可保留一部分城镇和农村居民点用地。包括以下两个功能分区:第一,基本农田区,指农业生产条件较好、较集中分布的基本农田及与之相连的农村道路、农田防护林、灌溉渠道、田坎等,也包括一部分一般城镇和农村居民点等。第二,一般农田地区,指没有划入基本农田区的一般耕地、园地、牧草地、养殖水面、畜禽饲养场和为其服务的农村道路、农田水利、防护林、农业建设用地等其他农用地,也包括一部分一般城镇和农村居民点等。

②建设用地区,主要包括以下三个功能分区:第一,城市及重点城镇建设区,指建成和规划期内拟建的城市、重点镇、开发区、油田用地区、仓储物流区及与之配套的基础设施用地、绿地、道路广场等用地。目的在于引导城镇建设及工矿企业建设向合理集约利用土地的模式转变。第二,盐田综合利用区,指从事海盐生产所用土地,包括沉淀池、蒸发池、结晶池等盐田生产用地及其配套设施用地。第三,海、空港建设区,指天津港和天津滨海国际机场现状和规划用地,以及拟在武清区建设北京第二国际枢纽机场的规划预留用地。

③生态用地区,主要包括以下四个功能分区:第一,生态环境恢复整治区,指为保持水土、防风固沙、保护生态环境和生物多样性而设置的区域,包括林地、盐碱地、苇地、沼泽地、沙地、河流、小型水库以及其他未利用土地等。第二,水源地保护区,指饮用水源地和灌溉水源地,包括天津市为保证市民饮用水的于桥、尔王庄、北大港水库,以及南水北调、引滦入津输水河道、干渠等。第三,自然保护区,指为保护自然与人文景观、珍稀动植物资源、水资源、地质遗迹、生态环境、风景名胜、文物古迹等所设置的专门的地域。第四,滩涂保护与利用区,指沿海大潮高潮位与低潮位之间的潮滩地带。

(2)各功能分区的调控指标与管制措施

①基本农田区,指农业生产条件较好、较集中分布的基本农田,及与之相连的农村道路、农田防护林、灌溉渠道、田坎等,也包括一部分一般城

镇和农村居民点等。

其主要的调控指标为:第一,2020 年本区总面积约 540000 公顷,占全市面积的 45%;第二,2020 年区内耕地面积最低控制为 361000 公顷,占本区总面积的 66.7%,约占全市耕地面积的 90%;第三,2020 年区内基本农田面积最低控制为 288800 公顷,占本区面积的 53%,占全市基本农田面积的 90%,基本农田保护率达到 80%;第四,2020 年高产田占耕地面积比例达到 60%,比 2004 年提高约 20 个百分点;第五,2020 年耕地平均粮食单产达到 5688~6147 公斤/公顷。

其管制措施主要包括:第一,区内耕地全部为基本农田,原则上禁止被建设占用。如重大基础设施建设因特殊情况确需占用耕地,按照有关程序进行审批。实行"占一补一,占补平衡"政策,开发复垦出数量和质量相当的耕地。第二,农用地在批准改变用途以前,保持原用途使用,不得提前废弃、闲置,对占而不用 2 年以上的土地必须依法收回。第三,允许为基本农田服务的农业配套设施建设。现有其他各类非农建筑物、构筑物不允许改建或扩建,鼓励其搬迁,其废弃拆除后的土地,及时复垦为基本农田。第四,禁止农村居民点扩大规模,鼓励农村居民向小城镇集中,逐步减少农村居民点的面积。第五,加快耕地后备资源和其他非耕地的开垦,确保耕地和基本农田的数量达到规划指标。第六,加强基本农田建设,提高基本农田的质量和土地产出效益。

②一般农田地区,指没有划入基本农田区的一般耕地、园地、牧草地、养殖水面、畜禽饲养场和为其服务的农村道路、农田水利、防护林、农业建设用地等其他农用地,也包括一部分一般城镇和农村居民点等。

其主要的调控指标为:第一,2020 年本区总面积约 110000 公顷,占全市面积的 9.2%;第二,2020 年区内耕地面积最低控制为 25700 公顷,占本区总面积的 23.4%,约占全市耕地面积的 8%;第三,2020 年区内基本农田面积最低控制为 20600 公顷,占本区面积的 18.7%,占全市基本农田面积的 8%,基本农田保护率达到 80%。

其管制措施主要包括:第一,积极开展土地整理,加快耕地后备资源和其他零星非耕地转为耕地。第二,区内土地主要用于农业生产及直接为农业生产服务,不得擅自转变用途。第三,区内的耕地原则上禁止被建设占用。确需占用的,按照有关程序进行审批,并实行"占一补一,占补平衡"政策,开发复垦出与所占耕地数量和质量相当的耕地。第四,允许建设用地与一般农用地之间依法按程序进行调整置换。调整置换占用的土地必须符合土地利用总体规划和城镇建设规划,且不得超过原批准的面积规模。第五,鼓励本区土地利用向生态农业、绿色农业、观光农业、休闲农业等方向发展。鼓励农业结构和生产格局调整,发展特色产品。第六,鼓励因过度开垦、围垦的地区和生态脆弱区的土地退耕还林、还草、还湿。

③城市及重点城镇建设区,指建成和规划期内拟建的城市、重点镇、开发区、油田用地区、仓储物流区及与之配套的基础设施用地、绿地、道路广场等用地。目的在于引导城镇建设及工矿企业建设向合理集约利用土地的模式转变。

其主要的调控指标为:第一,2020 年本区总面积控制在 190000 公顷,占市域面积的 16%;第二,2020 年本区内城镇建设用地面积控制在 145000 公顷,占本区面积的 76.3%;第三,2020 年建设用地地均 GDP 达到 380 万元/公顷。

其管制措施主要包括:第一,城市建设和工业区开发只允许在此区域内进行。开发建设必须遵照滨海新区总体规划和土地利用总体规划,不得随意扩大规模。第二,土地利用应符合各类土地用途规定的建蔽率、容积率、建筑高度等方面限制,提高土地集约利用程度,禁止闲置土地。第三,土地开发要优先保证配套公共基础设施的建设,以此引导开发的区位和时序。第四,区内现有农用地,在管理部门允许建设占用以前,必须按原用途使用,禁止破坏和抛荒土地。第五,鼓励周边零星分布的工矿企业和居民点向本地区集中,提高城市化水平和土地效益。第六,保护和改善城镇生态环境,防止水土污染。城镇应符合城市环境质量标准和噪声标准,工业区要符合工矿企业环境质量标准和噪声标准。

④盐田综合利用区指从事海盐生产所用土地。包括沉淀池、蒸发池、结晶池等盐田生产用地及其配套设施用地。

其主要的调控指标为:第一,2020 年本区面积为 40443 公顷,占市域面积的 3.3%;第二,2020 年盐田综合利用区地均 GDP 达到 1 万元/公顷。

其管制措施主要包括:第一,依托海水淡化产业化进程,综合开发利用盐田,提高集约利用水平;第二,采取"盐田—海水淡化"、"盐田—鱼塘"、"盐田—大米草种植"等模式,促进盐田转化养殖或生态综合用地,以提高土地利用的综合效益。

⑤海、空港建设区,指天津港和天津滨海国际机场现状和规划用地,以及拟在武清区建设北京第二国际枢纽机场的规划预留用地。其主要的调控指标为:2020 年本区面积为 17500 公顷,占市域面积的 1.5%。其管制措施主要包括:第一,区内的土地主要用于港口、机场及其内外连接道路、货运设施配套设施的建设,其土地配置应严格执行港口建设规划和机场建设规划;第二,在港口和机场的建设过程中如对周边土地造成破坏应当及时复垦,宜农土地应当优先复垦为耕地;第三,工程建设应尽量避开基本农田,确实无法避开的,须按规定严格论证和审批,建设占用耕地需办理《耕地占用许可证》;第四,注意保护和改善生态环境,任何工程及项目都要进行严格的可行性研究,特别要做好生态环境影响评价。

⑥生态环境恢复整治区,指为保持水土、防风固沙、保护生态环境和生物多样性而设置的区域,包括林地、盐碱地、苇地、沼泽地、沙地、河流、小型水库以及其他未利用土地等。

其主要的调控指标为:第一,2020 年本区面积为 160000 公顷,占市域面积的 13.4%;第二,2020 年区内耕地面积最低控制为 8022 公顷,占本区总面积的 5%,约占全市耕地面积的 2%;第三,2020 年区内基本农田面积最低控制为 6418 公顷,占本区面积的 4%,占全市基本农田面积的 2%,基本农田保护率达到 80%。

其管制措施主要包括:第一,区内的土地主要供林业生产和生态环境保护及其服务设施使用,不得擅自改变用途。严禁在坡度超过 25 度的坡地上开垦耕作。第二,为改善生态环境,对需要在坡地、湿地上进行生态环境恢复和整治的已开垦耕地,可按相关规划和法律规定,实施退耕还林还湿还草,但对区内其他耕地的变更应予以控制。第三,严禁各类建设占用水土保持林、水源涵养林、防风固沙林及其他各种防护林的用地。第四,合理开发利用未利用地,对不宜开发的生态脆弱地区,进行生态恢复,加强保护;对可开发的未利用地,根据其适宜性进行开发,但开发前要做出严格的生态及环境影响评价,确保不会破坏自然生态环境。

⑦水源地保护区指饮用水源地和灌溉水源地。包括天津市为保证市民饮用水的于桥、尔王庄、北大港水库,以及南水北调、引滦入津输水河道、干渠等。其主要的调控指标为:2020年本区面积为28000公顷,占市域面积的2.4%。其管制措施主要包括:第一,开展农田水利建设要严格论证,不得破坏水源地的生态环境。控制开采地下水,防止因过量开采使水源地生态系统的水源补给受阻。第二,严禁擅自围垦湖泊、河流。严控随意开垦、填埋、造田或进行房地产开发,控制旅游设施建设用地规模。第三,禁止在本区倾倒垃圾和废渣,在区内不准有污染、破坏或者危害水资源环境的设施。在区内一切向水域排放污染物的企业,都应建立净化设施,改为循环用水,控制农业中使用农药及化肥。第四,禁止对具有重大经济价值的鱼类产卵场所的湖泊、河流沿岸的树木进行采伐。保护、发展和合理利用水生物,禁止灭绝性捕捞和破坏。第五,区内原有农地可保持现状。鼓励提高区内原有农地土地整理,鼓励将未利用的土地植树造林,提高森林覆盖度。

⑧自然保护区指为保护自然与人文景观、珍稀动植物资源、水资源、地质遗迹、生态环境、风景名胜、文物古迹等所设置的专门的地域。

其主要的调控指标为:2020年本区面积为67200公顷,占市域面积的5.6%。

其管制措施主要包括:第一,自然保护区要严格控制各类建设活动,对已有的其他建筑物和构筑物无条件拆除。第二,不允许在区内建立污染、破坏或者危害区内自然环境和自然资源的设施。第三,对区内的自然保护区核心区、地表水源一级保护区、地下水源核心区、水库、自然保护区等应进行生态培育,保持生态系统的平衡,提升生态系统的功能。第四,处理好资源保护和开发利用的关系,发展旅游适应度。旅游所得收入应全部用于自然保护区的保护与建设。第五,本区内影响自然与人文景观的其他用地,应按要求调整到适宜的用地区。

⑨滩涂保护与利用区指沿海大潮高潮位与低潮位之间的潮滩地带。

其管制措施主要包括:第一,以保护为主,适度开发利用滩涂。开发应遵循统筹规划、因地制宜、有偿使用的原则,并实行许可证制度。第二,加强滩涂的权属管理,对单位和个人使用的国有滩涂只要权属合法、界址清楚、面积准确,可确认土地使用权,禁止任何单位和个人侵占、买卖和以其他形式非法转让。第三,单位或者个人开发利用滩涂时,未经水利行政主管部门同意,不得拆除已失去功能的护滩、保岸、促淤工程设施,不得设置或者扩大排污口。第四,在滩涂上从事养殖、捕捞作业,铺设海底电缆、管道,冲滩拆船以及搭建房屋、棚舍的,不得影响防汛安全。第五,开发利用滩涂,不得破坏沿海军事设施,不得影响防潮以及河道整治和水工程运行管理,不得妨碍港口建设和航运安全,不得非法占用渔港港区及其设施,不得倾倒废液、废渣或者其他废弃物污染滩涂,不得损毁护岸防浪植物或者砍伐堤防防护林。第六,发展滩涂资源开发技术,提高科技含量。不论种植业、养殖业以及加工业都应力求采用先进技术,实行集约经营,尽可能提高经济效益。

第 10 章　土地利用规划的环境影响评价

前两轮土地利用总体规划对于规划可能带来的环境影响没有进行全面的预测和评估,没有针对性地采取积极的措施来缓解不利影响,从而客观上不利于某些生态环境问题的预防和减缓。2003 年 9 月 1 日起施行了《中华人民共和国环境影响评价法》,环境影响评价法的颁布与实施必将对我国生态环境的保护起到重要作用,同时可持续发展理念的提出也为本轮土地利用总体规划的编制提出新的要求和新的研究课题。为了更好地进行区域环境保护,实现区域经济社会的可持续发展,我们必须加强土地利用规划的环境影响评价理论、方法研究。

10.1　土地利用规划的环境影响评价基本概念及内涵

土地利用总体规划作为一种优化配置土地资源的手段,具有时间跨度长,影响范围广,与区域社会经济发展关系密切等特点,是人类社会发展到一定阶段的产物,也是国家对经济与社会发展进行宏观调控的有效途径之一。土地利用总体规划方案的实施,必然会打破区域内土地资源的原位状态,对区域内水资源、土壤、植被、生物等环境要素产生直接或间接、有利或有害的影响,从而使得土地生态系统对人类的生产、生活条件产生正面的或负面的环境效应。为预防有缺陷的土地利用总体规划的出台和实施对环境造成不良影响,迫切需要采用科学、合理、操作性强、实用性强的评价方法对土地利用总体规划进行环境影响评价,为土地利用方式选择和土地利用布局提供科学的依据,同时也为国家和各级人民政府的环境保护和经济发展综合决策提供有效的技术支持,促进地区土地资源持续、协调利用。

10.1.1　土地利用规划环境影响评价的相关概念界定

1.环境影响评价的概念界定

环境影响评价是一项识别、分析、评估人类活动可能对环境造成影响的技术手段。自 1969 年美国率先建立环境影响评价制度至今,已经在 100 多个国家和地区广泛应用,30 多年的实践证明,它在控制和减缓环境污染,保护生态环境方面发挥了重要的作用。

环境影响评价又称环境冲击评价,或称环境预断评价,是对人类的生产或生活行为(包括制定政策和经济社会发展规划,资源开发利用,区域开发和单个建设项目等)可能造成的环境影响进行分析、评估和预测,并为减轻和防止这些影响提出各种减缓措施,把对环境的不利影响减少到最低程度的活动。[①]

《中华人民共和国环境影响评价法》给出的环境影响评价定义是"本法所称环境影响评价,是指对规划和建设项目实施后可能造成的环境影响进行分析、预测和评估,提出预防或者减轻不良环境影响的对策和措施,进行跟踪监测的方法与制度"。我国近两年的实践经验表明,在经济发展水平较低,环境投入有限的情况下,环境影响评价制度是强化环境管理、防止环境污染和生态破坏的有效手段。[②]

2.规划环境影响评价的概念界定

《中华人民共和国环境影响评价法》把现行的单纯对建设项目进行环境影响评价,扩展到对规划进行环境影响评价,这是"预防为主"的污染防治和生态保护方针的具体体现。"环评法"将规划环境影响评价以法律的形式确定下来。规划环评的重要意义就是找到了比较合理的环境管理机制,是在规划层次上协调环境与发展关系的决策手段与规划手段,是实现

---

①　王万茂,严金明,韩桐魁等.土地利用规划学.中国大地出版社,2003 年

②　中华人民共和国土地管理法.1998 年 8 月 29 日修订,1999 年 1 月 1 日起施行

可持续发展的重要保证和有效的监督机制。[①]

根据《中华人民共和国环境影响评价法》，规划环境影响评价（Planning Environmental Impact Assessment，PEIA）是指在规划的编制阶段，对规划实施后可能造成的环境影响进行分析、预测和评价，提出预防或者减轻不良环境影响的对策和措施，进行跟踪监测的方法和制度。[②]

《中华人民共和国环境影响评价法》颁布实施以前，我国在建设项目环境影响评价中制定了项目必须"符合规划"的原则，对规划本身却没进行过环境影响的论证。[③] 但实际上，对环境造成不可逆影响的往往是政府部门制定的规划。进行规划环境影响评价的初衷就是将环境保护的思想尽早纳入到决策的早期阶段，使环境因素与社会、经济因素一样，在规划形成之时即可得到重视。[④] 就其功能、目标和程序而言，规划环境影响评价是一种结构化、系统的和综合性的过程，用以评价规划的环境效应（影响），通过评价将结论融入拟制定的规划中或提出单独的报告，并将成果体现在决策中，以保障可持续发展战略落实在规划中。[⑤] 规划环境影响评价是环境影响评价在战略层次上的运用，属于战略环境影响评价的范畴。

3. 土地利用总体规划环境影响评价的概念界定

土地利用总体规划的影响范围广、时间长，与区域社会经济发展关系密切。因此，土地利用总体规划的环境影响评价属于战略环境影响评价的范畴，是战略环境影响评价的中间层次。

土地利用总体规划环境影响评价可以分为两类，即回顾性评价和预测性评价。中国已开展过两轮土地利用总体规划（1989年和1997年），

① 程胜高，刘卓，姚维科. 战略环境影响评价及其在我国实施的必要性. 安全与环境工程，2001年第3期，第1～4页

② 蔡艳荣，丛俏，曲蛟. 环境影响评价. 中国环境科学出版社，2004年

③ 国家环境保护总局环境工程评估中心. 环境影响评价相关法律法规. 中国环境科学出版社，2006年

④ 张红珍. 规划环境影响评价探讨. 环境污染与防治，2004年第8期，第309～311页

⑤ 肖华山. 规划环境影响评价指标体系及评价方法探讨. 金属矿山，2003年第12期，第46～49页

对贯彻"十分珍惜和合理利用每寸土地,切实保护耕地"的基本国策起到了非常积极的作用。同时,作为执法的依据,对规范土地管理行为也起到了很好的作用。但是由于中国长期实行计划经济,土地规划与管理工作停滞了多年,前两轮规划又都是处于经济转型和土地利用制度进行较大改革的时期,不可避免地存在一些问题,对这些问题,尤其是在处理土地利用与环境保护、经济发展之间的关系中产生的问题,需要进行认真总结,由此开展的评价工作属于土地利用总体规划环境影响回顾性评价。为了适应新形势的要求,尤其是克服过去的土地利用总体规划模式的不足,新一轮规划正在酝酿中,且已在部分地区开始试点,根据《中华人民共和国环境影响评价法》的要求,新一轮土地利用总体规划应该进行环境影响评价,由此开展的评价工作属于土地利用总体规划环境影响预测性评价。我们的研究围绕新一轮土地利用总体规划修编展开,对其进行的环境评价工作就属于土地利用总体规划的环境影响预测性评价。

预测性的土地利用总体规划环境影响评价应重点考虑规划实施以后由结构和布局的变化,以及土地开发利用和保护等措施导致的、中、宏观尺度的、直接或潜在的、与可持续性有关的生态环境与自然资源利用等问题,兼顾区域社会经济发展目标,预测规划实施对"经济—社会—环境"大系统的综合影响程度,由此进行多方案比选,判断规划方案的可行性,指导规划方案的调整,提出规划的实施措施,促进区域土地资源的高效和可持续利用。

10.1.2　土地利用规划环境影响评价的内涵、特点和作用

1. 土地利用规划环境影响评价的内涵

具体而言,土地利用规划环境影响评价具有以下四方面含义:

(1)土地利用规划环境影响评价属于战略环境影响评价体系。目前所讲的环境影响评价包括三个主要方面:建设项目的环境影响评价、区域开发的环境影响评价以及战略环境影响评价。战略环境影响评价(SEA)是 20 世纪 80 年代国际上兴起的环境影响评价形式,是建设项目环境影响评价(EIA)在战略层面上(政府的政策、计划和规划)的应用,是实现可持续发展、避免宏观决策失误的重要手段和途径。土地利用规划环境影

响评价属于战略环境影响评价的范畴。①

（2）土地利用规划环境影响评价是传统的土地利用规划效益评价的深化。过去的土地利用规划在土地利用规划方案选择的时候进行社会效益、经济效益并重的环境效益评价，其中已经具有土地利用规划对环境影响的含义。但并没有对土地利用规划与环境之间的作用过程进行深入的分析和定量的评价，仅仅从定性的角度考虑，难以真正反映土地利用规划对环境的影响效果，从而导致了土地利用规划引起的生态环境问题。

（3）土地利用规划环境影响评价的实质是土地利用变化环境效应评价的延续。由于土地利用/土地覆盖变化对全球环境变化产生重要影响，国际土地利用与土地覆盖变化（LUCC）的研究把土地利用引起的土地覆盖变化的环境效应作为重要的内容。但这方面的研究主要集中在微观和小流域尺度上，考虑土地利用/土地覆盖变化对气候、土壤、水文以及不同尺度生态系统的影响上。效应和影响有时候是有分别的，效应可以被认为某项活动引起的影响因子的变化，而这一变化能否成为一种影响，则主要取决于它的性质、规模及其他一些特性。可以说，环境影响是对环境效应的性质、规模以及环境效应时空特征的表述。由于土地利用规划的实质是优化区域土地利用的结构和布局，表现为土地利用的变化，而土地利用变化通过直接改变地表的覆盖状况，对地表的生物地球化学循环产生影响，进而对区域生态环境产生效应或影响。

（4）土地利用规划环境影响评价与建设项目环境影响评价（EIA）的联系。土地利用规划环境影响评价属于 SEA 的范畴，而 SEA 和项目 EIA 则是与行动计划相适应的环境影响分析手段，是对开发活动前期筹划过程进行环境影响的两个组成部分。SEA 是在计划的早期进行，项目 EIA 则在后期进行。SEA 的出现是为了提高 EIA 水平，项目 EIA 扩展到 PPPs 层次是 EIA 发展的必然结果。通过早期考虑潜在的影响和全面的替代方案，SEA 可以帮助克服公认的一些缺陷，或者建立合适的与项

---

① 贾克敬,谢俊奇,郑伟元等.土地利用规划环境影响评价若干问题探讨.中国土地科学,2003 年第 3 期,第 15～20 页

目 EIA 相联系的工作程序,简化或减少项目 EIA,从而充分节约人力、物力、财力以及时间的投入。土地利用规划是在经济发展计划的指导下,对各类用地进行统筹合理的安排。在土地利用规划 SEA 中,大尺度的影响(气候变化、生物多样性等)是普遍的,而这些大尺度影响、累积与协同影响以及政策目标相关影响,都是单个项目 EIA 中难以有效考虑的,对于项目与部门的环境政策目标是否具有一致性,仅用 EIA 是难以做到的。而土地利用规划环境影响评价,通过决策框架作用,在上层的评价中对下层的决策提供了环境框架,从而限定下层评价的内容。①

2. 土地利用规划环境影响评价的基本特点

土地利用规划的环境影响评价不是环境影响评价与土地利用规划简单组合,有着自身的特点。纵向来看,土地利用规划环境影响评价隶属于规划环境影响评价,而规划环境影响评价又是战略环境评价的一个中间层次。因此土地利用规划环境影响评价既具有战略环境评价的共性(如战略性、累积性等),同时又有其个性。横向来看,中外土地利用规划无论是在目标,还是在内容和效力等方面都存在着诸多差异,这就决定了我国土地利用规划环境影响评价的独特特点。首先,在层次上,国外的土地利用规划多处于较低的层次(区域或地区级),国家尺度上只做战略性的空间规划。如美国有 50 多个州,各州的情况又有所不同,大部分的州和县编制土地利用规划,但县的土地利用规划更具有法律效力;欧洲的大部分国家只做县级土地利用规划,任务是把上级国土规划内容落实到具体的土地上。而我国的土地利用规划一般按行政区划单位划分为国家—省—市—县—乡(镇)五级层次。按照《中华人民共和国环境影响评价法》的有关规定,要求国务院有关部门、设区的市级以上地方人民政府及其有关部门,对其组织编制的土地利用的有关规划进行环境影响评价。同西方国家相比较而言目前我国土地利用规划的环境影响评价具有如下特点:

(1)战略性。土地利用规划环境影响评价属于战略环境评价,其战略

---

① 潘嫦英,刘卫东.浅谈土地利用规划的环境影响评价.中国人口·资源与环境,2004 年第 2 期,第 134~137 页

性明显体现为宏观性和长期性。宏观性是指所评价的规划的内容包括规划方案、重点建设项目以及分区措施等,它们多具有方向性,但没有明确的定位和定量;长期性是指土地利用规划的期限一般在十年以上,考虑到各种影响因素不同程度的变动性,对未来的预测又有一定的不确定性。因而此特点决定了环境影响评价中的精确性方法难以满足土地利用规划环境影响评价的需要。

（2）综合性。综合性是土地利用规划区别于部门规划的重要特点,也是《规划环境影响评价技术导则（试行）》中区分两类不同性质规划的主要方法。其综合性特点与土地利用规划综合性特点一脉相承,土地利用规划的综合性主要体现在规划涉及不同部门以及同时考虑社会、经济和环境等不同方面。该特点决定了土地利用规划环境影响评价的过程必然涉及不同部门,因而不能与土地利用规划分开。

（3）区域性。土地利用问题的区域性以及土地利用规划必须以一定的地域为对象的特点决定了土地利用规划环境影响评价的区域性特征,决定了土地利用规划环境影响评价不仅要有空间上的针对性,同时还要有区域上的针对性,即应选择具有区域特征的环境影响指标体系和方法进行评价。

（4）层次性。同各级政府的土地管理职能相对应的不同层次的土地利用规划的任务、目的和内容在统一的土地利用规划体系中有所不同,又和相应的城市规划体系相互协调,决定了相应的土地利用规划环境影响评价的功能、采用的方法等有所不同。

（5）反馈性。土地利用规划环境影响评价的最终目标是将评价结果反馈到决策部门,作为规划调整或制定新规划的环境依据。因此,反馈性首先是土地利用规划的环境影响评价结论能否及时、准确地反馈到决策部门;其次是决策部门能否对土地利用规划环境影响评价反馈的信息充分重视并具体体现在规划调整或新规划的制定上。这就需要一个有效的土地利用规划环境影响评价信息反馈交流系统作为技术保证。同时,土地利用规划环境影响评价的评价结果还应以全面、客观、简明的形式公布于众,尤其是受其影响的公众,也包括感兴趣和关心这一规划的其他公众。

3. 土地利用规划环境影响评价的主要作用

土地利用规划环境影响评价作为一种战略环境影响评价,具有以下不可替代的作用:

(1)更早地参与规划方案的形成。规划的环境影响评价可以在规划方案的形成阶段就参与其中,及早从生态环境保护与建设的角度出发,分析规划方案可能引发的积极与消极的影响,从而进一步改善规划方案。土地利用规划环境影响评价的着眼点不在于规划实施后减缓不利环境影响,而是从源头上尽量减少产生不利影响的可能性。

(2)土地利用规划涵盖各类用地,可以从规划区环境保护和生态建设的整体角度出发,考虑诸多建设项目的协同效应和累积效应。

(3)土地利用规划环境影响评价可以全面考虑替代方案,它可以在对规划区域生态环境现状、环境目标分析和评价的基础上,针对规划方案的潜在环境影响,评价影响的范围和程度,拟订替代方案,并提出消除、减缓不利环境影响的措施。

10.2　土地利用规划的环境影响评价理论与方法

目前,我国土地利用规划环境影响评价还处于雏形阶段,由于我国土地利用规划带有强烈的中国特色,需要适应社会主义市场经济的条件和要求,因此充分借鉴国外相关研究理论与实践,从土地利用规划环境影响评价的原则、内容、工作程序来构建适合我国国情的评价理论与方法体系,具有重要的现实意义。

10.2.1　土地利用规划环境影响评价的根本原则

1. 以土地利用导致的生态环境问题为重点的原则

生态环境影响评价包括地表水环境影响评价、大气环境影响评价、土壤环境影响评价、环境噪声影响评价以及区域环境影响评价等多个方面。其中如大气、噪声、污染环境等,是土地利用变化在长时间尺度上作用的结果,或者更多的与人类利用土地的具体方式有关,因此不作为土地利用规划环境影响评价的研究重点。土地利用规划重点考虑直接或潜在的由土地利用规划(结构和布局的变化,以及土地开发利用和保护的重大工程等)导致的土地生态环境问题。

2.以宏观尺度上的土地生态系统为对象的原则

传统的建设项目的环境影响评价主要考虑污染性环境影响,土地利用规划是一种综合性的用地规划,进行环境影响评价时应反映土地利用宏观结构调整与布局,以及土地开发整理复垦等活动对区域内自然环境和生态系统的影响。重点考虑维护生态系统的稳定性和完整性。

3.与土地利用规划同步原则

进行土地利用规划的环境影响评价的目的决定了它与土地利用规划的同一性,土地利用规划的环境评价应作为土地利用规划的重要内容之一,在制订土地利用规划的同时开展规划的环境评价(如图10.1)。

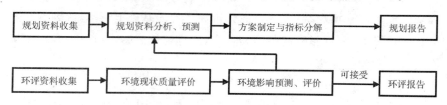

图10.1 土地利用规划环境影响评价技术思路

4.综合性原则

土地利用规划中环境影响评价的范围广,涉及的环境要素复杂,加之与土地利用规划相关的开发活动多种多样,因此分析工作必须采用综合的方法,从整体上评价规划实施后对周围环境的影响。

5.可持续发展原则

土地利用规划的目的就是要保持土地资源的可持续利用,进行土地利用规划的环境影响评价更要从可持续发展的角度评价规划实施后对周围环境的影响,更重要的是应通过环境影响评价帮助建立具有可持续改进环境管理的机制,以保障土地利用规划实施后城市的可持续发展。

10.2.2 土地利用规划环境影响评价的主要内容

土地利用规划的土地结构和布局,以及重大的工程对各种环境因素

及其所构成的生态系统可能造成影响。可能的环境影响主要体现在以下几个方面(见图 10.2):

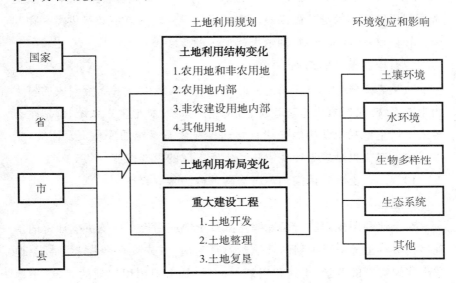

图 10.2　土地利用规划环境影响评价的主要内容

1.对土壤的影响

土壤是连接有机界与无机界的重要枢纽,是人类生存的重要物质基础。污染物一旦进入土壤,就变成影响一切生物循环的一部分,影响着人类的健康和生命。[①]　土地利用规划对土壤的影响主要表现在土壤质地、土壤结构、土壤肥力和土壤污染、土壤退化等方面,如导致土壤的盐化、酸化、板结或土壤生物活性降低、土壤次盐渍化等。[②]

2.对水环境的影响

土地利用与水的关系密不可分。土地利用/覆盖变化(LUCC)把土

① 夏家淇,骆永明.关于土壤污染的概念和 3 类评价指标的探讨.生态与农村环境学报, 2006 年第 1 期,第 87～90 页

② 唐炎,黄贤金.土地利用规划实施生态效益的几点思考.生态经济,2005 年第 10 期,第 229～232 页

地和水的关系列为核心项目的优先研究问题。① 对水资源的影响包括水量、水质和空间分布的变化。主要表现在城市扩张对水量的影响和农业土地利用结构调整导致的灌溉用水的增加导致的水资源数量供需平衡问题;同时也体现在对河道、湖泊天然形状的改变上。

3. 对生态系统的影响

从生态系统的角度来看,土地是由不同次级生态系统所构成的较大的生态系统,包括农田生态系统、草地生态系统、林地生态系统、湿地生态系统等。土地利用结构的变化直接体现在生态系统的变化上。因此,生态系统的变化也是规划环境影响评价所考虑的重要内容。

10.2.3 土地利用规划环境影响评价的基本程序

1. 规划分析

对土地利用规划的全面理解是进行土地利用规划环境影响评价的基础。在进行土地利用规划的环境影响评价时,首先要简明扼要分析土地利用规划编制的背景、土地利用规划的目标、土地利用规划的对象、土地利用规划的内容、实施方案等基本内容。由于规划是依据规划目标而进行的,规划目标在整个规划的编制过程中起着关键的决定性作用,所以要重点比较分析规划目标与区域总的生态环境目标的协调性。其次,应着重分析拟议土地利用规划与相关法律、法规、政策及其他规划的相容性和协调性。再次,在土地利用规划分析阶段还应该识别出拟议土地利用规划可能对本区域及相关区域未来发展造成的重大环境因素,同时找出各个备选的规划方案在未来实施中可能造成的环境影响因素。

2. 现状调查、分析与评价

现状调查、分析与评价是进行规划环境影响评价最基础的工作之一。对于地域特征比较明显的土地利用规划来说,现状调查的范围相对较容易确定,一般现状调查的范围就是规划的范围。在实践工作中,现状调查的工作常常可以与环境影响识别的工作同步进行,根据拟议规划对环境

---

① 李晓兵.国际土地利用——土地覆盖变化环境影响研究.地球科学进展,1999 年第 4 期,第 395~400 页

要素的影响特点来相应调整现状调查的调查范围和调查内容。现状调查的手段一般有两种:资料文献收集和实地踏勘与监测。分析与评价要达到以下几个目的:

(1)确定当前主要环境问题及其产生原因;

(2)确定有利的环境要素和环境限制因素;

(3)了解环境发展的趋势,即在没有拟议规划的情况下,评价区域的环境发展状况以及行业的环境问题的主要发展趋势;

(4)确定环境敏感目标,规划环境影响评价敏感目标一般包括湿地、自然保护区、风景名胜区、水源地、文物古迹、生态敏感区等。

3.环境影响识别与确定环境目标和评价指标

环境影响指的是人类的经济活动、政治活动、社会活动等导致的环境变化以及由此引起的对人类社会的效应。环境影响识别就是找出所有受影响(特别是不利的影响)的环境因素。在土地利用规划的环境影响评价中,影响因素的识别与筛选是一项极其重要的工作。根据影响因素的识别与筛选的结果,才能确定相应的评价内容和评价范围。

对于土地利用规划而言,其环境影响识别的内容主要是对土地利用规划目标和方案的影响因子的识别。进行土地利用规划环境影响识别时,可以将土地利用规划的目标或规划方案分解成若干经济行为,如土地开发、整理、复垦、退耕还林、治理水土流失等,然后依据这些经济行为产生的环境影响进行识别,找出环境影响的产生原因及受影响的环境因素。

一般来讲,在确定土地利用环境影响评价内容和评价范围时,应该考虑以下几个因素:(1)土地利用规划对环境要素的影响方式、程度及其他客观条件。每个规划环境影响评价的工作内容随规划的类型、特性、层次、地点以及实施主体而异;根据环境影响识别的结果可以确定环境影响评价的具体内容。(2)确定评价范围时不仅要考虑地域因素,还要考虑法律、行政权限等限制因素。(3)确定土地利用规划环境影响评价的地域范围时,通常要考虑地域的现有地理属性(流域、盆地、山脉等);自然资源的特征(如森林、草原、渔场等);人为的边界(如公路、铁路或运河);行政管理界线,如行政区划等。

为了能够对土地利用规划方案进行环境影响评价,必须统一建立评价指标体系,只有在统一的指标体系下才能对不同的土地利用规划方案的环境影响进行量化。评价指标体系建立的目的是通过具体的指标体系描述土地利用规划中的土地经济行为,根据土地经济行为与环境影响的相互关系从而达到描述环境的目的。再根据既定的环境目标,参照相关的环境标准,评价土地利用规划对环境造成的影响,构建环境影响评价指标表。

4.环境影响预测、分析与评价

由于土地利用规划是对一定区域未来土地利用超前性的计划和安排,是依据区域社会经济发展和土地的自然历史特性在时空上进行土地资源分配和合理组织土地利用的综合技术经济措施。因此,一般不会像建设项目环境影响评价,精确地预测项目建成后污染物排放浓度可能对规划区域造成的环境影响,而只能是根据不同层次的土地利用规划提出相应的预测,预测范围可以考虑直接影响、间接影响及累积影响;可以预测环境质量的变化,也可以预测可持续发展能力的变化。

在土地利用规划的环境影响分析与评价中,应对土地利用规划方案的主要环境影响进行分析与评价。分析与评价的主要内容包括:(1)土地利用规划对环境保护目标的影响;(2)土地利用规划对环境质量的影响;(3)土地利用规划的合理性分析,具体包括社会、经济、环境变化趋势与生态承载力的相容性分析。

5.提出对策建议

毫无疑问,土地利用规划方案的实施必然会引发一系列环境问题,而开展土地利用规划的环境影响评价就是要在这些环境问题产生之前减缓不利的环境影响,以最大限度地减少环境问题,进而提出增强有利环境影响的对策及建议。

一般而言,对策建议应包括对拟议土地利用规划方案内容所提出的修改、补充和完善建议、环境保护的对策措施等。概括起来主要包括:(1)预防措施。用以消除拟议土地利用规划的环境缺陷。(2)最小化措施。限制和约束土地利用规划行为的规模、强度或范围,使环境影响最小化。(3)减量化措施。通过行政措施、经济手段、技术方法等降低拟议土地利用规划不良环境影响。(4)修复补救措施。对已经受到影响的环境进行修复或补救。(5)重建措施。对于无法修复或补救的,通过重建的方式恢复原有的生态环境。

10.2.4　土地利用规划环境影响评价的主要方法

1.专家判断法

专家判断法包括个别的、分散的征求专家意见的方法和系统地有组织地聘请专家咨询的方法,如"智暴法"和"特尔斐(Delphi)法"。该种方法主要是借助专家的知识和集体智慧,经过多轮征求意见,反复汇总、分析、论证,确定环境影响大小、重要性、排序或(和)对不同性质的影响按价值判断作归一化处理。应用该法的关键是专家的选取和专家咨询结果的处理。[①]

2.核查表法

核查表法是最早用于环境影响识别、评价和方案决策的方法。它将环境评价中必须考虑的因子一一列出,然后对这些因子逐项进行核查后作出判断,最后对核查结果给出定性或半定量的结论。在进行规划目标战略协调性分析时也可以采用核查表法,在核查表中列出规划目标的每一项具体条款、相关依据及有关内容的描述,并结合专家判断法识别出主要的环境问题和涉及的环境要素。核查表的优点是可将规划行动对社会、经济和环境资源可能产生的影响在一个表中列出来,使用方便,便于专业人士及公众接受,减少主要影响和被忽略的可能性,当把多重行动并列排放在一张表格中,还可以准确地识别出可能存在的累积影响效应。核查表的缺点是繁琐耗时、不够灵活、不易表达相互作用和因果关系[②]。

3.矩阵法

矩阵法可看作是一种用来量化人类的活动和环境资源或相关生态系统之间的交互作用的二维核查表,也是最早和最广泛应用的环境分析、评

---

　　①　潘岳.在历史的教训中推进战略环评.人民论坛,2005 年第 2 期,第 6～8 页

　　②　张丽君.实施可持续发展战略的重要手段——战略环境评价(SEA).国土资源情报,2005 年第 9 期,第 31～38 页

价和决策方法,可以分为简单相互作用矩阵法和迭代矩阵法两大类。矩阵法可以表示和处理那些由模型、图形叠置和客观评估方法取得的量化结果。可以将矩阵中每个元素的数值与对各环境资源、生态系统和人类社区的各种行动产生的累积效应的评估很好的联系起来,广泛地用于社会和经济方面的分析。[①]

4.叠图法

图形叠置法(叠图法)是将一套表示环境要素一定特征的透明图片叠置起来,表示区域环境的综合特征和不同地块的总体环境影响强弱。在土地利用规划环境影响评价中,图形叠置法可以反映土地利用空间布局调整可能引起的环境影响的范围以及环境影响的性质和程度。将规划区的土地利用现状图与潜在水土流失地区分布图、水资源退化图、自然保护区图、湿地分布图、农业分区图、工业布局图、城市总体规划图等相关图件叠加,分析、预测和评价土地利用的空间布局调整带来的环境影响。图形叠置法的优点是比较简单、直观,缺点是对环境影响不能做出定量表示[②]。

5.地理信息系统(GIS)和遥感(RS)

GIS 具有强大的存储、分析和管理空间地理数据的功能,并能对分析结果给予直观显示,为具有空间属性特征的环境影响评价提供了一种有效工具。计算机技术的迅速发展和 GIS 技术的推广成熟推动土地规划的评价工作从定性向定量方向发展。遥感技术已经成为现今土地资源调查必不可少的技术工具,为大范围区域内数据的迅速收集提供了极大的便利。遥感技术特别有利于大规模土地资源的现状调查及数据的收集,如对地形、植被、地貌、植物类型、水体、土地利用现状等的调查,都广泛地应用遥感技术。因此,遥感技术可以广泛地应用于土地利用规划的环境影响评价中。GIS 技术作为土地资源规划和评价的关键性工具结合遥感

---

① 张美华.土地利用规划环境影响评价指标体系研究.武汉大学,2004 年硕士论文

② Corson E. On the Preparation of Environmental Impact Statements in the United States of America. Atmosphere Environment,1992,15,2759—2768

技术在世界范围内被广泛应用,运用 GIS 和 RS 技术可以大大促进资源信息的收集和数据的分析表述。在土地利用规划环境影响评价中 GIS 和 RS 一般用于环境现状调查和环境影响预测。

将叠图法和地理信息系统(GIS)、遥感技术(RS)结合起来应用,可以进行土地利用规划的累积环境影响分析,利用不同年度的遥感图解译分析土地利用的变化趋势和环境影响的程度、大小及变化,利用 GIS 的空间叠加功能或借助叠图法将处理过的遥感图件和其他有关的资源环境图件和社会经济图件进行叠加、加权、合并,从而建立一个具有多重属性的图形,进行相应的分析、预测,评价土地利用规划环境影响评价的累积效应[①]。

6.幕景分析法

幕景分析法就是将未受影响时的环境状况和受规划行动在不同时间和条件下影响后的状况按照年代的顺序一幕幕地进行描绘的一种方法。简单的幕景描绘可用图表、曲线表示,复杂的状况则需用计算机模拟显示。用幕景来描述土地利用规划实施后所发生的一系列环境影响的主要变化过程,并显示最终受影响的后果,评价人员可根据展示的情况做出评价结论。幕景分析法还提醒评价人员注意土地利用开发行动或相关政策的实施可能引起的重大后果或环境风险。幕景分析法只是建立了一套进行环境影响评价的框架,分析每一幕景下的具体环境影响还必须依赖于其他一些有力的评价方法,例如环境数学模型、矩阵法或 GIS 等。[②]

7.网络和系统图解法

网络分析和系统流程图是描述一个有因果关系的网络中的社会、经济和环境的各种组分的一种方法,是以原因—结果关系树来表示环境影响链,反映初级—次级—三级等影响的连锁关系。它可以分析各种活动带来的多样影响,追踪那些由直接影响对其他资源产生的间接影响。还可以用于识别一项规划对各种资源、生态系统和人类社会影响的累积效应。网络

---

① 陆雍森.环境评价(第二版).同济大学出版社,1999 年

② 林逢春,陆雍森.中国环境影响评价体系评估研究.环境科学研究,1999 年第 2 期,第 8～11 页

分析和系统流程图方法主要用于规划环境影响的评价和监测阶段或规划的累积影响识别和预测中。在采用这种方法分析规划中的各个事件的发生概率时,需注意各个事件独立发生的初级、次级、三级乃至多级影响的概率也是独立的。这只是一种假设,实际的土地开发行动造成的影响之间是相互连续的。因此在确定各个事件链和一个事件链中的各个事件的发生概率时,应考虑其相关性,然后在数值上做适当的调整。①

8. 生态足迹法

任何已知人口(个人、一个城市或国家)的生态足迹是为满足这些人口生产与消费所需耗去的所有资源和吸纳这些人口所产生的所有废弃物所需要的生物生产的土地总面积和水资源量。生态足迹是人口数和人均物质消费的一个函数,它测量了人类的生存所必需的真实生物生产面积,是每种消费商品的生物生产面积的总和。② 将规划区域的生态足迹同国家或区域范围所能提供的生物生产面积进行比较,就能为判断一个国家或地区的生产消费活动是否处于当地生态系统承载力范围内提供定量依据。生态足迹的计算结果可用来反映土地利用总体规划的指标对周围环境的影响。生态足迹法的优点在于将所消费的所有资源和吸纳这些人口所产生的所有废弃物折合成统一的土地面积,极大地简化了对自然资本的统计,并且相对于各种繁杂的自然资本项目之间,各类土地之间更容易建立等价关系,方便自然资本总量的计算,计算方法相对简单,容易掌握,适用范围广泛,可用于不同层次、不同区域的土地利用规划。此外,生态足迹建立的自然账户包括了人口、收入、资源应用和资源有效性、污染容纳等多个项目的汇总,能够提供综合的信息。

生态足迹法的缺点在于需要收集大量的基础数据和相关资料,有些资料难以通过一般途径获得;生态足迹计算的工作量较大,宜编写程序借助计算机完成;此外,生态足迹法也不能全面地反映土地利用规划带来的

---

① 周先福. 土地利用规划的战略环境影响评价指标体系与评价方法研究. 技术与市场(上半月),2006 年第 2 期,第 35～36 页

② 孙宁,胡汉辉. 产业可持续发展分析. 东南大学出版社,2003 年

环境问题,因此运用于评价时仍需要与其他定性或定量方法配合使用。

9.生态服务价值方法

生态系统服务(Ecosystem Services)是指人类直接或间接从生态系统获取的效益,主要包括向经济社会系统输入有用物质和能量、接受和转化来自经济社会系统的废弃物,以及直接向人类社会成员提供的各种服务(如人们普遍享用洁净空气、水等舒适性资源)。与传统经济学意义上的服务(通常是一种购买和消费同时进行的商品)不同,生态系统服务只有小部分能够进入市场被买卖,大多数生态系统服务是公共品或准公共品,无法进入市场。生态系统服务以长期服务流的形式出现,能够带来这些服务流的生态系统是自然资本。①

土地利用规划通过改变土地利用性质来影响生态环境,必将对包括森林、草地、湿地、水体和农用地在内的生态环境产生影响,对这些用地的生态服务功能和价值进行核算,可以量化表示土地利用对生态环境的影响。同时,通过计算不同年份生态服务价值,分析其变化趋势,可以确定土地利用规划短期的、长期的甚至整个规划生命周期的环境影响。

生态服务价值方法的优点在于简单实用,资料易于获得,其计算结果既能反映环境影响的现状,又能体现评价环境影响的变化趋势。缺点在于计算结果往往反映的是生态服务价值的理想值,没有考虑人类社会经济活动的改变将会对生态服务功能产生重大影响,计算结果与实际的吻合性尚不理想。为了提高生态服务价值方法在土地利用规划环境影响评价中的实用性,就应该结合实际将由于外界的干扰和破坏带来的生态服务价值损失考虑在内,进行适当的修正后使用,也可以和绿色 GDP 的核算体系联合使用。

10.压力—状态—响应方法(PSR)

PSR 框架最早是联合国经合组织为了评价环境状况而提出的评价模式。其基本思路是人类活动给环境和自然资源施加压力,这种压力导

---

① 赵鹏军,彭建.城市土地高效集约化利用及其评价指标体系.资源科学,2001 年第 5 期,第 23~27 页

致环境质量和自然资源质量的改变,这些改变将促使社会通过环境、经济、土地政策、决策或管理措施等做出相应的反应,缓解由于人类活动对环境的压力,维持环境健康。应用该方法通常是基于 PSR 框架设置土地利用规划环境影响评价的指标体系,用此指标体系评价、预测土地利用规划的影响及人们为舒缓这些影响采取的行动已经或可能带来的效果,其核心思想就是通过"驱动力-压力-状态-响应"这样一个反映土地利用规划行为和土地生态环境质量变化因果关系的框架,将指标纳入土地规划、决策、管理以及政策制定的全过程中,因此采用压力-状态-响应方法(PSR)进行土地利用规划环境影响评价尤其适合。

10.3 天津市土地利用规划的环境影响评价实践

依据《中华人民共和国环境影响评价法》、《编制环境影响报告书的规划的具体范围(试行)》、《编制环境影响篇章或说明的规划的具体范围(试行)》和《省级土地利用总体规划环境影响评价技术指引》,天津市开展了土地利用规划的环境影响评价。

10.3.1 上轮规划实施以来的天津市环境状况

1.上轮规划实施以来的土地利用变化情况

天津市历年的土地利用变化数据显示,农用地面积呈减少趋势,其中耕地面积减少明显,1996 年为 4856.1 平方公里,2005 年为 4455.0 平方公里,减少了 8.26%。建设用地逐年增加,其中居民点及工矿用地、交通用地面积增加较为显著,1996 年居民点及工矿用地为 2183.4 平方公里,交通用地为 125.6 平方公里,2005 年居民点及工矿用地为 2625.0 平方公里,交通用地为 183.9 平方公里,分别增加了 20.22% 和 46.42%。1996-2001 年,天津市的未利用地无明显变化,自 2002 年开始出现面积减少的迹象,其中 2004 年减少最多,特别是荒草地面积下降趋势明显,1996 年为 431.1 平方公里,2005 年为 261.6 平方公里,减少了 39.32%。

2.上轮规划实施以来的环境变化情况

(1)大气环境。根据 1996 年-2005 年天津市环境质量报告书中二氧化硫(SO_2)、二氧化氮(NO_2)、总悬浮颗粒物(TSP)、可吸入颗粒物(PM_{10})和一氧化碳(CO)的现状监测统计资料,常规污染物为 TSP、PM_{10}、SO_2、CO 和 NO_2,主要污染物为 TSP、PM_{10}、SO_2,其次为 CO 和 NO_2。CO 和 NO_2 达标。采暖期 SO_2 的量高于非采暖期,年均值除了 2000 年达标外,其余各年均超标,超标的主要原因是冬季采暖燃煤所致。TSP 和 PM_{10} 主要受风沙尘、建筑物施工扬尘及交通二次扬尘的影响,2001—2005 年,PM_{10} 污染逐年下降,2005 年略高于国家年均标准值(见图 10.3)。

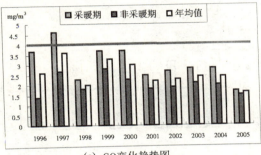

(a) CO变化趋势图

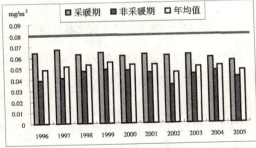

(b) NO_2 变化趋势图

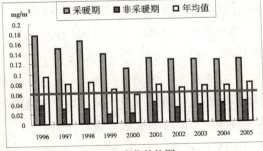

(c) SO_2 变化趋势图

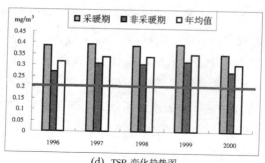

(d) TSP 变化趋势图

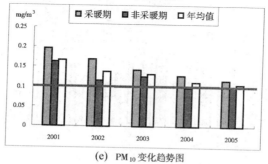

(e) PM$_{10}$ 变化趋势图

图 10.3 常见污染物变化趋势图

(2)水环境。中心城区和滨海新区核心区以开采深部承压水为主,地下水总体质量较差,综合评价结果为:中心城区为 IV 类水;滨海新区北部为 IV 类水,南部为 V 类水。

(3)固体废物。天津市工业固体废物的综合处理率由 1996 年的 76% 上升到 2005 年的 98.3%,工业废物实现零排放。城市生活垃圾无害化处理能力由 1999 年的 2917 吨/日上升到 2005 年的 6800 吨/日。

(4)声环境。城市区域环境噪声(昼间)除 1997 年较高外,其余各年呈逐年稳步下降趋势。城市交通噪声昼间呈逐年下降趋势,但下降的幅度较小(见图 10.4)。随着上轮规划的实施,工业企业调整到了郊区、郊县和工业区,对城市的相关功能区噪声的减少起到正面作用,而且噪声的传播和影响范围相对较小,同时郊区郊县人口相对较少,上轮规划对城市噪声的减少起到了积极的作用。另外,城市交通噪声的减少与城市加强车辆管理、限制大型车辆通行、限制鸣笛等措施有关。

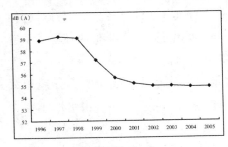

城市区域环境噪声年际变化趋势图

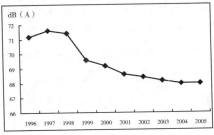

道路交通噪声年际变化趋势图

图 10.4　噪声年际变化图

（5）生态环境。天津市的自然生态建设和环境保护用地中湿地型生态建设和环境保护用地分为：北翼湿地 232.5 平方公里，包括大黄堡（112 平方公里）、七里海（78.5 平方公里）、黄港水库（约 20 平方公里）、东丽湖（22 平方公里）等及其周围区域；南翼湿地 502.4 平方公里，包括团泊洼鸟类自然保护区（60 平方公里）、北大港自然保护区（442.4 平方公里）及其周边区域范围；东部沿海滩涂湿地与河口 432 平方公里；河流湿地551.2 平方公里。至 2006 年，全市先后共建立了 10 个不同级别、不同类型的自然保护区，总面积达 1667.4 平方公里，占全市国土总面积的13.99％，高于全国自然保护区覆盖率 9.8％的平均水平，在中东部地区位居前列。

（6）工业污染源及环保基础设施。天津市 2005 年重点污染源环境统计数据资料显示，天津市现有重点企业 17 个，2005 年工业煤炭消耗总量达到 3339 万吨，工业废气排放量达到 3488 亿立方米，工业废水排放量达到 3.0 亿吨，废气治理设施达到 2863 套，污水处理设施达到 904 套。2005 年，天津市有 9 座城市污水处理厂和 4 座生活垃圾填埋场正常运行，日污水处理能力达 162.3 万立方米，生活污水处理率为 62.7％，年生活垃圾无害化处理量达 116.6 万吨，生活垃圾无害化处理率为 80.29％。

3.上轮规划实施以来土地利用变化与环境保护的关系分析

上轮规划实施以来，农用地和未利用地面积逐年减少，建设用地面积逐年增加,总体上保证了天津市经济发展的用地需求,改善了土地利用结构与布局,落实了对耕地的保护,提高了土地利用集约程度。与此同时,环境保护资金投入逐年增加,且近几年大幅增加,使天津市的环境质量逐步改善。但在资源利用与生态环境保护方面仍存在一些问题:

(1)水生态环境相对脆弱。经济增长方式总体上还未完全摆脱粗放模式,本地水资源匮乏、水质污染,部分地区地下水超采,水资源承载力有限。

(2)湿地生态功能退化。湿地生态功能下降,湿地生态系统面临威胁;部分区域土地面临土质退化、盐渍化、沙化的威胁。

(3)生物多样性受到一定程度的破坏。森林资源相对较少,尤其是具有较高生态价值的森林仅占林地面积 4.97%;海洋生态系统遭到破坏,海洋生物资源减少,生物多样性面临威胁。

10.3.2 天津市土地利用规划环境评价的任务、指导思想及技术方案

1. 评价任务

天津市土地利用总体规划是对天津市全市范围内的土地资源开发、利用、整治和保护进行的综合性、整体性和长期性安排,是体现天津市经济发展、社会进步、资源和环境保护大政方针的战略性规划,是全市进行城乡建设、土地管理的纲领性文件。主要阐明规划期内天津市土地利用战略,明确任务和政策,引导全社会合理利用、保护土地资源。

天津市土地利用总体规划环境影响评价(以下简称规划环评)的主要任务是通过对规划实施后、特别是对各类建设实施后可能引致的环境影响进行分析、预测和评价,指出可能产生的环境效益及其问题,提出预防或者减缓不良环境影响的对策和措施,保证规划总体目标的实现。

2. 评价指导思想

(1)坚持环境评价为环境管理、土地规划和经济发展服务的原则,通过上轮规划实施以来的土地利用变化与环境保护的关系分析,根据天津市土地利用总体规划的用地规模、结构和布局,研究由于《土地规划》实施可能产生的直接或间接的环境影响,进行科学预测并提出相应的调整方案和环境减缓措施。

（2）坚持经济建设与环境保护协调发展，以区域环境质量控制为手段，强化公众参与，从生态建设与环境保护角度评述天津市土地利用总体规划的环境可行性。

（3）以"科学发展观"为指导，评价天津市土地利用总体规划实施前后的生态系统变化及与当地特点相适应的环境协调性。

3. 评价技术路线

依据中华人民共和国环境保护行业标准《规划环境影响评价技术导则（试行）》（HJ/T130－2003）以及《省级土地利用总体规划环境影响评价技术指引》，本项评价的工作技术路线如图 10.5 所示。

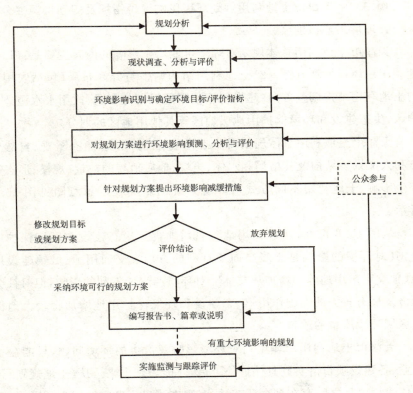

图 10.5　规划环境影响评价的工作程序

4. 评价过程

2005 年，为配合天津市新一轮土地利用总体规划的编制工作，开展了天津市土地利用总体规划修编专题研究六《天津市生态用地规划》的研究工作。2008年10月,在修编《规划大纲》阶段同步开展规划环评的编制工作,对天津市土地利用总体规划的目标、用地规模、布局和结构及重大计划与工程安排等进行环境影响评价。2008年11月编制完成规划环评初稿。

　　规划环评初稿完成后,经过多次交流和不断的相互衔接,完善了天津市土地利用总体规划及规划环评的编制工作。2009年1月18日召开了规划环评的专家咨询会,邀请了环保、规划、土地、生态等领域的专家和领导对规划环评的编制工作提出建议和意见。根据专家们提出的意见和建议进一步完善了规划环评报告,并形成了规划环评简稿。

10.3.3　天津市土地利用规划环境影响评价指标及规划协调性分析

1. 环境影响识别

　　天津市土地利用总体规划对环境可能产生影响的内容主要是:(1)土地利用总体目标和方针;(2)土地利用结构调整与分区布局(包括农用地的土地利用结构调整方向、建设用地范围的规划与布局、饮用水水源地保护区、生态建设和环境保护用地保护区等其他用地区的划分)。

　　天津市土地利用总体规划对生态系统、生态环境、生态景观、自然生态和人文景观结构及其格局和水体、土壤、地质地貌的数量、规模、形态等产生影响,土地利用不同方式对环境系统的影响程度示意图见图10.6所示。

　　从图10.6可知,从建设用地到农用地再到生态建设和环境保护用地,其对环境的影响是逐步趋向于有利的方面。交通用地、城镇建设用地、独立工矿用地等的增加从总体上对环境产生了不利的影响,但对社会经济发展有较大的促进作用;生态建设和环境保护用地增加将较大地促进区域环境质量的改善。

　　天津市土地利用总体规划对环境影响及产生的环境问题,只能在各行业、各建设项目落实到具体地块上后,才能表现出来。从《土地规划》到具体建设项目之间存在多个环节,同时存在诸多不确定性因素的影响,因此天津市土地利用总体规划对环境不直接产生影响,而是通过具体产业的布局和建设项目的规模、位置等产生环境影响。

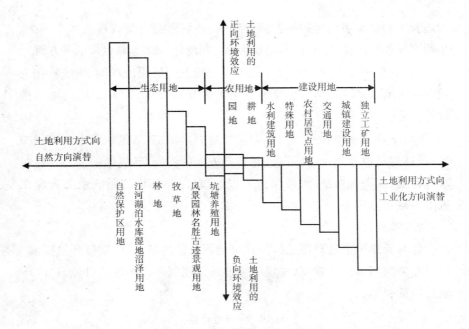

图 10.6　土地利用不同方式对环境系统的影响程度示意图

综上,规划环评通过识别天津市土地利用总体规划中与环境关系密切的内容以及天津市土地利用总体规划的经济行为对环境的影响,识别出对环境具有显著影响的因子。

表 10.2　环境影响识别表

环境"受体"	环境影响识别	规划中的土地经济行为
生态	水土流失、生物多样性降低、植被减少、动植物生存空间变化、景观多样性降低	土地开发、复垦,未利用地转化为其他用地,交通设施及水利设施用地增加
大气	SO₂、NO₂、PM₁₀、尾气排放	增加居民点及工矿用地,增加交通用地,耕地转化为建设用地
水	水体污染、水资源短缺、水源保护	居民点及工矿用地面积增加,划定饮用水水源保护区,提高森林覆盖率,土地开发、复垦

从表 10.2 可以看出:

(1)生态环境主要受土地开发、复垦、未利用地转化为其他用地、交通设施及水利设施用地增加等方面的影响,环境影响主要表现为水土流失、生物多样性降低、植被减少、动植物生存空间变化、景观多样性降低等方面。

(2)大气环境主要受居民点及工矿用地及交通用地增加、耕地转化为建设用地等方面的影响,环境影响主要表现为 SO_2、NO_2、PM_{10}、尾气排放等方面。

(3)水环境主要受居民点及工矿用地面积增加、划定饮用水水源保护区、提高森林覆盖率、土地开发、复垦等方面的影响,环境影响主要表现在水体污染、水资源短缺、水源保护等方面,对海洋环境的影响主要表现在近岸海域水体污染。

2.环境目标

针对天津市土地利用总体规划可能涉及的环境主体、敏感环境要素,按照有关的环境保护政策、法规和标准确定规划环评的环境目标,具体环境目标见表10.3。

表 10.3 环境目标

序号	环境目标	保护内容
1	生态环境	通过生态建设和环境保护用地建设及其全面维护,优化生态安全空间格局,促进城市空间形态健康发展,提高生态系统健康程度;从土地利用角度为规划范围内实现建设生态城市的目标奠定基础
2	大气环境	保护规划范围内的敏感目标,进一步改善大气环境质量;从用地规模和布局角度为规划范围内实现全年空气质量达到或优于二级良好天数的比例达到85%以上的目标奠定基础
3	水环境	从用地规模、布局和区域经济发展出发,结合天津市水环境功能区划目标,从土地利用角度为规划范围内实现水环境质量的不断改善和水功能区达标奠定基础
4	声环境	保护规划范围内的敏感目标,进一步改善声环境质量;从用地规模和布局的角度为规划范围内实现各噪声功能区的噪声达标区覆盖率达到95%以上的目标奠定基础
5	固体废物综合整治	保护规划范围内的敏感目标,从土地利用角度为规划范围内实现城镇生活垃圾无害化处理率达到100%、工业固体废物处理利用率达到100%、危险废物实现安全处置无排放的目标奠定基础
6	土地资源的规划与管理目标	有效规划与管理土地资源,为实现土地利用结构调整目标奠定基础。到2020年,农用地面积占总土地面积的比例为59.10%,建设用地面积占总土地面积的比例为33.85%,未利用地面积占总土地面积的比例为7.05%

3.评价指标

根据对天津市土地利用总体规划环境影响的识别,确定规划环评的评价指标体系,见表 10.4。

表 10.4　环境影响评价指标体系

环境	环境目标	规划中的土地经济行为	评价指标	2005 年指标	2010 年指标	2020 年指标
生态环境	保护具有环境价值的自然景观及动植物栖息地,保护生物多样性	土地开发、复垦,未利用地转化为其他用地,交通设施及水利设施用地增加	(1)林地占国土总面积的比例(%)	3.07	3.12	3.55
			(2)受保护地区面积占土地总面积的比例(%)	—	≥15 *	≥18
大气环境	改变现有用地布局不合理局面,控制空气污染	增加居民点及工矿用地,增加交通用地,耕地转化为建设用地	(1)人均城乡建设用地(m²)	207	204	185
			(2)森林覆盖程度	一般	稳步提高	稳步提高
水环境	维护与改善地表水和地下水水质及水文环境,确保水资源量,保护饮用水水源,避免水源地补给区过度开发	居民点及工矿用地面积增加,划定饮用水水源保护区,提高森林覆盖率,土地开发、复垦	(1)水利设施用地率(%)	0.12	0.28	0.28
			(2)水源地补给区生态保护程度	一般	较好	良好
			(3)城镇生活污水集中处理率(%)	62.7	≥85 *	≥90 *

注:带 * 号的指标是《天津生态市建设规划纲要》中的指标值。

4.规划协调性分析

(1)与《全国土地利用总体规划纲要》的协调性分析

国务院于 2008 年 10 月 6 日发布实施《全国土地利用总体规划纲要》,该规划坚持资源节约和环境保护的基本国策,在规划原则、规划目标、规划实施等方面提出了生态环境保护和建设的要求。规划编制过程中充分重视与《全国土地利用总体规划纲要》保持一致,主要体现在以下三个方面:(1)规划总体原则与《全国土地利用总体规划纲要》保持一致;(2)全面落实《全国土地利用总体规划纲要》确定的各项调控指标;(3)规划任务与《全国土地利用总体规划纲要》保持一致。

(2)与《天津生态市建设规划纲要》的相容性分析

天津市委、市政府与时俱进,于 2005 年底做出了开展生态市建设的重大决策,并将生态市建设的目标和任务列入了《天津市国民经济和社会发展第十一个五年规划纲要》。规划编制过程中充分重视二者的相容与衔接,主要体现在以下三个方面:(1)规划基本指导思想高度一致;(2)区域发展定位一致;(3)土地利用总体战略与《天津生态市建设规划纲要》战略一致。

10.3.4 天津市土地利用规划环境影响分析与评价

天津市土地利用总体规划是统筹各类各业用地规模、结构和布局的纲领性规划,从天津市土地利用总体规划到具体建设项目实施的过程中存在诸多不确定性因素。因此,《土地规划》对环境的影响是宏观的,并且具有不确定性,只有在具体的产业布局和建设项目的规模、位置等确定之后才能确定具体的环境影响。规划环评将从整体上对土地利用的规模、结构和布局等方面进行总体评价,并从生态、大气和水等环境要素出发对规划的农用地、建设用地和环境保护用地以及重点计划与工程安排等方面可能产生的环境影响进行分别评价。

1. 规划目标评价

天津市土地利用总体规划遵循的总体原则是"基础设施用地优先保障,耕地与基本农田严格保护,城乡用地优化整合,生态建设和环境保护用地维护养育",对土地利用进行综合分区,实施土地利用空间差异化管理,提出"两城优化调整,滨海重点发展,西部协同发展,南北适度拓展,北端生态保育"的土地利用空间战略和"城乡统筹、节约集约与环境友好"的土地利用模式,最终形成"一轴两带、三区九廊道、十五重点保护区域"的土地利用总体格局,并全面落实《全国土地利用总体规划纲要》确定的各项调控指标。

天津市土地利用总体规划从土地利用规模、结构和布局、土地利用方式、土地整理复垦、生态环境保护以及土地管理效率和水平等方面提出了明确目标。《土地规划》提出的"实现耕地和基本农田严格保护,建设用地高效利用,土地利用结构和布局优化完善"等目标有助于保持和改善耕地和基本农田的数量和质量,为国家粮食安全提供基本的用地保障;"土地整理复垦全面推进,土地生态保护积极有效"等目标有助于改善土地生态环境,促进土地资源的可持续利用;"加大土地整理复垦开发力度,严格限制新增建设用地占用耕地的规模,合理控制建设用地总量,促进土地节约和集约利用"等目标有助于土地的节约集约利用,保障经济平稳快速发展。

2. 土地利用规模与结构评价

(1)农用地

2006—2020 年,天津市农用地面积减少 20.6 平方公里,占全市土地总面积的比重下降 0.3%。其中,园地面积增加 2.3 平方公里,占全市土地总面积的比重上升 0.6%;林地面积增加 53.7 平方公里,占全市土地总面积的比重上升 14.7%;牧草地面积增加 0.6 平方公里,占全市土地总面积的比重上升 10.3%;其他农用地面积增加 7.8 平方公里,占全市土地总面积的比重上升 0.4%;耕地面积减少 85.0 平方公里,占全市土地总面积的比重下降 1.9%。

规划期内,具有重要生态功能的耕地、园地、林地、牧草地、水域和部分未利用地的面积占全市土地总面积的比例保持在 64% 以上。农用地规模与结构调整将为包括生态退耕在内的重大生态建设工程提供用地保障,有效保护基础性生态建设和环境保护用地,有利于生态系统的修复和生态功能的发挥;同时通过严格控制耕地面积,促使农业结构调整向不减少耕地或增加耕地的方向发展,增加耕地规模,提高耕地质量。

(2)建设用地

2006—2020 年,全市建设用地总规模增加 571.3 平方公里,占全市土地总面积的比重上升 16.5%。其中,交通水利及其他用地面积比 2005 年增加 225.7 平方公里,占建设用地增量的 39.5%;城乡建设用地面积增加 345.6 平方公里,占建设用地增量的 60.5%;农村居民点用地减少113 平方公里。

在确定各类建设用地规模时,加大对存量建设用地挖潜,提高土地利用强度和集约利用水平,严格控制新增建设用地占用耕地,优化用地布局,实现城镇用地的理性发展和高效集约利用,这些做法体现了建设资源节约型社会的要求。建设用地增加主要考虑了交通水利等设施建设的用地需求,而对城乡建设用地增量实行严格控制。农村居民点缩并与整合有利于推进新农村建设,提高农村的生态环境质量。工矿用地整合利用有利于推进工业向开发区、园区集中,提高对建设用地的集约高效利用。另外,合理安排基础设施用地有利于促进区域社会、经济和生态的协调发展,特别是保障用于防洪蓄洪工程的水利用地,将对合理利用水资源、防灾减灾、保护人民生命财产安全产生积极影响。

3. 土地利用空间布局评价

(1)农用地布局评价

在进行耕地和基本农田布局时,根据天津市耕地空间布局的特点,将集中连片、排灌条件好、农业生产配套设施完善的蔬菜瓜果和粮油生产基地作为耕地和基本农田保护的重点区域,形成十五个基本农田重点保护区域,这种布局调整使基本农田规模得到保障,对于保障国家粮食安全、促进优质耕地资源可持续利用具有积极意义。同时,有利于提高农田灌溉效率、节约农业用水、提高农田的自然生产力;促进在农村地区形成"田、水、路、林、村"的格局,改善农田的生态环境,有利于农村生态环境保护。

在确定园地、林地和草地布局时,既考虑退耕还林、风沙源治理等重大林业工程,又考虑湿地和饮用水水源地保护等重大工程的任务安排。结合天津市的特点,园地发展注重内涵提高,不得占用基本农田和其他优质耕地,不得破坏耕作层;林地建设充分利用荒山、荒坡、盐碱地等非耕地资源。同时,分析了未利用地作为土地利用后备资源的可开发利用潜力及实现的可能性,避免盲目利用对生态环境造成新的破坏。

(2)建设用地布局评价

建设用地布局遵循了集约节约原则,将建设用地量控制在当地资源和环境承载力之内。严格控制中心城区的城乡建设用地外延扩张,适度增加滨海新区及新城等区域的建设用地规模,合理布局全市基础设施、生态建设用地,有效整合农村居民点、工矿用地和盐田用地。这些措施有利于减少对农用地特别是对耕地的占用,促进社会经济发展和生态环境保护;有利于产业优化与升级,缓解因城镇建设用地无序扩张带来的城市生态环境恶化问题。

（3）生态建设和环境保护用地布局评价

生态建设和环境保护用地布局结合天津市现有森林和湿地分布的特点，对蓟县山区林地和南北两大片湿地作为生态建设和环境保护用地进行保护，有利于提高水源涵养能力，保护饮用水水源；有利于保护山林和湿地的生态环境功能，提高生态安全水平；有利于改善水土流失状况，减少水土流失面积。

天津地处"九河下梢"，其特殊的地理位置决定了天津成为京冀地区水污染物的入海通道。同时，天津属于北方典型的半湿润半干旱型大陆性季风气候，且处于京冀地区冬季主导风向西北风的下风向。因此，天津势必同时成为京津地区大气污染物扩散的通道（见图 10.7）。从天津的角度而言，一方面要减轻自身污染物的产生量，同时也必须在市区的西

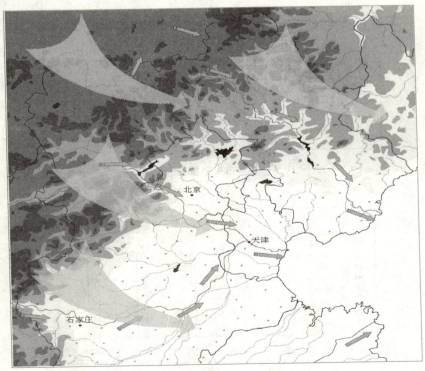

图 10.7　京津冀北地区的大气、水污染物的扩散示意图

部、西南、东南方向建设生态防护体系,从而减轻外部污染物对天津市环境质量的影响。因此,中部平原生态保护带(包括津北及津西北防风固沙大型林带构成的自然保护区和蓟县、宁河县与汉沽区的蓟运河流域范围)作为京津地区大气污染物扩散的通道和大区域的生态防护带,对改善区域环境质量的作用至关重要。

规划环评对天津市土地利用的生态服务价值进行了预测,预测结果显示,天津市土地利用的单位面积生态服务价值将呈逐年上升趋势,主要原因是单位面积生态服务价值较高的水域、林地等面积所占比例增加;近年来天津市生态服务价值逐年下降,但到 2010 年及 2020 年有所上升(见图 10.8、图 10.9)。

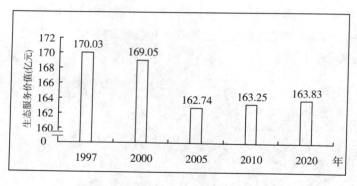

图 10.8 天津市生态服务价值统计图

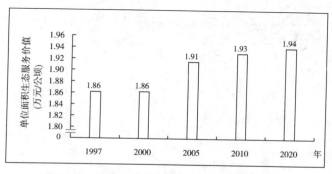

图 10.9 天津市单位面积生态服务价值统计图

（4）土地利用综合分区评价

天津市土地利用总体规划综合考虑了天津市的自然状况、经济社会结构及经济发展战略布局等因素，按照区内相似性最大、区外差异性最大及保持行政区划相对完整性的分区原则，将天津市划分为六个土地利用综合区，明确了区域土地利用方向和引导管控措施。

第一，都市核心功能区。

天津市的行政文化中心和商贸服务中心，是城市功能的集聚区域。天津市土地利用总体规划提出要重点进行建设用地内涵挖潜，提升集约用地水平，合理开发和利用城市地下空间，改善城市环境质量，建设生态城市，注重防灾减灾，建设安全城市。这些措施有利于控制建设用地向外延扩张，提高集约节约用地水平，改善城市生态环境。

第二，滨海城市重点发展区。

天津市未来城市、产业重点发展的区域，是环渤海地区乃至中国北方经济发展的新引擎。天津市土地利用总体规划提出要通过开发盐碱荒地、综合利用盐田和建港造陆来保障发展，以天津经济技术开发区、天津港保税区等为重点，强调建设用地的"高投入"、"高产出"，适度开展填海造陆，严格保护天津古海岸与湿地国家级自然保护区、滩涂及其他湿地自然保护区。这些措施有利于节约集约高效利用土地资源，促进城市建设与生态环境保护的协调发展。

第三，都市功能扩展区。

承担都市核心功能区人口疏散、产业转移的重要区域，是承接都市核心功能区居住功能、商贸服务功能和产业发展功能的重点区域，是联系都市核心功能区与滨海城市重点发展区的重要桥梁和经济发展的重要廊道。天津市土地利用总体规划提出要加大开发区的土地集约利用强度，提高土地利用效益，限制开发区用地随意扩张；适度加大住宅用地的供应力度，吸引都市核心功能区人口向本区转移；逐步压缩农村居民点用地规模，通过存量建设用地内涵挖潜来适度满足城镇及产业用地的扩展；注重保护耕地，加大耕地后备资源开发力度，做好耕地补充；做好外环线、沿河绿化带、城郊西北部防风固沙林等生态绿地建设，加强东丽湖等水库湿地保护,建设城郊度假休闲景区。这些措施有利于改善区域环境质量,构筑调节城市环境的生态屏障。

第四,西部京津协同发展区。

京津冀都市圈的重要节点,是天津市都市区城市发展和产业扩散的重要区域,同时也是天津市农业生产条件最优的地区。天津市土地利用总体规划提出要提高产业园区集约用地标准,加大建设用地存量挖潜力度,优化区域建设用地内部结构,统筹安排各类建设用地,重点保障新城和重点交通设施的用地需求,同时为新城发展预留适当用地;严格保护和积极建设高质量基本农田,通过农村居民点整理及大力开发未利用地等补充耕地,重点推进津西北防风固沙大型林带和道路两侧绿化带的建设。这些措施有利于改善土壤污染状况,维持良好的区域生态环境。

第五,南北城乡协调发展区。

本区是天津市最主要的农业区,是天津市农业发展的主要载体,是现代制造业的重要承续区域。天津市土地利用总体规划提出要重点支持新城及中心镇建设,提高区县开发区土地的节约集约利用程度;严格保护区内耕地,建设和保护好区内重要生态功能区和自然保护区,加强耕地后备资源的开发和复垦。合理规划区域生态建设和环境保护用地范围,加强对天津古海岸与湿地国家级自然保护区七里海湿地的保护,重点推进区域内沙化土地的治理。这些措施有利于防止水土流失,提高水源涵养能力和防风阻沙功能,提升区域的生态服务价值。

第六,北部生态涵养发展用地区。

本区是天津市唯一的山地地貌区,是重要的生态屏障及重要风景旅游区。天津市土地利用总体规划提出要严格保护区内基本农田,积极保护耕地;逐步进行农村居民点整理,对生态价值重大区域内的农村居民点进行迁并,恢复区域原始风貌;新增建设用地重点支持新城建设和生态旅游发展,引导人口向新城集中,加大土地集约利用强度,提高城区绿地率,实现开发与保护并举。这些措施有利于保护耕地资源,提高水源涵养能力,保护饮用水水源,防止水土流失,保障生态系统平衡和生物多样性丰度。

4. 重大计划与工程安排评价

(1)土地整治重点项目评价

土地整理复垦项目的实施,可以增加有效耕地面积,是改善生态环境的重要举措之一。

土地综合整理复垦重点区域集中在宝坻方家庄镇、宁河东棘头镇、静海中旺镇、武清高村乡、蓟县东施古镇、大港中塘镇等区域。通过建设标准化基本农田、整理农用地、开发荒草地、复垦工矿用地,建设农田林网、改造中低产田、建设现代农业示范基地等重点土地整治项目,在天津市的广大农村地区建成"水、田、路、林、村"的农村生态格局,增加有效的农田面积,改善土地的生产条件,提高土地利用率和产出率,实现土地的可持续利用,对农村生态环境起到保护和改善作用,以利于耕地资源的合理利用和生态系统平衡的维护,同时改善城市居民的物质生活,丰富精神生活,促进生活质量全面提高。

(2)基础设施建设重点项目评价

按照统筹规划、合理布局、集约高效的要求,确定了交通、能源、水利、市政等基础设施重点项目用地。保障行蓄滞洪区的防洪建设用地、南水北调中线天津干线、南水北调市内配套工程、引滦入津配套工程、引黄济津市内输水工程及重点水库等一系列重点水利工程用地,可以促进天津市的水资源合理利用,防洪减灾,保障人民生命财产安全。保障供水和污水处理设施以及垃圾处理设施的建设用地,可以改善城市环境质量,保障人民身体健康。

(3)产业发展重点项目评价

统筹安排先进制造业和现代服务业项目用地,主要分布于各类开发区。这样有利于进行集中管理和控制,通过区域内的合理布局,以及环保设施对其区域内的废气、废水、固体废弃物等进行集中处理、处置,达到防治污染、保护环境的目标,可以减少一些不利的环境影响。

10.3.5　天津市土地利用规划对不良环境影响的减缓措施

1. 不良环境影响分析

规划实施也可能对生态环境产生一些负面影响。如:在滨海新区重点发展地区适度开展填海造陆,将对滩涂及海洋生态环境产生一定影响,使河口生物多样性丰富度有所下降;产业发展重点项目过于集中,加重"城市热岛"现象等生态环境问题。这些不良的环境影响可以通过有效的减缓措施加以规避或减轻。

2.不良环境影响减缓措施

(1)对规划提出的生态建设和环境保护用地严格保护,尽量减少人为的干扰。对规划提出的北部山地生态修复保护带、中部平原生态保护带、湿地生态保护带(分为南北两片)、东部海岸湿地保护带和中心城市绿化带等生态建设和环境保护用地应严格保护,特别是对于自然保护区核心区和缓冲区、一级水源保护区、重要湿地、水土保持区、土地沙化区、主要行洪通道、风景区核心景区、绿化隔离带等,区域内严禁各类与保护无关的开发活动。

(2)加快对规划提出的生态廊道及工业组团的绿化隔离带的建设。①湿地、河流生态廊道:在南北区域各形成一片湿地生态连绵带,北片以潮白新河、永定新河、七里海、黄港、东丽湖、尔王庄、大黄堡洼水库等水面为主体构成;南片以独流减河、团泊洼、北大港、鸭淀等水面为主体构成;结合各条河流特点合理设置廊道宽度。②人工生态防护廊道:在主要河流、道路及其绿化隔离带建设人工生态林为主的生态防护廊道,特别强化海河都市生态廊道建设;在工业园区组团之间、组团与城镇之间、城镇与城镇之间形成由农田、园地、湿地、林地等组成的、有足够敞开空间和生态防护带的城乡发展格局,有效控制"城市热岛"的扩展、缓解组团间的相互污染影响。③滨海生态防护带:依托陆域与海域交界地带,整合盐田、滩涂、湖泊、河口、近岸浅海等要素和不同类型的湿地,利用丰富的生态资源,保护和建设沿海生态防护带。

(3)加强规划的城市湿地保护和绿化建设。城市绿化工作应在注意发展地带性植被的同时,多品种引进和选育适应天津地区生态环境条件的、生长良好的、实用性与观赏性相兼的外来植物,大力发展城市森林、地表植被、宿根花卉、常绿草坪和攀援植物。在加强城市绿化建设的同时,要进一步加强城市河道水面保护,禁止继续填垫城区水面。

（4）在规划的城镇工矿用地范围内，优化工业用地布局。按照天津市及各地区常年主导风向和污染最为严重的采暖期主导风向，对于在已有和已规划的工矿用地周边布置的城镇用地，选址时应避免处于工矿用地的下风向；对于已确定的城镇用地如中心城区、滨海新区等，其上风向原则上不再布置工矿用地；无法避免在城市用地上风向布置工矿用地时，应考虑布置燃用清洁能源、治理效率高、污染排放小的工业项目。工矿用地内部布局工业项目时，应将燃用清洁能源、产生污染较小的项目布置在工矿用地的边界，以减小其对周围地区的污染。在城镇用地周边应划定无燃煤区或基本无燃煤区。

（5）引导建立循环经济产业链，布置防护距离。各工业区建立循环经济产业链，把污染物排放量较小、运行方式较清洁的工业项目布置在靠近区域边缘处，以减少对区外的影响。当居住用地与工业用地相临时，要求现有及新建企业均应加强环境治理，严格控制污染物的排放量，工业区与居住区之间设置足够的防护绿化带，尽可能地减小对居住区的污染。

（6）加快规划的林地建设，缓解大气环境污染。加快实施规划的林地建设，稳步提高天津市的林地覆盖程度，充分发挥其净化空气、降低"温室效应"、减缓"城市热岛"现象的功能，改善和提高城市环境空气质量。

10.3.6　小结

天津市土地利用总体规划以邓小平理论和"三个代表"重要思想为指导，在发展思路上体现了科学发展观、构建和谐社会的基本思想和可持续发展的整体战略，坚持了节约资源和保护环境的基本国策，统筹考虑了土地利用与经济社会发展、生态环境保护协调发展。

规划环评在天津市土地利用总体规划大纲编制阶段介入规划的编制，天津市土地利用总体规划保证完成国家下达的约束性指标，严格保护耕地和基本农田，节约集约利用建设用地；在此基础上，规划了生态建设和环境保护用地格局和生态建设和环境保护用地指标，并按照主体功能区划强化对生态建设和环境保护用地的引导与管制，充分体现了生态环境建设目标；同时，对天津市土地利用总体规划的实施提出了有效的保障措施。

规划期内重点生态建设工程用地得到有效保障,具有重要生态功能的耕地、园地、林地、牧草地、水域和部分未利用地得到严格保护;结合天津市特点,明确了六个综合区的土地利用方向和管理重点;土地整理复垦项目的实施,有利于治理和修复受损的区域生态环境。

在天津市土地利用总体规划编制过程中,与《全国土地利用总体规划纲要》《全国生态功能区划》《全国生态脆弱区保护规划纲要》《城市规划》《天津生态市建设规划纲要》等相关生态环境规划成果进行了较好的衔接。

天津市土地利用总体规划是对用地规模、布局及结构的总体安排,其产生的环境影响具有不确定性。对于规划实施可能引发的不良环境影响,可以通过对规划提出的生态建设和环境保护用地严格保护、加快对规划的生态廊道及工业组团的绿化隔离带建设、加强规划的城市湿地保护和绿化建设、优化工业用地布局、引导建立循环经济产业链、布置防护距离、加快规划的林地建设等减缓措施,将负面影响降到最低。

综上所述,天津市土地利用总体规划正确处理了保障发展和保护生态环境的关系,统筹安排了土地资源的开发、利用和保护。天津市土地利用总体规划既是一个保障社会经济发展、保护与合理利用土地资源的规划,也是一个保障环境保护与生态建设的规划。规划的实施将有力地促进天津市的国土生态安全格局的形成。

第 11 章　土地利用规划的实施保障

　　土地利用规划的实施保障是土地利用规划的延续和具体化,是土地利用规划系统工程的重要内容。随着土地稀缺性的逐渐显现及可持续发展观的提出,为了新一轮土地利用规划继续和实施的保证,规划实施保障理所当然地应当着眼于可持续发展,并将其贯穿于实施保障的全过程之中,保障土地利用规划的顺利实施,进而保障土地的可持续利用。本章将对土地利用规划的实施保障相关理论问题以及天津市土地利用规划实施保障的实践进行研究。

11.1　我国土地利用规划实施保障体系的建立

　　土地利用规划的实质在于研究分析土地利用系统结构及其变化规律以制定土地利用的调控措施,而规划实施的侧重点则在于贯彻规划方案所要完成的特定目的而采取的不同管理途径与方法。规划的实施需要有目标明确、层次清晰、内容全面的规划实施保障体系予以支持。从国外规划实施保障经验来看,制定严格的法律程序,建立各项有关制度,采取规划许可等控制手段,是保证规划实施的关键,规划实施的保障体系应该是一个多层次、多途径、多方面的各项手段措施的综合体,规划实施保障体系的建立与完善,也伴随土地利用实践对象、规划目标和内容的不断变化而得以发展。而我国规划实施保障体系则过多地依赖于行政审批手段,缺乏层次性、全面性与综合性,有待于进一步发展和完善,形成统一综合的规划实施保障体系。因此,本节在借鉴国内外土地利用规划实施保障经验的基础上,对我国土地利用规划实施保障体系做出初步的探讨和构建。

11.1.1 发达国家和地区的规划实施保障体系借鉴

在市场经济相对发达的国家和地区,土地规划及其管理保障体制基本上归纳为三类[①]:一类是以韩国、日本、新加坡为代表的人口稠密、土地资源紧缺的新兴工业化国家,其土地规划具有高度的指令性和强烈的干预性,保障措施采取分工合理、职责分明、高度统一、法规与行政并重的管理体制;另一类是以法国、德国、英国为代表的高度发达工业化国家,采取政府统一领导、法规约束、政策引导、公众参与的方式进行土地规划编制及其实施保障的体制;还有一类是以美国、俄罗斯、加拿大为代表的地多人稀、土地资源丰富的高度发达国家,采取分散型的土地管理体制,即国家对土地规划不进行集中统一管理,只制定政策、法规加以引导,土地利用规划的绝大部分权力集中在地方政府手中,并由地方政府具体负责实施规划的保障体制[②]。

1. 韩国:法律行政并重,辅以市场经济

韩国的土地利用规划保障体系注重法律法规与行政手段并重,并辅以一定的经济手段。

(1)法律保障。韩国自 1961 年以来,逐步建立了规范国土综合规划、地域规划和部门规划的编制、审批以及执行的法律体系,包括《宪法》、《国土基本法》等基本法律,《国土综合规划法》、《国土利用法》、《城市规划法》等专项法规,以及部分与地域规划有关的法律——《促进特定地区综合开发特别措施法》、《首都圈整备规划法》、《开发限制区域的设置及管理特别措施法》等。韩国政府还注重将重要的国土规划与国土规划举措以总统令或公告的形式予以颁布,以增强其权威性,这些也构成了国土规划法规

---

① 武庆娟,陈利根,魏莉娜.国外土地规划立法特点及对我国的启示.资源调查与评价,2006 年第 3 期,第 21～25 页

② 赵烨,杨燕敏,刘锋,孙雷.北京市土地利用总体规划实施管理预警系统的构建.干旱区资源与环境,2006 年第 1 期,第 23～26 页

的一部分。

(2)行政手段。为了促进规划实施,在依法编制规划的基础上,韩国政府采取了一系列的行政手段:制定了严格的土地利用规范,在已决定用途的土地上,禁止不符合用途的土地利用行为,对违反规定用途的土地利用行为制定了强有力的纠正措施;一定的土地利用行为要得到官方的许可才能进行,对无规划的土地利用采取禁止提供公共服务的方式,使不合理利用土地的土地所有者最终得不到利益;实行开发许可制度和土地转移许可制度,所有的公有、私有土地开发和利用行为应符合政府的开发规划,得到一定许可才能开发;对符合规划的土地利用,国家有义务进行相关公共设施的配套建设。

(3)经济手段。一方面,韩国政府通过实施扩大综合土地税制、开发者负担制度、宅基地面积上限制度、土地超过收入税制度等,使国民树立起国土公共所有的观念,为规划实施创造了良好的条件;另一方面,韩国政府为保证国土建设综合规划的实施,采取推进战略,并在政治方面和资金方面给予支持。如韩国政府为抑制首都圈集中,发展地方经济,给予地方政府许多政策,积极诱导多极国土利用结构,并在全国范围内均等分配有关国民需求的公共投资,强化地方的自足机能;同时将落后地区划为特定开发地区,积极给予开发支援和开发,并扩大地方政府和居民参与规划的编制,实施地方自治。这些政治经济手段和措施大大地促进了韩国国土建设综合规划目标的实现。

2.德国:市场经济主导,公众高度参与

德国是工业化市场化高度发达的国家,其土地利用规划及实施也是充分利用市场经济手段,并全面采取公众参与制度。德国是开展土地规划研究历史悠久的国家之一,并形成了完善的国家土地规划体系,被称为"规划之国"。德国不仅制定了完整健全的法律法规体系和严格的行政管理措施,注重吸引公众参与并监督规划,而且非常善于运用财政金融等经济措施。

(1)财政及金融措施。财政及金融措施是德国进行宏观调控的重要经济杠杆,与土地规划实施相关的有:财政决策权和纵横向拨款。联邦政府、州政府、地方政府和城镇机构等各级政府都有明确的责任分工,其财政收入大体按联邦政府占45%,州政府占35%,地方政府和城镇占20%的比例划分,以确保履行职能。德国《基本法》规定实行横向拨款制度和纵向拨款制度,以保证各州实施土地规划的财力,也就是经济发达的州通过横向拨款帮助欠发达的州。国家投资大型规划建设项目是德国保障土地规划实施的重要措施。目前在联邦财政预算支出总额中,约有20%的资金用于投资与土地利用规划密切相关的大型社会基础设施建设。所有大型建设项目均是通过地方政府来进行的,通过国家投资和其他财政补贴政策,保障了土地规划实施过程中整体和局部利益。

(2)调整经济政策。政府主要是通过调整经济政策,如减免税收等引导投资商按照土地规划的要求进行建设。例如在黑森州设有州国土开发信托投资公司,一个与州政府关系密切的经济实体,一方面为政府提供基础资料和土地规划方案,同时还负责分配引导政府的资金。如果某个开发商按照土地规划的要求从事土地开发项目,就可以向该公司提出补贴申请。该公司审查其土地开发项目是否符合土地规划的要求,并上报国土部门批准后,就可给予开发商整个项目建设费用12%—20%的投资补贴,同时开发商还可以得到政策上的优惠。

(3)广泛的公众参与制度。德国的土地利用规划在制定过程中,伴随了两个阶段的公众参与、集中协调和公共讨论。土地利用规划的最初阶段和修改都会和不同的人相关,并常常与集体的、私人的利益相对立。因此,柏林的居民、市和区级的政府部门、其他公共团体和公益单位、法律部门、中央和联邦政府各部门以及邻居单位都被给予机会参与规划过程,在规划作决定的时候,他们的意见都将得到考虑。在第一次正式和更多非正式的公众参与阶段,规划草案的第一稿提供给公众讨论,说明追求的规划目标,如果需要,多种方案会被讨论。在公众影响很小的情况下,将省略这一阶段而制定一个简化的程序。第二次公众参与必须要持续一个月,当正式咨询已经结束,而规划草案已经修改提高到第二稿。在这期间将给提批评意见提供更多的机会,而如果主要的修改通不过,被要求继续的话,就会要求第三轮的公众参与咨询。

3.加拿大:政府引导,分区管制

加拿大是松散联邦制国家,没有联邦一级的规划,但省、地区、市都要制定规划,省级规划主要提出政策指导。联邦政府虽然没有直接的土地规划职权,但有完整的规划法律框架体系确保规划有效实施,可通过以下措施调控土地规划:通过抵押和住房自治委员会制定住房政策;通过某些机构管理重要的国有土地的使用,如国家港务局管理港口,交通部管理运河、铁路和机场等;通过征税权将某些拨款分配到各省。

加拿大的土地利用规划实施主要是以分区管制规制为基础建立的,土地规划分区管制规则是针对规范私人或企业从事土地开发行为而制定的。在大多数城市,要求市镇规划必须包括公共建设的成本、项目计划和预算的财政分析部分,这样当开发商向规划管理当局申请时,规划管理机构会严格按照规划审查其开发项目,在申请未获得许可前,任何开发都不能开始。土地开发除了要符合分区管制、建筑许可、细分规划和其他规划条例外,还要得到环境、交通、公共事业、防火、农业和森林等相关管理部门的许可。在一些大城市比如多伦多,已经开始借鉴美国在开发权转移中的一些经验,给予为公共利益而进行的开发项目一定的补贴,协调公共利益与开发商的利益,从全方位确保了土地规划的实施实效性,不断探索节约集约用地的新途径。

11.1.2　我国部分省市规划实施保障经验

虽然我国现行土地利用规划实施保障普遍过分依赖行政审批手段,但是随着市场经济的不断发展及科学技术的日益先进,部分省市的土地利用规划实施保障措施已取得不错的进展,如上海、浙江、北京等。

1.上海:多部门协作,高科技保障

上海市是土地利用总体规划修编的试点城市,近些年来在规划编制的组织实施、规划内容、信息系统建设等方面做了一些前瞻性的工作。

(1)集成式实施管理,多部门共同协作

以多部门协同研究的土地利用总体规划修编,采用大众参与的方式,确保了规划修编的科学性、可行性、持续性和前瞻性,保障了规划实施的有效性。同时,上海市各相关部门制定了《上海市建设项目审批中用地规模控制管理试行办法》。其核心内容为:将在现有项目审批、规划选址以及土地手续办理流程中,通过进一步强化土地预审工作,在项目建议书审批、建设项目选址、土地预审、可行性报告审批各个环节中加强有关土地规模控制与核定工作,将用地规模控制作为各个环节中的主要考察因素,使各个部门的配合和协调进一步加强。该办法有利于用地规模的控制和土地用途分区管制的落实,能够在土地利用总体规划既定的框架内,实施兑现各种应有的土地利用指标。上海市还以嘉定区为试点,建立了土地利用总体规划管理信息系统,将整个土地管理流程统一起来,包括征地、预审、供地、地籍管理等。鉴定专家一致认为该信息系统文档资料齐全,图件规范,数据准确,符合标准,内容丰富,功能实用,操作方便,为土地利用规划实施管理、基本农田保护、耕地动态平衡等提供了现实、直观、详实、科学的决策支持依据,成果具有实用性、创新性和规范性,圆满完成了试点项目的预定目标和任务。

(2)运用现代技术预览前景,监督实施

上海市根据黄浦江两岸地区规划方案,面向全球进行了规划方案的征集工作,并将虚拟现实技术应用到"黄浦江两岸地区规划方案征集"项目中去。实践证明,在黄浦江两岸中标方案的评审、深化与调整过程中,用虚拟现实技术构造的"虚拟黄浦江两岸核心地区未来景观模型"起到了重要的作用,它以直观的效果再现中标方案建成后黄浦江两岸未来景观,使市政府和国内外专家能结合现状进行详细观察、审视、分析,从而对规划的实施进行了更加客观、准确的分析与评价。在规划实施过程中,上海市还广泛运用遥感技术所具有的宏观性、实时性及动态性等特点,监督土地规划实施的动态过程,为土地管理提供基础数据。

2.浙江:规划区域化、调控空间化、导向过程化

浙江省在土地利用总体规划修编与队伍建设、规划内容、实施管理、新技术应用等方面探索出一些方法。

(1)规划定位向区域规划转变。近些年来浙江省的城镇化已进入到快速发展阶段,城市与区域间、城市与城市间、建设与资源保护间的联系和矛盾日益突出,必须通过区域规划加以协调。浙江省为区域规划的发

展作了新的探索,从土地供需平衡迈向区域统筹各个领域。

(2)指标控制向空间布局调控转变。随着政府职能向经济调节、市场监管、社会管理和公共服务转变,规划职能也应由计划经济时期的定规模、定速度、定项目、分钱、分物、分指标向空间管制和控制合理的开发时序、环境容量、建设标准为主转变。规划体系应由以经济社会发展规划为主体,向经济社会发展规划与空间规划相结合并逐步加强空间规划转变。土地利用总体规划应加强各类用地布局整合、结构优化和用途管制规则。

(3)目标导向型向过程导向型转变。浙江省在现行的土地利用总体规划的编制实施中对规划的可操作性做了一些有益的探索,较好地解决了土地管理中遇到的困难。新一轮规划将继续贯彻这一动态规划的理念,从纯技术规划到实施规划,注重服务于土地资源管理的各项功能,从原来对规划结果的严格控制转为对土地利用过程的严格控制,充分发挥和强化规划的过程导向作用。

此外,浙江省利用专业化规划实施管理队伍和现代化技术手段,对规划实施过程进行动态监测,建立规划实施情况检查制度。一方面实行定期立项检查,另一方面建立和完善社会监督制度,依法落实规划公告制度和举报制度,接受群众的查询和监督。

3.北京:强化政府管理,加强现代科技

作为全国的政治、文化中心,为进一步促进经济社会的可持续发展,加速首都的现代化建设,北京市需要通过深化改革、健全法制、完善管理机制、实行严格的土地用途管制等措施,强化规划管理,保障土地利用总体规划的实施。

(1)强化政府土地管理职能。北京市为了改革和完善土地管理体制,强化土地的集中统一管理,尤其是要发挥各级政府土地利用规划管理的职能,因此十分注重各级政府特别是市政府的土地管理职能,为土地利用总体规划树立权威性,充分发挥土地利用总体规划的引导和控制作用。同时北京市建立了实施规划的领导干部责任制以及检查考核等制度,把完成耕地保护和节约挖潜指标的情况,作为考核政府工作和干部政绩的重要内容之一。

(2)充分利用现代科技手段。为了及时、准确地掌握北京市土地利用动态变化情况,要充分利用地理信息系统(GIS)、遥感系统(RS)、全球定位系统(GPS)等现代科技手段,对土地利用进行动态监测,同时,北京市还逐步建立了市各级土地利用规划管理信息系统,努力提高规划管理水平,确保规划实施的科学性。

11.1.3 我国土地利用规划实施保障体系的建立

根据系统论的观点,土地利用规划与实施存在着相互联系和相互补充的错综关系。我们在总结国内现有土地利用规划实施管理制度的基础上,通过借鉴国外主要国家和地区土地利用规划实施管理经验,结合当今规划实践的要求及发展趋向,提出了土地利用规划实施管理保障体系的初步框架(图 11.1)。体系框架拟构建为三个层次:第一个层次为目标层,即土地利用规划实施管理目标;第二个层次为管理措施层,主要为法律、行政、经济、社会、科技管理保障;第三个层次是上一层次的深化,主要体现为细化的法规、制度、政策、规范、标准、技术等有关内容。

1.目标层

土地利用规划实施管理不仅是土地行政管理的重要内容,也是面向社会的管理活动,其根本目的是维护土地利用的社会整体利益,促进经济社会的可持续发展,这是整个体系建立的出发点与基础。因此,总目标层应包含以下任务,一是保障土地利用规划管理法律、法规和政令的贯彻执行,维护土地利用规划的严肃性和权威性;二是统筹安排各业用地,保证城乡各项土地利用活动纳入土地利用规划的轨道;三是依照规划保护耕地、生态环境用地及其他基础性、公益性用地,维护公共利益,促进经济、社会、环境协调发展。

2.管理措施层

(1)法律制约保障

通过具有强制性效力的法律、法规来规范土地利用规划实施管理是国际上通行的、基本的方法。在我国社会主义市场经济体制初步建立并逐步完善的过程中,规划的实施管理更需要由行政向法制的过程转变。因此,提供可操作性强的法律保障是规划实施管理保障体系最重要的功

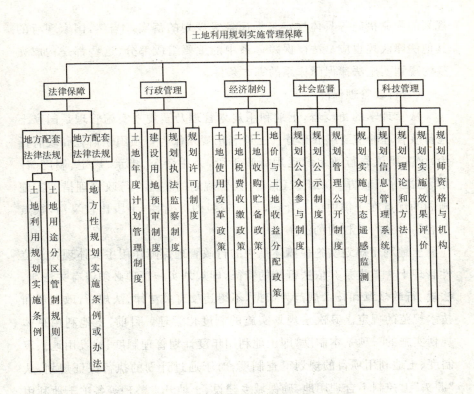

图 11.1　土地利用规划实施保障体系框架

能之一。如今,我国土地利用规划立法还未达到相对独立、完整的状态,现行法律法规中对规划实施管理的条款还不够全面、深入,规划立法的历程将是一个渐进的实践过程。

土地利用规划实施保障体系中的法律保障建设应包括两个层次:一是要建立涉及规划及规划实施管理的国家级法律法规,主要有土地利用规划法(土地利用规划条例)、土地利用规划实施管理条例、土地用途分区管制规则等,以此明确整个国家有关规划实施管理的目标、方针和实施规划的根本性法律依据;二是由于土地利用规划实施保障的工作重心是地方性规划,尤其是县、乡两级规划,因此,各地应在遵循国家法律法规的前提下,制定可操作性强的地方性配套法规(如规划实施条例或办法),提出有关规划实施机构、管理程序、实施效果评价、监督管理、规划调整、违反规划的强制措施等具体规定来保证各级规划的落实。当然,国家现行的其他法律法规也应是法律保障体系中的重要组成部分,这些都是构成完整的规划实施法律保障体系的基本条件。

（2）行政管理保障

从管理学的角度看,土地利用规划管理乃至规划实施管理是国家土地行政管理的重要组成部分。土地利用规划作为一项国家措施和政府行为,仍需要依靠行政组织运用行政手段,采用命令、指示、规定、制度、计划、标准等行政方式来组织、指挥、监督规划的实施。行政管理措施实施规划的优点在于集中统一管理,具有较强的针对性,手段比较灵活,缺点是容易导致行政权力的滥用。

土地利用规划实施保障体系中的行政管理保障作用主要体现在规范性管理上。首先是其依法行政的特征,即规划实施管理必须以有关法律、法规、行政规章和技术规范为依据,不得违反有关法律、法规、行政规章和技术规范的规定。其次是规划实施的制度化管理。目前,土地利用总体规划实施的三项基本制度,即土地利用年度计划管理制度、建设用地预审制度、土地利用项目的规划审查制度,对于通过计划的执行保证规划,从"源头"上控制不合理用地,确保城乡建设、土地开发整理等各项土地利用活动符合规划起到了极为重要的作用。最后是有效的规划决策和管理机构。这种管理机构的主体应是国家土地行政管理机关,包括国务院土地行政管理机关和地方各级土地行政管理机关。从全国范围看,还应建立与规划实施职责相联系的不同规划层次的管理体制。

在当前我国土地利用规划法制建设相对滞后的情况下,遵循行政合理性原则,正确和有效运用行政方法,依照土地利用规划控制和引导各类土地利用活动同样十分必要。从发展的角度看,规划实施保障体系中行政管理保障的建设还有待完善。一是在现有制度的基础上,继续健全满足规划实施不同阶段需要的管理制度,并根据规划实践需要创造新制度,加大规划实施工作的深度与广度;二是明晰不同层次规划组织机构实施管理的权限与义务,在国土资源管理系统内、外部建立一种与社会经济发展战略、相关规划协调一致、反馈互动的规划实施组织模式,以适应不同地域经济、社会、环境动态变化对实施中的规划带来的影响与冲击；三是加强体系中规划实施监督管理，不仅要将其作为制度化设计的重要部分，而且要融入社会监督、科技保障措施，及时起到反馈实施信息、规避滥用行政权力、优化规划管理系统的综合效果。

（3）经济约束保障

保护土地资源和实施规划需要市场与政府的共同作用。我国社会主义市场经济体制已初步建立，制定和实施土地利用规划要充分考虑经济规律，自觉运用经济机制，把积极的经济手段与政府的规划意图、社会的整体利益结合起来。在土地利用规划实施保障体系中，采用经济约束保障就是按照客观经济规律的要求，通过经济杠杆，运用价格、税费、奖金、罚款等经济手段调节社会对土地资源的需求与供应，进行土地利用规划实施管理。其关键在于制定适用于不同地区、时段的经济政策，如土地使用改革政策、土地税费收缴政策、土地收购贮备政策以及地价与土地收益分配政策等。

完善上述政策首先要深化土地使用制度改革，建立和规范土地市场，充分发挥规划调控和市场调节的作用。目前我国国有土地资产通过市场配置的比例还不高，土地招标、拍卖的范围也还不大，随意减免地价现象严重。为此，要严格实行国有土地有偿使用制度，大力推行国有土地使用权招标、拍卖，严格限制协议用地范围；要加强地价管理，培育和规范土地市场，形成用地者自我约束机制，盘活土地存量，促进土地的集约利用和用地结构、布局的优化。

其次，要执行好新增建设用地有偿使用费收缴、土地收购贮备、土地收益分配等制度政策，促使各种土地使用者利用存量土地，形成自觉珍惜和合理利用土地、保护耕地和农用地资源的机制。可以预计，随着我国市场经济体制的不断发展和完善，在规划实施保障体系建设中将更加关注规划实施程序的公平、公正性及规划的效率和社会公众的价值取向；更加侧重采用经济手段与措施，弥补单一的行政保障方法的不足，通过价格杠杆和竞争机制的功能，把土地资源配置到效益最好的环节中去，实现市场配置的基础性作用。

（4）社会监督保障

社会监督保障就是发动社会大众参与规划的制定，监督和维护规划的实施。在市场经济比较发达的国家，规划管理中的公众参与和社会监督制度已相当完善，而我国规划中将其作为规划理念、方法、制度是在近些年才开始的。

在体系设计中，社会监督保障应主要包括三个制度的建设，即规划公众参与制度、规划公示制度、规划管理公开制度。由于土地利用系统是一个庞大而复杂的社会经济生态系统，规划决策和实施需要考虑许多因素，协调各种关系，仅靠政府和规划编制者的智慧、经验是不够的。建立规划公众参与制度，就是明确规划程序中公众的职责与权益、参与的渠道与途径，通过集思广益，比较准确地表达社会需求，调整土地利用的整体利益和个体利益，减少决策失误。新《土地管理法》中规定了乡（镇）土地利用总体规划在批准后应实行公告制度，但从各地的规划公告实践看，这项制度的建设还亟需健全。规划公示制度不应仅仅停留在规划批准之后，规划管理的各个步骤都应体现公开、透明的原则。建立规划管理公开制度是指公开规划的内容、公开实施规划的政策和有关要求、公开工作制度和办事程序、公开按规划审批和审查用地的结果等。事实上，上述三个制度是互为补充、共同作用的社会监督保障措施，其目的都是宣传土地利用规划的法律规定和要求，调动公众潜力和主动意识，赋予土地使用者知晓、参与、决策、监督规划的权力，促使政府部门公正执法，提高工作效率，制约和避免各种违反规划行为的发生。

（5）技术管理保障

在现代科学技术日新月异的今天，运用科学、先进的管理方法和手段开展土地利用规划的实施管理，不仅能够大大提高管理效率和管理水平，也拓宽了土地利用规划的功能和作用。这个保障层次的内容主要涉及规划监测、理论和方法研究、标准化建设、人力资源培训、信息化建设、实施效果评价等方面。这些方面既对当前的规划实施产生影响，又对规划的长远发展具有决定性的作用，因此，也可称之为土地利用规划基础保障管理。

国家应用遥感（RS）技术对规划实施情况进行监测，在近几年收到了很好的效果。要进一步建立和完善规划动态遥感监测制度,扩大遥感监测的覆盖面,实现对规划实施情况的快速监测与跟踪管理,为规划执法检查和查处提供依据。同时,还应积极采用国际上通用的现代科技手段作为实施规划的技术保障,如地理信息系统(GIS)和全球定位系统(GPS)等。建设土地利用规划管理信息系统,可以辅助规划编制和实施规划管理,拓宽科学技术在规划实施中的应用前景。

加强规划从业人员队伍建设是建立规划实施管理技术保障体系的重要内容。目前,我国从事规划实施管理的人员组成和实际工作状况还不理想,在规划的编制、审批与实施这三个相辅相承的环节中,具有丰富的专业知识和技能、良好的职业道德和社会价值观的业内人员是实施规划的重要人力资源。当务之急是建立土地规划师执业资格制度,加强和规范土地利用规划教育和相关培训。

建立健全土地利用规划实施管理保障体系是一个长期的过程。以上提出的土地利用规划实施管理体系框架、建立原则、层次内容以及相互关系也会随我国经济制度、社会体制的改革、科学技术的进步和开放领域的拓展不断调整、更新和深化。我国各地区的实际情况千差万别,规划实施保障系统需从实际出发,因地制宜地补充、完善已有的体系、内容和方法,充分发挥规划实施的规范性与能动性。特别需要强调的是,最优化、可持续的观念应贯穿于保障体系建设的始终,体系中各要素及其各阶段的管理控制和决策都有着最优化的目标与可持续的要求,这种目标优化、发展可持续的要求决定了各层次的保障措施、制度政策必须紧密结合,共同作用,才能体现体系的整体功能,使系统达到整体上的满意效果与最佳效益。

11.2 天津市土地利用规划实施保障的实践研究

天津市是我国四大直辖市之一,是我国北方最大的沿海开放城市,位于环渤海经济圈的中心位置,区位条件十分优越,对土地资源的需求较高,在土地利用规划方面也比较重视。特别是进入 21 世纪以来,天津市面临良好的国际国内环境,特别是滨海新区开发开放纳入国家发展战略,经济社会各项事业发展迅速，对土地资源的需求日益增加，于是天津市根据当地实际编制了《天津市土地利用总体规划（2006—2020年）》。随着土地利用规划的不断升级，规划实施保障措施也在不断改进和完善，本节着重分析天津市土地利用规划保障实施体系的现状及存在的问题，并提出相关的政策性建议，为天津市土地利用规划提供理论依据，也为我国土地利用规划实施保障体系理论的健全和完善作一点贡献。

11.2.1 天津市土地利用规划实施保障体系现状

伴随着土地利用规划的不断升级及法律体系、市场机制的不断完善，天津市土地利用规划实施保障体系也在不断完善，到目前为止相对还是比较综合的，包括法规、经济、社会、技术等各个层面。

1. 法律法规措施

天津市根据自身社会经济发展实际情况，在建立地方性规划实施的法规方面作了很好的探索，先后颁布实施了《天津市土地管理条例》、《天津市土地利用年度计划管理办法》、《天津市征地管理暂行规定》、《天津市城市房屋拆迁管理规定》、《天津市土地开发整理管理规定》、《天津市土地整理储备管理办法》等一系列地方性法规及规范性文件。

《天津市土地管理条例》从土地的所有权和使用权、土地利用总体规划、耕地保护、城市建设用地、村镇建设用地、土地监督检查、对违反土地规划行为的奖惩办法等都做了明确的规定；《天津市土地利用年度计划管理办法》对天津市行政辖区内土地利用年度计划的编制、报批、执行和监督等作了详细的规定；《天津市征地管理暂行规定》是为加强征地管理，保障建设项目的顺利实施而特别制定的。其主要内容包括征地工作的组织实施、土地补偿、安置补助以及地上物补偿办法，使规划管理有章可循；《天津市城市房屋拆迁管理规定》是为了加强对天津市城市房屋拆迁的管理，维护拆迁当事人的合法权益，保障建设项目的顺利进行，根据国务院《城市房屋拆迁管理条例》（国务院令第305号），并结合天津市实际情况而制定的。该《规定》详细地对天津市行政区域内国有土地上房屋拆迁的管理、拆迁补偿安置、对违反该《规定》所负的法律责任一一作了规定。

《天津市土地开发整理管理规定》与《天津市土地整理储备管理办法》

是为了促进和规范土地开发整理工作,实现耕地占补平衡,保障土地资源可持续利用,合理利用土地,优化土地资源配置,根据《中华人民共和国土地管理法》和《天津市土地管理条例》及相关法律、法规制定的具体规定,主要对从事土地开发整理及其相关活动,土地整理储备工作做出了较为详细的规定和处理措施。

这些地方性法规的制定为加强天津市土地管理、实施土地用途管制提供了科学依据,在协调土地利用矛盾、保证建设用地发展需要、保护耕地和基本农田等方面发挥了重要作用,使天津市的规划管理工作有章可循,有力地促进了规划的实施。

2.经济制约手段

(1)通过征收一定的费税,调节建设用地供应量,增加耕地补充规模。围绕保护资源、保障经济建设、保护环境的土地利用战略目标,国家通过征收新增建设用地有偿使用费、耕地开垦费、复垦费,并对农业生产、基本农田建设、土地开发整理等方面进行资助等措施,提高新增建设用地使用门槛,加强对耕地的保护与建设。

新增建设用地土地有偿使用费是指国务院或省级人民政府在批准农用地转用、征用土地时,向取得出让等有偿使用方式的新增建设用地的县、市人民政府收取平均土地纯收益,其中,新增建设用地土地有偿使用费的 30%上缴中央财政,70%上缴地方财政。通过征收新增建设用地土地有偿使用费,保证了新增建设用地土地有偿使用费专项用于耕地开发,实现耕地总量的动态平衡。

耕地开垦费是指依法占用耕地进行非农业建设的单位缴纳的专项用于开垦新的耕地的费用。就天津市来讲,占用外环线以内地区耕地的,耕地开垦费每平方米 20 元;占用外环线以外地区耕地的,其中基本农田的耕地开垦费每平方米 15 元,其他耕地的耕地开垦费为每平方米 10 元。

(2)加强土地市场建设。土地是社会经济发展的重要资源和生产要素。政府作为土地资产的管理者,如何合理利用土地资产,培育和发展健康有序的土地市场,对促进土地资源的合理流动和优化组合,提高土地资源的综合保障功能,推动社会经济持续快速健康协调发展有着重大意义。

为从源头上规范土地市场行为,建立供给引导需求的土地供应新机制,形成土地交易活动统一、规范管理的新局面,天津市一直致力于公平、公正、公开的土地市场建设,严格控制土地无偿划拨范围,逐步改变了以往协议为主的多头供地方式,推行经营性土地通过招标、拍卖或者挂牌方式,不断提高土地供应的市场化程度。

招标:招标出让国有土地使用权,是指市、县人民政府土地行政主管部门发布招标公告,邀请特定或者不特定的公民、法人和其他组织参加国有土地使用权投标,根据投标结果确定土地使用者的行为。

拍卖:拍卖出让国有土地使用权,是指出让人发布拍卖公告,由竞买人在指定时间、地点进行公开竞价,根据出价结果确定土地使用者的行为。

挂牌:挂牌出让国有土地使用权,是指出让人发布挂牌公告,按公告规定的期限将其出让宗地的交易条件在指定的土地交易场所挂牌公布,接受竞买人的报价申请并更新挂牌价格,根据挂牌期限截止时的出价结果确定土地使用者的行为。

3. 行政管理制度

天津市规划保障措施的行政管理方面主要参照国家规定的统一行政管理制度,主要包括土地利用年度计划制度、建设项目用地预审制度及建设用地审查报批制度。

(1)土地利用年度计划制度。土地利用年度计划是指国家对计划年度农用地转用量、土地开发整理补充耕地量和耕地保有量的具体安排。其主要指标包括:农用地转用计划指标、土地开发整理计划指标、耕地保有量计划指标。土地利用年度计划建议由县级以上地方人民政府国土资源管理部门会同有关部门,按照国家的统一部署提出。经同级人民政府审查后,报上一级人民政府国土资源管理部门,同时抄报国家发展和改革委员会。地方人民政府国土资源管理部门可以将上级下达的土地利用计划指标分解,经同级人民政府批准后下达;省级人民政府国土资源部门在分解下达计划时,应当将国务院批准土地利用总体规划的城市农用地转用计划指标单独列出,并报国土资源部备案。

(2)建设用地预审制度。建设用地预审是指国土资源管理部门在建设项目审批、核准、备案阶段,依法对建设项目涉及的土地利用事项进行的审查。建设项目用地实行分级预审:需人民政府或有批准权的人民政府发展和改革等部门审批的建设项目,由该人民政府的国土资源管理部门预审;需核准和备案的建设项目,由与核准、备案机关同级的国土资源管理部门预审。

需审批的建设项目在可行性研究阶段,由建设用地单位提出预审申请;需核准、备案的建设项目在申请核准、备案前,由建设用地单位提出预审申请;涉及军事项目和国务院批准的特殊建设项目用地,建设用地单位可直接向国土资源部提出预审申请;由国土资源部负责预审的输电线塔基、钻探井位、通信基站等小面积零星分散建设项目用地,由省级土地国土资源管理部门预审,并报国土资源部备案。

(3)建设用地审查报批制度。县级以上人民政府土地行政主管部门负责建设用地的申请受理、审查、报批工作。在土地利用总体规划确定的城市建设用地范围外单独选址的建设项目使用土地的,建设单位应当向土地所在地的市、县人民政府土地行政主管部门提出用地申请。市、县人民政府土地行政主管部门对符合条件的建设用地申请应当受理,并编制建设项目用地呈报说明书,经同级人民政府审核同意后,逐级上报有批准权的人民政府,并将审查所需的材料及时送该级土地行政主管部门审查。

在土地利用总体规划确定的城市建设用地范围内,为实施城市规划占用土地的,由市、县人民政府土地行政主管部门编制建设项目用地呈报说明书,经同级人民政府审核同意后,逐级上报有批准权的人民政府,并将审查所需的材料及时送该级土地行政主管部门审查。在土地利用总体规划确定的村庄和集镇建设用地范围内,为实施村庄和集镇规划占用土地的,由市、县人民政府土地行政主管部门编制建设项目用地呈报说明书,经同级人民政府审核同意后,逐级上报有批准权的人民政府,并将审查所需的材料及时送该级土地行政主管部门审查。

4.社会监督手段

天津市为保障人民群众的民主权利、维护人民群众的根本利益,切实加强对行政权力的监督,提高土地管理部门行政行为的透明度,把人民群众普遍关心的问题作为政务公开的主要内容,并积极主动进行公告,便于群众进行监督。

政务公开的范围主要包括政务信息公开和社会服务信息公开。其中,社会服务信息主要公开的内容包括:土地利用年度计划管理、农用地转用审批、土地征收审批、建设用地审批、建设项目用地预审、临时用地审批、土地权属登记、土地基准地价、房屋产权交易权属登记、房屋维修管理、物业管理、房屋拆迁、房改售房和房改政策、供热管理、执法监察等项事务的受理部门、办事依据、办事程序、办事时限、审批结果、收费标准及文本填写示范等。

政务公开主要形式包括:建立政务公开专栏及相关规定,在服务场所设立政务公开专栏或电子屏幕,公开政务信息和公共服务信息;加强政务网站建设,适时公布政务信息和公共服务信息;建立新闻发布制度;充分利用宣传媒体,利用报刊、电台、电视等新闻媒体,定期公开政务、服务信息;利用相关会议形式,通过社会公示、听证和专家咨询、论证以及邀请人民群众旁听有关会议等形式,对行政决策的过程和结果予以公开;建立社会监督员座谈制度,定期召开人大代表、政协委员、社会监督员会议,公开政务、服务信息,听取社会各界意见。这些方式为公众参与规划、了解规划和遵守规划创造了有利条件,有力地支持了天津市规划的贯彻实施。

5. 技术管理手段

目前,天津市为加强土地市场动态监测和分析研究,建立起了房地产市场的动态监测和调控系统,对房屋需求、空置情况、开发建设和销售情况等进行分析研究,随时监测并及时调控房地产市场,以避免房地产、土地价格的非理性上涨,保持了土地市场的平稳运行。

11.2.2 天津市规划实施保障存在的问题

天津市规划实施保障体系虽然相对比较综合,面面俱到,但是仍存在不少问题,特别是技术手段没有达到先进水平,技术检测较为薄弱,且在行政管理方面没有因地制宜,经济手段的市场化程度有待提高。

1. 法律法规措施

(1)规划的权威性、严肃性不够,规划的法律地位有待进一步提高。

上一轮规划编制周期过长,属于典型的"三边规划",即边规划、边实施、边修改。天津市土地利用总体规划历经 5 年编制完成,国务院批复下来的时候已接近规划近期目标年,乡镇级规划历时 3 年才陆续编制、审查完成。由于周期过长,其间社会经济发展状况、土地利用状况、影响土地利用的因素等发生了很大的变化,信息的反馈相对又比较滞后,导致土地利用规划的内容与现实脱节,极大地削弱了规划的现实指导意义。

(2)天津市没有单独进行土地利用规划立法,尚未形成比较完整的法规体系,规划管理的一些基本制度没有通过法的形式予以明确。

(3)规划监督机制不健全,依法管理土地措施乏力,管理配套措施跟不上,对土地使用违规问题处罚力度较小,造成一些地方无视土地利用总体规划的刚性约束力,在加速发展中乱设园区、盲目重复建设、大量圈占土地,一些专业、专项规划随意扩大建设用地规模,占用耕地甚至基本农田。

(4)任意调整规划,违反规划、计划批地用地的问题仍然比较严重。有的地方规划刚批准就面临调整,甚至不按程序随意修改和调整规划、变相修改规划,规划跟着领导走、跟着项目走的现象还比较普遍。

(5)规划执行难、执法不力的问题仍然比较突出。违法成本低,甚至明受罚、暗得利,使违反规划批地用地难以从根本上遏止的重要原因。

2.经济制约手段

(1)规划与市场缺乏有机结合,建设用地的市场配置比例较低,市场配置土地资源的基础作用尚未充分发挥。

(2)建设占用耕地成本和补偿标准总体偏低,新增建设用地土地有偿使用费收缴制度没有得到严格执行,使原本主要依靠经济手段遏制建设用地外延扩张的努力未能取得预期成效。

3.行政管理制度

(1)计划管理体制没有理顺。年度计划指标的设置、编制方法不够完善;重编制、轻实施,缺乏执行管理的有效手段,使事前调控变成事后统计;计划确认、台账管理和执行情况报告制度在很多地方没有落实;指标结转管理不够规范,有些地方存在计划外用地、超计划用地现象。

(2)建设项目用地预审工作介入滞后,有些地方没有按照法律规定在建设项目可行性研究阶段或核准过程中进行预审,影响到预审效果;预审的覆盖面有限,工作深度不够,预审权限与用地审批权限不一致,影响有关工作的衔接。

(3)规划审查制度被忽视,重批地、轻规划审查的现象普遍存在。

(4)规划调整不规范,缺少相应的监督、评价、调整的制度,严重影响了规划的实施。

4.社会监督手段

(1)在规划的公众参与方面,对规划编制公众参与这一环节重视不够,公众参与面窄,参与深度不够,公众真正参与规划内容十分有限,基本上停留在规划编制成果的公示层面,仍然只是规划的被动接受者,在一定程度上削弱了规划的科学性和民主性。

(2)在规划实施的监督方面,规划实施的人大监督、公众监督、舆论监督运用不够充分,尚未建立起有效的社会制约机制。

(3)土地利用总体规划的宣传渠道和宣传力度不够,公众对土地利用总体规划的认知和接受程度有待加强。

(4)有些地方存在重事后查处,而事前防范、事中监督不够;重个案查处,而主动的、经常性全面检查不够;重违规批地占地行为的检查和查处,而对规划指标不落实、下级规划突破上级规划等检查和查处不够等问题。

5.技术管理手段

(1)土地利用总体规划信息系统建设不够完善,不能完全实施土地利用规划管理信息的动态管理,从而无法对土地利用规划实施情况进行有效控制。

(2)专业技术人员整体素质不高、知识老化现象严重,整体服务水平跟不上,在一定程度上制约了技术水平的发挥。

11.2.3 完善天津市土地利用规划实施保障体系的建议

规划实施保障措施是实现规划目标、调控土地利用的基本手段,也是土地管理工作的重要组成部分。规划实施保障措施研究是总结、完善、创新规划实施政策措施的过程,是规划编制工作的重要内容,更需要在规划实施中不断完善。根据天津市土地利用规划和管理的需要,在新一轮土地利用总体规划中,有必要进一步强化和健全规划实施保障机制,加强规划对土地利用的整体控制,深化规划实施的公众参与和民主决策,完善规划实施的制度建设,落实规划实施的经济手段,重点从法律、行政、经济、社会和技术五个方面研究制定天津市土地利用总体规划实施保障措施,进一步完善实施保障体系,保障《天津市土地利用总体规划(2006－2020年)》的顺利实施。

1. 规划实施的法律措施

(1)完善土地利用相关的法律和法规。目前,《土地管理法》正在修订过程中,结合天津市社会经济发展实际情况,启动再次修订完善《天津市土地管理条例》、《天津市基本农田管理条例》等工作,为规划实施提供法律依据。

(2)严格实行《国土资源听证规定》,完善土地利用规划管理法规制度。凡是编制或者修改土地利用总体规划,应组织听证。为充分体现土地利用总体规划在土地管理中的龙头地位,维护土地利用总体规划的法律严肃性和权威性,实施最严格的土地用途管制制度,积极建立《天津市土地利用规划条例》,主要是对《天津市土地管理条例》中土地利用规划的规定作进一步补充、完善。

(3)组织制定《天津市耕地质量管理条例》等规定,依法管理耕地。严格执行《天津市土地管理条例》、《天津市基本农田保护条例》等法律法规,严肃查处各种违法违规行为,严格土地用途管理。加强耕地质量的法律法规体系建设,尽快组织制定《天津市耕地质量管理条例》、《补充耕地等级折算办法》和《补充耕地质量验收办法》。建立健全耕地保护制度,强化耕地质量建设,完善耕地质量标准体系,制定耕地地力分等定级办法;加强肥料、农药、农膜等农业投入品的检验登记管理和监督管理,确保耕地安全和农产品安全,为耕地的永续利用奠定基础。

(4)严格执行《中华人民共和国土地管理法》,对闲置的土地依法收回。通过法律手段,控制土地使用者对土地的利用程度,对闲置土地率达到 10％以上的地区,要相应减少土地供给量;对于空置、闲置土地依照《中华人民共和国土地管理法》和《房地产法》达两年者依法收回,土地归国家所有。对于农用地,转用批准后,满两年未实施具体征地或用地行为的,批准文件自动失效;已实施征地,满两年未供地的,在下达下一年的农用地转用计划时扣减相应指标,对具备耕作条件的土地,应当交原土地使用者继续耕种,也可以由当地人民政府组织耕种。

(5)完善新增建设用地征地制度。完善征地补偿办法,通过制定并公布征地的统一年产值标准或区片综合地价,征地补偿做到同地同价,国家重点建设项目必须将征地费用足额列入概算,大中型水利、水电工程建设征地的补偿费标准和移民安置办法,由国务院另行规定。健全征地程序,加快建立和完善征地补偿安置争议的协调和裁决机制,维护被征地农民和用地者的合法权益;加强对征地实施过程的监管,被征地的农村集体经济组织应当将征地补偿费用的收支和分配情况向组织成员公布,接受监督,农业、民政等部门也要加强对农村集体经济组织内部征地补偿费用分配和使用的监督。

(6)制定土地节约集约利用管理条例。及时修订并完善《天津市土地管理条例》、《天津市基本农田管理条例》,加强土地利用计划管理,严格用地审批。制定《天津市各类建设项目用地控制指标》,合理确定各类建设用地规模,提高各区县工业用地的集约利用水平,确定合理的土地投资密度和容积率。实行区域城乡建设用地的整体控制,避免双重占地现象。通过修改《天津市土地管理条例》中的相关条例,加强对弃耕撂荒农田的管理。规范土地流转的利益补偿机制,强化规划执法监督查处制度,运用行政、法律、经济、技术等措施严格管理,更好地节约集约利用土地。

(7)制定分区土地管理条例及生态用地保护的政策、法规。严格土地管理是保证分区土地按照各自功能和土地利用方向高效集约利用的关键,在不违背现有法规的前提下,建立不同类型用地的管理条例,以利于土地管理的强化。以市生态用地主管部门为主,组织有关单位制定保护和合理利用天津生态用地的法规和政策,做到有章可循、有法可依,以制裁不合理利用生态用地资源行为和打击破坏生态用地的违法犯罪活动,实现生态资源可持续利用。

2.规划实施的经济措施

(1)建立城乡统一的土地市场,完善合理的土地资源配置和流转机制。鉴于目前天津市实际情况,加快建立农村居民点用地使用权有偿流转制度。将农村宅基地所有权与使用权分离,在保留集体建设用地所有权不变的前提下,充分发挥市场机制与计划调节的双重作用,推行农村宅基地使用权在一定范围内进行有偿、有限期、可流动的转让活动,并建立起与之相适应的管理体系和流转体系。

(2)建立耕地质量建设专项基金。每年从市、县两级土地出让金、耕地开垦费总额中提取 30%,专门用于土壤监测、地力调查、科学施肥、培肥地力和新垦耕地地力培育等耕地质量建设与管理工作,由市级农业部门统一组织管理。

(3)建立完善的财政转移支付制度。财政转移支付是体现社会公平,建设和谐社会的重要保证,通过建立激励型财政转移支付机制,促进落后地区的发展,促进对耕地和基本农田的保护,促进生态环境建设。

(4)运用税收等经济杠杆,建立土地管理和耕地保护的长效机制。需要根据不同地区、不同情况提高税额。从长远看,在完善土地统一登记的基础上,改革有关税制,实行物业税,以加大占用者的土地保有成本,促使其自觉建立合理用地、集约用地的自我约束机制。

(5)建立合理的土地利用效益分配协调机制。通过完善土地发展权的配置与流转机制、建立生态补偿机制等措施,将土地占用的外部性成本纳入地价体系,提高农地非农化的门槛。适当降低地方政府在农地非农化过程中的收益份额,相应提高原土地持有人的收益比例,抑制农地非农化过快的趋势;或者通过征收生态补偿费、税,建立生态补偿基金,以补偿生态功能区进行生态与环境保护而损失的经济利益或接纳环境污染转移而造成的社会和经济损失,形成合理的土地利用效益分配协调机制,体现公平与效率,维护区域的协调发展。

(6)新增城镇建设用地与整理农村居民点相挂钩。根据正在开展的新增城镇建设用地与整理农村居民点相挂钩的试点工作,确定不同农村居民点整理类型和适用模式;积极探索和制定城镇建设用地增加与农村建设用地减少相挂钩的政策机制和激励措施；在具体实施措施上，可以划定由拟整理农村建设用地地块（即拆旧区）和预留城镇建设用地地块（即新建区）共同组成挂钩项目区，挂钩试点的规模按国家和省（区、市）下达的挂钩周转指标控制。管理上，挂钩周转指标按照"总量控制、封闭运行、定期考核、到期归还"的原则进行管理。挂钩周转指标分别以行政区域和项目区为考核单位，两者的用地规模都不得突破下达的挂钩周转指标规模。

（7）建立政府引导、多方参与的保障土地利用规划实施的投融资机制。建立天津市土地开发整治基金，由财政出资，积极引进国际社会的援助资金，争取国家投资，广泛吸纳民间投资。充分发挥土地资产管理委员会的作用，建立"土地银行"，通过出售土地获取级差收益，通过出售公益工程范围内部分项目的经营权获取租金，充实国土开发整治基金，缓解财政压力。

树立资源资产化管理、资产资本化运作的开发理念，建立、完善土地资源开发利用的市场机制、政策机制、法律机制，创造条件，引导、促进各种投资机构和民间资本参与国土资源开发、利用、保护、整治。除涉及国家政策、法规规定之外的一切领域，全部向社会开放。政府仅通过国有资产管理机构以法人形式参与市场投资。

3. 规划实施的行政措施

（1）建立规划年度实施评价机制。对规划实施情况进行跟踪评价，及时掌握规划实施过程中出现的新问题，提出相应的对策，加强对规划的维护和管理，促进规划的实施。

（2）建立科学的用地集约评价体系，促进土地的集约利用。制定一套适合天津市的土地利用控制指标体系，以此作为新增建设项目确定用地审批与否的科学依据。加强对用地项目的审批、审核，根据项目的性质、规模等各项指标，综合确定项目用地规模。严格控制增量土地的开发，按照是否促进天津市经济发展水平的标准来批准项目开发。利用集约利用程度鉴别和评价体系，对各行各业用地情况进行科学的用地集约评价。通过建立市、区、县集约用地评价体系和考核制度，实行评价结果与年度用地计划指标挂钩的办法。对天津市用地集约情况予以总的评价，结合年度用地计划指标的下达,提出供地和规划管理对策,促进用地方式从粗放型向集约型转变。

(3)严格执行土地预审制度,深化土地市场治理整顿。继续深化土地市场治理整顿,巩固已有成果,落实严防反弹的各项措施。制定和实施新的用地定额指标,提高单位土地投资强度,严禁闲置土地,积极鼓励各类工业项目兴建多层厂房,集约利用土地。严格执行土地预审制度,对不符合国家产业政策、属于国家淘汰类、限制类项目以及不符合土地利用规划、未列入土地利用计划的,不办理项目用地预审。加强新增费的征收管理,对于凡不按规定环节、程序和标准,足额缴纳新增费的,一律不办理用地审批手续。

(4)严格实行农用地转用年度计划指令性管理,保障重点供应土地。根据土地市场状况和土地整理储备情况,科学编制年度土地供应计划,合理确定土地供应总量。严格实行农用地转用年度计划指令性管理,改进计划下达和考核办法,优先保证市重点工程的用地需要。加强土地利用计划使用管理,实行农用地转用年度计划指令性管理,改进农用地年度计划下达和考核办法,每半年下达一次,对土地集约利用率高的区县在政策上将给予倾斜。把有限的农用地转用指标作为杠杆,积极扶持高水平项目,坚决遏制低水平重复建设,并适当核减有低水平项目的区县的用地指标。

(5)规划引导科学用地,有效调控保证用地。充分发挥规划对土地供应总量、速度和结构的控制和引导作用。加强城市新区和清理后拟保留开发区的规划管理,统一纳入土地利用总体规划、城市总体规划确定的城市用地范围,积极鼓励村镇工业项目向开发区集中。建立规划和国土资源经济运行分析体系、指标体系,积极运用土地政策参与宏观调控。建立完善的土地管理定期形势分析制度,并制定土地投放量等调控措施,为市政府决策提供依据,保障全市经济社会平稳发展。

(6)建立耕地保护责任的考核体系,严格管制保护耕地。落实最严格的耕地保护责任制度,切实加强耕地特别是基本农田的保护。建立耕地保护责任的考核体系,实行年度耕地保护责任履行情况报告和检查制度。建立耕地保护层责任制,切实把基本农田落实到地块和农户。各区县要将耕地占补平衡落到实处,推行补充耕地质量和数量按等级折算,确保补充耕地的数量和质量。从严控制农用地转为建设用地的总量和速度,实行城镇建设用地规模扩大与农村建设用地规模缩小相挂钩,落实耕地保护和占补平衡数量与质量并重。建设占用耕地,要先补后占。在补充耕地未完成前,不予批准占地。补充的耕地,必须经过国土资源和农业主管部门严格验收,确保数量不少,质量不降,严格防止只占不补或占优补劣。沿海地区围海造地,必须依法进行环境影响评价,严防破坏生态环境。

(7)建立地价管理体系,规范国有土地的价格管理。进一步规范土地市场,严格实施《天津市国有土地有偿使用办法》,早日出台《天津市区县国有土地有偿使用办法实施细则》。进一步扩大土地有偿使用范围,巩固和全面落实经营性土地使用权招、拍、挂出让制度。建立地价管理体系,规范国有土地使用权、协议出让土地使用权的价格管理,加强地价评估和确认管理工作。进一步拓展土地收购储备渠道,加大以地融资、以地引资的力度,构建规范、有效的土地投融资新机制。

(8)建立有效的生态用地管理机制。建立生态用地保护委员会,实施联络工作制度,有效地承担起生态用地保护和管理的任务。严防生态用地被污染,一是对排污的途径、种类、范围、数量进行限制。二是加大行政、经济、法律的处罚力度,实现清洁生产工艺。三是各区县及重点乡镇建办污水处理厂。四是尽快推广和应用自然能(太阳能、风能、潮汐能)的"绿色"能源,以减少化学、物理、机械能的污染。

(9)深化土地使用制度改革,减少划拨土地范围。将原来通过行政划拨进入土地市场的无偿取得方式逐渐转为招标、拍卖、挂牌等形式,减少通过划拨形式获取的土地,严格土地市场管理,规范土地使用制度,使其适应经济发展和市场规律。

4.规划实施的社会措施

(1)建立健全土地利用总体规划公告公示和公众参与制度。积极拓宽和加大规划成果宣传渠道和力度,加强土地法规政策的宣传和解释工作,积极扩大公众参与和舆论监督,建立土地利用总体规划公告公示制度;建立健全公众参与制度,明确规划程序中公众的职责和权责,参与的渠道与途径,比较准确地表达社会需求,以减少决策失误。

(2)完善土地利用社会监督机制。各级国土资源管理部门要根据土地开发整理年度实施计划,定期对规划实施情况进行监督检查,加大监督和指导力度;各级土地行政主管部门应将土地有效利用纳入土地执法巡查的范围,严格禁止违法占地、空置闲置土地以及低效利用的现象出现;加强对土地利用过程的监督指导,强化土地利用数量和质量的监管,确保土地合理高效利用。增强公众参与和监督意识,制定有效的监督管理措施,奖罚分明,调动全社会的积极性,自觉保护和合理使用土地,促进土地的节约和集约利用。

(3)加大宣传力度,增强耕地忧患意识。利用电台、报纸、展览等手段,广泛宣传保护耕地资源的意义,增强市民的耕地忧患意识,提高市民珍惜耕地的自觉性。

(4)加强生态用地保护的宣传。由市生态用地主管部门牵头,联合新闻和科普部门开展对保护生态用地及合理利用生态资源的重要性、紧迫性、科学性的宣传,提高各级政府、有关部门以及社会各界人士对生态用地功能、价值和效益的认知,强化保护生态用地意识和合理利用生态用地的理念,形成保护生态用地的良好氛围。

5.规划实施的技术措施

(1)建立以"3S"技术为支撑的土地利用规划管理动态信息系统。建立以"3S"技术为支撑的土地利用规划管理动态信息系统,实现土地利用现状动态变化、规划成果管理、规划调整、用地审批、动态监测的信息化、网络化,提高规划管理水平,全面推进规划管理信息化。

(2)建立耕地动态监测体系。应用"3S"技术,建立耕地质量监测体系。增加区县级网点建设,形成部、市、区县三级监测体系;按照全国统一监测技术规程按期实施动态监测;配备必需的数据信息处理及传输设备,建立土壤肥力数据库,及时传递监测动态信息。

(3)加强科学研究,增强耕地保护技术储备与推广。加强土壤改良、耕地培肥等科学研究工作;推广项目计划,增加科研经费,组织相关学科专家和技术骨干,开展技术研究与科技积累;积极引进国外技术,开展国际间的合作,研究和储备一些生产中急需的耕地净化与修复技术,因地制宜地采取工程、生物、化学和农艺等措施,不断提高耕地持续生产能力。

(4)建立耕地-粮食预警系统。加强耕地质量预警研究,通过研究掌握耕地质量变化规律,预测一定时期内耕地质量变化趋势与变化程度,结合作物生长发育要求进行调控,实现耕地质量的维持和提高,保障耕地资源的永续利用,促进粮食的生产与安全供给。

(5)强化职能部门建设,强化管理功能。完善土壤农化监测手段,配置相关仪器设备,提高技术服务水平;稳定土肥机构,提高基础能力;适当增加再教育经费,提高其知识、工作水平;建立和完善竞争机制、激励机制、收入分配机制等相关制度,创造宽松的工作环境,提高耕地质量管理和技术服务水平。

(6)建立用地节约和集约利用控制标准。为节约和集约利用土地,按照宏观和微观两个层次建立用地控制指标体系(如表11.1所示),作为土地管理部门进行用地控制的依据。

表11.1 天津市建设用地控制指标

评价用地类型	评价指标	控制标准
建设用地	单位建设用地固定资产投资(万元/公顷)	4006
	单位建设用地二、三产业增加值(万元/公顷)	16000
	人均建设用地(平方米)	202
城镇用地	城镇用地占总用地的比例(%)	17
	城镇人均建设用地(平方米)	120
	城镇建设用地综合容积率	0.51
农村居民点用地	农村居民点用地占总用地的比例(%)	18
	人均农村居民点用地(平方米)	150
	农村居民点用地综合容积率	0.4
开发区用地	投资强度(万元/公顷)	1264
	容积率	0.6
交通用地	交通用地占建设用地的比例(%)	12
	单位GDP交通用地(万元/公顷)	17

资料来源:《天津市土地利用总体规划修编重大问题研究综合报告》

参考文献

1. Abrams, Charles. The City is the Frontier. New York: Harper&Row Press,1965,pp. 22—23

2. Alonso, William. Location and Land Use. Cambridge: Harvard University Press,1996,pp. 32—33

3. Blume H. P. ,et al. Towards sustainable land use. Geoderma,96 (1),2000,pp. 155—157

4. Burrough P. A. Principles of geographical information systems for land resources—assessment. Clarendon Press,1986

5. C. E. Little. Farmland conservancies: A middle ground approach to agriculture to agricultural land preservation. Journal of Soil and Water Conservation,1980,12,pp. 28—42

6. Davidson D. A. et al. A land evaluation project in Greece using GIS and based on Boolean and fuzzy set methodologies. International Journal of GIS,1994,8(4),pp. 369—384

7. Ebenezer Howard. Garden Cities of Tomorrow. London Press,1902

8. FAO. A framework for land evaluation,Soils Bulletin 32. FAO, Rome,1976

9. FAO. Potential Population Supporting Capacities of Lands in

Developing World. Rome Press,1982

    10. Fsteineretal. The use of the agricultural land evaluation and site assessment system in the United State. Landscape and Urban Planning,1987,14,pp. 183—199

    11. FAO/UNEP. Our Land Our Future:A New Approach to Land Use Planning and Management. FAO/UNEP Rome,1996

    12. FAO/UNEP. Negotiating a Sustainable Future for Land Structural and Institutional Guidelines for Land Resources Management in the 21 Century. FAO/UNEP,Rome,1997

    13. FAO. Terminology for Integrated Resources Planning and Management. FAO,Rome,1998

    14. FAO. The Future of Our Land,Facing the Challenge—Guidelines for Integrated Land Use Planning. FAO/UNEP Rome,1999

    15. F. S. Chapin. Urban Land Use Planning. University of Illinois Press,1965

    16. GTZ. Land Use Planning Methods,Strategies,Tools. GTZ,Eschborn,1995

    17. Harrington J. W. Empirical Research on Producer Service Growth and Regional Development:International Comparisons. Professional Geographer,(1),1995,pp. 26—55

    18. H. N. Vanlier et al. Sustainable land use planning. Elsevier Science B. V,1994,2,43—58

    19. Ismail Serageldin. Sustainability and the Wealth of Nations. First Step in an Origin Journey,1992,3,12

    20. Jan Spiker. Arthur Wolleswinkel,Multiple Land Use Planning Methodologies — comparative Study between Netherlands and USA. ISOMUL,Wageningen,1996

    21. Jaques Antoine,Frankjohn J. Dent Sims and Rebert Brinkman. Agro—ecological zones and resource Management Domains in relation to

land use planning. FAO,1998

22. J. G. Fabos. Renional ecosystem assessment: an aid ecologically compatible land use planning. Perspectives of Landscape Ecology, Waneninnen,1981

23. Jung—Keun Park. Rural Land Use in Korea. APO Symposium: Rural Land Use in Asia and Pacific,1993,1,260—272

24. Korea Rural Economic Institute. The History of Land Reform in Korea. Seoul,1986,5,2—36

25. Llleris. S. Produce Services: The Key Sector for Future Economic Development. Entrepreneurship and Regional Development, 1989,(1),pp. 20—35

26. Martin R. C. Spatial Distribution of Population: Cities and Suburbs. Journal of Regional Science,1973,13,pp. 269—278

27. Mchargil. Design with natures. Natural History Press,1969

28. M. Einsele. The Town of the Future in Developing Countries. Applied Geography and Development,1995,2,31—42

29. Merriam C. H. Life Zones and Crop Zones of the United States. Bull. Div. Biol. Surv. 10. Washington D. C. U. S. Department of Agriculture,1898,pp. 71—79

30. Mills,David E. Is Zoning A Negative Sum Game? Land Economics. Pro Quest Biology Journals,1989,65(1),pp. 1—12

31. Mohan Munasinghe and Jeffret Mcneely. Key Concepts and Terminology of Sustainable Development,Defining and Measuring Sustainability. The Biogeophysical Foundations,New York,1996

32. Naveh Z. ,Lieberman A. S. Landscape ecology:theory and application. Sprinner Verlan Prss,1984

33. Nicholas N. Patricios,International Handbook on Land Use planning. Greenwood Press,1986

34. Odum E. P. Fundamentals of Ecology. Philadephia PH. A.

Saunders Company Press,1971

35. Peter Dale and John McLaughlin . Land administration. Oxford University Press,1999

36. R. Colenutt. Building,Models of Urban Growth and spatial Structure. Progress In Geography,1970,2,76—84

37. R. H. Grove. The Origins of the Western Environmentalism. Scientific American,1992,6,1—8

38. Ress W. E. , Wackemagel M. Urban ecological footprints：Why cities can not be sustainable and why they are a key to sustainablility . Environmental Impact Assessment Review,1996,pp. 224—248

39. Sutton P. odeling population density with nighttime satellite imagery and GIS. Computers,Environment and Urban Systems,1997, 21(3),pp. 227—244

40. The Kingdom of Swazi land /FAO/UNEP. Proceedings of FAO/LJNEP Workshop on Integrated Planning and Management of Land Resources. Mbabane—Rome,1998

41. T. L. Berry,et al. Geographic Perspectives on Urban System. Priceton Press,1977

42. Troll. The science of plant morphology ：definition , history, and role in modern biology. American Journal of Botany, 2001, 88, p p. 1711—1741

43. UNESCO & FAO. Carrying Capacity Assessment with a Pilot Study of Kenya：A Resource Accounting Methodology for Exploring National Options for Sustainable Development. Paris and Rpme Press,1985

44. UNCED. Agenda 21：Programme of Action for Sustainable Development. United Nations,New York,1993

45. William Alan. The African Husbandman. Edinburg：Oliver and Boyd Press,1965

46. William Vogt. Road to Survival. London：Victor Gollancz Ltd Press，1949

47. Wu Fu Long and Christopher. J. W. Simulation of Natural Land use Zoning Under Free－Market and Incremental Development Control Regimes. Computer，Environment and Urban Systems，1998，22(3)，pp. 241－256

48. Yang－Boo Choe and Chung－Hwan Lee. Rural Development Strategy of Industrial Society：Choice of Integrated Rural Area Development Approach. 1987,3,24－71

49. 安国辉.土地利用规划.科学出版社,2008 年

50. 阿兰·兰德尔.资源经济学.商务印书馆,1989 年

51. 敖崑鲸.土地利用规划环境影响评价实证研究——以三峡库区丰都县为例.西南大学 2008 年硕士学位论文

52. 白冰冰,成舜,李兰维.城市土地集约利用潜力宏观评价探讨——以内蒙古包头市为例.华东师范大学学报(哲学社会科学版),2003 年第 1 期,第 83～88 页

53. 毕宝德.土地经济学(修订本).中国人民大学出版社,1993 年

54. 毕宝德.土地经济学.中国人民大学出版社,2003 年

55. 毕宝德.土地经济学.中国人民大学出版社,2006 年

56. B. F. 舒马赫.小的是美好的.虞鸿钧,郑关林译.商务印书馆,1984 年

57. 白清,李满春.县域土地利用总体规划与耕地保护研究.南京大学学报(自然科学版),1999 年第 35 卷第 3 期,第 268～276 页

58. 班茂盛,方创琳,宋吉涛.国内外开发区土地集约利用的途径及其启示,2007 年第 3 期,第 45～50 页

59. 毕志涛.基于 GeoMedia Professional 的开发区土地集约利用潜力研究——以西安阎良高新技术产业园区为例.西北大学 2009 年硕士学位论文

60. 曹爱民,张忠.3S 技术在城镇土地调查与潜力评价中的应用.地

理空间信息,2010 年第 1 期,第 17～20 页

61. 陈百明.区域土地可持续利用指标体系框架的构建与评价.地理科学进展,2002 年第 2 卷第 3 期,第 204～215 页

62. 陈百明.中国土地利用与生态特征区划.气象出版社,2003 年

63. 陈德凡.GIS 技术城镇建设用地扩展范围确定方法——以重庆市南岸区为例.国土资源导刊,2007 年第 4 期,第 12～15 页

64. 崔功豪.区域分析与规划.高等教育出版社,2002 年

65. 崔和瑞,赵黎明.基于系统协调理论的区域农业可持续发展研究.西北农林科技大学学报(社会科学版),2004 年第 4 卷第 1 期,第 31～34,50 页

66. 陈海燕,彭补拙.耕地保护的一般原则与模式研究.南京大学学报(自然科学版),2001 年第 5 期,第 304～310 页

67. 曹建海.我国土地节约集约利用的基本思路.中国土地,2005 年第 10 期,第 19～21 页

68. 查理德,瑞吉斯特.生态城市——建设与自然平衡的人居环境.社会科学出版社,2004 年

69. 陈利根.国外(地区)土地用途管制特点及对我国的启示.比较与借鉴,2002 年第 3 期,第 67～70 页

70. 崔苗苗,牛得学,成毕勤.基于 ArcGIS 土地利用分析.国土资源信息,2008 年第 4 期,第 36～39 页

71. 陈念平.土地资源承载力若干问题浅析.自然资源学报,1989 年第 4 期,第 372～381 页

72. 陈庆吉,王殿选.经济系统集约度与粗放度的评价模型及应用.系统工程理论与实践,1999 年第 4 期,第 27～31 页

73. 陈书荣,曾华.论城市土地集约利用.城乡建设,2000 年第 8 期,第 28～29 页

74. 蔡文,万涛,王雄.城市土地集约利用潜力评价研究.科技进步与对策,2006 年第 1 期,第 137～139 页

75. 崔向科.保定市土地整理潜力与实践研究.河北农业大学 2004

年硕士学位论文

76. 常玉光,樊良新,宋琼.基于生态承载力的焦作市可持续发展能力研究.水土保持研究,2008 年第 5 期,第 180～182 页

77. 陈莹,刘康,郑伟元等.城市土地集约利用潜力评价的应用研究.中国土地科学,2002 年第 4 期,第 26～29 页

78. 蔡运龙,李军.土地利用可持续性的度量.地理学报,2003 年第 58 卷第 2 期,第 305～313 页

79. 蔡玉梅,任国柱.中国耕地数量的区域变化及调控研究田.地理学与国土研究,1998 年第 3 期,第 13～18 页

80. 但承龙.可持续土地利用规划理论与方法研究.南京农业大学 2002 年博士学位论文

81. D. Gregg Doyle.美国的密集化和中产阶级化发展.国外城市规划,2002 年第 3 期,第 2～9 页

82. 段建南.多级参数平衡法在土地利用规划中的应用.水土保持通报,1998 年第 8 卷第 1 期,第 7～26 页

83. 邓静中.我国土地利用现状区划.中国农业土壤志.农业出版社,1964 年,第 23～48 页

84. 董黎明.城市土地问题与土地集约利用.中国土地,2005 年第 8 期,第 6～7 页

85. 董利民.土地整理融资机制研究.华中农业大学 2004 年博士学位论文

86. 董黎明,林坚.土地利用总体规划的思考与探索.中国建筑工业出版社,2010 年

87. 董黎明,袁利平.集约利用土地——21 世纪中国城市土地利用的重大方向.中国土地科学,2000 年第 14 卷第 5 期,第 6～8 页

88. 董祚继,吴运娟.中国现代土地利用规划——理论、方法与实践.中国大地出版社,2009 年

89. 邓文胜.基于 RS、GLS 与生态足迹法的孝感市生态规划.经济地理,2007 年第 4 期,第 46～49 页

90. 付光辉.不同等级耕地保有量的测算——以江苏省淮安市为例.地域研究与开发,2008 年第 27 期,第 104～107 页

91. 樊敏,刘耀林,王汉花.基于协调度模型的城市土地集约利用评价研究.测绘科学,2009 年第 1 期,第 144～146 页

92. 冯源嵩,杨兴礼.开县土地利用总体规划管理保障措施研究.安徽农业科学,2006 年第 34 卷第 22 期,第 5999～6000 页

93. 封志明.土地承载力研究的过去、现在与未来.中国土地科学,1994 年第 8 期,第 1～9 页

94. 郭贯成.耕地面积变化与经济发展水平的相关分析.国土开发与整治,2001 年第 11 卷第 4 期,第 41～46 页

95. 高慧卿,樊兰瑛.山西省土地利用分区方法初探.农业系统科学与综合研究,1994 年第 10 卷第 4 期,第 309～312 页

96. 高惠璇.应用多元统计分析.北京大学出版社,2005 年

97. 甘来.RS 与 GLS 技术在城市环境规划中的应用——以福建宁德市生态环境保护规划为例.当代经济(下半月),2007 年第 6 期,第 25～27 页

98. 顾林生.国外国土规划的特点和新动向.世界地理研究,2003 年第 3 期,第 60～70 页

99. 官攀.农村居民点土地整理初步.河北农业大学 2003 年硕士学位论文

100. 顾培亮.系统分析与协调.天津大学出版社,2003 年

101. 葛秀飞.新疆土地承载力与可持续发展经济问题研究.新疆农业大学 2006 年硕士学位论文

102. 郭秀锐,毛显强.中国土地承载力计算方法研究综述.地球科学进展,2000 年第 6 期,第 706 页

103. 广宇.福建省耕地流失原因及总量动态平衡研究.农业经济问题,2002 年第 10 期,第 36～39 页

104. 郭娅,濮励杰,赵姚阳等.国内外土地利用区划研究的回顾与展望.长江流域资源与环境,2007 年第 16 卷第 6 期,第 759～762 页

105. 龚义,吴小平,欧阳安蛟.城市土地集约利用内涵界定及评价指标体系设计.浙江国土资源,2002 年第 1 期,第 46～49 页

106. 黄秉维.论中国综合自然区划草案.科学通报,1959 年第 18 期,第 594～602 页

107. 胡春胜,韩纯儒.京郊密云县农业生态系统蛋白质生产效率和人口承载力研究.生态学杂志,1990 年第 5 期,第 1～3 页

108. 韩栋.节水灌溉规划分区方法.北京工业大学 2005 年硕士学位论文

109. 黄大全,郑伟元.海外城市化与耕地保护对中国的启示.中国土地科学,2005 年第 19 卷第 3 期,第 39～43 页

110. 何芳.城市土地集约利用及其潜力评价.同济大学出版社,2003 年

111. 何芳,吴正训.国内外城市土地集约利用研究综述与分析.国土经济,2002 年第 3 期,第 35～37 页

112. 黄光宇,陈勇.生态城市理论与规划设计方法.科学出版社,2002 年

113. H. James Brown.城市土地管理的国际经验和教训.国外城市规划,2005 年第 20 卷第 1 期,第 21～23 页

114. 胡俊,蒋建明,陆飞,陈洪标.科学发展观和生态优先思想在城市规划中的实践——上海市崇明三岛总体规划简析.城市规划学报,2007 年第 1 期,第 9～14 页

115. 郝晋珉.土地利用规划学.中国农业大学出版社,2007 年

116. 黄劲松,周生路,彭补拙.土地利用总体规划实施保证体系.经济地理,2001 年第 21 卷增刊第 12 期,第 217～221 页

117. 胡兰玲.土地发展权论.河北法学,2002 年第 2 期,第 143～146 页

118. 何敏,刘友兆,高永年.耕地面积变化与经济增长相关性的区域差异.国土资源科技管理,2002 年第 19 卷第 6 期,第 1～5 页

119. 湖南省国土资源规划院.湖南省土地利用总体规划专题研究,

2006 年

120. 黄宁生,孙大中.广东省耕地资源的利用问题.地球化学,1998年第 27 卷第 4 期,第 344—350 页

121. 何书金,李秀彬等.环渤海地区耕地变化及动因分析.自然资源学报,2002 年第 17 卷第 3 期,第 345~352 页

122. 何伟,叶晓峰.我国城市土地利用现状透析.现代城市研究,2000 年第 6 期,第 43~44 页

123. 华伟,赵芳.都市扩张与土地资源利用集约化——关于上海市城市发展模式的研究.长江流域资源与环境,1998 年第 7 卷第 3 期,第193~197 页

124. 何晓丹.建设用地集约利用评价.浙江大学 2006 年硕士学位论文

125. 黄小虎.发挥土地宏观调控作用需要研究的问题.开放导报,2004 年第 4 期,第 8~63 页

126. 何晓群.多元统计分析.中国人民大学出版社,2004 年

127. 胡永光.城市土地集约利用潜力评价——以益阳市为例.湖南师范大学 2007 年硕士学位论文

128. 贺兆成,周绪高,卢绪.严格城市规划,切实保护耕地.山东国土资源,2006 年第 22 卷第 3 期,第 35~36 页

129. 洪增林,薛惠锋.城市土地集约利用潜力评价指标体系.地球科学与环境学报,2006 年第 1 期,第 106~110 页

130. 纪昌品,汤江龙,陈荣清.耕地保护政策的内涵及其公平与效率分析.土地资源科管理,2005 年第 3 期,第 28~32 页

131. 景贵和.土地生态评价与土地生态设计.地理学报,1986 年第 1期,第 1~6 页

132. 焦庆东,杨庆媛等.基于 Pearson 分层聚类的重庆市土地利用分区研究.西南大学学报(自然科学版),2009 年第 31 卷第 6 期,第 173~178 页

133. 焦为玲.农村居民点整理潜力研究——以枣阳市为例.华中师

范大学 2009 年硕士学位论文

134. 军岩,贾绍凤,高婷.石家庄城市化进程中的耕地变化.地理学报,2003 年第 58 卷第 4 期,第 620～628 页

135. 金正浩.韩国土地利用规定.韩国经济研究院规则研究中心,1994 年

136.《昆山市土地集约利用与可持续发展研究》课题组.区域发展与土地利用研究.中国国土资源报,2005 年 8 月 22 号

137. 刘伯恩.城市土地集约利用的途径与措施.国土资源,2003 年第 2 期,第 25～27 页

138. 李边疆.土地利用与生态环境关系研究.南京农业大学 2007 年博士学位论文

139. 理查得·T.伊利,爱德华·W.莫尔豪斯著.土地经济学.腾维藻译.商务印书馆,1982 年

140. 刘定惠,谭术魁,朱超洪.城市土地集约化利用的对策探讨.湖北大学学报(自然科学版),2003 年第 25 卷第 4 期,第 356～359 页

141. 刘丹,刘友兆.我国城市化发展与耕地变动的关系研究.经济纵横,2003 年第 1 期,第 13～15 页

142. 刘国兴,张振文,冯文丽,孙亚军.矿区土地复垦潜力多级模糊综合评判分析.矿产保护与利用,2007 年第 2 期,第 10～12 页

143. 刘海龙.从无序蔓延到精明增长——美国"城市增长边界"概念述评.城市问题,2005 年第 3 期,第 67～72 页

144. 林坚,陈祁晖,晋璋瑶.土地应该怎么用——城市土地集约利用的内涵与指标评价.中国土地,2004 年第 11 期,第 4～7 页

145. 廖建平,段建南等.冷水江市土地利用总体规划修编实施保障措施的研究.宜春学院学报,2006 年第 12 期,121～124 页

146. 李嘉图.政治经济学及赋税原理.商务印书馆,1980 年

147. 罗开富.中国自然地理分区草案.地理学报,1954 年第 20 卷第 4 期,第 379～394 页

148. 刘康,欧阳志云,王效科.甘肃省生态环境敏感性评价及其空间

分布.生态学报,2003 年第 12 期,第 2717~2718 页

149. 雷利·巴洛维.土地资源经济学.北京农业大学出版社,1989 年

150. 吕立刚,石培基,潘竟虎,曾翠萍.基于 AHP 和特尔斐方法的工业园区土地集约利用评价——以甘肃西峰工业园区为例.资源与产业,2010 年第 1 期,第 64~69 页

151. 刘力,邱道持等.城市土地集约利用评价.西南师范大学学报(自然科学版),2004 年第 29 卷第 5 期,第 887~590 页

152. 梁流涛,曹志宏.耕地保护:市场失灵与政府规制改进.资源与产业,2006 年第 4 卷第 2 期,第 33~35 页

153. 罗马俱乐部.增长的极限.四川人民出版社,1972 年

154. 李明月.我国城市土地资源配置的市场化研究.中国经济出版社,2007 年

155. 李宁宁.黑龙江省农业土地利用分区及实施对策研究.东北农业大学 2006 年硕士学位论文

156. 雷鹏,南灵.陕西省土地利用总体规划实施保障措施研究.陕西农业科学,2009 年第 3 期,第 151~153 页

157. 李谦,王海龙,杨正清,蒋瑜,郑中仁.城市土地集约利用宏观分析研究.国土资源情报,2008 年第 7 期,第 15~20 页

158. 李盛湖.对土地利用分区的研讨.干旱区研究,1994 年第 11 卷第 4 期,第 38~42 页

159. 刘卫东,袁华宝.城市土地集约利用——房地产开发与经营策略的转变.同济大学学报(社会科学版),1999 年第 10 卷第 2 期,第 56~61 页

160. 刘伟,张巧龄,夏岩.湖北省土地资源可持续性利用综合评价研究明.科技进步与对策,2004 年第 10 期,第 55~57 页

161. 李旭丹.中国大百科全书·地理学.中国大百科全书出版社,1984 年

162. 林晓光.基于生态优先的新城规划——以成都天府大道南延片

区为例.重庆大学 2007 年硕士学位论文

163. 刘新卫,张丽君等.中国土地资源集约利用研究.地质出版社, 2006 年

164. 刘杨等.土地生产潜力计算方法研究.资源开发与保护,2005 年第 4 期,第 285～288 页

165. 李元.集约利用土地,不断提高城市土地运营水平.中国土地, 2003 年第 12 期,第 11～14 页

166. 李元.中国土地资源.中国大地出版社,2000 年

167. 李彦芳,张侠.耕地保护重在质量——对耕地总量动态平衡政策的反思.经济论坛,2004 年第 14 期,第 103～104 页

168. 李艳.土地利用规划环境影响评价研究——以辽阳市为例.辽宁师范大学 2008 年硕士学位论文

169. 林燕华,毛良祥.我国城市用地扩展与土地集约利用.国土与自然资源研究,2008 年第 3 期,第 27～29 页

170. 李云龙.日本的国土利用和地域开发.自然资源,1981 年第 3 期,第 10～15 页

171. 刘彦随.区域土地利用优化配置.学苑出版社,1999 年

172. 李约瑟,鲁桂珍.中国古代的地植物学.农业考古,1984 年第 1 期,第 264～274 页

173. 李志伟.基于 RS 的城市土地集约利用潜力评价研究.河北农业大学 2006 年硕士学位论文

174. 李志伟,赵鲁燕,田力等.基于 RS 技术进行城市土地集约利用潜力评价——以石家庄市为例.河北省科学院报,2006 年第 1 期,第 77～80 页

175. 刘正跃,刘国清,张嘉木.生态优先的实践途径.经济纵横,2000 年第 6 期,第 50～51 页

176. 马安青.GIS 支持下对高寒地区土地利用土地生产潜力及人口承载力的研究.陕西师范大学 2000 年硕士研究生论文

177. 毛达如.植物营养研究方法.中国农业大学出版社,1994 年

178. 马金锋. 基于 GIS 的土地用途管制分区研究. 吉林大学 2004 年硕士学位论文

179. 毛蒋兴,闫小培等. 20 世纪 90 年代以来我国城市土地集约利用研究述评. 地理与地理信息科学,2005 年第 21 卷第 2 期,第 48～52 页

180. 马克思. 资本论(第 3 卷). 人民出版社,1975 年

181. 马克伟. 土地大词典. 长春出版社,1991 年

182. 马武定. 走向集约型的城市规划与建设(三)——高质量、高效能与可持续发展. 城市规划,1997 年第 3 期,第 52～53 页

183. 马歇尔著. 经济学原理(上卷),朱志泰译. 商务印书馆,1964 年

184. 倪绍祥,刘彦随,杨子生. 中国土地资源态势与持续利用研究. 云南科技出版社,2004 年

185. Odum E. P.,Barrett C. W. 生态学基础. 高等教育出版社,2008 年

186. 欧海若. 土地利用规划的基础理论问题. 浙江大学 2004 年博士学位论文

187. 欧名豪. 土地利用管理. 中国农业出版社,2006 年

188. 欧雄,冯长春,李方. 城镇土地利用潜力评价——以广州市天河区为例. 地域研究与开发,2007 年第 5 期,第 100～104 页

189. 欧雄,冯长春,沈青云. 协调度模型在城市土地利用潜力评价中的应用. 地理与地理信息科学,2007 年第 1 期,第 42～45 页

190. 欧阳志云,王如松,符贵南. 生态适宜度模型及其在土地利用适宜性评价中的应用、生态学报,1996 年第 2 期,第 114～120 页

191. 濮励杰,周峰,彭补拙. 长江三角洲区县耕地变化驱动要素研究. 南京大学学报(自然科学版),2002 年第 38 卷第 6 期,第 780～785 页

192. 潘锡辉,雷涯邻. 开发区土地资源集约利用评价的指标体系研究. 中国国土资源经济,2004 年第 17 卷第 10 期,第 35～38 页

193. 彭再德,宁越敏. 上海城市持续发展与地域空间结构优化研究. 城市规划汇刊,1998 年第 2 期,第 17～21 页

194. 仇保兴. 中国城镇化——机遇与挑战. 中国建筑工业出版社,2004 年

195. 邱道持,廖万林,廖和平.小城镇建设用地指标配置研究.西南师范大学学报(自然科学版),2002 年第 27 卷第 6 期,第 970～973 页

196. 邱道持,薛俊菲,廖和平.小城镇土地利用经济评价探讨.西南师范大学学报(自然科学版),2001 年第 26 卷第 5 期,第 616～621 页

197. 覃发超,李铁松,张斌,黄莹.浅析主体功能区与土地利用分区的关系.国土资源科技管理,2008 年第 25 卷第 2 期,第 25～28 页

198. 曲福田,陈江龙,陈雯.农地非农化经济驱动机制的理论分析与实证研究.白然资源学报,2005 年第 3 卷第 2 期,第 231～241 页

199. 渠丽萍,韩润仙.城市土地集约利用系统分析及调控研究.生态经济,2007 年第 3 期,第 71～74 页

200. 渠丽萍,姚书振.城市土地集约利用的系统分析.城市开发,2004 年第 10 期,第 64～66 页

201. 秦其明.土地生态位与土地生态设计研究、景观生态学理论、方法及应用.中国林业出版社,1991 年

202. 乔伟峰,陈建.城市土地集约利用潜力评价信息系统的研究与构建.南京晓庄学院学报,2007 年第 6 期,第 82～86 页

203. 乔伟峰,孙在宏.GIS 辅助下的城市土地集约利用潜力评价方法研究——以江苏省苏州市为例.国土资源科技管理,2004 年第 1 期,第 34～37 页

204. 乔欣.城市用地评定中的生态优先原则导入.重庆大学 2004 年硕士学位论文

205. 乔欣.将生态优先原则引入城市用地评价初探.重庆建筑 2004 年增刊,第 33～36 页

206. 钱忠好.耕地保护的行动逻辑及其经济分析.扬州大学学报,2002 年第 1 期,第 32～37 页

207. 任国臣.系统科学.高等教育出版社,1993 年

208. 任莉伟.济南市土地利用分区与管制研究.山东师范大学 2009 年硕士学位论文

209. 任平.城市土地资源集约利用:绩效评价与机制构建.西南财经

大学 2009 年博士学位论文

210. 孙本良.发挥政府调控职能——城市土地集约利用面面观.理论探讨,2003 年第 11 期,第 33 页

211. 宋戈.中国城镇化过程中土地利用问题研究.中国农业出版社,2005 年

212. 沈虹,肖青,周正明.区域环评中生态适宜度分析指标体系的探讨.安全与环境学报,2005 年第 2 期,第 30～33 页

213. 宋健,孙以萍.从食品资源来看我国现代化后能养鱼的最高人口数.人口与经济,1981 年第 2 期,第 2～10 页

214. 孙玲霞.土地节约集约利用及其影响因素.科技信息,2010 年第 8 期,第 368 页

215. 孙达崎.土地利用总体规划环境影响评价研究.东北师范大学2008 年硕士学位论文

216. 苏坡.煤矿区土地复垦潜力研究——以大同市为例.中国农业大学 2006 年硕士学位论文

217. 石瑞香,康慕谊.NECT 上农牧交错区耕地变及其驱动力分析.北京师范大学学报(自然科学版),2000 年第 36 期,第 700～705 页

218. 孙绍辉,张志波.关于土地规划修编的四点思考.观察与思考,2005 年第 2 期,第 27 页

219. 邵晓梅,刘庆等.土地集约利用的研究进展及展望.地理科学进展,2006 年第 25 卷第 2 期,第 85～95 页

220. 邵小梅,杨勤业,张洪业.山东省耕地变化趋势和驱动力研究.地理研究,2001 年第 20 卷第 3 期,第 98～306 页

221. 石玉林.中国土地资源的人口承载力研究.中国科学出版社,1992 年

222. 孙钰霞.农村居民点整理潜力分析——以重庆市合川市为例.西南师范大学 2003 年硕士学位论文

223. 童恋.城市工业用地集约利用评价研究——以西安市 6 个典型省际开发区为例.西北大学 2010 年硕士学位论文

224. 唐灵军. 浅谈我国土地利用规划的问题和对策. 国土资源导刊, 2006 年第 1 期, 第 23～25 页

225. 谭敏. 遵循生态优先基本原则寻求城市建设图底关系——关于推进城市非建设性用地的规划与建设. 四川建筑, 2008 年第 5 期, 第 4～7 页

226. 唐文玉. 利用规划中公众参与之探讨. 国土资源导刊, 2005 年第 1 期, 第 28～30 页

227. 滕学荣. 基于生态优先的城市规划和设计. 北京建筑工程学院学报, 2007 年第 2 期, 第 45～48 页

228. 田雪原, 陈玉光. 经济发展和理想适度人口. 人口与经济, 1981 年第 3 期, 第 14～17 页

229. 陶志红. 城市土地集约利用几个基本问题的探讨. 中国土地科学, 2000 年第 14 卷第 5 期, 第 1～5 页

230. 王宝铭著. 城乡土地评价. 天津社会科学院出版社, 1996 年

231. 汪波, 王伟华. 城市土地集约利用的内涵及对策研究. 重庆大学学报 (社会科学版), 2005 年第 11 卷第 5 期, 第 16～18 页

232. 吴次芳, 丁敏. 城市土地生态规划探析——以杭州市为例. 生态经济, 1996 年第 5 期, 第 41～43 页

233. 吴次芳, 叶艳妹. 土地科学导论 (第 1 版). 中国建材工业出版社, 1995 年

234. 吴初国, 刘树臣, 张迪. 国土资源可持续发展指标体系探索与实践. 地质出版社, 2006 年

235. 吴传均, 郭焕成. 中国土地利用. 科学出版社, 1994 年

236. 吴奇峰. 吉林省土地利用总体规划环境影响评价研究. 吉林大学 2009 年硕士学位论文

237. 王长坤. 基于区域经济可持续发展的城镇土地集约利用研究. 天津大学 2007 年博士学位论文

238. 王承武. 土地利用规划实施保障体系研究——以乌鲁木齐市为例. 新疆师范大学学报 (自然科学版), 2008 年第 6 卷第 2 期, 第 103～

105 页

239. 王德利,陈秋计.矿区废气土地复垦潜力的模糊层次综合评价模型.北京工业职业技术学院学报,2002 年第 1 期,第 28～31 页

240. 武锋刚,武锋强,温小文.城市土地集约利用潜力评价信息系统的构建.科技创新导报,2008 年,第 181 页

241. 伍光和.自然地理学.高等教育出版社,2000 年

242. 王海玫.耕地保护.中国大地出版社,1997 年

243. 王洪涛.德国的土地与开放空间政策——资源保护策略.国外城市规划,2003 年第 3 期,第 40～42 页

244. 王佳.土地集约利用潜力评价研究.长安大学 2008 年硕士学位论文

245. 万劲波.区域土地规划与环境政策研究.环境科学动态,2000 年第 3 期,第 20～23 页

246. 王静,邵晓梅.土地节约集约利用技术方法研究:现状、问题与趋势.地理科学进展,2008 年第 27 卷第 3 期,第 68～74 页

247. 王家庭,季凯文.城市土地集约利用动力机制研究.城市问题,2008 年第 8 期,第 9～13 页

248. 王立.黄土丘陵区采煤塌陷地复垦潜力研究——以山西省晋城市城区北石店镇为例.山西农业大学 2004 年硕士毕业论文

249. 吴良铺.人居环境科学导论.中国建筑工业出版社,2001 年

250. 王梦奎,冯并,谢伏瞻.中国特色城镇化道路.中国发展出版社,2004 年

251. 王倩.基于熵权法的耕地整理潜力综合评价——以兰州市为例.甘肃农业大学 2009 年硕士学位论文

252. 武庆娟,陈利根,魏莉娜.国外土地规划立法特点及对我国的启示.资源调查与评价,2006 年第 3 期,第 21～25 页

253. 王强,伍世代."人地和谐、生态优先"规划理念的应用研究——以南平市城镇体系规划为例.规划广角,2008 年第 5 期,第 80～83 页

254. 王如松,周启星.城市生态调控方法.气象出版社,2000 年

255. 吴胜军,洪松等.湖北省土地利用综合分区研究.华中师范大学学报(自然科学版),2007年第41卷第1期,第139～141页

256. 王双美,张和生.基于GIS和RS技术的集约与节约利用土地研究.科技情报开发与经济,2007年第2期,第255～257页

257. 王万茂,李志国.关于耕地生态保护规划的几点思考.土地利用与城乡发展——2000海峡两岸土地学术研讨会(论文集).成都2000年

258. 王霞.新疆土地承载力问题研究.新疆大学2007年博士学位论文

259. 吴旭芬,孙军.开发区土地集约利用的问题探讨.中国土地科学,2000年第2期,第17～21页

260. 王新军,周彬,苏晓波.论城市建设土地集约化利用.学术界,2005年第6期,第183～185页

261. 汪秀莲,王静.日本韩国土地管理法律制度与土地利用规划制度及其借鉴.中国大地出版社,2004年

262. 王仰麟.土地系统生态设计初探.自然资源(现《资源科学》),1990年第6期,第48～51页

263. 王筱明,吴泉源.小城镇土地集约利用研究.中国人口·资源与环境,2001年第11卷第51期,第36～37页

264. 王永生.新一轮土地利用规划修编中完善规划实施社会保障措施的对策建议.经济研究参考,2007年第40期,第38～43页

265. 武占华,姜鸿.土地生态规划的理论和方法——以宁夏固原县为例.自然地理学与中国区域开发.湖北教育出版社,1990年

266. 吴正红,叶剑平.城乡建设用地节约集约利用的路径选择.城市问题,2007年第5期,第60～64页

267. 许丹艳,曲福田,刘向南.基于沿江开发产业发展的土地集约利用研究——以江苏省为例.南京财经大学学报,2004年第3期,第37～40页

268. 徐化成.景观生态学.中国林业出版社,1996年

269. 许坚,包纪祥.当前土地规划管理存在的问题及对策.中国地质

矿产经济,2001 年第 12 期,第 9～11 页

270. 薛俊菲,邱道持,卫欣等.小城镇土地集约利用水平综合评价探讨——以重庆市北暗区为例.地域开发与研究,2002 年第 4 期,第 46～50 页

271. 谢季坚,刘承平.模糊数学方法及其应用.华中理工大学出版社,2000 年

272. 谢丽,胡火金.人类需求与自然平衡的协调统一:"天人合一"的思想影响下的中国传统农业运作.农业考古,2000 年第 3 期,第 5～11 页

273. 熊利亚等.基于 RS 和 GIS 的土地生产力与人口承载量.地理研究,2004 年第 1 期,第 10～18 页

274. 肖梦.城市微观宏观经济学.人民出版社,1993 年

275. 徐宁.关于土地利用功能分区研究.安徽农业科学,2007 年第 35 卷第 2 期,第 482～283 页

276. 许树辉.城镇土地集约利用研究.地域研究与开发,2001 年第 3 期,第 67～69 页

277. 肖桐.城市建设经济学研究.中国建筑工业出版社,1993 年

278. 许伟.城市土地集约化利用及其评价研究.重庆大学 2004 年硕士学位论文

279. 徐银良,胡宁.山东省城市化过程中的土地利用问题研究.山东师范大学学报(自然科学版),2004 年第 1 期,第 68～71 页

280. 谢正峰.浅议土地的集约利用和可持续利用.国土与自然资源研究,2002 年第 4 期,第 31～32 页

281. 杨爱娟.浅议生态优先原则打造节约型园林.河北林业科技,2010 年第 2 期,第 151～153 页

282. 于伯华,郑新奇.耕地危机与城市化进程的盲目性.城市问题,2003 年第 3 期,第 58～60 页

283. 叶勃,李江风,季翔.城市化过程中的土地集约利用途径.资源开发与市场,2004 年第 20 卷第 2 期,第 108～110 页

284. 闫东浩.农村土地整理潜力测算方法与实践.中国农业大学

2004 年硕士学位论文

285．杨冬辉．生态背景与生态城市——国外区域生态研究的启示．规划师，2005 年第 10 期，第 10 页

286．杨东朗，张晓明，刘萍：基于 PRS 模型的城市土地集约利用评价．陕西师范大学学报（自然科学版），2008 年第 1 期，第 90～93 页

287．尤凤．嘉峪关市土地集约利用潜力研究．兰州大学 2010 年硕士学位论文

288．杨光梅．我国承载力研究的阶段性特征及展望．科技创新导报，2009 年第 26 期，第 23～25 页

289．杨桂山．长江三角洲近 50 年耕地数量变化的过程与驱动机制研究．自然资源学报，2001 年第 16 卷第 2 期，第 121～127 页

290．约翰·冯·杜能．孤立国同农业和国民经济的关系．商务印书馆，1986 年

291．严火其．"宁可少好，不可多恶"——我国传统农业经营观念的现代诠释．江海学刊，2001 年第 3 期，第 131～134 页

292．尹君．土地资源可持续利用评价指标体系研究．中国土地科学，2001 年第 3 期，第 6～9 页

293．阳建强，尹超．基于生态优先的绿色设计——以厦门湖边水库保护与利用规划为例．国家自然科学基金资助项目——案例研究，2005年第 3 期，第 89～90 页

294．杨开忠等．生态足迹分析理论与方法．地球科学进展，2000 年第 6 期，第 630～636 页

295．杨琳．土地利用弹性规划研究．同济大学 2008 年博士学位论文

296．杨磊，张永福，王伯超．乌鲁木齐市土地集约利用潜力评价研究．水土保持研究，2008 年第 3 期，第 35～39 页

297．叶妙君，卢伟，周寅康．广西鹿寨县土地开发潜力评价研究．土壤，2004 年第 4 期，第 430～433 页

298．叶勍，李江风，季翔．城市化过程中的土地集约利用途径．资源开发与市场，2004 年第 2 期，第 108～111 页

299. 杨勤业,吴绍洪,郑度.自然地域系统研究的回顾与展望.地理研究,2002 年第 21 卷第 4 期,第 407～417 页

300. 杨树海.城市土地集约利用的内涵及其评价指标体系构建.经济问题探索,2007 年第 1 期,第 27～30 页

301. 姚书凯.基于生态优先思想在城市规划中的实践探索.山西建筑,2008 年第 18 期,第 66～67 页

302. 余霜,李光.土地承载力研究进展.湖北经济学院学报(人文社会科学版),2010 年第 2 期,第 91～92 页

303. 杨伟.渝北区城镇土地节约集约利用评价研究.西南大学 2007年硕士学位论文

304. 余万军.行为视角下的土地利用规划研究.浙江大学 2006 年博士学位论文

305. 姚晓军,马金辉等.最小方差法在甘肃省土地利用分区中的应用.甘肃科学学报,2005 年第 17 卷第 1 期,第 48～52 页

306. 叶裕民.解读"城市综合承载能力".前线,2007 年第 4 期,第 26～28 页

307. 杨亚,徐惠.土地规划的稳定性与灵活性研究——耕地保护与经济发展的"双赢"之路.山东农业大学学报(自然科学版),2006 年第 37卷第 1 期,第 121～125 页

308. 杨振等.基于生态足迹模型的区域生态经济发展持续性评估.经济地理,2005 年第 4 期,第 542～546 页

309. 余振国.土地利用规划环境影响评价及其经济学分析.浙江大学 2005 年博士学位论文

310. 杨子生,郝性中.土地利用区划几个问题的探讨.云南大学学报(自然科学版),1995 年第 17 卷第 4 期,第 363～368 页

311. 张爱国,张淑莉,秦作栋.土地生态设计方法及其在晋西北土地荒漠化防治中的应用.中国沙漠,1999 年第 1 期,第 46～49 页

312. 张安录.美国农地保护的政策措施.世界农业,2000 年第 1 期,第 8～10 页

313．周保华，史同广，翟荣新．GIS 技术支持下邹城矿区土地人口承载量研究和预测．有色金属，2007 年第 59 卷第 2 期，第 108～112 页

314．周永红．土地利用总体规划环境影响评价方法集应用研究．南京农业大学 2009 年硕士学位论文

315．张超．计量地理学基础．高等教育出版社，1991 年

316．周诚．土地经济学．中国农业出版社，1989 年

317．朱才斌．基于生态优先的城市规划设计方法探讨——以烟台市开发区新区总体规划为例．城市规划学报，2007 年第 2 期，第 106～108 页

318．张传玖．集约的关键是市场．中国土地，2005 年第 8 期，第 8～9 页

319．张富刚，郝晋珉，姜广辉等．中国城市土地利用集约度时空变异分析．中国土地科学，2005 年第 19 卷第 1 期，第 23～29 页

320．张凤荣．土地保护学．科学出版社，2006 年

321．张凤荣．土地持续利用评价指标体系与方法．中国农业出版社，2003 年

322．《中国土地资源生产能力及人口承载量研究》课题组．中国土地资源生产能力及人口承载量研究．中国人民大学出版社，1991 年

323．张凤荣，赵华甫，姜广辉．都市何妨驻田园．中国土地，2005 年第 6 期，第 13～14 页

324．中共中央马克思恩格斯列宁斯大林著作翻译局．资本论（第三卷），人民出版社，2004 年

325．张华．论城市化建设与耕地保护．资源·产业，2000 年第 4 期，第 51～55 页

326．张静．河北省土地利用分区研究．河北农业大学 2008 年硕士学位论文

327．甄静．基于 GIS 的西安市土地利用分区方法研究．长安大学 2006 年硕士学位论文

328．张静．太平洋国际学会与 1929－1937 年中国农村问题研

究——以金陵大学中国土地利用调查为中心.民国档案,2007 年第 2 期,第 84～92 页

329．赵建东,方一平.合肥市耕地面积变化与经济发展的关系初探.乡镇经济,2003 年第 12 期,第 17～19 页

330．甄江红,成舜,郭永昌等.包头市工业用地土地集约利用潜力评价初步研究.经济地理,2004 年第 2 期,第 250～253 页

331．臧俊梅,王万茂.第三轮土地利用规划修编中规划实施保障措施的研究.规划师,2006 年第 9 期,第 8～10 页

332．张金萍.城市土地集约利用潜力评价信息系统构建浅析.世界科技研究与发展,2006 年第 4 期,第 65～69 页

333．张军,宋顺昌,韩生福.青海省土地利用总体规划实施存在的问题与措施.中国国土资源经济,2006 年第 6 期,第 17～20 页

334．张军涛,刘锋.区域地理学.青岛出版社,2000 年

335．张洁瑕,陈佑启等.基于土地利用功能的土地利用分区研究——以吉林省为例.中国农业大学学报,2008 年第 13 卷第 3 期,第 29～35 页

336．张丽琴.城市土地利用评价指标体系构建.资源开发与市场,2003 年第 5 期,第 278～280 页

337．张敏等.包头市商业服务业用地集约利用潜力评价研究.干旱区资源与环境,2007 年第 1 期,第 120～124 页

338．周明芳,许月明.河北省城市化进程中耕地保护问题研究.安徽农业科学,2007 年第 35 卷第 4 期,第 1202～1203 页

339．赵鹏军,彭建.城市土地高效集约化利用及其评价指标体系.资源科学,2001 年第 5 期,第 23～27 页

340．诸培新,顾湘,曲福田.土地利用规划的公众参与机制研究.江西农业大学学报(社会科学版),2005 年第 3 期,第 54～57 页

341．张士功.耕地资源与粮食安全.中国农业科学院 2005 年博士学位论文

342．钟水映,简新华.人口、资源与环境经济学.科学出版社,

2005 年

343. 张为福,周玉倩.生态优先概念在新城规划中的应用.中国新技术产品,2008 年第 12 期,第 76 页

344. 朱祥明.黄淮海平原耕地资源承载力的研究——以安徽淮北亳州、涡阳、蒙城、怀远为例.资源科学,1992 年第 1 期,第 13～21 页

345. 赵小敏,鲁成树,刘菊萍.江西省土地利用分区研究.江西农业大学学报,1998 年第 20 卷第 3 期,第 387～392 页

346. 张小燕.城市土地集约利用潜力评价研究——以漳州市城区为例.福建师范大学 2009 年硕士学位论文

347. 张跃等.模糊数学方法及其应用.煤炭工业出版社,1992 年

348. 张友安.土地利用总体规划的刚性与弹性.中国土地科学,2004 年第 1 期,第 11～15 页

349. 赵永江,王国强,刘夏茹.河南省耕地资源演变形式研究.地域研究与开发,1999 年第 18 卷第 1 期,第 69～72 页

350. 张亚卿.城市土地集约利用评价研究——以河北省辖市、县为例.河北师范大学 2005 年硕士学位论文

351. 张远旺.景观湿地设计中的生态优先.科技资讯,2010 年第 50 期,第 129 页

352. 张小虎.土地利用规划环境影响评价问题研究.东北农业大学 2007 年硕士学位论文

353. 郑钰,王晓舒.我国城市规划中生态优先概念的应用研究.黑龙江科技信息,2010 年第 9 期,第 280 页

354. 赵烨,杨燕敏,刘锋,孙雷.北京市土地利用总体规划实施管理预警系统的构建.干旱区资源与环境,2006 年第 1 期,第 23～26 页

355. 周兆德.农业生产潜力及人口承载力理论探索.中国林业出版社,2007 年

356. 张正栋,周永章,夏斌.海南省耕地变化与经济发展关系研究.热带地理,2006 年第 1 期,第 57～64 页

357. 张正峰,陈百明.土地整理潜力分析.自然资源学报,2002 年第

6 期,第 664～669 页

358. 张正峰,陈百明,董锦.土地整理潜力内涵与评价方法研究初探.资源科学,2002 年第 4 期,第 43～48 页

359. 张正峰,陈百明,郭战胜.耕地整理潜力评价指标体系研究.中国土地科学,2004 年第 5 期,第 37～43 页

360. 张小梅.县域土地利用总体规划环境影响评价指标体系研究——以罗甸县为例.贵州师范大学 2008 硕士学位论文

361. 查志强.城市土地集约利用潜力评价指标体系的构建.浙江统计,2002 年第 4 期,第 9～11 页

362. 周志跃,陈俐谋,张孝成等.重庆市土地利用现状分区研究.西华师范大学学报(自然科学版),2006 年第 27 卷第 2 期,第 149～152 页

363. 赵哲远等.基于作物气候生产潜力的浙江省农用地分等方法研究.水土保持学报,2003 年第 1 期,第 173～177 页

364. 赵哲远,沈晓春,张佳,盛乐山,华元春.公众参与土地利用规划的探索——以浙江省嘉善县为例.中国土地科学,2005 年第 19 卷第 2 期,第 36～44 页